빠곰이

NCS 기업별 모의고사

코레일 | 수자원공사 | 한국전력공사 | 건강보험공단

이 책은 강의용 교재입니다.
문제 중 일부는 해설이 수록되어 있지 않습니다.

빠꼼이 NCS 기업별 모의고사

빠꼼이 NCS
기업별 모의고사

CONTENTS

01 하프 모의고사 1회 (30문항 35분)

문 01

다음은 구청에 도착한 메일이다. 글에 대한 이해로 적절하지 않은 것은?

> 저희 ㅇㅇ고등학교 학생들이 다니는 통학로는 도로 폭이 2미터 60센티미터밖에 되지 않아 차 한 대가 겨우 지나갈 수 있을 정도로 좁고 보행로도 없습니다. 그런데 요즘은 불법 주차한 차들 때문에 도로가 더 좁아졌습니다. 친구들과 등하교할 때 통학로를 지나는 차를 만나면 몸을 피할 수 있는 공간이 없어 사고 위험이 높습니다.
>
> 저희는 ㅁㅁ구청에서 불법 주차 단속을 강화해 주시기를 건의합니다. 물론 저희의 건의가 받아들여진다면 주차 공간이 부족해 주민들이 불편해지는 상황이 발생할 것입니다. 이러한 상황을 고려해 저희 학교의 교장 선생님께서는 방과 후에 주민들이 주차하실 수 있도록 학교 운동장을 개방하겠다고 하셨습니다.
>
> 통학로에 불법 주차된 차량이 없다면 저희 학교 700여 명의 학생들은 안전하게 등하교를 할 수 있고, 선생님과 학부모께서도 안심하실 수 있습니다. 그리고 학교 주변의 주민들도 넓어진 통학로에서 안전하게 보행할 수 있게 될 것이며 자동차 사고도 줄어들 것입니다. 또한 학교 주차장을 이용하는 방안을 잘 활용하면 주민들의 불편도 줄어들 것입니다.

① 문제를 해결할 수 있는 주체와 방안을 명시하고 있다.
② 문제 해결 방안으로 인한 이익을 구체적으로 설명하고 있다.
③ 문제 상황을 제시함으로써 문제의 심각성을 드러내고 있다.
④ 문제 해결 방안이 최선책임을 전문가의 증언을 제시함으로써 강조하고 있다.

문 02

다음 글에 대한 이해로 적절한 것은?

> 무엇이 내 행동에 영향을 미치는가? 뜨거운 커피를 들고 있으면 상대방이 따뜻한 사람으로 보인다거나, 배가 고프면 구직자에게 무정해진다거나 하는 일상의 행동을 설명할 이론이 있는가? 기억에서 금방 사라지는 돌발 요소들이 어떤 역할을 하는지 우리는 잘 모른다. 심지어 눈에 잘 띄는 요소가 어떤 역할을 하는지도 확신할 수 없을 때가 많다. 내가 정말로 무슨 생각을 하는지, 내가 왜 그런 행동을 하는지 나도 잘 모를 수 있다.
>
> 나는 내 행동의 이유를 곧잘 설명하곤 한다. 그럴 때면 내가 이야기를 지어내고 있으며, 따라서 내 얘기는 에누리해서 들어야 한다는 걸 나 스스로 정확히 인식할 때가 종종 있다. 하지만 상대방은 대개 고개를 끄덕이며 내 말을 거의 다 믿는 눈치다. 나도 다른 사람의 설명은 곧이곧대로 받아들이는 성향이 있다. 더러는 상대가 사실을 그대로 말하지 않고 이야기를 그럴듯하게 지어내고 있다는 걸 내가 눈치 챌 때도 있지만, 대개는 다른 사람이 내 말을 그대로 받아들이듯이 나도 다른 사람의 말을 그대로 받아들이는 편이다. 그러나 법조계에서는 널리 공유되고 있는 인식이 있다. 목격자, 피고, 배심원이 자신의 행동 이유나 어떤 결론에 도달한 이유를 말할 때는 비록 그들이 솔직히 말하려고 최선을 다한다 해도 그 설명을 그대로 신뢰해서는 안 된다는 것이다.

① 목격자, 피고, 배심원은 정직하게 말하지 않는다.
② 자신이 왜 그렇게 했는지를 스스로 잘 알고 있다.
③ 말이나 행동의 원인을 정확히 안다고 단정할 수 없다.
④ 다른 사람이 왜 그렇게 했는지 이유나 동기를 설명하면 신뢰해야 한다.

문 03

다음 글에 대한 이해로 적절한 것은?

> 레코드가 등장하고 대량 복제에 용이한 원반형 레코드가 대중화되기 시작하면서 대중음악의 소비 양상은 매우 빠르게 변화했다. 당시의 레코드는 매우 비싸긴 했지만 음악을 반복해 들을 수 있었고 공연장을 찾지 않아도 원하는 때에 원하는 음악을 들을 수 있도록 해주었기 때문에 널리 애용될 수 있었다. 또한 지금과 마찬가지로 거리의 상점, 유흥 공간 등에서 홍보와 고객 유인을 위해 레코드 음악을 널리 사용했기 때문에 비록 돈이 없다 해도 누구나 쉽게 레코드 음악을 향유할 수 있었다. 레코드의 수요는 날로 확산되었는데, 매체의 특성상 지리적 이동이 손쉽게 이루어지게 됨에 따라 스타급 음악인들의 영향력은 세계적으로 확대되었다. 음악 역사상 처음으로 레코드 판매 100만 장을 돌파했다는 이탈리아 출신 오페라 가수 카루소는 20세기 초반, 자신의 고향인 이탈리아를 넘어서 유럽 전역을 비롯해 북미·남미 대륙을 넘나드는 세계적 스타로 성장할 수 있었다.
>
> 레코드가 인기를 끌면서 극장 중심의 흥행 산업 시절에는 경험할 수 없었던 놀라운 대중성의 성취가 이루어졌다. 또한 레코드가 팔린다고 해서 극장의 흥행이 감소되기는커녕 오히려 레코드 산업과 동반 성장을 이루게 되면서 극장 흥행이 세계적으로 펼쳐지는 시대가 다가왔고, 가수들은 전에 비할 바 없는 많은 돈을 벌어들이기 시작했다.

① 레코드의 대중화로 스타급 음악인들의 영향력이 확대되었다.
② 오페라 극장에서는 관객에게 레코드 음악을 들려주면서 흥행을 성공시켰다.
③ 오페라 가수 카루소는 다양한 언어로 노래한 레코드를 제작하여 출시하였다.
④ 새로 등장한 레코드 가격이 매우 비싸서 대중은 레코드 음악을 듣기 힘들었다.

문 04

다음 글의 제목으로 가장 적절한 것은?

> 경제 주체들은 시장을 통해 필요한 재화를 얻거나 제공하며, 재화가 자신들에게 유리하게 배분되도록 노력한다. 그러나 시장을 통한 재화의 배분이 어렵거나 시장 자체가 존재하지 않는 경우도 있다. 이때, 시장 제도를 적절히 설계하면 경제주체들의 이익을 최대한 충족시키면서 재화를 효율적으로 배분할 수 있는데, 이를 '시장 설계'라고 한다. 시장 설계의 방법은 양방향 매칭과 단방향 매칭이 있다. 양방향 매칭은 두 집합의 경제 주체들을 서로에 대해 갖고 있는 선호도를 최대한 배려하여 쌍으로 맺어주는 것이다. 그리고 단방향 매칭은 경제 주체들이 지니고 있는 재화를 재분배하여 더 선호하는 재화를 선택할 수 있는 방법을 찾는 것이다. 결국 양방향 매칭은 경제 주체들 간의 매칭을, 단방향 매칭은 경제 주체에게 재화를 배분하는 매칭을 찾는 것이라고 할 수있다.

① 시장설계와 방법
② 재화배분과 방법
③ 매칭의 선택과 방법
④ 경제주체와 매칭

문 05

다음 글의 전개 순서로 가장 적절한 것은?

(가) 성선설은 '인간의 선하다'는 이론이다 따라서 성선설을 주장하는 이들은 집안이든 나라든 모든 사회는 '인간'이 이끌어나가야 한다고 본다. 이들은 인간 안에서 '선한 요소'를 찾는데, 이들이 찾는 선한 요소란 곧 도덕이 성이라고 할 수 있다.

(나) 인간을 규정하는 관점은 여러 가지가 있어 왔다. 죄나 업을 가진 존재라는 종교적 이해 방식도 있었고, 억압된 존재라는 심리적 이해 방식도 있었다. 하지만 이보다 훨씬 이전부터 인간을 애초부터 긍정적 혹은 부정적인 방식으로 규정해 오기도 했다. 다시 말해 인간은 선하다는 것과 악하다는 관점이 그러하다.

(다) 반면, 성악설은 '인간이 악하다'고 보기 때문에 사회나 국가를 인간이 이끌어서는 안 된다고 보고, 인간의 바깥에서 국가 사회를 이끌 수 있는 원동력을 찾는다. 그것을 한비자는 법과 권력, 묵자는 하느님이라고 했다.

(라) 이렇게 볼 때, 인간을 보는 관점은 인간이란 어떠하다는 인간론을 넘어서서, 누가 권력을 잡아야 하는가에 대한 논의로 연결된다. 그것이 사회 정치 이론의 받침돌이다.

① (라) – (가) – (나) – (다)
② (나) – (가) – (다) – (라)
③ (가) – (다) – (나) – (라)
④ (가) – (나) – (라) – (다)

문 06

다음 〈규정〉을 근거로 판단할 때 옳지 않은 것은?

규정

제○○조(기능) 과학기술자문회의는 과학기술 주요 정책·과학기술 혁신 등에 관련된 사항에 관한 심의 기능을 수행한다.
제△△조(구성)
① 과학기술자문회의는 의장 1명, 부의장 1명을 포함한 30명 이내의 위원으로 구성한다.
② 과학기술자문회의의 의장은 대통령이 되고, 부의장은 제3항 제1호에 해당하는 위원 중에서 의장이 지명한다.
③ 위원은 다음 각 호의 사람으로 구성한다.
 1. 과학기술 또는 정치·경제·인문·사회·문화 분야에 관하여 학식과 경험이 풍부한 민간 전문가 중에서 의장이 위촉하는 사람
 2. 기획재정부장관, 교육부장관, 과학기술정보통신부장관, 산업통상자원부장관, 중소벤처기업부장관
④ 제3항제1호에 해당하는 위원의 임기는 2년으로 하되, 1회에 한하여 중임할 수 있다.
제□□조(회의) ① 과학기술자문회의의 회의는 전원회의, 자문회의 및 심의회의로 구분한다.
② 전원회의는 과학기술자문회의 위원 전원으로 구성하며, 다음 각 호의 사항을 심의한다.
 1. 과학기술자문회의의 운영 등 일반적인 사항의 결정
 2. 심의회의가 기능을 수행하는 데 전원회의의 의견을 들어야 할필요가 있는 사항
③ 자문회의는 제△△조제3항제1호의 위원 중 의장이 지명하는 20명 이하의 위원으로 구성한다.
④ 심의회의는 제△△조제3항제1호의 위원 중 의장이 지명하는 위원과 같은 항 제2호의 위원으로 하여 20명 이하로 구성한다.
⑤ 과학기술자문회의의 전원회의는 재적위원 2/3 이상의 출석으로 개의하고 출석위원 과반수의 찬성으로 의결하며, 자문회의와 심의회의는 각 회의를 구성하는 재적위원 과반수의 출석으로 개의하고 출석위원 과반수의 찬성으로 의결한다.
⑥ 의장과 부의장은 필요하다고 인정하는 경우 관계 기관의 장 또는 관계 전문가를 과학기술자문회의의 전원회의에 출석하여 발언하게 할 수 있다.

① 대통령은 최대 24명을 과학기술자문회의 위원으로 위촉할 수 있다.
② 자문회의를 구성하는 인원수와 심의회의를 구성하는 인원수는 같을 수 있다.
③ 과학기술정보통신부장관은 필요하다고 인정하는 경우 관계 전문가를 과학기술자문회의 전원회의에 출석하여 발언하게 할 수 있다.
④ 의장이 위촉하여 과학기술자문회의 위원이 된 사람은 연속하여 최대 4년의 임기를 가질 수 있다.
⑤ 과학기술자문회의가 9명으로 구성된 경우, 기획재정부장관과 교육부장관, 산업통상자원부장관이 출석하지 않더라도 과학기술자문회의의 운영에 대한 결정을 심의하기 위한 회의를 개의할 수 있다.

문 07

4% 의 소금물과 8% 의 소금물을 섞은 후 물을 더 넣어서 5% 의 소금물 $1000\,g$ 을 만들었다. 더 넣은 물의 양이 4% 의 소금물 양의 2 배 일 때, 8% 의 소금물의 양을 구하면?

① $200\,g$ ② $350\,g$ ③ $400\,g$
④ $550\,g$ ⑤ $700\,g$

문 08

진호는 산책을 하는데, 갈 때는 시속 $5\,km$로, 올 때는 같은 길을 시속 $3\,km$로 걸어서 총 1시간 20분 이내에 되돌아오려고 한다. 진호가 출발점에서 최대 몇 km 떨어진 지점까지 갔다 올 수 있는가?

① $1\,km$ ② $1.5\,km$ ③ $2\,km$
④ $2.5\,km$ ⑤ $3\,km$

문 09

다음 그림과 같이 크기가 같은 직사각형 모양의 타일 11 장을 겹치지 않게 빈틈없이 붙여 큰 직사각형 모양을 만들었더니 그 둘레의 길이가 $105\,cm$ 가 되었다. 이때 직사각형 모양의 타일 한 장의 넓이는?
(단, (가로의 길이)$<$(세로의 길이) 이다.)

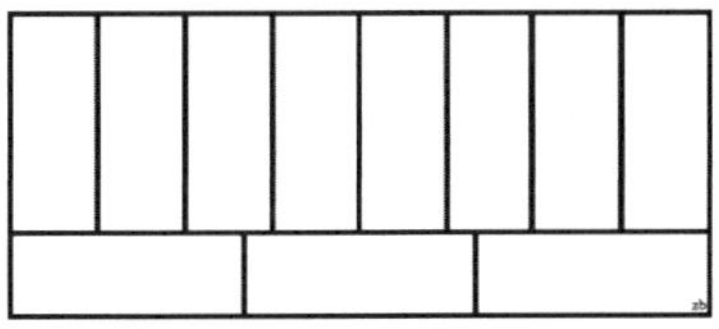

① $50\,cm^2$ ② $52\,cm^2$ ③ $54\,cm^2$
④ $56\,cm^2$ ⑤ $58\,cm^2$

문 10

다음 〈표〉는 지역별 마약류 단속에 관한 자료이다. 이에 대한 설명으로 옳은 것은?

〈표〉 지역별 마약류 단속 건수

(단위 : 건, %)

마약류 / 지역	대마	마약	향정신성 의약품	합	
					비중
서울	49	18	323	390	22.1
인천·경기	55	24	552	631	35.8
부산	6	6	166	178	10.1
울산·경남	13	4	129	146	8.3
대구·경북	8	1	138	147	8.3
대전·충남	20	4	101	125	7.1
강원	13	0	35	48	2.7
전북	1	4	25	30	1.7
광주·전남	2	4	38	44	2.5
충북	0	0	21	21	1.2
제주	0	0	4	4	0.2
전체	167	65	1,532	1,764	100.0

※ 1) 수도권은 서울과 인천·경기를 합한 지역임.
2) 마약류는 대마, 마약, 향정신성의약품으로만 구성됨.

① 대마 단속 전체 건수는 마약 단속 전체 건수의 3배 이상이다.

② 수도권의 마약류 단속 건수는 마약류 단속 전체 건수의 50 % 이상이다.

③ 마약 단속 건수가 없는 지역은 5곳이다.

④ 향정신성의약품 단속 건수는 대구·경북 지역이 광주·전남 지역의 4배 이상이다.

⑤ 강원 지역은 향정신성의약품 단속 건수가 대마 단속 건수의 3배 이상이다

문 11

다음 〈표〉는 A국에서 2016년에 채용된 공무원 인원에 관한 자료이다. 이에 대한 〈보기〉의 설명 중 옳은 것만을 모두 고르면?

〈표〉 A국의 2016년 공무원 채용 인원

(단위 : 명)

채용방식 / 공무원구분	공개경쟁채용	경력경쟁채용	합
고위공무원	–	73	73
3급	–	17	17
4급	–	99	99
5급	296	205	501
6급	–	193	193
7급	639	509	1,148
8급	–	481	481
9급	3,000	1,466	4,466
연구직	17	357	374
지도직	–	3	3
우정직	–	599	599
전문경력관	–	104	104
전문임기제	–	241	241
한시임기제	–	743	743
전체	3,952	5,090	9,042

※ 1) 채용방식은 공개경쟁채용과 경력경쟁채용으로만 이루어짐.
2) 공무원구분은 〈표〉에 제시된 것으로 한정됨.

보기

ㄱ. 2016년에 공개경쟁채용을 통해 채용이 이루어진 공무원구분은 총 4개이다.

ㄴ. 2016년 우정직 채용 인원은 7급 채용 인원의 절반보다 많다.

ㄷ. 2016년에 공개경쟁채용을 통해 채용이 이루어진 공무원구분 각각에서는 공개경쟁채용 인원이 경력경쟁채용 인원보다 많다.

ㄹ. 2017년부터 공무원 채용 인원 중 9급 공개경쟁채용 인원만을 해마다 전년대비 10 %씩 늘리고 그 외 나머지 채용 인원을 2016년과 동일하게 유지하여 채용한다면, 2018년 전체 공무원 채용 인원 중 9급 공개경쟁채용 인원의 비중은 40 % 이하이다.

① ㄱ, ㄴ ② ㄱ, ㄷ ③ ㄷ, ㄹ
④ ㄱ, ㄴ, ㄹ ⑤ ㄴ, ㄷ, ㄹ

문 12

다음 〈그림〉은 '갑' 자치구의 예산내역에 관한 자료이다. 이에 대한 〈보기〉의 설명 중 옳은 것만을 모두 고르면?

〈그림〉 '갑' 자치구 예산내역

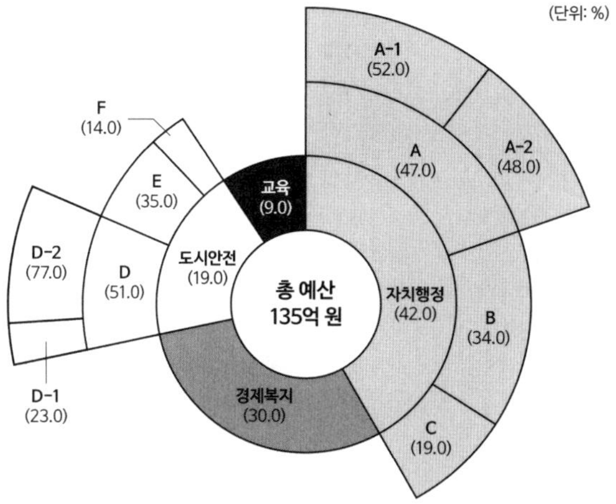

※ 1) 괄호 안의 값은 예산 비중을 의미함.
2) 예를 들어, A(47.0)은 A 사업의 예산이 '자치행정' 분야 예산의 47.0 %임을 나타내고, D-1 사업의 예산은 3.0억 원임.

보기

ㄱ. '교육' 분야 예산은 13억 원 이상이다.
ㄴ. C 사업 예산은 D 사업 예산보다 적다.
ㄷ. '경제복지' 분야 예산은 B 사업과 C 사업 예산의 합보다 많다.
ㄹ. '도시안전' 분야 예산은 A-2 사업 예산의 3배 이상이다.

① ㄱ, ㄴ
② ㄱ, ㄷ
③ ㄴ, ㄷ
④ ㄴ, ㄹ
⑤ ㄷ, ㄹ

문 13

신입사원 교육담당자 OO은 신입사원 7명(A~G)을 3개 조로 편성하여 교육시켜야한다. 아래 조건에 맞게 조를 편성할 때 옳지 않은 것은?

○ 조는 3명 이하여야 한다.
○ 한 명인 조는 없다.
○ 경력사원은 A, B뿐이며, 이 둘은 함께 식사하지 않는다.
○ 같은 대학교 출신인 C, D는 함께 식사하지 않는다.
○ 나이가 같은 E, F는 함께 식사한다.
○ G는 경력사원과 함께 식사한다.

① A는 E와 같은 조에 편성될 수 있다.
② B는 C와 같은 조에 편성될 수 있다.
③ C는 G와 같은 조에 편성될 수 있다.
④ D가 E와 같은 조에 편성되는 경우, C는 경력사원과 같은 조에 편성된다.
⑤ E는 G와 같은 조에 편성될 수 없다.

문 14

다음 〈상황〉을 근거로 판단할 때 D가 가져간 사탕의 개수는?

> **상황**
>
> 교실 책상 위에 선생님이 사탕을 올려 두고, 5명의 학생들(A~E)에게 순서대로 교실로 들어와 먹고 싶은 만큼 집어가라고 했다.
>
> 마지막 학생인 E가 집어가고 나서 남아 있는 사탕은 없었고, 5명의 학생들은 다음의 대화를 나누었다.
>
> – A : 내가 가장 먼저 교실에 들어갔을 때, 20개의 사탕이 있었어.
> – B : A가 사탕을 집어가고 내가 교실에 들어갔을 때, 홀수 개의 사탕이 남아 있었어. 그리고 나는 A보다 많이 가져갔고, 홀수 개의 사탕을 가지고 갔어.
> – C : 솔직히 말하면 나는 5개보다는 적게 가져갔어.
> – D : 선생님이 그러던데 우리 5명이 가져간 사탕의 개수가 서로 다 다르대. 나는 그래도 E가 먹을 거는 남겨놨어.
> – E : 2개 남아있더라. 선생님이 내가 제일 적게 가져가긴 했어도 서운해 하지는 말라고 말씀하셨어.

① 2개
② 3개
③ 4개
④ 5개
⑤ 6개

문 15

다음은 패스트푸드 메뉴판이다. 세트로 구매 시 할인액이 가장 큰 것은?

〈단품〉		〈세트〉 버거 + 감자튀김(R) + 콜라(R)	
새우버거	3,000원	새우버거 세트	4,300원
치즈버거	3,500원	치즈버거 세트	4,600원
불고기버거	3,800원	불고기버거 세트	4,900원
더블버거	4,200원	더블버거 세트	5,300원
시베리안블루베리 햄버거 세트	4,800원	시베리안블루베리 햄버거 세트	5,700원
수제초콜릿버거	4,500원	수제초콜릿버거 세트	5,500원

세트메뉴에서 콜라와 감자튀김 사이즈를 L로 변경시 500원, 콜라를 커피로 변경시 1,500원이 추가됩니다.

〈음료〉		〈감자튀김〉	
콜라(R)	1,000원	감자튀김(R)	1,500원
콜라(L)	1,500원	감자튀김(L)	2,000원
사이다	1,200원	코울슬로	2,200원
커피	2,000원		

① 시베리안블루베리 햄버거세트
② 수제초콜릿 버거세트
③ 새우버거세트 + 콜라 사이즈 변경(L)
④ 더블버거세트 + 콜라를 커피로 변경

16～17

○○시의 사무관 K씨는 3월 1일자로 현 부서에 부임하자마자 새로운 환경시설 유치에 대한 주민공청회를 개최하는 업무를 시작하였다. 주민공청회를 개최하기 위해서는 다음과 같은 활동들과 소요기간(일)이 필요하다. 여기서 각 활동들은 직전 활동들이 완성되어야만 시작된다. 다음 물음에 답하시오.

활동	활동내용	직전활동	소요기간(일)
1	공청회 개최 담당조직 결성		2
2	예산 확보	1	4
3	공청회 장소 물색	1	3
4	공청회 장소 결정 및 계약	3	2
5	사회자, 발표자 및 토론자 선정	2	10
6	초청장 인쇄 및 발송	2,5	5
7	공청회 자료 작성	1,5	15
8	공청회 자료 운반	7	1
9	공청회 회의실 정비	4	1
10	공청회 개최	6,7,8	1

문 16

가장 빠른 공청회 개최일은?(단, 휴일에도 근무하는 것으로 한다.)

① 3월 9일 ② 3월 19일 ③ 3월 22일
④ 4월 2일 ⑤ 4월 13일

문 17

만약 활동 7 '공청회 자료 작성'에 지원 인력이 생겨 소요기간이 15일에서 3일로 단축된다면 공청회 개최일 일정은 며칠이나 단축되는가?

① 단축되지 않는다.
② 15일 단축된다.
③ 12일 단축된다.
④ 11일 단축된다.
⑤ 10일 단축된다.

문 18

사업별 조직구조의 강점이 아닌 것은?

① 분권화된 의사결정
② 기능부서 간 원활한 조정
③ 불안정한 환경에서 신속한 변화에 적합
④ 명확한 책임 소재를 통한 고객만족 향상
⑤ 제품 라인 간 통합과 표준화 강화

문 19

기업전략에 관한 설명으로 옳지 않은 것은?

① BCG 매트릭스에서 성장은 느리지만 시장점유율이 높아서 이익이 많이 나는 집단을 별(star)이라고 한다.
② 포터(M. Porter)의 집중화전략은 한정된 특수 고객층에 집중하여 원가우위전략 혹은 차별화전략을 쓰는 것을 말한다.
③ 포터(M. Porter)의 차별화전략은 품질이나 디자인이 뛰어난 만큼 비용이 많이 든다.
④ SWOT분석은 외부환경의 기회와 위협, 내부환경의 강점과 약점을 분석한다.
⑤ 자원기반관점(resource-based view)에서는 기업이 통제하는 자원과 역량이 경쟁우위의 원천이 된다.

문 20

매슬로우(A. Maslow)의 욕구단계이론과 알더퍼(C. Alderfer)의 ERG이론에 관한 설명으로 옳지 않은 것은?

① 욕구단계이론과 ERG이론은 하위욕구가 충족되면 상위욕구를 추구한다고 보는 공통점이 있다.
② ERG이론에서는 욕구의 좌절 –퇴행 과정도 일어난다.
③ 욕구단계이론에서 자아실현의 욕구는 ERG이론에서 성장욕구에 해당한다.
④ 욕구단계이론에서는 한 시점에 낮은 단계와 높은 단계의 욕구가 동시에 발생한다.
⑤ 욕구단계이론에서 생리적 욕구는 ERG이론에서 존재욕구에 해당한다.

21 ~ 25

아래의 모니터에 나타나는 정보를 이해하고 시스템의 상태를 판독하여 적절한 코드를 입력하시오. (상태 격상 시 안전 → 경계 → 위험 방향으로 격상하고, 역방향으로 격하함)

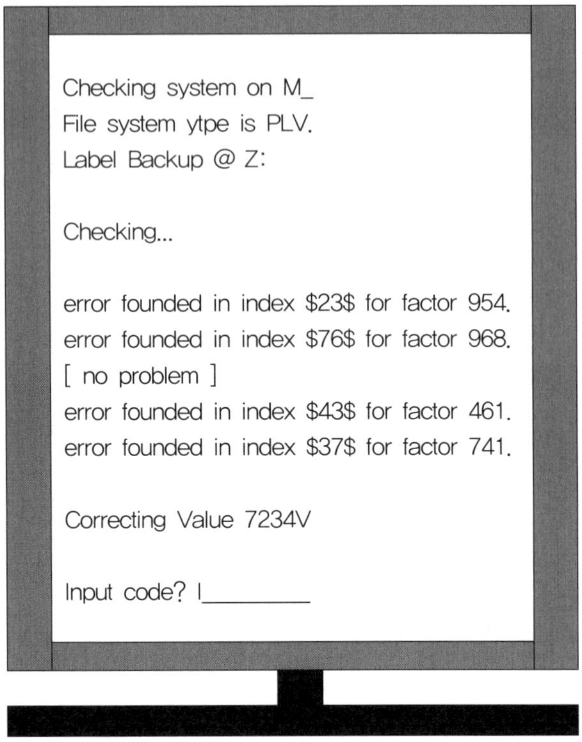

항목	세부사항
File System Type	– EHD : error value들 중 가장 큰 값과 가장 작은 값의 합을 FEV로 지정 – PLV : error value들 중 가장 큰 값과 가장 작은 값의 차이를 FEV로 지정
Label Backup	– Z : 기존 correcting value의 두 배에 해당하는 값을 correcting value로 사용 – X : correcting value를 그대로 사용 (단, correcting value에 포함된 문자는 없는 것으로 취급) – Y : correcting value를 그대로 사용
Index \$#\$ for Factor ##	– 오류 발생 위치 : \$와 \$ 사이에 나타나는 숫자 – 오류 유형 : factor 뒤에 나타나는 숫자
Error Value	– 오류 발생 위치가 오류 유형에 포함 : 해당 숫자 – 오류 발생 위치가 오류 유형에 미포함 : 1 * FEV(Final Error Value) : File system type에 따라 error value를 이용하여 산출하는 세 자리의 수치(예 : 008, 154, 097) – 오류 유형 뒤에 'no problem'라는 문구가 등장할 경우, 해당 열에서는 error value를 산정하지 않음 – 산출된 error value의 개수가 4개 이상일 경우, 시스템 한 단계 격상 – 산출된 error value의 개수가 2개 이하일 경우, 시스템 한 단계 격하

	* error value 개수 집계 시, 동일한 값의 error value를 중복으로 취급하지 않음
Correcting Value	FEV와의 대조를 통하여 시스템 상태 판단

판단기준	시스템 상태	입력 코드
FEV를 구성하는 숫자가 correcting value를 구성하는 숫자에 모두 포함되어 있는 경우	안전	sdfgr77
FEV를 구성하는 숫자가 correcting value를 구성하는 숫자에 일부만 포함되어 있는 경우	경계	– <u>correcting value에 문자 포함</u> : ddass45 – <u>correcting value에 문자 미포함</u> : ddass45/e
FEV를 구성하는 숫자가 correcting value를 구성하는 숫자에 전혀 포함되어 있지 않은 경우	위험	agewd24

문 21

```
Checking system on M_
File system type is EHD.
Label Backup @ X:

Checking...

error founded in index $27$ for factor 375.
[ no problem ]
error founded in index $3$ for factor 93.
error founded in index $56$ for factor 245.

Correcting Value 1292V

Input code? I_________
```

① sdfgr77 ② ddass45/e
③ ddass45 ④ agewd24

문 22

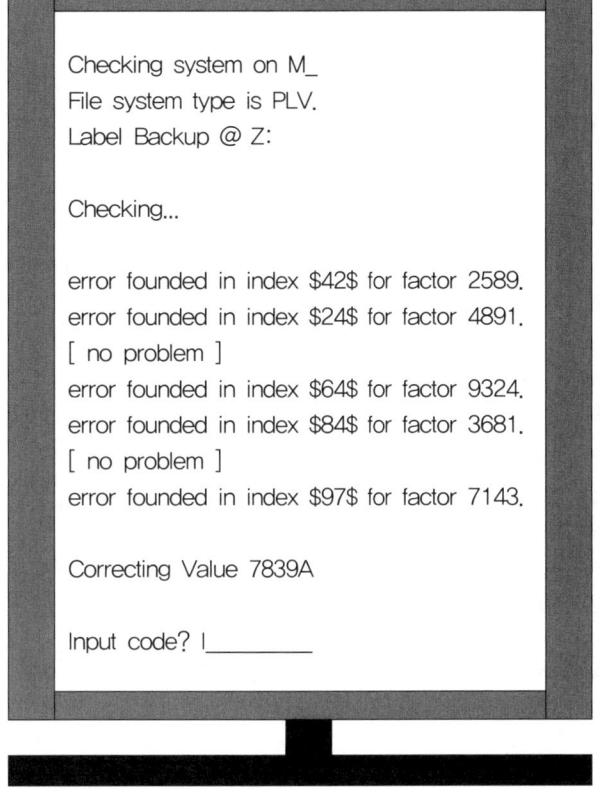

```
Checking system on M_
File system type is PLV.
Label Backup @ Z:

Checking...

error founded in index $42$ for factor 2589.
error founded in index $24$ for factor 4891.
[ no problem ]
error founded in index $64$ for factor 9324.
error founded in index $84$ for factor 3681.
[ no problem ]
error founded in index $97$ for factor 7143.

Correcting Value 7839A

Input code? I_________
```

① sdfgr77
② ddass45/e
③ ddass45
④ agewd24

문 23

```
Checking system on M_
File system type is EHD.
Label Backup @ X:

Checking...

error founded in index $35$ for factor 9752.
error founded in index $26$ for factor 3756.
error founded in index $81$ for factor 6584.
error founded in index $93$ for factor 5791.

Correcting Value 10384V

Input code? I_________
```

① sdfgr77　　② ddass45/e
③ ddass45　　④ agewd24

문 24

```
Checking system on M_
File system type is EHD.
Label Backup @ Y:

Checking...

error founded in index $27$ for factor 571.
[ no problem ]
error founded in index $3$ for factor 95.
error founded in index $56$ for factor 692.
error founded in index $4$ for factor 45.

Correcting Value 7048D

Input code? I_________
```

① sdfgr77　　② ddass45/e
③ ddass45　　④ agewd24

문 25

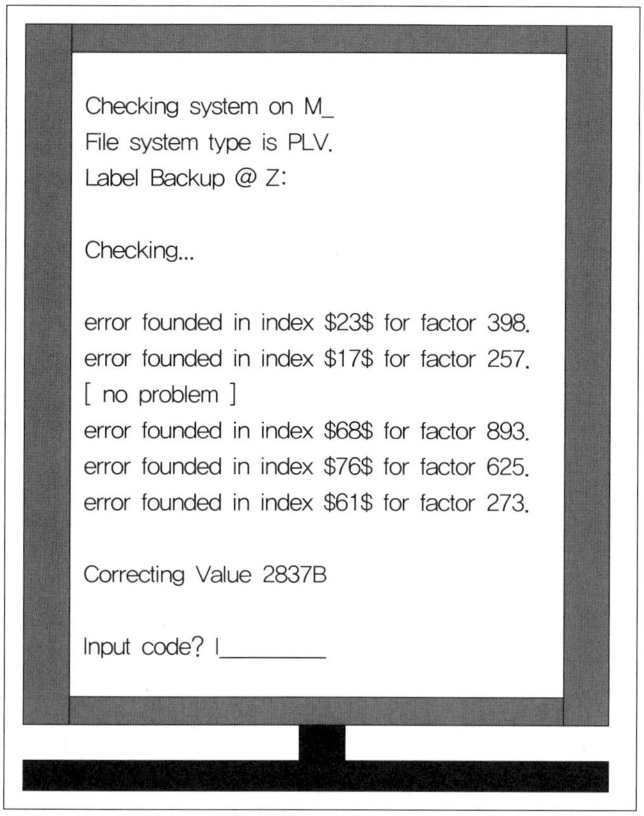

Checking system on M_
File system type is PLV.
Label Backup @ Z:
Checking...
error founded in index 23 for factor 398.
error founded in index 17 for factor 257.
[no problem]
error founded in index 68 for factor 893.
error founded in index 76 for factor 625.
error founded in index 61 for factor 273.
Correcting Value 2837B
Input code? I________

① sdfgr77　　② ddass45/e
③ ddass45　　④ agewd24

문 26

다음 중 학점[B3:B10]을 이용하여 [E3:E7] 영역에 학점별 학생수만큼 '♣' 기호를 표시하고자 할 때, [E3] 셀에 입력해야 할 수식으로 옳은 것은?

	A	B	C	D	E
1	엑셀 성적 분포				
2	이름	학점		학점	성적그래프
3	김현미	A		A	♣
4	조미림	B		B	♣♣♣♣
5	심기훈	F		C	♣
6	박원석	C		D	
7	이영준	B		F	♣♣
8	최세종	F			
9	김수현	B			
10	이미도	B			

① =REPT("♣", COUNTIF(D3, $B$3:$B$10))
② =REPT(COUNTIF(D3, $B$3:$B$10), "♣")
③ =REPT("♣", COUNTIF($B$3:$B$10, D3))
④ =REPT(COUNTIF($B$3:$B$10, D3), "♣")

문 27

다음 중 대인관계 양식과 보완점이 잘못 짝지어진 것은?

① 지배형 – 타인에 대한 자신의 지배적 욕구를 깊이 살펴보는 시간이 필요하다.
② 고립형 – 대인관계의 중요성을 인식하고 좀 더 적극적인 노력을 한다.
③ 친화형 – 타인의 이익을 배려하는 노력이 필요하다.
④ 복종형 – 대인관계에서 자기표현을 적극적으로 하며 독립성을 키운다.
⑤ 순박형 – 타인의 의도를 좀 더 깊게 들여다보고 행동하는 신중함이 필요하다.

문 28

다음은 팔로워십 유형 중 어느 것에 대한 특징인가?

〈자아상〉 – 판단, 사고를 리더에 의존 – 지시가 있어야 행동 〈동료/리더의 시각〉 – 하는 일이 없음 – 제 몫을 하지 못함 – 업무 수행에는 감독이 반드시 필요 〈조직에 대한 자신의 느낌〉 – 조직이 나의 아이디어를 원치 않음 – 노력과 공헌을 해도 아무 소용이 없음 – 리더는 항상 자기 마음대로 함

① 소외형
② 순응형
③ 실무형
④ 수동형
⑤ 주도형

문 29

지식재산권에 대한 설명 중 옳지 않은 것은?

① 특허 : 기술적 창작인 원천 핵심 기술
② 실용신안 : Life-Cycle이 길고 산업상 이용가능한 기술
③ 의장 : 심미감을 느낄 수 있는 물품의 형상, 모양
④ 상표 : 타 상품과 식별할 수 있는 기호, 문자, 도형
⑤ 산업저작권 : 컴퓨터프로그램, 인공지능, 데이터베이스

문 30

다음은 (　　) 에 공통으로 들어갈 단어에 대한 특성을 설명한 것이다. (　　　)에 들어갈 것은?

1. (　　　)은 그 과정 자체가 매우 불확실하고 장기간의 시간을 필요로 한다.
2. (　　　)은 지식 집약적인 활동이다.
3. (　　　) 과정의 불확실성과 모호함은 기업 내에서 많은 논쟁과 갈등을 유발할 수 있다.
4. (　　　)은 조직의 경계를 넘나드는 특성을 갖고 있다.

① 기술시스템
② 기술혁신
③ 기술선택
④ 기술적용
⑤ 기술 융합

02 하프 모의고사 2회 (30문항 35분)

문 01

다음 글에 대한 이해로 적절하지 않은 것은?

> 최근 가짜 뉴스가 확산되는 이유 중 하나로 확증 편향을 들 수 있다. 확증 편향이란 진리 여부가 불확실한 가설 혹은 믿음을 부적절하게 강화하는 행위로서, 이것은 뉴스 수용자의 사전 신념에서 비롯된다. 확증 편향을 보이는 뉴스 수용자는 자신이 지닌 신념을 정당화하거나 확증해 주는 뉴스만을 수용하기 때문에 뉴스 정보 자체의 객관성이나 신뢰성을 비판적으로 점검하는 인지적 행위를 올바로 수행하지 못한다. 이러한 수용자들은 뉴스의 출처나 정보의 정확성을 기준으로 하기보다 자신의 신념을 지지하는 근거가 되는 뉴스를 선별하여 그 뉴스의 정보를 그대로 수용한다. 확증 편향에 빠진 뉴스 수용자들은 자기 판단에 대한 합리화를 위한 정보를 선택적으로 찾아 수용하고, 이러한 과정을 반복하면서 자신의 신념을 더욱 강화해 간다. 이러한 수용자들은 가짜 뉴스가 사실이 아닌 정보나 신뢰할 수 없는 정보를 전달하고 있더라도 자신의 신념을 지지해 준다면 가짜 뉴스라 하더라도 그대로 수용하고 마는 것이다.

① 확증 편향은 뉴스 수용자의 사전 신념과는 직접적인 관계가 없다.

② 확증 편향은 뉴스의 비판적 수용에 관련된 인지 활동 수행을 방해한다.

③ 확증 편향에 빠진 뉴스 수용자들은 자신의 신념에 부합하는 뉴스 정보를 수용한다.

④ 확증 편향을 보이는 뉴스 수용자들은 가짜 뉴스 정보를 객관적으로 판단하기 어렵다.

문 02

다음 글의 내용을 이해한 것으로 가장 적절한 것은?

> 1905년 아인슈타인의 특수 상대성 이론이 발표되기 전까지 물리학자들은 시간과 공간을 별개의 독립적인 물리량으로 보았다. 공간은 상대적인 물리량인 데 비해, 시간은 절대적인 물리량으로서 공간이나 다른 어떤 것의 변화 에 의해 변하지 않는다는 것이다. 하지만 아인슈타인은 시간도 상대적인 물리량으로 보고 시간과 공간을 합쳐서 4차원 공간, 즉 시공간 (spacetime)이라고 하였다. 이 시공간은 시간 과 공간으로 서로 구별되지 않는다. 다만 이 시공간은 시간에 해당하는 차원이 한 방향으로만 진행한다는 한계가 있기 때문에 제한적인 4차원 공간이라는 특징이 있다.

① 아인슈타인의 시공간은 시간과 공간으로 구별되어 존재했다.

② 아인슈타인 등장 전까지 시간과 공간은 독립적인 물리량이 아니었다.

③ 아인슈타인 등장 전까지 시간은 상대적인 물리량으로 변화 가능한 것이었다.

④ 아인슈타인의 시공간은 시간에 해당하는 차원이 한 방향으로만 진행되었다.

문 03

다음 글에 대한 이해로 적절하지 않은 것은?

장기기억에는 서술기억과 비서술기억이 있다. 서술기억은 개인적으로 경험한 사건을 저장하는 일화기억과 사실이나 정보를 기억하는 의미기억으로 나눌 수 있다. 비서술기억은 반복적인 연습을 통하여 습득하는 운동기술이나 습관 등의 기억이다.

뇌의 퇴행 과정에서 나타나는 신경학적 질환군인 치매는 기억력과 정보처리 능력을 감소시킨다. 치매에 걸리면 자신의 일화기억과 의미기억 모두와 단절된다. 또한 이전에 없었던 사실이나 정보를 새롭게 학습하여 기억하는 것도 어렵다. 요리, 금융거래와 같은 일상적 활동과 혼자서 옷 입기와 같은 자기 관리 능력도 완전히 상실하게 된다.

치매의 약 50 60 %에서 나타나는 알츠하이머병은 뇌세포의 광범위한 변성에서 비롯되는 지적 능력 및 성격의 진행성 퇴화 질환이다. 알츠하이머병에 걸리면 친숙한 장소 근처에서 길을 찾는 데 어려움을 보인다. 병이 진행될수록 알고 지내던 사람들을 알아보지 못하게 되며 화를 잘 내고 자기 관리 능력이 점점 더 떨어지게 된다.

① 최근에 읽은 책 내용에 대한 기억은 서술기억이다.
② 치매에 걸린 사람은 서술기억을 상실하게 된다.
③ 알츠하이머병은 지적 능력이 퇴화되는 질환이다.
④ 알츠하이머병이 진행되더라도 자기 관리 능력이 강화된다.

문 04

다음 글의 제목으로 가장 적절한 것은?

당시 영국의 곡물법은 식량 가격의 인상을 유발하지 않으면서도 자국의 농업 생산을 장려하고자 하는 목적에서 제정된 것으로, 이 법에 따라 영국 정부는 수입 곡물에 대해 탄력적인 관세율을 적용하여 곡가(穀價)를 적정 하게 유지하고자 하였다. 그런데 나폴레옹 전쟁 이후 전시 수요는 크게 둔화된 반면, 대륙 봉쇄가 풀리면서 곡물 수입이 활발해짐에 따라 식량 가격은 하락하기 시작했다. 이에 농부들은 수입 곡물에 대해 관세를 더욱 높일 것을 요구하였다. 아울러 이러한 요구는 국력의 유지와 국방의 측면을 위해서도 국내 농업 생산 보호가 필요하다는 지주들의 주장에 의해 뒷받침되었다. 이와는 달리, 공장주들은 수입 곡물에 대한 관세 인상을 반대하였다. 관세가 인상되면 곡가가 오르고 임금도 오르게 되며, 그렇게 되면 이윤이 감소하고 제조품의 수출도 감소하여 마침내 제조업의 파멸을 초래하게 된다는 것이었다. 이에 공장주들은 영국의 미래는 농업이 아니라 공업의 확장에 달려 있다고 주장하면서 곡물법의 즉각적인 철폐를 요구하기에 이르렀다.

① 영국 곡물법의 개념
② 영국 곡물법의 철폐
③ 영국 곡물법에 대한 의견
④ 영국 곡물법의 제정과 변화

문 05

다음 글의 전개 순서로 가장 자연스러운 것은?

(가) 과거에는 고통만을 안겨 주었던 지정학적 조건이 이제는 희망의 조건이 되고 있습니다. 이제 한반도는 사람과 물자가 모여드는 동북아 물류와 금융, 비즈니스의 중심지가 될 것입니다. 우리가 주도해서 평화와 번영의 동북아 시대를 열어 나가야 합니다.
(나) 100년 전 우리는 수난과 비극의 역사를 겪었습니다. 해양으로 나가려는 세력과 대륙으로 진출하려는 세력이 한반도를 가운데 놓고 싸움을 벌였습니다. 마침내 우리는 국권을 상실하는 아픔을 감수해야 했습니다.
(다) 지금은 무력이 아니라 경제력이 국력을 좌우하는 시대입니다. 우리나라는 전쟁의 폐허를 극복하고 세계적인 경제 강국을 건설하고 있습니다. 우수한 인력과 세계 선두권의 정보화 기반을 갖추고 있습니다. 바다와 하늘과 땅을 연결하는 물류 기반도 손색이 없습니다.
(라) 그 아픔은 분단으로 이어져서 오늘에 이르고 있습니다. 그 과정에서는 정의가 패배하고 기회주의가 득세하는 불행한 역사를 겪었습니다. 그러나 이제 우리에게도 새로운 희망의 시대가 열리고 있습니다. 세계의 변방으로 머물러 왔던 동북아시아가 북미·유럽 지역과 함께 세계 경제의 3대 축으로 떠오르고 있습니다.

① (가)－(나)－(다)－(라)
② (가)－(라)－(나)－(다)
③ (나)－(가)－(라)－(다)
④ (나)－(라)－(다)－(가)

문 06

(가)에 들어갈 내용으로 가장 적절한 것은?

디지털 독자라면 누구나 직면하게 되는 도전들이 도사리고 있다. 이 도전은 다음과 같은 환경적 특징 때문에 생겨난다.
디지털은 (　가　)이다. 대표적인 오프라인 정보 창고인 도서관은 '작가'라 불리는 사람들이 쓴 책을 선호한다. 대부분의 인쇄 서적들은 사업인가를 받은 출판사가 기획하고 발행한다. 오프라인에는 전문가들이 도서를 검토, 평가, 선택하는 일련의 절차가 존재한다. 반면에 디지털 환경에서는 누구나 무엇이든 내키는 대로 표현하고 드러낼 수 있다. 정돈된 메시지를 섬세하게 디자인하여 공유하는 이들도 있지만, 대개는 다양한 플랫폼들을 통해서 속전속결로 자신이 생산한 것들을 게재한다. 디지털 환경에서는 텍스트의 생산과 소비사이에 출판, 검토, 비평, 선정이라는 중간 과정이 생략된다.

① 검증되지 않은 공간
② 몰입할 수 있는 공간
③ 정교한 중간 과정이 있는 공간
④ 전문적으로 표현해야 하는 공간

문 07

어느 농구선수의 자유투 성공률은 75%이다. 이 선수가 세 번의 자유투를 던질 때, 적어도 한 번은 성공할 확률은? (단, 앞선 자유투의 결과는 다음 자유투에 영향을 끼치지 않는다.)

① $\frac{1}{64}$　② $\frac{1}{16}$

③ $\frac{1}{8}$　④ $\frac{15}{16}$

⑤ $\frac{63}{64}$

문 08

둘레가 $2.4km$인 호수가 있다. 이 호숫가의 같은 지점에서 A와 B 두 사람이 출발하여 같은 방향으로 걸으면 4시간 후에 만나고, 반대 방향으로 걸으면 30분 후에 만난다. B가 A보다 빠르게 걷는다고 할 때, B의 속력을 구하면?

① 분속 $25m$　② 분속 $35m$

③ 분속 $45m$　④ 분속 $55m$

⑤ 분속 $65m$

문 09

어느 동물원의 2인당 입장료가 어른은 3000원, 어린이는 1600원이라고 한다. 어른과 어린이를 합하여 30명이 입장하는데 전체 가격이 31000원을 넘지 않게 하려고 한다. 이 때 어른의 최대 입장 인원은?

① 9명　② 10명
③ 11명　④ 12명
⑤ 13명

문 10

다음 〈표〉는 OECD 주요 국가별 삶의 만족도 및 관련 지표를 나타낸 것이다. 이에 대한 설명으로 옳지 않은 것은?

〈표〉 OECD 주요 국가별 삶의 만족도 및 관련 지표

(단위 : 점, %, 시간)

국가 \ 구분	삶의 만족도	장시간 근로자비율	여가·개인 돌봄시간
덴마크	7.6	2.1	16.1
아이슬란드	7.5	13.7	14.6
호주	7.4	14.2	14.4
멕시코	7.4	28.8	13.9
미국	7.0	11.4	14.3
영국	6.9	12.3	14.8
프랑스	6.7	8.7	15.3
이탈리아	6.0	5.4	15.0
일본	6.0	22.6	14.9
한국	6.0	28.1	14.6
에스토니아	5.4	3.6	15.1
포르투갈	5.2	9.3	15.0
헝가리	4.9	2.7	15.0

※ 장시간근로자비율은 전체 근로자 중 주 50시간 이상 근무한 근로자의 비율임.

① 삶의 만족도가 가장 높은 국가는 장시간근로자비율이 가장 낮다.
② 한국의 장시간근로자비율은 삶의 만족도가 가장 낮은 국가의 장시간근로자비율의 10배 이상이다.
③ 삶의 만족도가 한국보다 낮은 국가들의 장시간근로자비율의 산술평균은 이탈리아의 장시간근로자비율보다 높다.
④ 여가·개인돌봄시간이 가장 긴 국가와 가장 짧은 국가의 삶의 만족도 차이는 0.3점 이하이다.
⑤ 장시간근로자비율이 미국보다 낮은 국가의 여가·개인돌봄시간은 모두 미국의 여가·개인돌봄시간보다 길다.

문 11

다음 〈표〉는 2018년 '갑'국의 대학유형별 현황에 관한 자료이다. 이에 대한 〈보기〉의 설명 중 옳은 것만을 모두 고르면?

〈표〉 대학유형별 현황

(단위: 개, 명)

구분 \ 유형	국립대학	공립대학	사립대학	전체
학교	34	1	154	189
학과	2,776	40	8,353	11,169
교원	15,299	354	49,770	65,423
여성	2,131	43	12,266	14,440
직원	8,987	205	17,459	26,651
여성	3,254	115	5,259	8,628
입학생	78,888	1,923	274,961	355,772
재적생	471,465	13,331	1,628,497	2,113,293
졸업생	66,890	1,941	253,582	322,413

보기

ㄱ. 학과당 교원 수는 공립대학이 사립대학보다 많다.
ㄴ. 전체 대학 입학생 수에서 국립대학 입학생 수가 차지하는 비율은 20% 이상이다.
ㄷ. 입학생 수 대비 졸업생 수의 비율은 공립대학이 국립대학보다 높다.
ㄹ. 각 대학유형에서 남성 직원 수가 여성 직원 수보다 많다.

① ㄱ, ㄷ　② ㄱ, ㄹ
③ ㄴ, ㄹ　④ ㄱ, ㄴ, ㄷ
⑤ ㄴ, ㄷ, ㄹ

문 12

다음 〈표〉는 동일한 상품군을 판매하는 백화점과 TV홈쇼핑의 상품군별 2015년 판매수수료율에 대한 자료이다. 이에 대한 〈보고서〉의 설명 중 옳은 것만을 모두 고르면?

〈표 1〉 백화점 판매수수료율 순위

(단위 : %)

판매수수료율 상위 5개			판매수수료율 하위 5개		
순위	상품군	판매수수료율	순위	상품군	판매수수료율
1	셔츠	33.9	1	디지털기기	11.0
2	레저용품	32.0	2	대형가전	14.4
3	잡화	31.8	3	소형가전	18.6
4	여성정장	31.7	4	문구	18.7
5	모피	31.1	5	신선식품	20.8

〈표 2〉 TV홈쇼핑 판매수수료율 순위

(단위 : %)

판매수수료율 상위 5개			판매수수료율 하위 5개		
순위	상품군	판매수수료율	순위	상품군	판매수수료율
1	셔츠	42.0	1	여행패키지	8.4
2	여성캐주얼	39.7	2	디지털기기	21.9
3	진	37.8	3	유아용품	28.1
4	남성정장	37.4	4	건강용품	28.2
5	화장품	36.8	5	보석	28.7

보고서

백화점과 TV홈쇼핑의 전체 상품군별 판매수수료율을 조사한 결과, ㉠ 백화점, TV홈쇼핑 모두 셔츠 상품군의 판매수수료율이 전체 상품군 중 가장 높았다. 그리고 백화점, TV홈쇼핑 모두 상위 5개 상품군의 판매수수료율이 30%를 넘어섰다. ㉡ 여성정장 상품군과 모피 상품군의 판매수수료율은 TV홈쇼핑이 백화점보다 더 낮았으며, ㉢ 디지털기기 상품군의 판매수수료율은 TV홈쇼핑이 백화점보다 더 높았다. ㉣ 여행패키지 상품군의 판매수수료율은 백화점이 TV홈쇼핑의 2배 이상이었다.

① ㄱ, ㄴ　② ㄱ, ㄷ
③ ㄴ, ㄹ　④ ㄱ, ㄷ, ㄹ
⑤ ㄴ, ㄷ, ㄹ

문 13

다음 글을 근거로 판단할 때, 다음 주 수요일과 목요일의 청소 당번을 옳게 짝지은 것은?

> A～D는 다음 주 월요일부터 금요일까지 하루에 한명씩 청소당번을 정하려고 한다. 청소당번을 정하는 규칙은 다음과 같다.
>
> ○ A～D는 최소 한 번씩 청소당번을 한다.
> ○ 시험 전날에는 청소당번을 하지 않는다.
> ○ 발표 수업이 있는 날에는 청소당번을 하지 않는다.
> ○ 한 사람이 이틀 연속으로는 청소당번을 하지 않는다.
>
> 다음은 청소당번을 정한 후 A～D가 나눈 대화이다.
>
> A: 나만 두 번이나 청소당번을 하잖아. 월요일부터 청소 당번이라니!
> B: 미안. 내가 월요일에 발표 수업이 있어서 그날 너밖에 할 사람이 없었어.
> C: 나는 다음 주에 시험이 이틀 있는데, 발표 수업이 매번 시험 보는 날과 겹쳐서 청소할 수 있는 요일이 하루밖에 없었어.
> D: 그래도 금요일에 청소하고 가야 하는 나보다는 나을 걸.

	수요일	목요일
①	A	B
②	A	C
③	B	A
④	C	A
⑤	C	B

문 14

다음 글을 근거로 판단할 때 옳은 것은?

> 공기업 신입직원 면접은 전공, 영어, 인성 3개 면접으로 이루어진다. 3개 면접 합계 점수가 높은 사람 순으로 정원까지 합격한다. 응시자는 7명(A～G)이며, 7명의 각 면접 성적에 대해서는 다음과 같은 사실이 알려졌다.
>
> ○ 전공면접 점수: A는 B보다 높고, B는 E보다 높고, C는 D보다 높다.
> ○ 영어면접 점수: E는 F보다 높고, F는 G보다 높다.
> ○ 인성면접 점수: G는 B보다도 높고 C보다도 높다.
>
> 합격자 선발 결과, 전공면접 점수가 일정 점수 이상인 응시자는 모두 합격한 반면 그 점수에 달하지 않은 응시자는 모두 불합격한 것으로 밝혀졌고, 이는 영어면접과 인성면접에서도 마찬가지였다.

① A가 합격하였다면, B도 합격하였다.
② G가 합격하였다면, C도 합격하였다.
③ A와 B가 합격하였다면, C와 D도 합격하였다.
④ B와 E가 합격하였다면, F와 G도 합격하였다.
⑤ B가 합격하였다면, B를 포함하여 적어도 6명이 합격하였다.

15～17

민규는 화학회사에서 원자재 수급을 담당하고 있다. 아래의 물음에 답하시오.

〈표1 화물운송 노선도〉

(특급열차)	A				E		G		I
(급행열차)	A			D		F		H	I
(보통열차)	A	B		D	E		G	H	I
(저속열차)	A	B	C	D	E	F	G	H	I

※ 전체 노선의 길이는 600km이며 저속열차 기준으로 각 역 사이의 거리는 동일하다.
A, I역을 제외하고는 정지할 때마다 10분씩 정차한다.

〈표2 노선정보〉

구분	평균속력 (km/h)	연료	연료가격 (원/L)	연비 (km/L)
특급열차	300	가	2,200	11
급행열차	200	나	1,800	6
보통열차	150	다	1,600	4
저속열차	120	라	1,400	7

문 15

A역에서 출발하여 I역까지 화물을 배송할 때, 가장 빨리 도착하는 노선과 가장 늦게 도착하는 노선의 배송시간의 차이는?

① 3시간 30분　　② 3시간 50분
③ 4시간 10분　　④ 4시간 30분

문 16

A역에서 I역까지 배송 시, 총 연료비가 가장 많이 드는 노선은?

① 특급열차　　② 급행열차
③ 보통열차　　④ 저속열차

문 17

A역에서 화물을 싣고 출발해 I역에 배송하고, 다시 I역에서 G역으로 이동하여 5시간 30분 이내에만 배달을 하면 된다. 가장 저렴한 방법은?

① 특급열차　② 급행열차　③ 보통열차　④ 저속열차

문 18

조직 구성원이 리더의 새로운 이상에 의해 태도와 동기가 변화하고 자발적으로 자신과 조직의 변화를 이끌어 낼 수 있도록 하는 리더십은?

① 거래적 리더십(transactional leadership)
② 수퍼리더십(super–leadership)
③ 변혁적 리더십(transformational leadership)
④ 서번트 리더십(servant leadership)
⑤ 진성 리더십(authentic leadership)

문 19

집단의사결정의 장점으로 볼 수 없는 것은?

① 구성원으로부터 다양한 정보를 얻을 수 있다.
② 다각도로 문제에 접근할 수 있다.
③ 구성원의 수용도와 응집력이 높아진다.
④ 의사결정에 참여한 구성원들의 교육효과가 높게 나타난다.
⑤ 집단사고의 함정에 빠질 가능성이 배제된다.

문 20

조직구조에 관한 설명으로 옳은 것은?

① 위원회 조직구조는 의사결정을 빠르게 하고 책임소재를 분명히 한다는 장점이 있다.
② 네트워크 조직구조는 핵심 이외의 사업을 외주화하기 때문에 외부환경의 변화에 민활하게 대응할 수 있다.
③ 매트릭스 조직구조는 업무 수행자의 기능 및 제품에 대한 책임 규명이 쉽다는 장점이 있다.
④ 사업부 조직구조는 각 사업부 간의 전문성 교류를 원활하게 함으로써 규모의 경제를 실현하게 한다.
⑤ 기능적 조직구조는 전문화보다 고객 요구에 대한 대응을 더 중요시한다.

21～25

아래의 모니터에 나타나는 정보를 이해하고 시스템의 상태를 판독하여 적절한 코드를 입력하시오. (상태 격상 시 안전 → 경계 → 위험 방향으로 격상하고, 역방향으로 격하함)

```
Checking system on M_
File system ytpe is PLV.
Label Backup @ Z:

Checking...

error founded in index $23$ for factor 954.
error founded in index $76$ for factor 968. [ no problem ]
error founded in index $43$ for factor 461.
error founded in index $37$ for factor 741.

Correcting Value 7234V

Input code? I________
```

항목	세부사항
File System Type	– EHD : error value들 중 가장 큰 값과 가장 작은 값의 합을 FEV로 지정 – PLV : error value들 중 가장 큰 값과 가장 작은 값의 차이를 FEV로 지정
Label Backup	– Z : 기존 correcting value의 두 배에 해당하는 값을 correcting value로 사용 – X : correcting value를 그대로 사용 (단, correcting value에 포함된 문자는 없는 것으로 취급) – Y : correcting value를 그대로 사용
Index $#$ for Factor ##	– 오류 발생 위치 : $와 $ 사이에 나타나는 숫자 – 오류 유형 : factor 뒤에 나타나는 숫자
Error Value	– 오류 발생 위치가 오류 유형에 포함 : 해당 숫자 – 오류 발생 위치가 오류 유형에 미포함 : 1 * FEV(Final Error Value) : File system type에 따라 error value를 이용하여 산출하는 세 자리의 수치(예 : 008, 154, 097) – 오류 유형 뒤에 'no problem'라는 문구가 등장할 경우, 해당 열에서는 error value를 산정하지 않음 – 산출된 error value의 개수가 4개 이상일 경우, 시스템 한 단계 격상 – 산출된 error value의 개수가 2개 이하일 경우, 시스템 한 단계 격하 * error value 개수 집계 시, 동일한 값의 error value를 중복으로 취급하지 않음
Correcting Value	FEV와의 대조를 통하여 시스템 상태 판단

판단기준	시스템 상태	입력 코드
FEV를 구성하는 숫자가 correcting value를 구성하는 숫자에 모두 포함되어 있는 경우	안전	sdfgr77
FEV를 구성하는 숫자가 correcting value를 구성하는 숫자에 일부만 포함되어 있는 경우	경계	– correcting value에 문자 포함 : ddass45 – correcting value에 문자 미포함 : ddass45/e
FEV를 구성하는 숫자가 correcting value를 구성하는 숫자에 전혀 포함되어 있지 않은 경우	위험	agewd24

문 21

```
Checking system on M_
File system type is PLV.
Label Backup @ Y:

Checking...

error founded in index $25$ for factor 398.
error founded in index $17$ for factor 752.
error founded in index $52$ for factor 945.

Correcting Value 2901E

Input code? I________
```

① sdfgr77 ② ddass45/e

③ ddass45 ④ agewd24

문 22

Checking system on M_
File system type is PLV.
Label Backup @ Z:

Checking...

error founded in index 62 for factor 968.
error founded in index 37 for factor 487. [no problem]
error founded in index 45 for factor 359.
error founded in index 59 for factor 293.

Correcting Value 6412A

Input code? I_________

① sdfgr77　② ddass45/e
③ ddass45　④ agewd24

문 23

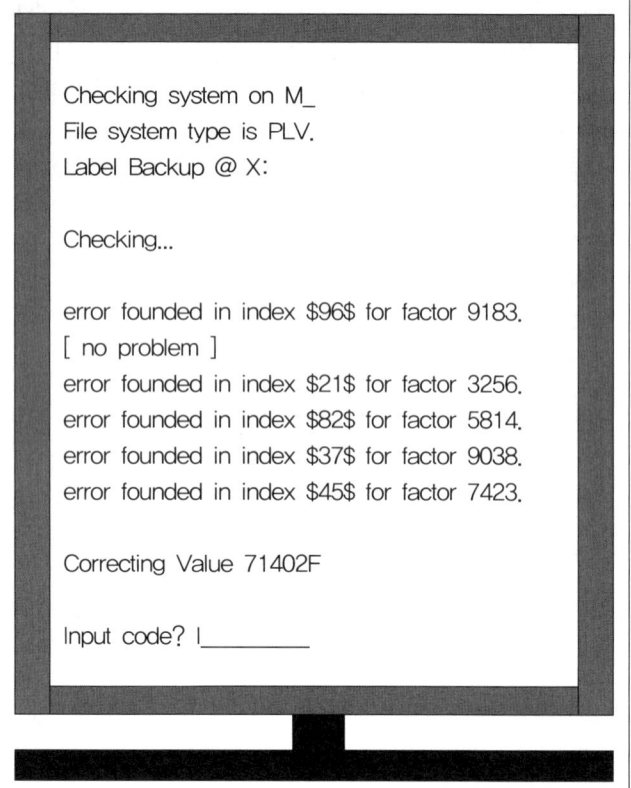

Checking system on M_
File system type is PLV.
Label Backup @ X:

Checking...

error founded in index 96 for factor 9183.
[no problem]
error founded in index 21 for factor 3256.
error founded in index 82 for factor 5814.
error founded in index 37 for factor 9038.
error founded in index 45 for factor 7423.

Correcting Value 71402F

Input code? I_________

① sdfgr77　② ddass45/e
③ ddass45　④ agewd24

문 24

```
Checking system on M_
File system type is EHD.
Label Backup @ Y:

Checking...

error founded in index $81$ for factor 248.
error founded in index $26$ for factor 647.
error founded in index $32$ for factor 503.
[ no problem ]
error founded in index $39$ for factor 156.
[ no problem ]

Correcting Value 46012KF

Input code? I________
```

① sdfgr77　② ddass45/e
③ ddass45　④ agewd24

문 25

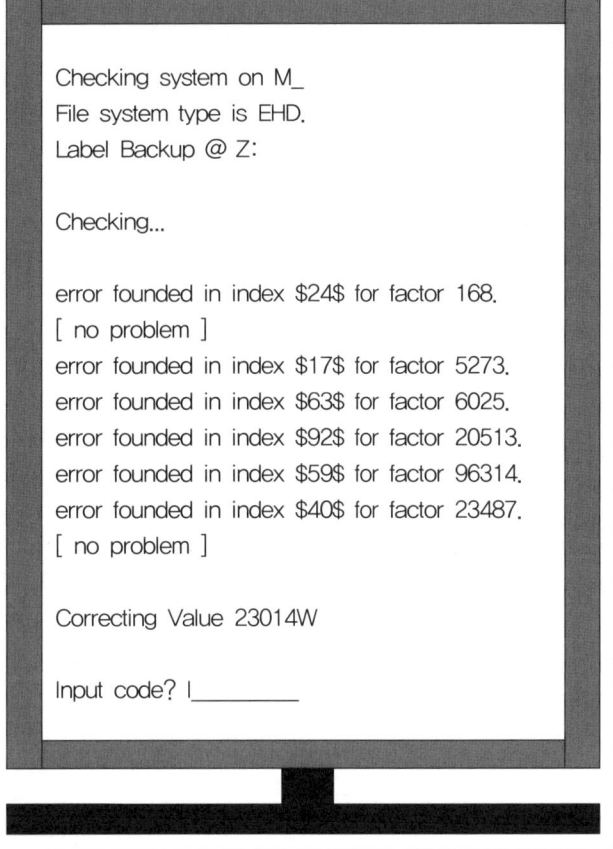

```
Checking system on M_
File system type is EHD.
Label Backup @ Z:

Checking...

error founded in index $24$ for factor 168.
[ no problem ]
error founded in index $17$ for factor 5273.
error founded in index $63$ for factor 6025.
error founded in index $92$ for factor 20513.
error founded in index $59$ for factor 96314.
error founded in index $40$ for factor 23487.
[ no problem ]

Correcting Value 23014W

Input code? I________
```

① sdfgr77　② ddass45/e
③ ddass45　④ agewd24

문 26

다음 중 [D9] 셀에서 사과나무의 평균 수확량을 구하는 경우 나머지 셋과 다른 결과를 표시하는 수식은?

	A	B	C	D	E	F
1	나무번호	종류	높이	나이	수확량	수익
2	001	사과	18	20	18	105000
3	002	배	12	12	10	96000
4	003	체리	13	14	9	105000
5	004	사과	14	15	10	75000
6	005	배	9	8	8	77000
7	006	사과	8	9	10	45000
8						
9	사과나무의 평균 수확량					

① =INT(DAVERAGE(A1:F7, 5, B1:B2))
② =TRUNC(DAVERAGE(A1:F7, 5, B1:B2))
③ =ROUND(DAVERAGE(A1:F7, 5, B1:B2), 0)
④ =ROUNDDOWN(DAVERAGE(A1:F7, 5, B1:B2), 0)

문 27

다음은 대인관계 양식 중 어느 것에 대한 특징인가?

〈특징〉
- 따뜻하고 인정이 많으며 대인관계에서 타인을 잘 배려하여 도와주고 자기희생적이 태도를 취함
- 타인을 즐겁게 해주려고 지나치게 노력하며 타인의 고통과 불행을 보면 도와주려고 과도하게 나서는 경향
- 타인의 요구를 잘 거절하지 못하고 타인의 필요를 자신의 것보다 앞세우는 경향성

〈보완점〉
- 타인과의 정서적 거리를 유지하는 노력이 필요함
- 타인의 이익만큼 나의 이익도 중요함을 인식해야 할 것

① 고립형 ② 복종형 ③ 순박형
④ 친화형 ⑤ 사교형

문 28

팔로워십의 유형에 대한 설명으로 옳지 않은 것은?

① 소외형은 다소 냉소적, 부정적인 시각을 가지고, 조직이 자신을 인정해 주지 않는다는 인식을 갖는다.
② 순응형은 규정과 규칙에 따라 행동하며 적당한 열의와 평범한 수완으로 업무를 수행한다.
③ 실무형은 조직의 운영방침에 민감, 사건을 균형 잡힌 시각으로 본다.
④ 수동형은 판단, 사고를 리더에 의존, 지시가 있어야 행동한다.
⑤ 주도형은 가장 이상적인 유형이다.

문 29

다음 중 지속가능한 기술(sustainable technology)의 특징으로 옳지 않은 것은?

① 이용 가능한 자원과 에너지를 고려하는 기술을 말한다.
② 자원이 사용되고 그것이 재생산되는 비율의 조화를 추구한다.
③ 풍력발전, 조력발전, 태양열발전처럼 지금 우리가 가진 기술과는 상당한 차이가 있다.
④ 고갈되지 않는 자연 에너지를 활용하며, 낭비적인 소비 형태를 지양하는 기술
⑤ 자원이 생산적인 방식으로 사용되는가에 주의를 기울이는 기술

문 30

다음은 산업재해의 기본 원인 중 무엇에 해당하는 것은?

- 안전 관리 조직의 결함
- 안전 수칙 미지정
- 작업 준비 불충분
- 인원 배치 및 작업 지시 부적당

① 교육적 원인
② 기술적 원인
③ 작업 관리상 원인
④ 불안전한 행동
⑤ 불안전한 상태

의사소통능력

문 01

다음은 피셋시 시장에게 온 이메일이다. 글에 대한 이해로 적절하지 않은 것은?

피셋시 시장님께 안녕하십니까? 저는 피셋시에서 농장을 운영하는 김일회입니다. 이렇게 글을 쓰게 된 것은 우리 농장 근처에 신축된 골프장의 빛 공해 문제에 대해 말씀드리기 위함입니다. 빛이 공해가 될 수 있다는 말이 다소 생소하실 수도 있습니다. 하지만 지나친 야간 조명이 식물의 성장에 부정적인 영향을 끼쳐 작물 수확량을 감소시킬 수 있음은 이미 여러 연구를 통해 입증된 바 있습니다. 좀 늦었지만 피셋시에서도 이 문제에 대해 경각심을 가질 필요가 있습니다. 실제로 골프장이 야간 운영을 시작했을 때를 기점으로 우리 농장의 수확률이 현저히 낮아졌음을 제가 확인했습니다. 물론, 이윤을 추구하는 골프장의 야간 운영을 무조건 막는다면 골프장 측에서 반발할 것입니다. 그래서 계절에 따라 야간 운영 시간을 조정하거나 운영 제한에 따른 손실금을 보전해 주는 등의 보완책도 필요합니다. 또한 ㅇㅇ군에서도 빛 공해 문제를 해결하기 위해 야간 조명의 조도를 조정하는 프로젝트를 진행한 바 있으니 참고해 보시기 바랍니다. 모쪼록 시장님께서 이 문제에 관심을 가지고 농장과 골프장이 상생할 수 있는 정책을 펼쳐주시기를 부탁드립니다.

① 시장에게 빛 공해로 농장이 겪는 어려움에 대해 관심을 촉구하고 있다.
② 글쓴이는 골프장 야간 운영으로 농장의 수확률이 낮아졌다고 생각하고 있다.
③ 건의에 대한 신뢰성을 높이기 위해 인용한 자료의 출처를 밝히고 있다.
④ 다른 지역에서 야간 조명으로 인한 폐해를 해결하기 위해 노력한 사례를 언급하고 있다.
⑤ 골프장의 야간 운영을 제한할 때 예상되는 문제점과 그 해결방안에 대해 제시하고 있다.

문 02

㉠에 들어갈 적절한 질문은?

과거는 현재를 통해서 바라보아야 하며, 개인은 절대 사회를 떠나서 존재할 수 없는 존재이다. 그렇기 때문에 역사 서적을 읽는다는 것은 죽은 과거의 사실을 살펴본다는 것이 아니라 현재의 삶을 과거의 역사를 통해 통찰해 본다는 것을 의미한다.

그리고 그러한 일련의 과정의 무대가 되는 곳이 바로 사회라는 것과 사회는 하나의 생명체처럼 살아서 흘러 내려오고 있다는 사실을 간과해서는 안 된다.

이러한 사실을 토대로 고려해볼 때, 역사 서적을 읽을 때 던져야 하는 가장 큰 질문은 (㉠)와 같은 것이어야 한다.

인간은 사회적 삶을 살아갈 때 가장 인간답다고 할 수 있다. 그리고 무엇보다 과거의 누군가의 삶들을 통해 현재의 삶을 수정해 나갈 수 있다는 것은 매우 유익한 것이라고 할 수 있을 것이다.

① '역사적 사실이 다양한 관점에서 기술되었는가?'
② '역사가의 임무는 무엇이며, 역사는 어떻게 기술되어야 하는가?'
③ '왜 이런 역사적 사실이 발생했고, 그 이후의 일들은 어떻게 진행되었는가?'
④ '역사 서적에 기술된 역사적 사실이 과연 진실인가? 어떤 조작된 요소는 없는가?'
⑤ '역사적 사실과 그것에 대한 역사가의 해석은 나의 삶과 어떻게 관련되는가?'

문 03

A의 대화 방식에 따라 〈보기〉에 응답한 것으로 적절한 것은?

사람마다 대화하는 방식이 다르다. 이를테면 A는 상대방과의 관계성에 초점을 두고 대화하지만 B는 정보성에 초점을 두고 대화한다. 관계성에 초점을 두고 대화하는 A는 해결책을 제시하기보다는 말이 오가는 대화 과정 자체를 통해서 상대방과 함께 공감하며 유대감을 갖는 것에 중점을 둔다. 이에 비해 정보성에 초점을 두고 대화하는 B는 대화 과정 자체보다 대화 내용에 중점을 두고 공감이나 유대감 형성보다는 문제 해결을 어떻게 할 것인가에 관심을 갖는다.

보기

어제 자취방에 페인트를 칠했는데 냄새 때문에 너무 고통스러웠어.

① 냄새 없는 친환경 페인트를 썼어야 했는데, 다음엔 그렇게 하자.

② 할 수 없지 조금만 참아. 며칠 지나면 괜찮아질 거야.

③ 문 활짝 열어 놓고, 며칠간 친구 집에서 지내다 와.

④ 냄새가 심해서 많이 힘들었겠다. 지금은 어때?

⑤ 나쁜 공기가 많이 들어 갔을 꺼 같다. 병원에 가보는게 어때?

문 04

다음 글에서 추론할 수 없는 것은?

감염병 우려로 인해 △△시험 관리본부가 마련한 대책은 다음과 같다. 먼저 모든 수험생을 확진, 자가격리, 일반 수험생의 세 유형으로 구분한다. 그리고 수험생 유형별로 시험 장소를 안내하고 마스크 착용 규정을 준수하도록 한다.

〈표〉 수험생 유형과 증상에 따른 시험장의 구분

수험생	시험장	증상	세부 시험장
확진 수험생	생활치료센터	유	센터장이 지정한 센터 내 장소
		무	
		모	
		두	
자가격리 수험생	특별 방역 시험장	유	외부 차단 1인용 부스
		무	회의실
일반 수험생	최초 공지한 시험장	유	소형 강의실
		무	중대형 강의실

모든 시험장에 공통적으로 적용되는 마스크 착용 규정은 다음과 같다. 첫째, 모든 수험생은 입실부터 퇴실 시점까지 의무적으로 마스크를 착용해야 한다. 둘째, 마스크는 KF99, KF94, KF80의 3개 등급만 허용한다. 마스크 등급을 표시하는 숫자가 클수록 방역 효과가 크다. 셋째, 마스크 착용 규정에서 특정 등급의 마스크 의무 착용을 명시한 경우, 해당 등급보다 높은 등급의 마스크 착용은 가능하지만 낮은 등급의 마스크 착용은 허용되지 않는다.

시험장에 따라 달리 적용되는 마스크 착용 규정은 다음과 같다. 첫째, 생활치료센터에서는 각 센터장이 내린 지침을 의무적으로 따라야 한다. 둘째, 특별 방역 시험장에서는 KF99 마스크를 의무적으로 착용해야 한다. 셋째, 소형 강의실과 중대형 강의실에서는 각각 KF99와 KF94 마스크 착용을 권장하지만 의무 사항은 아니다.

① 일반 수험생 중 유증상자는 KF80 마스크를 착용하고 시험을 치를 수 없다.

② 일반 수험생 중 무증상자는 KF80 마스크를 착용하고 시험을 치를 수 있다.

③ 자가격리 수험생 중 유증상자는 KF99 마스크를 착용하고 시험을 치를 수 있다.

④ 자가격리 수험생 중 무증상자는 KF94 마스크를 착용하고 시험을 치를 수 없다.

⑤ 확진 수험생은 생활치료센터장이 허용하는 경우 KF80 마스크를 착용하고 시험을 치를 수 있다.

문 05

다음 글의 주제로 가장 적절한 것은?

> 예전에 '혐오'는 대중에게 관심을 끄는 말이 아니었지만, 요즘에는 익숙하게 듣는 말이 되었다. 이는 과거에 혐오가 존재하지 않았다는 말이 아니다. 단지 최근 몇 년 사이에 이 문제가 폭발하듯 가시화되었다는 뜻이다. 혐오 현상은 외계에서 뚝 떨어진 괴물이 만들어 낸 것이 아니라, 거기엔 자체의 역사와 사회적 배경이 반드시 선행한다.
>
> 이 문제를 바라볼 때 주의 사항이 있다. 혐오나 증오라는 특정 감정에 집착해선 안 된다는 것이다. 혐오가 주제인데 거기에 집중하지 말라니, 얼핏 이율배반처럼 들리지만 이는 매우 중요한 포인트다. 왜 혐오가 나쁘냐고 물어보면 많은 사람들은 이렇게 답한다. "나쁜 감정이니까 나쁘다.", "약자와 소수자를 차별하게 만드니까 나쁘다." 이 대답들은 분명 선량한 마음에서 나온 것이다. 하지만 문제의 성격을 오인하게 만들 수 있다. 혐오나 증오라는 감정에 집중할수록 우린 '달을 가리키는 손가락만 바라보는' 잘못을 범하기 쉬워진다.
>
> 인과관계를 혼동하면 곤란하다. 우리가 문제시하고 있는 각종 혐오는 자연 발생한 게 아니라 사회적으로 형성된 감정이다. 사회문제의 기원이나 원인이 아니라, 발현이며 결과다. 더 정확히 말하자면 혐오는 증상이다. 증상을 관찰하는 일은 중요하지만 거기에만 매몰되면 곤란하다. 우리는 혐오나 증오 그 자체를 사회악으로 지목해 도덕적으로 지탄하는 데서 그치지 말아야 한다.

① 혐오 현상에는 인과관계가 존재하지 않는다.
② 혐오 현상은 선량한 마음으로 바라보아야 한다.
③ 혐오 현상을 만들어 내는 근본 원인을 찾아야 한다.
④ 혐오라는 감정에 집중할수록 사회문제는 잘 보인다.
⑤ 혐오는 누구에게나 있을 수 있는 감정이다.

문 06

다음 (가)~(마)를 문맥에 맞게 순서대로 나열한 것은?

> (가) 선천성 면역은 다시 둘로 나뉩니다. 하나는 제1 방어선으로서 피부, 점막, 정상미생물상이고, 다른 하나는 제2 방어선으로서 식세포, 염증, 발열, 항미생물 물질 등입니다.
> (나) 면역은 크게 선천성(비특이적) 면역과 후천성(특이적) 면역으로 나뉩니다. 선천성과 후천성은 말 그대로 면역을 태어날 때부터 완비했느냐, 살아가면서 습득했느냐에 따라 구분됩니다.
> (다) 다른 하나는 세포성 면역으로, T세포에 의존하며 세포 내부에 침투한 병원체를 제거합니다.
> (라) 후천성 면역에도 두 가지 종류가 있습니다. 하나는 체액성(항체 매개)면역으로, 항원에 대항할 수 있는 항체를 내뿜는 면역방식입니다. 체액에 엄청난 양의 항체를 뿌리는 세포는 B세포입니다.
> (마) T세포는 자기 자신의 세포가 비자기로 돌변한 것, 예컨대 암세포를 파괴하기도 합니다. T세포는 면역을 활성화하기도 억제하기도 합니다.

① (가) – (라) – (다) – (마) – (나)
② (나) – (가) – (다) – (마) – (라)
③ (나) – (가) – (라) – (다) – (마)
④ (나) – (라) – (가) – (마) – (다)
⑤ (라) – (다) – (나) – (마) – (가)

문 07

다음 글에서 알 수 없는 것은?

'계획적 진부화'는 의도적으로 수명이 짧은 제품이나 서비스를 생산함으로써 소비자들이 새로운 제품을 구매하도록 유도하는 마케팅 전략 중 하나이다. 여기에는 단순히 부품만 교체하는 것이 가능함에도 불구하고 새로운 제품을 구매하도록 유도하는 것도 포함된다.

계획적 진부화의 이유는 무엇일까? 첫째, 기업이 기존 제품의 가격을 인상하기 곤란한 경우, 신제품을 출시한 뒤 여기에 인상된 가격을 매길 수 있기 때문이다. 특히 제품의 기능은 거의 변함없이 디자인만 약간 개선한 신제품을 내놓고 가격을 인상하는 경우도 쉽게 볼 수 있다. 둘째, 중고품 시장에서 거래되는 기존 제품과의 경쟁을 피할 수 있기 때문이다. 자동차처럼 사용 기간이 긴 제품의 경우, 기업은 동일 유형의 제품을 팔고 있는 중고품 판매 업체와 경쟁해야만 한다. 그러나 기업이 새로운 제품을 출시하면, 중고품 시장에서 판매되는 기존 제품은 진부화되고 그 경쟁력도 하락한다. 셋째, 소비자들의 취향이 급속히 변화하는 상황에서 계획적 진부화로 소비자들의 만족도를 높일 수 있기 때문이다. 전통적으로 제품의 사용 기간을 결정짓는 요인은 기능적 특성이나 노후화·손상 등 물리적 특성이 주를 이루었지만, 최근에는 심리적 특성에도 많은 영향을 받고 있다. 이처럼 소비자들의 요구가 다양해지고 그 변화 속도도 빨라지고 있어, 기업들은 이에 대응하기 위해 계획적 진부화를 수행하기도 한다.

기업들은 계획적 진부화를 통해 매출을 확대하고 이익을 늘릴 수 있다. 기존 제품이 사용 가능한 상황에서도 신제품에 대한 소비자들의 수요를 자극하면 구매 의사가 커지기 때문이다. 반면, 기존 제품을 사용하는 소비자 입장에서는 크게 다를 것 없는 신제품 구입으로 불필요한 지출과 실질적인 손실이 발생할 수 있다는 점에서 계획적 진부화는 부정적으로 인식된다. 또한 환경이나 생태를 고려하는 거시적 관점에서도, 계획적 진부화는 소비자들에게 제공하는 가치에 비해 에너지나 자원의 낭비가 심하다는 비판을 받고 있다.

① 계획적 진부화로 소비자들은 불필요한 지출을 할 수 있다.
② 계획적 진부화는 기존 제품과 동일한 중고품의 경쟁력을 높인다.
③ 계획적 진부화는 소비자들의 요구에 대응하기 위하여 수행되기도 한다.
④ 계획적 진부화를 통해 기업은 기존 제품보다 비싼 신제품을 출시할 수 있다.
⑤ 계획적 진부화로 인하여 제품의 실제 사용 기간은 물리적으로 사용 가능한 수명보다 짧아질 수 있다.

08 ~ 09

아래 내용을 읽고 물음에 답하시오.

(가) '테라포밍'은 지구가 아닌 다른 외계의 천체 환경을 인간이 살 수 있도록 변화시키는 것을 말하는데 현재까지 최적의 후보로 꼽히는 행성은 바로 화성이다. 화성은 육안으로도 붉은 빛이 선명하기에 '火(불화)'자를 써서 화성(火星)이라고 부르며, 서양에서는 정열적인 전쟁의 신이기도 한 '마르스'와함께 '레드 플래닛', 즉 '붉은 행성'으로도 일컬어진다. 화성이 이처럼 붉은 이유는 표면의 토양에 철과 산소의 화합물인 산화철이 많이 포함돼 있기 때문인데, 녹슨 쇠가 불그스름해지는 것과 같은 원리로 보면 된다. 그렇다면 이런 녹슨 행성인 화성을 왜 '테라포밍' 1순위로 선정했을까? 또한 어떤 과정을 통해서 이 화성을 인간이 살 수 있는 푸른 별로 바꿀 수 있을까?

(나) 영화 레드플래닛을 보면 이런 '테라포밍'의 계획이 잘 나타나있다. 21세기 초, 자원 고갈과 생태계 오염 등으로 지구의 환경이 점점 악화되자, 화성을 새로운 인류의 터전으로 바꾸기 위해서 이끼 종자를 가득 담은 무인 로켓이 화성으로 발사된다. 이끼가 번식해 화성 표면을 덮으면 그들이 배출하는 산소가 모여 궁극적으로는 인간이 호흡할 수 있는 대기층이 형성되기 때문이다. 그로부터 50여 년 후, 마침내 화성에 도착한 선발대는 희박하기는 하지만 화성의 공기가 사람이 숨쉴 수 있을 정도로 바뀌었음을 알게 된다.

(다) 그렇다면 영화가 아닌 현실에서 화성을 변화시키는 일은 가능할까? 시간이 걸리고 힘든 일이지만 가능성은 있다. 화성의 극지방에는 '극관'이라고 부르는 드라이아이스로 추정되는 하얀 막 같은 것이 존재하는데, 이것을 녹여 화성에 공기를 공급한다는 것이다. 극관에 검은 물질을 덮어 햇빛을 잘 흡수하게 만든 후 온도가 상승하면 극관이 자연스럽게 녹을 수 있도록 하는 방법인 것이다. 이 검은 물질을 자기 복제가 가능한 것으로 만들면 소량을 뿌려도 시간이 지나면서 극관 전체를 덮게 될 것이다.

(라) 자기 복제가 가능한 검은 물질이 바로 레드 플래닛에 나오는 이끼이다. 유전 공학에 의해 화성처럼 혹독한 환경에서도 성공적으로 번식할 수 있는, 지의류 같은 이끼의 변종을 만들어 내어 화성의 극관 지역에 투하한다. 그들이 뿌리를 내리고 성공적으로 번식할 경우 서서히 태양광선 흡수량이 많아지고 극관은 점점 녹게 될 것이다. 그러나 이런 방법을 택하더라도 인간이 직접 호흡하며 돌아다니게될 때까지는 최소 몇 백 년의 시간이 걸릴 것이다.

(마) 지금은 거의 불가능하다고 여겨지는 일들이지만 인류는 언제나 불가능 한 일들을 불굴의 의지로 해결해왔다. 화성탐사선이 발사되고 반세기가 안 된 오늘날 인류는 화성을 지구 환경으로 만들 꿈을 꾸고 있다. 최소 몇 백 년이 걸릴 수도 있는 이 '테라포밍'도 언젠가는 인류의 도전 앞에 무릎을 꿇게 될 것이 분명하다. 그래서 아주 먼 훗날 우리의 후손들은 화성을 볼 때, 붉게 빛나는 별이 아니라 지구와 같은 초록색으로 반짝이는 화성을 볼 수 있게 될 지도 모른다. 그렇다면 그때에는 화성을 '녹성(綠星)' 또는 '초록별'이라 이름을 바꿔 부르게 되지 않을까?

문 08

(가) ~ (마)에 대한 설명으로 적절하지 않은 것은?

① (가) : 대상의 특성을 설명하고 화제를 제시하고 있다.
② (나) : 예를 통해 화제에 대한 이해를 돕고 있다.
③ (다) : 화제를 현실화할 수 있는 방법을 제시하고 있다.
④ (라) : 귀납을 통해 화제의 실현가능성을 증명하고 있다.
⑤ (마) : 화제에 대한 긍정적 전망으로 글을 마무리하고 있다.

문 09

'테라포밍' 계획의 핵심이 되는 최종적인 작업은?

① 화성의 극관을 녹이는 일
② 인류가 화성에 이주하는 일
③ 화성에 대기층을 만드는 일
④ 화성의 온도를 상승시키는 일
⑤ 극관을 검은 물질로 덮는 일

수리능력

문 10

정환이가 6 일 동안 일을 하고 지영이가 4 일 동안 일을 하여 완성할 수 있는 일을 정환이가 9 일 동안 일을 하고 지영이가 2 일 동안 일하여 완성하였다. 정환이가 이 일을 혼자서 할 때, 일을 완성하려면 며칠이 걸리는가?

① 8 일　　② 10 일
③ 12 일　　④ 14 일
⑤ 16 일

문 11

등산을 하는데 시속 $2km$로 올라갔다가 내려올 때는 다른 길로 시속 $3km$로 내려왔더니 총 2시간 30분이 걸렸다. 등산한 총거리가 $6500m$일 때, 올라간 거리와 내려온 거리의 차는?

① $1km$　　② $1.5km$
③ $2km$　　④ $2.5km$
⑤ $3km$

문 12

다음 〈표〉는 2004년부터 2010년까지 친환경 농산물 생산량에 대한 자료이다. 이에 대한 설명 중 옳은 것은?

〈표〉 친환경 농산물 생산량 추이

(단위 : 백톤)

구 분	2004년	2005년	2006년	2007년	2008년	2009년	2010년
유기 농산물	1,721	2,536	2,969	4,090	7,037	11,134	15,989
무농약 농산물	6,312	9,193	10,756	14,345	25,368	38,082	54,687
저농약 농산물	13,766	20,198	23,632	22,505	18,550	–	–
계	21,799	31,927	37,357	40,940	50,955	49,216	70,676

※ 1) 모든 친환경 농산물은 유기, 무농약, 저농약 중 한 가지 인증을 받아야 함.
2) 단, 2007년 1월 1일부터 저농약 신규 인증은 중단되며, 2009년 1월 1일부터 저농약 인증 자체가 폐지됨.

① 저농약 신규 인증 중단 이후 친환경 농산물 총생산량은 매년 감소하였다.
② 저농약 인증 폐지 전 저농약 농산물 생산량은 매년 친환경 농산물 총생산량의 절반 이상을 차지하였다.
③ 저농약 신규 인증 중단 이후 매년 무농약 농산물 생산량은 친환경 농산물 총생산량의 50 % 이상을 차지하였다.
④ 2005년 이후 전년에 비해 친환경 농산물 총생산량이 처음으로 감소한 시기는 저농약 인증이 폐지된 해이다.
⑤ 2005년 이후 전년에 비해 무농약 농산물 생산량의 증가폭이 가장 큰 시기는 2008년이다.

문 13

다음 〈표〉는 양성평등정책에 대한 의견을 성별 및 연령별로 정리한 자료이다. 이에 대한 〈보기〉의 설명 중 옳은 것을 모두 고르면?

〈표〉 양성평등정책에 대한 성별 및 연령별 의견

(단위 : 명)

구 분	30세 미만		30세 이상	
	여 성	남 성	여 성	남 성
찬 성	90	78	60	48
반 대	10	22	40	52
계	100	100	100	100

보기

ㄱ. 30세 미만 여성이 30세 이상 여성보다 양성평등정책에 찬성하는 비율이 높다.
ㄴ. 30세 이상 여성이 30세 이상 남성보다 양성평등정책에 찬성하는 비율이 높다.
ㄷ. 양성평등정책에 찬성하는 비율의 성별 차이는 연령별 차이보다 크다.
ㄹ. 남성의 절반 이상이 양성평등정책에 찬성하고 있다.

① ㄱ, ㄷ
② ㄴ, ㄹ
③ ㄱ, ㄴ, ㄷ
④ ㄱ, ㄴ, ㄹ
⑤ ㄴ, ㄷ, ㄹ

문 14

다음 〈표〉는 국내 입지별 지식산업센터 수에 대한 자료이다. 이에 대한 설명 중 옳지 않은 것은?

〈표〉 국내 입지별 지식산업센터 수

(단위 : 개)

지역 \ 구분		개별입지	계획입지	합
서울		54	73	127
6대 광역시	부산	3	6	9
	대구	2	2	4
	인천	7	11	( )
	광주	0	2	2
	대전	( )	4	6
	울산	1	0	1
경기		100	( )	133
강원		1	0	1
충북		0	0	0
충남		0	1	1
전북		0	1	1
전남		1	1	2
경북		2	0	2
경남		2	15	( )
제주		0	0	0
전국 합계		175	149	324

※ 지식산업센터가 조성된 입지는 개별입지와 계획입지로 구분됨.

① 국내 지식산업센터는 60 % 이상이 개별입지에 조성되어 있다.
② 수도권(서울, 인천, 경기)의 지식산업센터 수는 전국 합계의 80 %가 넘는다.
③ 경기지역의 지식산업센터는 계획입지보다 개별입지에 많이 조성되어 있다.
④ 동남권(부산, 울산, 경남)의 지식산업센터 수는 대경권(대구, 경북)의 4배 이상이다.
⑤ 6대 광역시 중 계획입지에 조성된 지식산업센터 수가 개별입지에 조성된 지식산업센터 수보다 적은 지역은 울산광역시 뿐이다.

문 15

다음 〈표〉는 2019년 10월 첫 주 '갑' 편의점의 간편식 A ~ F의 판매량에 관한 자료이다. 〈표〉와 〈조건〉을 이용하여 간편식 B, E의 판매량을 바르게 나열한 것은?

〈표〉 간편식 A ~ F의 판매량

(단위: 개)

간편식	A	B	C	D	E	F	평균
판매량	95	( )	( )	( )	( )	43	70

조건

- A와 C의 판매량은 같다.
- B와 D의 판매량은 같다.
- E의 판매량은 D보다 23개 적다.

	B	E
①	70	47
②	70	57
③	83	47
④	83	60
⑤	85	62

문 16

다음 〈표〉는 2015 ~ 2019년 '갑'국의 가스사고 현황에 관한 자료이다. 이에 대한 〈보기〉의 설명 중 옳은 것만을 모두 고르면?

〈표 1〉 원인별 사고건수

(단위: 건)

원인 \ 연도	2015	2016	2017	2018	2019
사용자 취급부주의	41	41	41	38	31
공급자 취급부주의	23	16	22	26	29
제품노후	4	12	19	12	18
고의사고	21	16	16	12	9
타공사	2	6	4	8	7
자연재해	12	9	5	3	3
시설미비	18	20	11	23	24
전체	121	120	118	122	121

〈표 2〉 사용처별 사고건수

(단위: 건)

사용처 \ 연도	2015	2016	2017	2018	2019
주택	48	50	39	42	47
식품접객업소	21	10	27	14	20
특수허가업소	14	14	16	16	12
공급시설	3	7	5	5	6
차량	4	5	4	5	6
제1종 보호시설	3	8	6	8	5
공장	9	6	7	6	4
다중이용시설	0	0	0	0	1
야외	19	20	14	26	20
전체	121	120	118	122	121

보기

ㄱ. 2015년 대비 2019년 사고건수의 증가율은 '공급자 취급부주의'가 '시설미비'보다 작다.

ㄴ. '주택'과 '차량'의 연도별 사고건수 증감방향은 같다.

ㄷ. 2016년에는 사고건수 기준 상위 2가지 원인에 의한 사고건수의 합이 나머지 원인에 의한 사고건수의 합보다 적다.

ㄹ. 전체 사고건수에서 '주택'이 차지하는 비중은 매년 35% 이상이다.

① ㄱ, ㄴ
② ㄱ, ㄹ
③ ㄴ, ㄷ
④ ㄱ, ㄷ, ㄹ
⑤ ㄴ, ㄷ, ㄹ

문 17

다음 〈그림〉과 〈표〉는 '갑'국을 포함한 주요 10개국의 학업성취도 평가 자료이다. 이에 대한 설명으로 옳은 것은?

〈그림〉 1998 ~ 2018년 '갑'국의 성별 학업성취도 평균점수

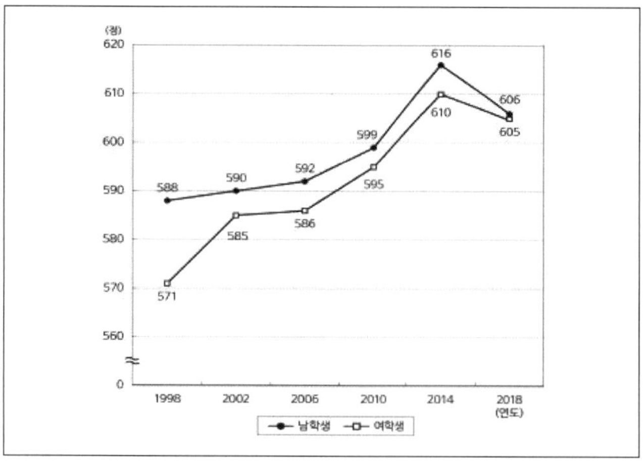

※ 학업성취도 평균점수는 소수점 아래 첫째 자리에서 반올림한 값임.

〈표〉 2018년 주요 10개국의 학업성취도 평균점수 및 점수대별 누적 학생비율

(단위: 점, %)

구분 \ 국가	평균점수	학업성취도 점수대별 누적 학생비율			
		625점 이상	550점 이상	475점 이상	400점 이상
A	621	54	81	94	99
갑	606	43	75	93	99
B	599	42	72	88	97
C	594	37	75	92	98
D	586	34	67	89	98
E	538	14	46	78	95
F	528	12	41	71	91
G	527	7	39	78	96
H	523	7	38	76	94
I	518	10	36	69	93

※ 학업성취수준은 수월수준(625점 이상), 우수수준(550점 이상 625점 미만), 보통수준(475점 이상 550점 미만), 기초수준(400점 이상 475점 미만), 기초수준 미달(400점 미만)로 구분됨.

① '갑'국 남학생과 여학생의 평균점수 차이는 2018년이 1998년보다 크다.
② '갑'국의 평균점수는 2018년이 2014년보다 크다.
③ 2018년 주요 10개 국가는 '수월수준'의 학생비율이 높을수록 평균점수가 높다.
④ 2018년 주요 10개 국가 중 '기초수준 미달'의 학생비율이 가장 높은 국가는 I국이다.
⑤ 2018년 '우수수준'의 학생비율은 D국이 B국보다 높다.

문제해결능력

문 18

다음 〈상황〉을 근거로 판단할 때 1번방에 묵는 사람은?

○ A, B, C, D, E라는 5명의 사람이 1부터 5까지의 번호가 붙은 5개의 방에 각각 한 사람씩 묵고 있다.
○ D가 묵고 있는 방의 번호보다 E가 묵고 있는 방의 번호가 더 크다.
○ A가 묵고 있는 방의 번호는 E가 묵고 있는 방의 번호보다 2가 크다.
○ B와 D의 방 번호는 짝수이다.

① A
② B
③ C
④ D
⑤ E

문 19

다음 내용이 모두 참 일 때, 반드시 참인 것은?

> ㅇ 독서를 좋아하는 사람은 생각이 깊거나 호기심이 많다.
> ㅇ 스스로를 성찰하는 사람은 독서를 좋아한다.
> ㅇ 스스로를 성찰하지 않는 사람은 다른 사람을 객관적으로 평가할 수 없다.
> ㅇ 다른 사람을 객관적으로 평가할 수 없는 사람은 스스로를 성찰하지 않고, 결국 스스로의 한계를 느끼지 못한다.
> ㅇ 고민이 있는 사람은 누구나 스스로의 한계를 느낀다.
> ㅇ 도전하는 삶을 사는 사람이라면 누구나 고민이 있다.
> ㅇ 나영이는 호기심이 많지 않다.

① 스스로의 한계를 느끼는 사람은 생각이 깊다.
② 나영이가 생각이 깊지 않다면 고민이 없을 것이다.
③ 독서를 좋아는 사람은 도전하는 삶을 살지 않는다.
④ 스스로 성찰하는 사람은 도전하는 삶을 산다.
⑤ 나영이는 다른 사람을 객관적으로 평가하는 사람이다.

문 20

다음은 부동산이 가지고 있는 다양한 특성을 설명한 것이다. 개념에 대한 설명과 실제 사례가 올바르게 연결된 것은?

> A. 부동산은 일반 재화와 달리 특정입지에 고정되는 입지적 고정성을 가지며, 이것은 부동산시장이 지역별로 다르게 되는 요인이 된다.
> B. 경제학에서는 정보의 비대칭성으로 인해 레몬(개살구)시장의 문제가 나타난다. 시장에서 판매자는 구매자보다 파는 물건의 속성에 대해 많은 정보를 가지고 있다. 그 결과 판매자가 품질이 낮은 물건(레몬)을 구매자에게 판매한다면 정보가 부족한 구매자의 입장에서 불리한 물건을 선택하게 되는 역선택이 나타난다.
> C. 주택의 경우 인·허가에 필요한 시간이 소요되기 때문에 단기적으로 주택이 부족한 상황이 발생하더라도 공급이 즉각적으로 반응하지 못하는 문제가 발생하게 된다.
> D. 주택의 예를 들면, 동일 아파트 단지 내에서도 방향이나 층수 등 이 달라지는 특성을 가지고 있어 해당 제품이 다른 제품과 차별성을 가지게 되므로 공급자가 시장가격을 일부 정할 수 있게 되는 특성이 있다.

> (ㄱ) 이번에 대학에 새로 입학한 ㅇㅇ은 신학기가 시작되어 원룸을 구하였으나 원룸 수요가 급증하여 작년보다 높은 임대료를 지불할 용의가 있음에도 원룸을 구하지 못하고 있다.
> (ㄴ) ㅇㅇ은 결혼 후 10년 만에 새로운 주택을 구입하기 위해 공인중개사와 함께 아파트 단지를 방문하였으나 주택의 난방 상태나 결함에 대해서 정확히 파악하기가 힘들었다.
> (ㄷ) 아파트를 전문적으로 공급하는 ㅇㅇ사에서는 고풍스러운 이미지를 가진 새로운 아파트 브랜드를 개발함으로써 인근지역의 아파트보다 높은 분양가를 책정하고도 분양에 비교적 성공할 수 있었다.
> (ㄹ) 수도권의 경우 아직도 주택 수요에 비해 공급이 부족한 실정이나 지방권의 경우 대부분 주택보급률이 100%를 넘어서고 있어 미분양 물량이 매우 많은 형편이다.

	A	B	C	D
①	(ㄱ)	(ㄴ)	(ㄷ)	(ㄹ)
②	(ㄱ)	(ㄴ)	(ㄹ)	(ㄷ)
③	(ㄷ)	(ㄹ)	(ㄴ)	(ㄱ)
④	(ㄹ)	(ㄴ)	(ㄱ)	(ㄷ)
⑤	(ㄹ)	(ㄷ)	(ㄱ)	(ㄴ)

21～22

아래 규정을 근거로 판단할 때 물음에 답하시오.

다음은 2022년 〈청년매입임대주택〉 입주대상 및 입주조건이다.

가. 입주대상

무주택 요건 및 소득·자산 기준을 충족하고 다음 어느 하나에 해당하는 자로 한다. 다만, 소득 수준에 따라 순위를 정해 입주자를 선정하며 기준을 충족하는 가장 높은 순위를 적용한다.

① 만 19세 이상～39세 이하인 사람
② 대학생(입학 및 복학 예정자 포함)
③ 취업준비생(고등학교·대학교를 졸업·중퇴 후 2년 이내인 미취업자)

나. 소득·자산 기준

구분		1순위	2순위	3순위
소득	범위	가구	본인과 부모	본인
	기준	아래 〈소득 기준〉 참고		
자산	범위	-	본인과 부모	본인
	기준	검증 안함	합산 29,200만원 이하	25,400만원 이하
자동차 가액	범위	-	본인과 부모	본인
	기준	검증 안함	합산 3,496만원 이하	3,496만원 이하

※ 단, 자산은 예치금, 자동차 가액, 보증금으로 구성된다.

순위	〈소득 기준〉
1순위	1. 생계·주거·의료급여 수급자 가구 2. 차상위계층 가구 3. 지원대상 한부모가족에 속하는 자
2순위	본인과 부모의 월평균 소득의 합이 전년도 도시근로자 가구당 월평균소득 100% 이하인 자
3순위	본인의 월평균 소득이 전년도 도시근로자 가구당 월평균소득 100% 이하인 자

※ 2021년 도시근로자 가구당 월평균 소득은 300만원이다.

다. 임대조건

① 1순위: 보증금 100만원, 임대료 시중 시세 40%
② 2·3순위: 보증금 200만원, 임대료 시중 시세 50%
※ 거주기간에 상관없이 보증금은 변동 없으며, 시중 임대료 또한 월 70만원으로 변동이 없다.

라. 거주기간

최초 2년(입주자격 유지 시 재계약 가능하며, 최장 6년), 단 재계약시 계약조건의 변동은 없다.

문 21

무주택자로 전세 보증금 2,000만원의 임대주택에 부모와 함께 살고 있는 취업준비생인 A씨(만 26세)의 월평균 소득은 80만원이고 아버지의 월평균 소득은 210만원이며 은행에 500만원을 예치하고 있다. 아버지는 1,800만원 상당의 자동차를 소유하고 있다. A씨는 몇 순위에 해당하는가?

① 1순위
② 2순위
③ 3순위
④ 입주대상이 아니다.
⑤ 알 수 없다.

문 22

무주택자로 월세 보증금 500만원의 임대주택에 부모와 함께 살고 있는 대학생 C씨(만 23세)의 월평균 소득은 50만원이고 아버지의 월평균 소득은 240만원이며 은행에 1,000만원을 예치하고 있다. 아버지는 2,500만원 상당의 자동차를 소유하고 있다. C씨는 2순위에 해당하며 6년간 입주하는 데 소요되는 예상 비용은 보증금을 포함하여 얼마인가?

① 2,480만원
② 2,540만원
③ 2,620만원
④ 2,720만원
⑤ 2,800만원

문 23

다음 〈그림〉은 2006 ~ 2010년 동남권의 양파와 마늘 재배면적 및 생산량 추이를 나타낸 것이고, 〈표〉는 2010년, 2011년 동남권의 양파와 마늘 재배면적의 지역별 분포를 나타낸 것이다. 이에 대한 설명으로 옳은 것은?

〈그림〉 동남권의 양파와 마늘 재배면적 및 생산량 추이

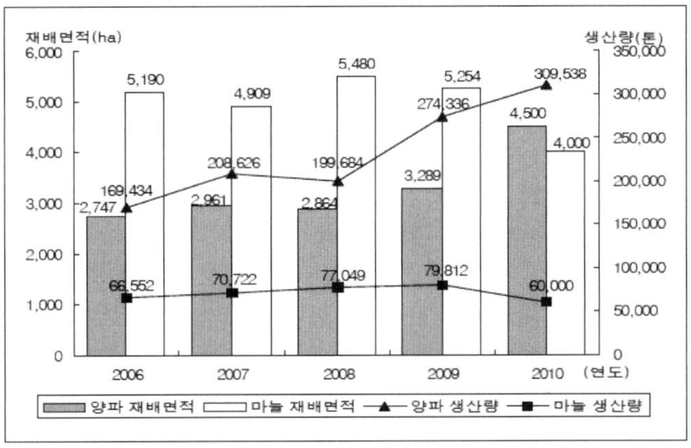

〈표〉 동남권의 양파와 마늘 재배면적의 지역별 분포

(단위 : ha)

재배작물	지역	연도	
		2010	2011
양파	부산	56	40
	울산	(　)	(　)
	경남	4,100	4,900
	소계	(　)	5,100
마늘	부산	24	29
	울산	42	66
	경남	3,934	4,905
	소계	4,000	5,000

※ 동남권은 부산, 울산, 경남으로만 구성됨.

① 2006 ~ 2010년 동안 동남권의 마늘 생산량은 매년 증가하였다.

② 2006 ~ 2010년 동안 동남권의 단위 재배면적당 양파 생산량은 매년 증가하였다.

③ 2011년 울산의 양파 재배면적은 전년에 비해 증가하였다.

④ 2006 ~ 2011년 동안 동남권의 마늘 재배면적은 양파 재배면적보다 매년 크다.

⑤ 2011년 동남권의 단위 재배면적당 마늘 생산량이 2010년과 동일하다면 2011년 동남권의 마늘 생산량은 75,000톤이다.

문 24

다음 〈표〉와 〈정보〉는 2014년 1월 전국 4개 도시에 각각 위치한 '갑' 회사의 공장(A ~ D)별 실제 가동시간과 가능 가동시간에 관한 자료이다. 이에 근거하여 공장 A와 D가 위치한 도시를 바르게 나열한 것은?

〈표〉 공장별 실제 가동시간 및 가능 가동시간 (단위 : 시간)

구분＼공장	A	B	C	D
실제 가동시간	300	150	250	300
가능 가동시간	400	200	300	500

※ 실가동률(%) $= \dfrac{\text{실제 가동시간}}{\text{가능 가동시간}} \times 100$

정보

- ○ 광주와 인천 공장의 가능 가동시간 합은 서울과 부산 공장의 가능 가동시간 합보다 크다.
- ○ 부산과 광주 공장의 실제 가동시간 합은 서울과 인천 공장의 실제 가동시간 합보다 작다.
- ○ 서울과 부산 공장의 실가동률은 같다.
- ○ 인천 공장의 가능 가동시간이 가장 길다.

	A가 위치한 도시	D가 위치한 도시
①	서울	부산
②	서울	인천
③	부산	인천
④	부산	광주
⑤	광주	인천

문 25

다음 〈표〉는 2017 ~ 2018년 '갑' 학교 학생식당의 메뉴별 제공횟수 및 만족도에 대한 자료이다. 〈표〉와 〈조건〉에 근거한 설명으로 옳지 않은 것은?

〈표〉 메뉴별 제공횟수 및 만족도

(단위: 회, 점)

구분 / 연도 / 메뉴	제공횟수	만족도	
	2017	2017	2018
A	40	87	75
B	34	71	72
C	45	53	35
D	31	79	79
E	40	62	77
F	60	74	68
G	–	–	73
전체	250	–	–

조건

○ 전체 메뉴 제공횟수는 매년 250회로 일정하며, 2018년에는 메뉴 G만 추가되었고, 2019년에는 메뉴 H만 추가되었다.

○ 각 메뉴의 다음 연도 제공횟수는 당해 연도 만족도에 따라 아래와 같이 결정된다.

만족도	다음 연도 제공횟수
0점 이상 50점 미만	당해 연도 제공횟수 대비 100 % 감소
50점 이상 60점 미만	당해 연도 제공횟수 대비 20 % 감소
60점 이상 70점 미만	당해 연도 제공횟수 대비 10 % 감소
70점 이상 80점 미만	당해 연도 제공횟수와 동일
80점 이상 90점 미만	당해 연도 제공횟수 대비 10 % 증가
90점 이상 100점 이하	당해 연도 제공횟수 대비 20 % 증가

① 메뉴 A ~ F 중 2017년 대비 2019년 제공횟수가 증가한 메뉴는 1개이다.

② 2018년 메뉴 G의 제공횟수는 9회이다.

③ 2019년 메뉴 H의 제공횟수는 42회이다.

④ 2019년 메뉴 E의 제공횟수는 메뉴 A의 제공횟수보다 많다.

⑤ 메뉴 A ~ G 중 2018년과 2019년 제공횟수의 차이가 두 번째로 큰 메뉴는 F이다.

여기에 필기하세요~^^

04 하프 모의고사 4회 (25문항 40분)

의사소통능력

문 01

다음 글에 대한 이해로 적절하지 않은 것은?

국가정보자원관리원과 ○○시는 빅데이터 기반의 맞춤형 복지 서비스 분석 사업을 수행했다. 국가정보자원관리원은 자체 확보한 공공 데이터와 시로부터 받은 복지 사업관련 데이터를 활용하여 '복지 공감 지도'를 제작하고, 복지 기관 접근성 분석을 통해 취약 지역 지원 방안을 제시했다.

복지 공감 지도는 공간 분석 시스템을 활용하여 시에 소재한 복지 기관들의 다양한 지원 항목과 이를 필요로 하는 복지 대상자, 독거노인, 장애인 등의 수급자 현황을 한눈에 확인할 수 있도록 구현한 것이다. 이 지도를 활용하면 복지 혜택이 필요한 지역과 수급자를 빨리 찾아낼 수 있으며, 생필품 지원이나 방문 상담 등 복지 기관의 맞춤형 대응이 가능하고, 최적의 복지 기관 설립 위치를 선정할 수 있다.

이 사업을 통해 시는 그동안 복지 기관으로부터 도보로 약 15분 내 위치한 수급자에게 복지 혜택이 집중되고 있는 것도 확인했다. 이에 교통이나 건강 등의 문제로 복지 기관 방문이 어려운 수급자를 위해 맞춤형 복지 서비스가 절실하게 필요한 상황임을 발견하고, 복지 셔틀버스 노선을 4개 증설할 계획을 수립했다.

① 빅데이터를 활용하여 복지 사각지대를 줄이는 방안을 마련할 수 있다.
② 복지 기관과 수급자 거주지 사이의 거리는 복지 혜택의 정도에 영향을 준다.
③ 복지 기관 접근성 분석 결과는 복지 셔틀버스 노선 증설의 근거가 된다.
④ 복지 공감 지도로 복지 혜택에 대한 수급자들의 개별 만족도를 파악할 수 있다.
⑤ 맞춤형 복지 서비스 분석 사업을 통해 복지 셔틀버스 노선을 증설하게 되었다.

문 02

다음 중 아래 글의 제목으로 가장 옳은 것은?

방정식이라는 단어는 '정치권의 통합 방정식', '경영에서의 성공 방정식', '영화의 흥행 방정식 등 다양한 분야에서 애용된다. 수학의 방정식은 문자를 포함하는 등식에서 문자의 값에 따라 등식이 참이 되기도 하고 거짓이 되기도 하는 경우를 말한다. 통합 방정식의 경우, 통합을 하는데 여러 변수가 있고 변수에 따라 통합이 성공하거나 실패할 수 있으므로 방정식이라는 표현은 대체로 적절하다.

그런데 방정식은 '변수가 많은 고차 방정식', '국내·국제·남북 관계의 3차 방정식'이란 표현에서 보듯이 차수와 함께 거론되기도 한다 엄밀하게 따지면 변수의 개수와 방정식의 차수는 무관하다. 변수가 1개라도 고차 방정식이 될 수 있고 변수가 많아도 1차 방정식이 될 수 있다. 따라서 상황에 영향을 미치는 변수의 개수 에 따라 m원 방정식으로, 상황의 복잡도에 따라 n차방정식으로 구분할 필요가 있다. 또 4차 방정식까지는 근의 공식, 즉 일반해가 존재하므로 해를 구할 수 없을 정도의 난맥상이라면 5차 방정식 이상이라는 표현이 안전하다.

① 수학 용어의 올바른 활용
② 실생활에서의 수학 공식의 적용
③ 방정식의 정의와 구성 요소
④ 수학 용어의 추상성과 엄밀성
⑤ 용어 사용 시 안전한 표현의 중요성

문 03

다음 강연에 대한 설명으로 적절하지 않은 것은?

안녕하세요? 오늘은 한글에 대해서 말해 볼까요? 학자들이 한글에 대해 꽤 많이 연구했지만, 아직도 모르는 것이 많답니다. 우선 훈민정음이 언제 완성되었는지 정확하지 않아요. 『세종실록』에는 음력 1443년 12월, 즉 양력 1444년 1월경이라고만 되어 있지, 정확한 날짜는 알 수 없어요. 또 언제 반포되었는지도 잘 모르지요. 사실 훈민정음의 반포란 말은 어폐가 있어요. 『훈민정음』 발간을 반포라고 부르는 것이지, 공식적으로 반포식을 한 것은 아니거든요. 아무튼 반포일이 정확하지는 않아요. 화면에 보이는 책이 뭐지요? (청중의 대답을 듣고) 네, 맞아요. 『훈민정음』이죠. 정인지가 쓴 이 책의 서문에 따르면 『훈민정음』의 완성은 1446년 음력 9월 상순, 즉 양력 10월 초로 알려졌을 뿐, 정확한 날짜를 밝히지 않았어요. 그래서 남한과 북한의 한글날이 서로 달라요. 북한은 추정된 창제일에 따라 1월 15일을, 남한은 추정된 반포일에 따라 10월 9일을 한글날로 정했어요. 또 '한글'이라는 명칭도 누가 처음 지어서 썼는지 분명하지 않아요. 1910년대에 '한글'이라는 명칭이 나타나는데, 그 명칭을 주시경의 제자들이 주로 사용했기 때문에 주시경이 지었을 것으로 추정만 할 뿐이지요.

이제 한글의 우수성을 말해 볼까 해요. 한글은 음소 단위의 표음 문자이지만, 모아 쓰기를 하여 음절 단위로서의 표음 문자가 갖는 장점을 일부 지니게 되었고 경음이나 격음과 같은 음성 자질을 글자 모양에 반영하기도 했죠. 화면을 보면 서로 모양이 비슷한 'ㄱ, ㅋ, ㄲ'이 각각 '평음, 격음, 경음'으로 체계적인 대응을 보여 주죠. 클릭해 볼까요? 자, 평음, 격음, 경음이 서로 다른 소리로 들리죠? 한글은 글자 모양에 기억하기 쉬운 체계성과 조형성을 부여함으로써 세계의 여러 문자보다 우수성을 갖추었다고 볼 수 있죠. 그 체계성과 조형성은 자음의 경우 발음 기관의 모양으로 구현되고 모음의 경우 철학적 관념의 시각적 조합으로 구현되니, 이런 매력적인 글자는 인류 역사상 전무후무하다고 해도 과언이 아니에요.

① 시각과 청각 자료를 활용하여 강연 내용을 구체화하고 있다.
② 청중과 공유했던 경험을 제시하며 강연의 목적을 드러내고 있다.
③ 정보의 출처를 언급하여 강연 내용의 신뢰성을 높이고 있다.
④ 청중에게 질문하여 발표 내용에 대한 관심을 유도하고 있다.

문 04

다음 글에 대한 이해로 옳지 않은 것은?

자동화가 급속하게 발전하면서 사람이 하는 일이 줄어들고 공산품의 가격이 하락한다는 예측이 있다. 그런데 그것이 우리가 원하는 이상적인 사회일까? 좋은 물건을 싸게 살 수 있으니 좋겠지만, 다른 한편으로 생산 공정의 합리적 발달 때문에 인간의 일자리가 줄어들고, 결국 소비가 줄어드는 세상이 되는 것은 아닐지 걱정되기도 한다. 뉴스에서도 한번 크게 보도된 적이있는데, 중국에서 종업원 규모가 만 명되는 공장을 독일식의 '산업4.0시스템'을 적용해서 합리화했더니 종업원수가 500명으로 줄었다고 했다. 그러면 나머지 9,500명은 어디로 갔겠는가 말이다.

인공지능이 대거 활약하게 되는 4차 산업혁명이 가속화돼서 이런 일이 상품과 지식 생산의 모든 영역에서 일어난다면 어찌 될 것인가. 어쨌건 상품이나 지식의 값은 싸지겠지만, 그것을 돈 주고 사는 소비자는 점점 없어져 버리는 사회가 될 수도 있다. 이는 분명히 우려할 만한 일이다.

과학 기술의 발전이 분명히 우리가 사는 사회를 더 괜찮은 사회, 살기 좋은 사회로 만드는 측면이 있지만, 동시에 일하는 사람이 점점 없어진다든지 아니면 조금 다른 용어로 사회의 불평등이 점점 심해져서 아주 많은 돈을 버는 소수의 사람들과 일자리가 없는 다수의 사람들로 세상이 양극화 될 가능성을 크게 하는 측면도 있다. 그야말로 유토피아와 디스토피아의 공존이 일어날 수 있는 것이다.

이러한 문제의식을 가지고 있다면 주목할 책이 1516년 출간된 영국 작가 토머스 모어의 유토피아 이다. 이 책이 선구적인 이유는 유토피아(utopia)라는 말이 여기서 처음으로 사용되었다는 사실에서 쉽게 찾을 수 있다. 모어는 '좋은 곳'이라는 뜻의 'eu-topia'와 '아무 데도 존재하지 않는 곳'이라는 뜻의 'ou-topia'를 동시에 나타내는 중의적 개념으로 유토피아라는 말을 만들었는데, 이때부터 유토피아는 존재하지 않는 이상향을 뜻하게 되었다.

디스토피아(dystopia)는 유토피아의 반대말로, 상당히 끔찍한 미래의 어떤 사회를 이야기할 때 사용하는 단어이다. 접두어 'dys'는 '나쁜', '고된'이란 뜻이다. 디스토피아는 19세기에 만들어진 말로 역사가 오래되지 않은 표현이다. 산업혁명 이후에 사회적 불평등이 확산되고 기계화로 인한 인간성 상실에 대한 논의가 시작되면서 디스토피아라는 단어가 만들어지고 널리 사용되었다.

① 인공지능 기술은 유토피아적 세계와 디스토피아적 세계의 가능성을 동시에 갖고 있는 기술이다.
② '디스토피아'는 사회적 불평등이 확산되고 인간성 상실의 문제가 발생하면서 만들어진 용어이다.
③ 4차 산업혁명이 가속화될 경우 우리 사회의 불평등과 양극화 현상은 점점 심해질 수 있다.
④ '유토피아'는 토머스 모어의 책에서 처음으로 사용된 표현이다.
⑤ '유토피아'는 '디스토피아'의 문제점을 해결하기 위해 고안된 표현이다.

04

문 05

〈보기〉의 관점에서 ㉠을 비판한 것으로 적절한 것은?

원칙적으로 사람들은 제1 언어 습득 연구에 대한 양극단 중 하나의 입장을 취할 수 있을 것이다. ㉠ 극단적 행동주의자적 입장은 어린이들이 백지 상태, 즉 세상이나 언어에 대해 아무런 전제된 개념을갖지 않은 깨끗한 서판을 갖고 세상에 나오며, 따라서 어린이들은 환경에 의해 형성되고 다양하게 강화된 예정표에 따라 서서히 조건화된다고 주장하였다. 또 반대쪽 극단에 있는 구성주의의 입장은 어린이들이 매우 구체적인 내재적 지식과 경향, 생물학적 일정표를 갖고 세상에 나온다는 인지주의적 주장을 할 뿐만 아니라 주로 상호 작용과 담화를 통해 언어 기능을 배운다고 주장한다. 이 두 입장은 연속선상의 양극단을 나타내며, 그 사이에는 다양한 입장들이 있을 수 있다.

보기

생득론자는 언어 습득이 생득적으로 결정되며, 우리는 주변의 언어에 대해 체계적으로 인식할 수 있도록 되어 있어서 결과적으로 언어의 내재화 된 체계를 구축하는 유전적 능력을 타고난다고 주장한다.

① 언어 습득에 대한 연구에서 실제적 언어 사용의 양상이 무시될 가능성이 크다.

② 아동의 언어 습득을 관장하는 유전자의 실체가 확인될 때까지는 행동주의는 불완전한 가설일 뿐이다.

③ 아동은 단순히 문법적으로 정확한 문장을 만드는 방법을 배우는 것이 아니라 의사소통방법을 배우는 것이다.

④ 아동의 언어 습득은 특정 언어 공동체의 일원이 되는 핵심과정인데, 행동주의는 공동체 구성원들과의 상호 작용이 차지하는 중요성을 간과하고 있다.

⑤ 아동의 언어 습득이 외적 자극인 환경에 의해 전적으로 형성된다고 보는 행동주의 모델은 배우거나 들어본 적 없는 표현을 만들어내는 어린이 언어의 창조성을 설명하지 못한다.

문 06

(가)~(마)를 논리적 순서에 맞게 나열한 것은?

(가) 작센의 아우구스투스 2세는 독일 마이센 성의 연금술사인 요한 프리드리히 뵈트거를 가두고 황금을 만들라 명한다. 하지만 실패를 거듭하자 아우구스투스는 화학 반응으로 금을 만들 수 없다는 결론을 내리고 금과 맞먹는 대체품으로 백자를 만들라 명령한다. 뵈트거는 백자를 만들기 위해 대리석이나 뼛가루를 사용했지만 번번이 실패한다. 그는 1708년, 3년 만에 마이센에서 고령토 광산을 발견했고 장석 성분을 추가해 백자의 성분 문제를 해결한다.

(나) 18세기 대항해 시대가 열리면서 유럽은 상류층에서 살롱 문화가 급속하게 번진다. 살롱에서 담론을 펼칠 때 아프리카 커피와 중국차를 마시는 게 최고의 호사였으며, 백자는 거기에 품격을 더했다. 하지만 백자를 만드는 기술은 중국인들만의 비밀이었기 때문에 유럽은 비싼 가격을 중국에 지불하면서 백자를 수입할 수 밖에 없었다.

(다) 또 발터 폰 치른하우스의 도움으로 렌즈와 거울을 이용한 1400도 가마가 가능해졌다. 하늘에서의 고온과 땅에서의 고령토, 그러니까 천지의 조화를 통해 백자가 만들어졌고, 뵈트거는 이 결과를 기록에 남겼다. 이후 마이센의 백자 기술이 오스트리아 빈, 프랑스 스트라스부르, 덴마크 코펜하겐, 이탈리아 피렌체, 영국 런던 등으로 유출되면서 백자의 유럽 생산 시대가 열렸다.

(라) 이탈리아의 메디치 포슬린을 비롯하여 유럽 각지에서 백자를 만들려는 다양한 시도가 있었다. 흰색을 내는 온갖 재료를 사용했지만 유리를 섞어 만드는 수준이었다. 실패의 원인은 백자의 주원료인 고령토를 알지 못했고, 1100도 이상의 가마를 만들지 못했던 데 있다. 중국 백자의 제조 비밀은 유럽의 과학 기술도 밝혀내지 못했던 것이다.

(마) 17세기 유럽 전역에 백자의 인기가 폭발적이었다. 중국의 백자가 유럽에 들어오자 '하얀금'이라불리며 비싼 가격에 거래되었다. 유럽의 왕실과 귀족들은 백자를 비롯한 중국적 취향을 '시누아즈리'라면서 바로크나 로코코 양식과 결합시킨다.

① (가)-(다)-(나)-(라)-(마)

② (가)-(다)-(마)-(나)-(라)

③ (가)-(마)-(라)-(나)-(다)

④ (마)-(가)-(다)-(라)-(나)

⑤ (마)-(나)-(라)-(가)-(다)

07 ~ 09

아래 내용을 읽고 물음에 답하시오.

20세기의 두드러진 특징 중 하나는 세계 모든 나라에서 학교라 불리는 교육 기관들이 엄청나게 빠른 속도로 성장했으며, 각국의 학생들이 교육을 받기 위해 학교로 몰려들었다는 것이다. 예를 들어 한국의 대학생 수는 1945년 약 8000명이었지만, 2010년 약 350만 명으로 증가했다. 무엇이 학교를 이토록 팽창하게 만들었을까? ㉠ 학교 팽창의 원인은 학습 욕구 차원, 경제적 차원, 정치적 차원, 사회적 차원에서 설명될 수 있다.

먼저 학습 욕구 차원에서, 인간은 지적·인격적 성장을 위한 학습 욕구를 지니고 있다. 그리고 부모들은 자식의 지적·인격적 성장을 바라는 마음이 있다. 특히 한국인은 배움에 높은 가치를 부여하기 때문에, 한국사회에서는 부모가 자식에게 최선의 배움의 기회를 제공하는 것이 부모가 자식에게 해주어야 할 의무로 인식되는 경향이 있다. 이러한 학습에 대한 욕구가 학교를 팽창하게 만드는 요인 중 하나인 것이다.

다음으로 경제적 차원에서 학교는 산업사회가 성장하는 데 있어서 필수적인 인력 양성 기관의 역할을 담당하였다. 전통적인 농경사회에서는 특별한 기능이나 기술의 훈련이 필요하지 않았지만, 산업사회에서는 훈련받은 인재가 필요하였다. 이러한 산업사회의 과제를 해결하기 위한 기관이 학교였다. 산업수준이 더욱 고도화됨에 따라 학교 교육의 기간도 장기화된다. 경제 규모의 확대와 산업기술 수준의 향상은 학교를 팽창하게 만드는 요인 중 하나인 것이다.

다음으로 정치적 차원에서 학교는 국민통합을 이룰 수 있는 장치였다. 통일국가에서는 언어, 역사의식, 가치관, 국가이념 등을 모든 국가 구성원들에게 가르쳐야 했다. 그리고 국민통합 교육은 사교육에 맡겨둘 수 없었다. 이러한 맥락에서 학교에서의 의무 교육 제도는 국민통합 교육을 위한 국가적 필요에 의해 시작된 것으로 볼 수 있다. 국민통합의 필요는 학교를 팽창하게 만드는 요인 중 하나인 것이다.

마지막으로 사회적 차원에서 학교의 팽창은 현대사회가 학력사회로 변화된 데에 기인한다. 신분제도가 무너진 뒤 그 자리를 채운 학력제도에서, 학력은 각자의 능력을 판단하는 잣대로 활용되었다. 막스베버는 그의 저서 《경제 와 사회》에서 사회적으로 대접받고 높은 관직에 오르기 위해서 과거에는 명문가의 족보가 필요했지만, 오늘날에는 학력증명이 있어야 한다고 주장했다. 나아가 그는 높은 학력을 가진 사람은 사회경제적으로 높은 지위를 독점할 수 있다고 기술한 바 있다. 현대사회의 학력사회로의 변모는 학교가 팽창하게 되는 요인 중 하나인 것이다.

문 07

윗글의 전개 방식에 대한 설명으로 가장 적절하지 않은 것은?

① 의문문을 활용하여 독자의 궁금증을 유발하고 있다.
② 특정 현상의 원인을 다양한 차원에서 병렬적으로 제시하고 있다.
③ 특정 현상을 대략적인 수치 자료를 예로 제시하며 설명하고 있다.
④ 특정 현상의 역사적 의의를 제시하며 현대사회가 나아가야할 방향을 제시하고 있다.

문 08

윗글을 읽고 난 후, ㉠에 대해 보인 반응으로 가장 적절하지 않은 것은?

① 학습 욕구차원에서, 인간은 자신의 내적 성장에 대한 욕구가 있기 때문일거야.
② 경제적 차원에서, 산업 기술 수준이 향상됨에 따라 필요한 훈련된 인력을 기르는 역할을 학교가 담당하기 때문일 거야.
③ 정치적 차원에서, 국가의 가치관, 언어, 역사의식 등을 국가구성원에게 가르치는 일이 학교를 통해 이루어지기 때문일 거야.
④ 사회적차원에서, 산업수준이 더욱 고도화되면서 산업 사회의 과제를 해결하기 위한 기관이 학교이기 때문일 거야.

04

문 09

윗글의 막스 베버와 아래 내용의 A, B의 견해를 비교한 내용으로 가장 적절한 것은?

> 학교 교육이 사회의 평등장치인가에 대해 사회학자 A와 B는 상반된 견해를 가진다. A는 학교가 학생들의 능력에 따라 성적을 주고, 그 성적에 따라 상급학년에 진급시키고 졸업시켜, 상급학교에 진학시키므로 학력은 개인의 능력에 따라 차별화 된다고 본다. 또한 높은 학력을 통해 능력을 인정받은 개인은 희소가치가 높은 노동을 제공함으로써 높은 소득을 얻고 계층 상승을 이룰 수 있다고 본다. 반면, B는 상급 학교의 진학은 개인의 능력만을 반영하지 않고 부모의 사회적 지위와 소득의 영향을 받는다고 본다. 또한 학교교육을 통해 계층상승을 이룰 수 있는 사람들은 대개 기존부터 중류층 이상이었던 사람들이라고 주장 한다. 나아가 상류층일수록 학력이 낮아도 높은 지위에 쉽게 오르는 경향이 있다고 이야기한다.

① A와 달리, 막스 베버는 고학력을 취득한 사람이 저학력을 취득한 사람보다 능력이 뛰어나다고 생각한다.
② B와 달리, 막스 베버는 사회경제적으로 높은 지위를 차지하기 위해서 개인의 학력보다 부모의 지위가 중요하다고 생각한다.
③ A와 막스 베버는 모두 학력을 통해 높은 계층의 지위를 차지할 수 있다고 생각한다.
④ B와 막스 베버는 모두 높은 관직에 오르기 위해서는 명문가에서 태어나는 것이 뛰어난 학력을 가지는 것보다 중요하다고 생각한다.

수리능력

문 10

어느 극장의 어제 총 관객 수는 1200명이었다. 오늘은 어제에 비하여 남자 관객 수는 3% 증가하고, 여자 관객 수는 2% 감소하여 전체 관객 수는 1211명이 되었다. 이때, 오늘 극장에 입장한 남자 관객 수는?

① 490명 ② 500명 ③ 700명
④ 721명 ⑤ 750명

문 11

상자 속에 노란 공 4 개, 흰 공 6 개가 들어있다. 이 상자에서 공 한 개를 임의로 꺼내 색을 확인하고 상자에 다시 넣은 후 다시 한 개를 임의로 꺼낼 때, 두 공의 색이 같을 확률을 구하면?

① $\frac{7}{15}$ ② $\frac{1}{18}$ ③ $\frac{9}{20}$
④ $\frac{13}{25}$ ⑤ $\frac{10}{63}$

문 12

다음 〈그림〉과 〈표〉는 2018 ~ 2019년 '갑'국의 월별 최대 전력수요와 전력수급현황에 관한 자료이다. 이에 대한 설명으로 옳은 것은?

〈그림〉 '갑'국의 월별 최대전력수요

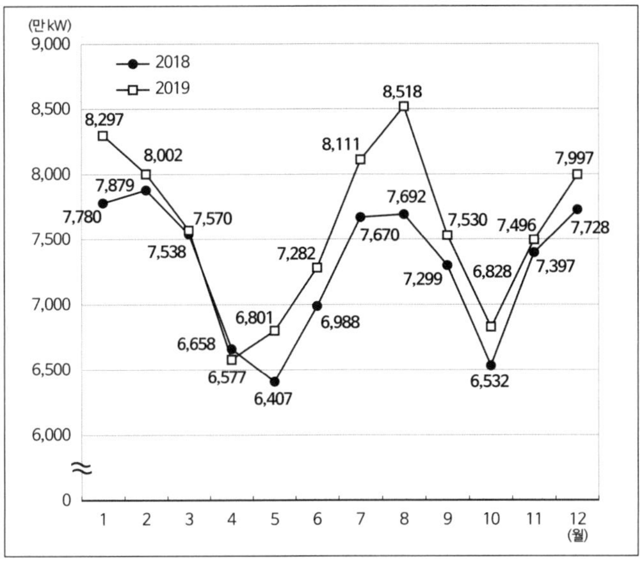

〈표〉 '갑'국의 전력수급현황

(단위: 만 kW)

구분＼시기	2018년 2월	2019년 8월
최대전력수요	7,879	8,518
전력공급능력	8,793	9,240

※ 1) 공급예비력 = 전력공급능력 − 최대전력수요

2) 공급예비율(%) = $\frac{\text{공급예비력}}{\text{최대전력수요}} \times 100$

① 공급예비력은 2018년 2월이 2019년 8월보다 작다.
② 공급예비율은 2018년 2월이 2019년 8월보다 낮다.
③ 2019년 1 ~ 12월 동안 최대전력수요의 월별 증감방향은 2018년과 동일하다.
④ 해당 연도 1 ~ 12월 중 최대전력수요가 가장 큰 달과 가장 작은 달의 최대전력수요 차이는 2018년이 2019년보다 작다.
⑤ 2019년 최대전력수요의 전년동월 대비 증가율이 가장 높은 달은 1월이다.

문 13

다음 〈표〉는 2004 ~ 2011년 참여공동체 및 참여어업인 현황에 대한 자료이다. 이에 대한 설명 중 옳지 않은 것은?

〈표 1〉 어업유형별 참여공동체 현황

(단위 : 개소)

어업유형＼연도	2004	2005	2006	2007	2008	2009	2010	2011
마을어업	32	61	159	294	341	391	438	465
양식어업	11	15	46	72	78	80	85	89
어선어업	8	29	52	102	115	135	156	175
복합어업	12	17	43	94	102	124	143	153
내수면어업	0	0	8	17	23	28	41	50
전체	63	122	308	579	659	758	863	932

〈표 2〉 지역별 참여공동체 현황

(단위 : 개소)

지역＼연도	2004	2005	2006	2007	2008	2009	2010	2011
부산	1	4	5	15	15	18	21	25
인천	6	7	13	25	29	36	40	43
울산	1	3	10	15	15	16	18	20
경기	2	5	12	23	24	24	29	32
강원	7	15	21	39	47	58	71	82
충북	0	0	5	7	8	12	16	17
충남	4	10	27	49	50	63	74	82
전북	5	9	25	38	41	41	41	44
전남	20	32	99	184	215	236	258	271
경북	7	15	37	69	73	78	87	91
경남	8	16	33	76	100	134	163	177
제주	2	6	21	39	42	42	45	48
전체	63	122	308	579	659	758	863	932

〈표 3〉 참여어업인 현황

(단위 : 명)

구분＼연도	2004	2005	2006	2007	2008	2009	2010	2011
참여어업인	5,107	10,765	24,805	44,061	50,728	56,100	60,902	63,860

① 참여어업인은 매년 증가하였다.
② 2005년 전체 참여공동체 중 전남지역 참여공동체가 차지하는 비율은 30% 이상이다.
③ 충북지역을 제외하고, 2004년 대비 2011년 참여공동체 증가율이 가장 낮은 지역은 인천이다.
④ 2006년 이후 각 어업유형에서 참여공동체는 매년 증가하였다.
⑤ 참여공동체가 많은 지역부터 나열하면, 충남지역의 순위는 2009년과 2010년이 동일하다.

문 14

다음 〈표〉와 〈그림〉은 1991년과 2010년의 품목별 항만 수출 실적 및 A항만 처리 분담률에 대한 자료이다. 이에 대한 〈보기〉의 설명 중 옳은 것만을 모두 고르면?

〈표〉 품목별 항만 수출 실적

(단위 : 백만달러)

품목	1991년		2010년	
	총 항만 수출액	A항만 수출액	총 항만 수출액	A항만 수출액
전기·전자	16,750	10,318	110,789	19,475
기계류	6,065	4,118	52,031	23,206
자동차	2,686	537	53,445	14,873
광학·정밀기기	766	335	37,829	11,415
플라스틱제품	1,863	1,747	23,953	11,878
철강	3,287	766	21,751	6,276
계	31,417	17,821	299,798	87,123

〈그림 1〉 1991년 품목별 A항만 처리 분담률

(단위 : %)

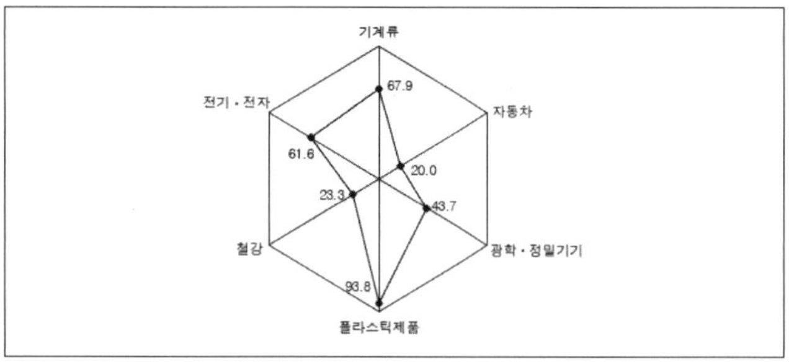

〈그림 2〉 2010년 품목별 A항만 처리 분담률

(단위 : %)

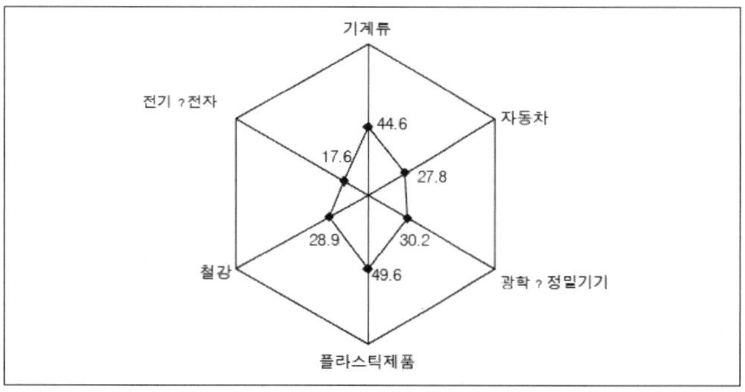

※ 해당 항만 처리 분담률(%) $= \dfrac{\text{해당 항만 수출액}}{\text{총 항만 수출액}} \times 100$

보기

ㄱ. 품목별 총 항만 수출액과 A항만 수출액은 1991년 대비 2010년에 각각 증가하였다.

ㄴ. A항만 처리 분담률이 1991년 대비 2010년에 감소한 품목은 모두 4개이다.

ㄷ. 1991년 대비 2010년의 A항만 수출액 증가율이 가장 큰 품목은 자동차이다.

ㄹ. 플라스틱제품의 A항만 처리 분담률은 1991년 대비 2010년에 70% 이상 감소하였다.

① ㄱ, ㄴ ② ㄱ, ㄹ ③ ㄷ, ㄹ
④ ㄱ, ㄴ, ㄷ ⑤ ㄴ, ㄷ, ㄹ

문 15

다음 〈표〉는 1991 ~ 2000년 5개국의 국가별 인구변동에 대한 자료이다. 이를 근거로 〈보기〉의 A ~ C에 해당하는 국가를 바르게 나열한 것은?

〈표 1〉 국가별 출생률

(단위 : 명)

국가 \ 연도	1991	1992	1993	1994	1995	1996	1997	1998	1999	2000
아프가니스탄	48.3	50.7	52.6	53.2	51.6	50.8	48.9	47.1	49.7	41.8
아랍에미리트	49.8	47.5	43.6	38.6	33.0	30.5	29.5	27.9	21.0	18.7
보스니아 헤르체고비나	37.1	34.7	31.1	25.1	21.3	19.6	18.2	17.1	12.6	6.5
르완다	47.3	49.6	51.2	52.4	52.9	52.8	50.4	45.2	43.9	35.8
라이베리아	48.0	49.5	50.3	49.6	48.1	47.4	47.2	47.3	49.1	47.5

〈표 2〉 국가별 인구자연증가율

(단위 : 명)

국가 \ 연도	1991	1992	1993	1994	1995	1996	1997	1998	1999	2000
아프가니스탄	16.6	20.3	22.7	25.2	25.6	26.8	25.9	24.4	28.0	23.8
아랍에미리트	27.0	26.8	26.3	26.3	23.1	23.1	25.5	25.1	18.3	16.1
보스니아 헤르체고비나	24.2	24.1	22.2	17.6	14.4	13.1	11.4	10.0	5.6	−9.0
르완다	24.0	27.3	29.8	31.6	32.4	32.6	31.7	27.8	−0.7	14.8
라이베리아	20.8	24.0	26.5	27.8	28.5	29.3	30.5	31.5	21.2	32.2

보기

1991년 이후 인구자연증가율이 매년 감소한 나라는 (A)이고, 1999년 출생률이 가장 높은 나라는 (B)이다. 1991년 이후 출생률이 매년 감소한 나라는 (C)와 보스니아 헤르체고비나이다.

	A	B	C
①	보스니아 헤르체고비나	라이베리아	아랍에미리트
②	보스니아 헤르체고비나	아프가니스탄	아랍에미리트
③	보스니아 헤르체고비나	아프가니스탄	르완다
④	아랍에미리트	라이베리아	아프가니스탄
⑤	아랍에미리트	라이베리아	르완다

문 16

다음 〈표〉는 A시 주철 수도관의 파손원인별 파손 건수에 대한 자료이다. 이에 대한 설명으로 옳지 않은 것은?

〈표〉 A시 주철 수도관의 파손원인별 파손 건수

(단위 : 건)

파손원인	주철 수도관 유형		합
	회주철	덕타일주철	
시설노후	105	71	176
부분 부식	1	10	11
수격압	51	98	149
외부충격	83	17	100
자연재해	1	1	2
재질불량	6	3	9
타공사	43	22	65
부실시공	1	4	5
보수과정 실수	43	6	49
계	334	232	566

※ 파손원인의 중복은 없음.

① 덕타일주철 수도관의 파손 건수가 50건 이상인 파손원인은 2가지이다.
② 회주철 수도관의 총 파손 건수가 덕타일주철 수도관의 총 파손 건수보다 많다.
③ 주철 수도관의 파손원인별 파손 건수에서 '자연재해' 파손 건수가 가장 적다.
④ 주철 수도관의 '시설노후' 파손 건수가 주철 수도관의 총 파손 건수에서 차지하는 비율은 30% 이상이다.
⑤ 회주철 수도관의 '보수과정 실수' 파손 건수가 회주철 수도관의 총 파손 건수에서 차지하는 비율은 10% 미만이다.

문 17

다음 〈표〉는 2019년 5월 10일 A 프랜차이즈의 지역별 가맹점수와 결제 실적에 관한 자료이다. 이에 대한 설명으로 옳지 않은 것은?

〈표 1〉 A 프랜차이즈의 지역별 가맹점수, 결제건수 및 결제금액

(단위: 개, 건, 만 원)

지역 \ 구분		가맹점수	결제건수	결제금액
서울		1,269	142,248	241,442
6대 광역시	부산	34	3,082	7,639
	대구	8	291	2,431
	인천	20	1,317	2,548
	광주	8	306	793
	대전	13	874	1,811
	울산	11	205	635
전체		1,363	148,323	257,299

〈표 2〉 A 프랜차이즈의 가맹점 규모별 결제건수 및 결제금액

(단위: 건, 만 원)

가맹점 규모 \ 구분	결제건수	결제금액
소규모	143,565	250,390
중규모	3,476	4,426
대규모	1,282	2,483
전체	148,323	257,299

① '서울' 지역 소규모 가맹점의 결제건수는 137,000건 이하이다.
② 6대 광역시 가맹점의 결제건수 합은 6,000건 이상이다.
③ 결제건수 대비 결제금액을 가맹점 규모별로 비교할 때 가장 작은 가맹점 규모는 중규모이다.
④ 가맹점수 대비 결제금액이 가장 큰 지역은 '대구'이다.
⑤ 전체 가맹점수에서 '서울' 지역 가맹점수 비중은 90% 이상이다.

문 18

다음 〈조건〉이 모두 참이라고 할 때, 논리적으로 항상 거짓인 진술은?

ㅇ 날씨가 맑으면 공원이 사람들로 북적인다.
ㅇ 공원이 사람들로 북적이지 않거나 영화관이 만석이다.
ㅇ 공원이 사람들로 북적이고 영화관이 만석이면, 수족관이 휴업한다.
ㅇ 공원이 사람들로 북적이면 야구장이 만석이다.

① 날씨가 맑으면 영화관이 만석이다.
② 수족관이 영업 중인데 야구장이 만석이 아니다.
③ 야구장이 만석이 아니고 날씨가 맑다.
④ 영화관이 만석이 아니고 야구장이 만석이다.
⑤ 영화관이 만석이고 야구장이 만석이 아닌데, 수족관이 휴업했다.

문 19

다음 글의 내용이 참일 때 반드시 거짓인 것은?

갑, 을, 병 세 사람이 A, B, C, D, E, F, G, H의 총 8권의 고서를 나누어 소장하고 있다. 이와 관련해 다음과 같은 사실이 알려져있다.
ㅇ 갑이 가장 많은 고서를 소장하고 있으며, 그 다음은 을이며, 병은 가장 적은 수의 고서를 소장하고 있다.
ㅇ A, B, C, D, E는 서양서이며, F, G, H는 동양서이다.
ㅇ B를 소장한 이는 D도 소장하고 있으나 C는 소장하고 있지 않다.
ㅇ E를 소장한 이는 F도 소장하고 있으나 그 외 다른 동양서를 소장하고 있지는 않다.
ㅇ G를 소장한 이는 서양서를 소장하고 있지 않다.
ㅇ H는 갑이 소장하고 있다.

① 갑은 A와 D를 소장하고 있다.
② 을은 3권의 책을 소장하고 있다.
③ 병은 G를 소장하고 있다.
④ C를 소장한 이는 E도 소장하고 있다.
⑤ D를 소장한 이는 F도 소장하고 있다.

문 20

다음 글의 〈표〉를 수정한 것으로 적절한 것만을 〈보기〉에서 모두 고르면?

○○부는 철새로 인한 국내 야생 조류 및 가금류 조류 인플루엔자(Avian Influenza, AI) 바이러스 감염 확산 여부를 추적 조사하고 있다. AI 바이러스는 병원성 정도에 따라 고병원성과 저병원성 AI 바이러스로 구분한다. 발표 자료에 따르면, 2020년 10월 25일 충남 천안시에서는 야생 조류 분변에서 고병원성 AI 바이러스가 검출되었으며 이는 2018년 2월 1일 충남 아산시에서 검출된 이래 2년 8개월 만의 검출 사례였다.

최근 야생 조류 고병원성 AI 바이러스 검출 사례는 2020년 10월 25일부터 11월 21일까지 경기도에서 3건, 충남에서 2건이 발표되었고, 가금류 고병원성 AI 바이러스 검출 사례는 전국에서 총 3건이 발표되었다. 같은 기간에 야생 조류 저병원성 AI 바이러스 검출 후 발표된 사례는 전국에 총 8건이다. 또한 채집된 의심 야생 조류의 분변 검사 결과, 고병원성·저병원성 AI 바이러스 모두에 해당하지 않아 바이러스 미분리로 분류된 사례는 총 7건이다. 야생 조류 AI 바이러스 검출 현황은 고병원성 AI, 저병원성 AI, 검사 중 으로 분류하고 바이러스 미분리는 야생 조류 AI 바이러스 검출 현황에 포함하지 않는다. 야생 조류 AI 바이러스가 검출되고 나서 고병원성 여부를 확인하기 위해 정밀 검사를 하는 데 상당한 기간이 소요되므로, 아직 검사 중인 것이 9건이다. 그중 하나인 제주도 하도리의 경우 11월 22일 고병원성 AI 바이러스 검출 여부를 발표할 예정이다. ○○부 주무관 갑은 2020년 10월 25일부터 11월 21일까지 발표된 야생 조류 AI 바이러스 검출 현황을 아래와 같이 〈표〉로 작성하였으나 검출 현황을 적절히 반영하지 않아 수정이 필요하다.

〈표〉 야생 조류 AI 바이러스 검출 현황

(기간: 2020년 10월 25일 ~2020년 11월 21일)

고병원성 AI	저병원성 AI	검사 중	바이러스 미분리
8건	8건	9건	7건

보기

ㄱ. 고병원성 AI 항목의 "8건"을 "5건"으로 수정한다.
ㄴ. 검사 중 항목의 "9건"을 "8건"으로 수정한다.
ㄷ. "바이러스 미분리" 항목을 삭제한다

① ㄱ
② ㄴ
③ ㄱ, ㄷ
④ ㄴ, ㄷ
⑤ ㄱ, ㄴ, ㄷ

21 ~ 22

진솔이는 여름휴가를 계획하고 있다. 아래의 아래 〈표1 ~ 2〉는 집과 휴가지와의 거리 및 위치를 나타낸 것이고, 〈표 3〉은 도로별 연비를 나타낸 것이다. 아래의 물음에 답하시오.

〈표1〉 휴가지의 위치도

그림 깨짐

〈표2〉 각 구간별 거리

도착 \ 출발	집	A	B	C	D	E
집		60			80	48
A	60		30			
B		30		64		
C			64		40	50
D	80			40		100
E	48			50	100	

〈표3〉 각 구간별 거리

(단위 km/L)

도로종류	국도	시내	고속도로	비포장도로
연비	10	8	16	5

문 21

진솔이가 집에서 출발해 모든 휴가지를 둘러보았을 때 최단 거리로 이동한 거리는 몇 km인가?

① 282km ② 294km ③ 304km
④ 324km ⑤ 344km

문 22

진솔이가 연료비가 최소가 되는 방법을 택한다고 했을 때 쓴 연료비는 얼마인가? (휘발유는 1500원/L이다.)

① 45,000원 ② 46,000원 ③ 47,000원
④ 49,000원 ④ 51,000원

문 23

다음 〈그림〉은 2011년 국내 원목 벌채와 이용의 흐름에 대한 자료이다. 이에 대한 설명으로 옳은 것은?

〈그림〉 2011년 국내 원목 벌채와 이용의 흐름

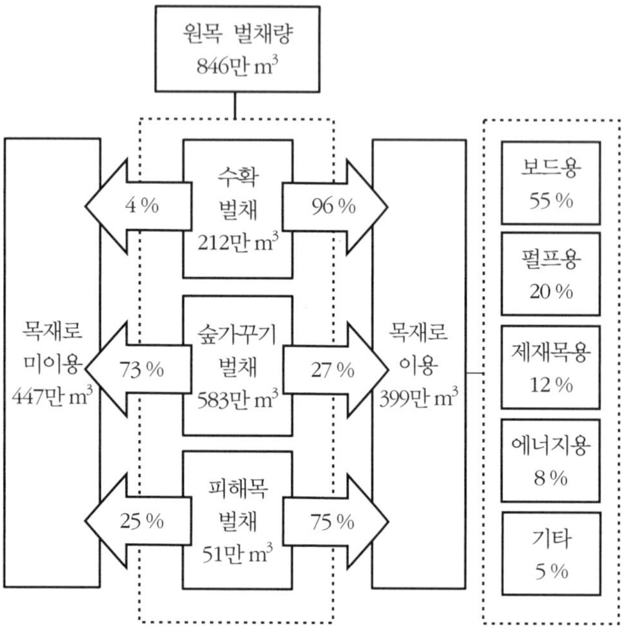

① 원목 벌채량 중 목재로 이용된 양이 목재로 미이용된 양보다 많았다.

② '숲가꾸기 벌채'로 얻은 원목이 목재로 이용된 원목에서 차지하는 비율이 가장 높았다.

③ 보드용으로 이용된 원목의 양은 200만 m^3보다 적었다.

④ '수확 벌채'로 얻은 원목 중 적어도 일부는 보드용으로 이용되었다.

⑤ '피해목 벌채'로 얻은 원목 중 목재로 미이용된 양은 10만 m^3보다 적었다.

문 24

다음 〈표〉는 2018년 '갑'국 A～E 지역의 산사태 위험인자 현황에 관한 자료이다. 〈평가 방법〉에 근거하여 산사태 위험점수가 가장 높은 지역과 가장 낮은 지역을 바르게 나열한 것은?

〈표〉 A～E 지역의 산사태 위험인자 현황

위험인자 \ 지역	A	B	C	D	E
경사길이(m)	180	220	150	80	40
모암	화성암	퇴적암	변성암 (편마암)	변성암 (천매암)	변성암 (편마암)
경사위치	중하부	중상부	중하부	상부	중상부
사면형	상승사면	복합사면	하강사면	복합사면	평형사면
토심(cm)	160	120	70	110	80
경사도(°)	30	20	25	35	55

평가 방법

○ 산사태 위험인자의 평가점수는 다음과 같다.

위험인자 \ 평가점수	0점	10점	20점	30점
경사길이(m)	50 미만	50 이상 100 미만	100 이상 200 미만	200 이상
모암	퇴적암	화성암	변성암 (천매암)	변성암 (편마암)
경사위치	하부	중하부	중상부	상부
사면형	상승사면	평형사면	하강사면	복합사면
토심(cm)	20 미만	20 이상 100 미만	100 이상 150 미만	150 이상
경사도(°)	40 이상	30 이상 40 미만	25 이상 30 미만	25 미만

○ 개별 지역의 산사태 위험점수는 6개 위험인자에 대한 평가점수의 합임.

	가장 높은 지역	가장 낮은 지역
①	B	A
②	B	E
③	D	A
④	D	C
⑤	D	E

문 25

다음 〈표〉는 '갑'건축물을 건설하기 위한 공종의 공법별 공사기간 및 항목별 공사비에 관한 자료이다. 〈표〉와 〈조건〉에 근거하여 총공사비를 최소화하도록 공법을 적용할 때, 총공사기간은?

〈표〉 공종의 공법별 공사기간 및 항목별 공사비

(단위: 개월, 억 원)

공종 \ 구분 공법		공사기간	항목별 공사비		
			재료비	노무비	경비
토공사	A	4	4	6	4
	B	3	7	5	3
	C	3	5	5	3
골조공사	D	12	30	20	14
	E	14	24	20	15
	F	15	24	24	16
마감공사	G	6	50	30	10
	H	7	50	24	12

조건

○ 공종, 공법, 항목별 공사비는 각각 제시된 3가지, 8종류, 3항목만 있음.
○ 공사는 세 가지 공종을 모두 포함하고, 공종별로 한 종류의 공법만을 적용함.
○ 항목별 공사비는 해당 공법의 공사기간 동안 소요되는 해당 항목의 총비용임.
○ 총공사기간은 공종별로 적용한 공법의 공사기간의 합이고, 총공사비는 공종별로 적용한 공법의 항목별 공사비의 총합임.

① 22개월
② 23개월
③ 24개월
④ 25개월
⑤ 26개월

05 하프 모의고사 5회 (25문항 40분)

의사소통능력

문 01

다음 글에 대한 이해로 적절하지 않은 것은?

아동이 부모의 소유물 또는 종족의 유지나 국가의 방위를 위한 수단으로 간주되었던 전근대사회에서는 아동의 권리에 대한 인식이 존재하지 않았다. 산업혁명으로 봉건제도가 붕괴되고 자본주의가 탄생한 근대사회에 이르러 구빈법에 따른 국가 개입과 민간단체의 자발적인 참여로 아동보호가 시작되었다.

1922년 잽 여사는 아동권리사상을 담아 아동권리에 대한 내용을 성문화하였다. 이를 기초로 1924년 국제연맹에서는 전문과 5개의 조항으로 된 아동권리에 관한 제네바 선언을 채택하였다. 여기에는 “아동은 물질적으로나 정신적으로 정상적인 발달을 위해 필요한 조건이 충족되어야 한다.”라든지 “아동의 재능은 인류를 위해 쓰인다는 자각 속에서 양육되어야 한다.” 등의 내용이 포함되었다.

그러나 여기에서도 아동은 보호의 객체로만 인식되었을 뿐 생존, 보호, 발달을 위한 적극적인 권리의 주체로 인식되지는 않았다. 최근에 와서야 국제사회의 노력에 힘입어 아동은 보호되어야 할 수동적인 존재에서 자신의 권리를 주장할 수 있는 능동적인 존재로 자리매김할 수 있게 되었다. 1989년 유엔총회에서 채택된 아동권리협약이 그것이다.

우리나라는 이를 토대로 2016년 아동권리헌장 9개 항을 만들었다. 이 헌장은 ‘생존과 발달의 권리’, ‘아동이 최선의 이익을 보장 받을 권리’, ‘차별 받지 않을 권리’, ‘자신의 의견이 존중될 권리’ 등 유엔의 아동권리협약 의 네 가지 기본 원칙을 포함하고 있다. 또한 전문에는 아동의 권리와 더불어 “부모와 사회, 국가와 지방자치단체는 아동의 이익을 최우선으로 고려해야 하며, 다음과 같은 아동의 권리를 확인하고 실현할 책임이 있다.”라고 명시하여 아동을 둘러싼 사회적 주체들의 책임을 명확히 하였다.

① 아동의 권리에 대한 인식은 근대 이후에 형성되었다.
② 아동권리헌장 은 아동권리협약을 토대로 만들어졌다.
③ 아동권리에 관한 제네바 선언, 아동권리협약, 아동권리헌장에는 모두 아동의 발달에 대한 내용이 들어가 있다.
④ 아동권리에 관한 제네바 선언은 아동을 적극적인 권리의 주체로 인식함으로써 아동의 권리에 대한 진전된 성과를 이루었다.
⑤ 아동권리헌장은 아동을 둘러싼 사회적 주체들의 책임을 명확히 하였다.

문 02

다음 글에서 말하고자 하는 바로 가장 적절한 것은?

기존의 대부분의 일제 시기 근대화 문제에 관한 연구는 다양한 입장 차이에도 불구하고 대단히 대립적인 두 가지 주장으로 정리될 수 있다. 즉 일제가 조선을 지배하지 않았다면 조선에서는 근대적 변혁이 재대로 이루어지지 않았을 것이라는 주장과, 일제의 조선 지배는 한국 근대화를 압살하였기 때문에 결국 근대는 해방 이후부터 시작될 수밖에 없었다는 주장이 그것이다. 두 주장 모두 일제의 조선 지배에도 불구하고 조선인들이 주체적으로 대응했던 역사가 탈락되어 있다. 일제 시기의 역사가 한국 역사의 일부가 되기 위해서는 민족 해방 운동 같은 적극적인 항일 운동뿐만 아니라, 지배의 억압 속에서도 치열하게 삶을 영위해 가면서 자기 발전을 도모해 나간 조선인의 역사도 정당하게 평가되지 않으면 안 된다.

① 일제의 조선 지배는 한국에게서 근대화의 기회를 빼앗았다.
② 일제의 지배에 주체적으로 대응한 조선인의 역사도 정당하게 평가되어야 한다.
③ 일제가 조선을 지배하지 않았다면 조선에게는 근대화가 이루어지지 않았을 것이다.
④ 조선인들은 일제하에서도 적극적인 항일 운동으로 역사에 주체적으로 대응해 나갔다.
⑤ 일제 시기 근대화 문제는 두 가지 주장으로 정리된다.

문 03

다음 글에 대한 이해로 적절하지 않은 것은?

> 정신에 대한 전통적인 설명에 따르면, 인간의 육체는 비물질적 실체인 영혼으로 가득 차 있으며 그 영혼이 때때로 유령이나 귀신의 모습으로 나타난다. 그러나 이 이론은 극복할 수 없는 문제에 부딪힌다. 그 유령이 어떻게 유형의 물질과 상호작용하는가? 무형의 비실체가 어떻게 번쩍이고 쿡 찌르고 삑 소리를 내는 외부 세계에 반응하고 팔다리를 움직이게 만드는가? 그뿐 아니라 정신은 곧 뇌의 활동임을 보여주는 엄청난 증거들도 극복할 수 없는 문제다. 오늘날 밝혀진 바에 따르면, 비물질적이라 생각했던 영혼도 칼로 해부되고, 화학물질로 변질되고, 전기로 나타나거나 사라지고, 강한 타격이나 산소 부족으로 인해 소멸되곤 한다. 현미경으로 보면 뇌는 풍부한 정신과 완전히 일치하는 대단히 복잡한 물리적 구조를 갖고 있다.
>
> 정신을 어떤 특별한 형태의 물질에서 발생하는 것으로 보는 견해도 있다. 피노키오는 목수 제페토가 발견한, 말하고 웃고 움직이는 마법의 나무에서 생명력을 얻는다. 그러나 애석한 일이지만 그런 신비의 물질은 어디에서도 발견되지 않았다. 우선 뇌 조직이 그 신비의 물질이 아닌가 생각해 볼 수 있다. 다윈은 뇌가 정신을 '분비한다'고 적었고, 최근에 철학자 존 설은 유방의 세포 조직이 젖을 만들고 식물의 세포 조직이 당분을 만드는 것처럼, 뇌조직의 물리화학적 특성들이 정신을 만들어낸다고 주장했다. 그러나 뇌종양 조직이나 접시 안의 배양 조직은 물론이고 모든 동물의 뇌 조직에도 똑같은 종류의 세포막, 기공, 화학물질들이 존재한다는 사실을 생각해 보라. 그 모든 신경세포 조직이 동일한 물리화학적 특성들을 갖고 있지만, 그것들 모두가 인간과 같은 지능을 보이진 않는다. 물론 인간 뇌를 구성하는 세포 조직의 어떤 측면이 우리의 지능에 필수적인 것은 사실이지만, 그 물리적 특성들로는 충분하지 않다. 벽돌의 물리적 특성으로는 음악을 설명하기에 불충분한 것과 같다. 중요한 것은 신경세포 조직의 '패턴'속에 존재하는 어떤 것이다.

① 다윈과 존 설은 뇌조직이 인간 정신의 근원이라고 주장했다.

② 인간의 뇌를 구성하는 세포 조직의 물리적 특성은 인간 지능의 필요충분조건이다.

③ 지능에 대한 전통적 설명 방식은 내적 모순으로부터 자유롭지 않다.

④ 뇌의 물리적 특성보다 신경세포 조직의 '패턴'속에 존재하는 어떤 것이 중요하다.

⑤ 뇌와 정신이 밀접하게 연결되어 있음을 시각적으로 확인할 수 있는 물리적 증거가 있다.

문 04

다음 글에 대한 이해로 적절한 것은?

> 데이터 권력은 역사의 객관적이고 원본에 입각한 사실 기록의 방식과 해석에도 심각한 변화를 일으킨다. 디지털 기록은 알고리즘 분석을 위해 축적되는 재료에 불과하고, 개별의 구체적 가치와 질감을 거세한 무색무취의 건조한 데이터가 된다. 이용자들의 정서 데이터는 데이터베이스 어딘가에 데이터 조각으로 저장되지만, 누군가에 의해 알고리즘 명령으로 호출되기 전까지 그 어떤 사건사적·사회사적 의미도 만들어 내지 못한다. 어떤 데이터를 선별적으로 남기고 무엇을 포기할 것인가에 대한 고민이나, 왜 특정의 데이터가 사회적 의미를 지니는 지 등에 관한 역사성과 객관성을 중시하는 역사 기록학적 물음들은, 오늘날 인간 활동으로 뿜어져 나오는 비정형 데이터에 의존한 많은 닷컴 기업들에 그리 중요하지 않다. 데이터 취급을 통해 생존을 도모하는 데이터 기업 자본은 거대한 데이터 센터를 구축해 인간의 움직임과 활동, 감정의 흐름 모두를 실시간으로 저장해 필요에 의해 잘 짜인 알고리즘으로 원하는 정보 패턴이나 관계를 찾는 데 골몰한다. 진본성이나 공공성을 담지한 공식 기록을 선별해 남기려는 역사학적 관심사는, 이 새로운 무차별적인 기억과 감정적 흐름의 공장을 돌리는 데이터 권력 질서와 자주 경합하거나 때론 데이터 권력에 의해 억압당한다.
>
> 새로운 데이터 권력의 질서 속에서는 개별적 기록이 지닌 가치와 진실 등 그 사회사적 사건의 특수한 흔적들이 거의 완전히 지워진다. 지배적 알고리즘의 산식에는 개인적 차이, 감수성, 질감 들이 무시되고 이리저리 움직이고 부유하는 집단 욕망들의 경향과 패턴을 포착하는 것만이 중요하다.

① 공적이고 질적으로 의미있는 데이터를 선별하려는 역사 기록학적 시도는 데이터 권력에 의해 방해받는다.

② 거대한 기업을 경영하는 데이터 권력은 개인들의 섬세한 차이를 기록한 데이터의 가치를 높이 평가한다.

③ 데이터가 공을 통해 생존하는 데이터 기업은 알고리즘 산식을 이용하여 데이터를 체계적으로 저장한다.

④ 데이터 권력의 지배적 알고리즘을 수용함으로써 역사학은 개인과 사회의 관계를 더 잘 파악할 수 있다.

⑤ 역사학은 데이터 센터에 저장된 비정형 데이터를 활용함으로써 집단의 움직임을 파악하려 시도한다.

문 05

다음 글에 대한 이해로 적절하지 않은 것은?

연출자가 자신의 저작권을 침해당했다고 주장하기 위해서는 우선 그가 유효한 저작권을 소유하고 있어야 한다. 즉 저작권 보호 가능성이 있는 창작물이 필요하다. 다음으로 창작적인 표현을 도용당했는지 밝혀야 하는데, 이것이 쉽지 않다. 왜냐하면 연출자가 주관적으로 창작성이 있다고 느끼는 부분일지라도 객관적인 시각에서는 이미 공연 예술 무대에서 흔히 사용되는 표현 기법일 수 있고, 저작권법상 보호 대상이 아닌 아이디어의 요소와 보호 가능한 요소인 표현이 얽혀 있는 경우가 있기 때문이다. 쉬운 예로 셰익스피어를 보자. 그의 명작 중에 선대에 있었던 작품에 의거하지 않고 탄생한 작품이 있는가. 대부분의 연출자는 선행 예술가로부터 영향을 받아 창작에 임하는 것이 너무도 당연하고 자연스럽다. 따라서 무대연출 작업 중에서 독보적인 창작을 걸러내서 배타적인 권한인 저작권을 부여하는 것은 매우 흔치 않은 경우이고, 후발 창작을 방해하는 요소로 작용할 수도 있다. 저작권법은 창작자에게 개인적인 인센티브를 제공하여 창작을 장려함과 동시에 일반 공중이 저작물을 원활하게 이용할 수 있도록 해야 하는 두 가지 가치의 균형을 이루는 것이 목표다.

① 무대연출의 창작적인 표현의 도용 여부를 밝히기는 쉽지 않다.
② 저작권 침해를 당했다고 주장하려면 유효한 저작권을 소유하고 있어야 한다.
③ 독보적인 무대연출 작업에 저작권을 부여한다고 해서 후발 창작에 방해가 되지는 않는다.
④ 저작권법의 목표는 창작자의 창작을 장려하고 일반 공중의 저작물 이용을 원활하게 하는 것이다.
⑤ 셰익스피어의 예를 보면 연출자가 선행 예술가로부터 영향을 받아 창작에 임하는 것은 자연스럽다.

문 06

다음 (가) ~ (다)를 문맥에 맞게 순서대로 나열한 것은?

최근 수십 년간 세계 각국의 정부들은 공격적인 환경보호 조치들을 취해왔다. 대기오염과 수질오염, 살충제와 독성 화학물질의 확산, 동식물의 멸종 위기 등을 우려한 각국의 정부들은 인간의 건강을 증진하고 인간 활동이 야생 및 원시 지역에서 만들어 낸 해로운 결과를 줄이기 위해 상당한 자원을 투자해왔다.

(가) 그러나 이러한 규제 노력 가운데는 막대한 비용을 헛되이 낭비한 것들도 상당수에 달하며, 그 중 일부는 해결하고자 했던 문제를 오히려 악화시키기도 했다.

(나) 이 중 많은 조치들이 커다란 성과를 거두었다. 이를테면 대기오염을 줄이려는 노력으로 수십만 명의 조기 사망과 수백만 가지의 질병을 예방할 수 있었다.

(다) 예를 들어, 새로운 대기 오염원을 공격적으로 통제할 경우, 기존의 오래된 오염원의 수명이 길어져서 적어도 단기적으로는 대기오염을 가중시킬 수 있다.

① (나)－(가)－(다)　② (나)－(다)－(가)
③ (다)－(가)－(나)　④ (다)－(나)－(가)
⑤ (가)－(나)－(다)

문 07

다음 글의 핵심 논지로 가장 적절한 것은?

독일 통일을 지칭하는 '흡수 통일'이라는 용어는 동독이 일방적으로 서독에 흡수되었다는 인상을 준다. 그러나 통일 과정에서 동독 주민들이 보여준 행동을 고려하면 흡수 통일은 오해의 여지를 주는 용어일 수 있다.

1989년에 동독에서는 지방선거 부정 의혹을 둘러싼 내부 혼란이 발생했다. 그 과정에서 체제에 환멸을 느낀 많은 동독 주민들이 서독으로 탈출했고, 동독 곳곳에서 개혁과 개방을 주장하는 시위의 물결이 일어나기 시작했다. 초기 시위에서 동독 주민들은 여행·신앙·언론의 자유를 중심에 둔 내부 개혁을 주장했지만 이후 "우리는 하나의 민족이다!"라는 구호와 함께 동독과 서독의 통일을 요구하기 시작했다. 그렇게 변화하는 사회적 분위기 속에서 1990년 3월 18일에 동독 최초이자 최후의 자유총선거가 실시되었다.

동독 자유총선거를 위한 선거운동 과정에서 서독과 협력하는 동독 정당들이 생겨났고, 이들 정당의 선거운동에 서독 정당과 정치인들이 적극적으로 유세 지원을 하기도 했다. 초반에는 서독 사민당의 지원을 받으며 점진적 통일을 주장하던 동독 사민당이 우세했지만, 실제 선거에서는 서독 기민당의 지원을 받으며 급속한 통일을 주장하던 독일동맹이 승리하게 되었다. 동독 주민들이 자유총선거에서 독일동맹을 선택한 것은 그들 스스로 급속한 통일을 지지한 것이라고 할 수 있다. 이후 동독은 서독과 1990년 5월 18일에 통화·경제·사회보장동맹의 창설에 관한 조약을, 1990년 8월 31일에 통일조약을 체결했고, 마침내 1990년 10월 3일에 동서독 통일을 이루게 되었다.

이처럼 독일 통일의 과정에서 동독 주민들의 주체적인 참여를 확인할 수 있다. 독일 통일을 단순히 흡수 통일이라고 부른다면, 통일 과정에서 중요한 역할을 담당했던 동독 주민들을 배제한다는 오해를 불러일으킬 수 있다. 독일 통일의 과정을 온전히 이해하기 위해서는 동독 주민들의 활동에도 주목할 필요가 있다.

① 자유총선거에서 동독 주민들은 점진적 통일보다 급속한 통일을 지지하는 모습을 보여주었다.
② 독일 통일은 동독이 일방적으로 서독에 흡수되었다는 점에서 흔히 흡수 통일이라고 부른다.
③ 독일 통일은 분단국가가 합의된 절차를 거쳐 통일을 이루었다는 점에서 의의가 있다.
④ 독일 통일 전부터 서독의 정당은 물론 개인도 동독의 선거에 개입할 수 있었다.
⑤ 독일 통일의 과정에서 동독 주민들의 주체적 참여가 큰 역할을 하였다.

08～09

아래 내용을 읽고 물음에 답하시오.

㉠ 마르크스는 사물의 경제적 가치를 사용가치와 교환가치로 구분하면서 자본주의 사회에서는 경제적 가치가 교환가치에 의해 결정된다고 보았다. 사용가치는 사물의 기능적 가치를, 교환가치는 시장 거래를 통해 부여된 가치를 의미하는데 사물 자체의 유용성은 고정적이므로 시장에서의 수요와 공급에 의해서만 경제적 가치가 결정된다고 보았기 때문이다. 또한 그는 사물의 거래 가격은 결국 사물의 생산 비용에 의해 결정된다는 점에서 소비를 생산에 종속된 현상으로 보고 소비의 자율성을 인정하지 않았다.

마르크스의 이러한 주장과 달리 ㉡ 보드리야르는 교환가치가 아닌 사용가치가 경제적 가치를 결정하며, 자본주의 사회는 소비 우위의 사회라고 주장했다. 이때 보드리야르가 제시한 사용가치는 사물 자체의 유용성에 대한 가치가 아니라 욕망의 대상으로서 기호(sign)가 지니는 기능적 가치, 즉 기호가치를 의미한다.

기호는 어떤 대상을 지시하는 상징으로서 문자나 음성같이 감각으로 지각되는 기표와 의미 내용인 기의로 구성되는데, 기표와 기의의 관계는 자의적이다. 가령 '남성'이란 문자는 필연 적으로 어떤 대상을 지시하는 것이 아니며 '여성'이란 기호와의 관계 속에서 의미 내용이 결정된다. 다시 말해, 어떤 기호 의 의미 내용을 결정하는 것은 기표와 기의의 관계가 아니라 기호들 간의 관계, 즉 기호 체계이다.

보드리야르는 자본주의 사회에서 대량 생산 기술이 급속하게 발전하면서 소비자가 기호가치 때문에 사물을 소비한다고 보았다. 대량 생산 기술의 발전으로 수요를 충족하고 남을 만큼의 공급이 이루어져 사물 자체의 유용성은 더 이상 소비를 결정하는 요인으로 작용할 수 없기 때문이다. 예를 들어 소비자는 특정 계층 또는 집단의 일원이라는 상징을 얻기 위해 명품 가방을 소비한다. 이때 사물은 소비자가 속하고 싶은 집단과 다른 집단 간의 차이를 부각하는 기호로서 기능한다. 따라서 보드리야르에 따르면 자본주의 사회에서 소비의 원인은 사물이 상징하는 특정 사회적 지위에 대한 욕구이다.

보드리야르는 현대인이 자연 발생적인 욕구에 따라 자유롭게 소비하는 것처럼 보이지만 사실은 강제된 욕구에 따르는 것에 불과하다고 보았다. 이는 기호가 다른 기호와의 관계 속에서 그 의미 내용이 결정되는 것과 관계된다. 특정 사물의 상징은 기호 체계, 즉 사회적 상징체계 속에서 유동적이며, 따라서 서 ㉢ 상징체계 변화에 따라 욕구도 유동적이다. 이때 대중매체는 사물의 기의에 영향을 미침으로써 욕구를 강제할 수 있다. 현실이 대중매체를 통해 전달될 때 현실은 현실 그 자체가 아니라 다른 기호와 조합될 수 있는 기호로서 추상화되기 때문이다. 가령 텔레비전 속 유명 연예인이 소비하는 사물은 유명 연예인이라는 기호에 의해 새로운 의미 내용이 부여된다. 요컨대 특정 사물에 대한 현대인의 욕망은 대중매체를 매개로 하여 자기도 모르는 사이에 강제된다.

보드리야르는 기술 문명이 초래한 사물의 풍요 속에서 현대인의 일상생활이 사물의 기호가치와 이에 대한 소비에 의해 규정된다고 보고 자본주의 사회를 소비사회로 명명하였다. 그의 이론은 소비가 인간에 미치는 영향을 비판적으로 성찰해야 한다는 점을 시사한다.

문 08

'자본주의 사회'에 대한 ㉠, ㉡의 주장을 이해한 내용으로 가장 적절한 것은?

① ㉠ : 소비가 생산에 종속되므로 사용가치와 교환가치는 결국 동일하다.
② ㉠ : 사물 자체의 유용성은 변하지 않으므로 소비자의 욕구를 중심으로 분석해야 한다.
③ ㉡ : 소비자에게 소비의 자율성이 존재하므로 교환가치가 사용가치를 결정한다.
④ ㉡ : 개인에게 욕구가 강제되므로 소비를 통해 집단 간의 사회적 차이가 소멸한다.
⑤ ㉡ : 경제적 가치는 사회적 상징체계에 따라 결정되므로 기호 가치가 소비의 원인이다.

문 09

㉢의 전제로 가장 적절한 것은?

① 상징체계 변화에 의해 사물 자체의 유용성이 변화한다.
② 사물에 대한 욕구는 사람마다 제각기 다른 양상을 보인다.
③ 사물의 기호가치가 변화하면 사물에 대한 욕구도 변화한다.
④ 사물을 소비하는 행위는 개인의 자연 발생적 욕구에 따른 것이다.
⑤ 사물이 지시하는 의미 내용과 사물에 대한 욕구는 서로 독립적이다.

수리능력

문 10

가영이와 나영이가 계단에서 가위 바위 보를 하여 이기면 4 계단을 올라가고, 지면 3 계단을 내려가는 게임을 하고 있다. 처음보다 가영이는 16 계단을 올라가 있고, 나영이는 5 계단이 내려가 있을 때, 가영이가 이긴 횟수는? (단, 비기는 경우는 없다.)

① 2 ② 4 ③ 7
④ 8 ⑤ 9

문 11

과수원에서는 작년에 포도와 머루를 합하여 400상자를 수확하였다. 올해의 수확량은 작년에 비하여 포도는 15% 증가하였고 머루는 10% 감소하여 전체적으로 5% 증가하였다고 한다. 올해의 머루의 수확량은?

① 144상자 ② 160상자 ③ 176상자
④ 240상자 ⑤ 276상자

문 12

다음 〈표〉는 4개 안건(A ~ D)에 대한 심사위원(갑, 을, 병)의 선호를 나타낸 자료이다. 이 안건들 중 서로 다른 두 안건을 임의로 상정하고 위 3명의 심사위원이 한 표씩 투표하여 다수결원칙에 따라 하나의 안건을 채택한다고 할 때, 〈보기〉의 설명 중 옳은 것만을 모두 고르면?

〈표〉 4개 안건에 대한 심사위원의 선호

심사위원 / 선호순위	갑	을	병
1 순위	C	A	B
2 순위	B	B	C
3 순위	D	C	A
4 순위	A	D	D

※ 각 심사위원은 상정된 두 안건 중 자신의 선호순위가 더 높은 안건에 반드시 투표함.

보기

ㄱ. A 안건과 C 안건이 상정되면 C 안건이 채택된다.
ㄴ. B 안건은 어떠한 다른 안건과 함께 상정되어도 항상 채택된다.
ㄷ. C 안건이 상정되어 채택되는 경우는 모두 3가지이다.
ㄹ. D 안건은 어떠한 다른 안건과 함께 상정되어도 항상 채택되지 못한다.

① ㄱ, ㄴ ② ㄱ, ㄷ ③ ㄴ, ㄹ
④ ㄱ, ㄴ, ㄹ ⑤ ㄴ, ㄷ, ㄹ

문 13

다음 〈표〉는 A지역 유치원 유형별 교지면적과 교사면적에 대한 자료이다. 이에 대한 설명으로 옳지 않은 것은?

〈표〉 A지역 유치원 유형별 교지면적과 교사면적

(단위 : m^2)

구분 \ 유치원 유형		국립	공립	사립
교지 면적	유치원당	255.0	170.8	1,478.4
	원아 1인당	3.4	6.1	13.2
교사 면적	유치원당	562.5	81.2	806.4
	원아 1인당	7.5	2.9	7.2

① 원아 1인당 교지면적은 사립이 공립의 2배 이상이다.
② 유치원당 교사면적이 가장 큰 유형부터 순서대로 나열하면 사립, 국립, 공립 순이다.
③ 유치원당 교지면적이 유치원당 교사면적보다 작은 유치원 유형은 국립뿐이다.
④ 유치원당 교지면적은 사립이 국립의 5.5배 이상이고 유치원당 교사면적은 사립이 국립의 1.4배 이상이다.
⑤ 유치원당 교지면적과 원아 1인당 교사면적은 국립이 사립보다 모두 작다.

문 14

다음 〈표〉는 어느 해 전국 농경지(논과 밭)의 가뭄 피해 현황에 대한 자료이다. 이에 대한 〈보기〉의 설명 중 옳은 것만을 모두 고르면?

〈표 1〉 지역별 논 가뭄 피해 현황

(단위 : ha)

지역	재배면적	피해면적	피해 발생기간
충북	65,812	1,794	7.26. ~ 7.31.
충남	171,409	106	7.15. ~ 7.31.
전북	163,914	52,399	7.15. ~ 8.9.
전남	221,202	59,953	7.11. ~ 8.9.
경북	157,213	5,071	7.13. ~ 7.31.
경남	130,007	25,235	7.12. ~ 8.9.
대구	1,901	106	7.25. ~ 7.26.
광주	10,016	3,226	7.18. ~ 7.31.
기타	223,621	0	–
전체	1,145,095	147,890	7.11. ~ 8.9.

〈표 2〉 지역별 밭 가뭄 피해 현황

(단위 : ha)

지역	재배면적	피해면적	피해 발생기간
전북	65,065	6,212	7.19. ~ 7.31.
전남	162,924	33,787	7.19. ~ 7.31.
경북	152,137	16,702	7.19. ~ 7.31.
경남	72,686	6,756	7.12. ~ 7.31.
제주	65,294	8,723	7.20. ~ 7.31.
대구	4,198	42	7.25. ~ 7.26.
광주	5,315	5	7.24. ~ 7.31.
기타	347,316	0	–
전체	874,935	72,227	7.12. ~ 7.31.

보기

ㄱ. 논 가뭄 피해면적이 가장 큰 지역은 밭 가뭄 피해면적도 가장 크다.
ㄴ. 논 가뭄 피해 발생기간이 가장 긴 지역과 밭 가뭄 피해 발생기간이 가장 긴 지역은 같다.
ㄷ. 전체 논 재배면적 대비 전체 논 가뭄 피해면적 비율은 15 % 이하이다.
ㄹ. 밭 재배면적 대비 밭 가뭄 피해면적 비율은 경북이 경남보다 크다.

① ㄱ, ㄴ
② ㄱ, ㄷ
③ ㄴ, ㄹ
④ ㄱ, ㄷ, ㄹ
⑤ ㄴ, ㄷ, ㄹ

문 15

다음 〈표〉는 2013년 '갑'국의 수도권 집중 현황에 관한 자료이다. 〈보고서〉의 내용 중 〈표〉의 자료에서 도출할 수 있는 것은?

〈표〉 수도권 집중 현황

구분		전국(A)	수도권(B)	$\frac{B}{A}\times100$(%)
인구 및 주택	인구(천 명)	50,034	24,472	48.9
	주택 수(천 호)	17,672	8,173	46.2
산업	지역 총 생산액(십억 원)	856,192	408,592	47.7
	제조업체 수(개)	119,181	67,799	56.9
	서비스업체 수(개)	765,817	370,015	48.3
금융	금융예금액(십억 원)	592,721	407,361	68.7
	금융대출액(십억 원)	699,430	469,374	67.1
기능	4년제 대학 수(개)	175	68	38.9
	공공기관 수(개)	409	345	84.4
	의료기관 수(개)	54,728	26,999	49.3

보고서

- 전국 대비 수도권 인구 비중은 48.9 %이다. ㉠ 수도권 인구밀도는 전국 인구밀도의 2배 이상이고, ㉡ 수도권 1인당 주택면적은 전국 1인당 주택면적보다 작다.
- 산업측면에서 ㉢ 수도권 제조업과 서비스업 생산액이 전국 제조업과 서비스업 생산액에서 차지하는 비중은 각각 50 % 이상이다.
- 수도권 금융예금액은 전국 금융예금액의 65 % 이상을 차지하고, ㉣ 수도권 1인당 금융대출액은 전국 1인당 금융대출액보다 많다.
- 전국 대비 수도권의 의료기관 수 비중은 49.3 %이고 공공기관 수 비중은 84.4 %이다. ㉤ 4년제 대학 재학생 수는 수도권이 비수도권보다 적다.

① ㄱ ② ㄴ ③ ㄷ
④ ㄹ ⑤ ㅁ

문 16

다음 〈표〉와 〈정보〉는 어느 상담센터에서 2013년에 실시한 상담가 유형별 가족상담건수에 관한 자료이다. 이에 근거할 때, 2013년 하반기 전문상담가에 의한 가족상담건수는?

〈표〉 2013년 상담가 유형별 가족상담건수

(단위 : 건)

상담가 유형	가족상담건수
일반상담가	120
전문상담가	60

※ 가족상담은 일반상담가에 의한 가족상담과 전문상담가에 의한 가족상담으로만 구분됨.

정보

- 2013년 가족상담의 30 %는 상반기에, 70 %는 하반기에 실시되었다.
- 2013년 일반상담가에 의한 가족상담의 40 %는 상반기에, 60 %는 하반기에 실시되었다.

① 38
② 40
③ 48
④ 54
⑤ 56

문 17

다음 〈표〉와 〈그림〉은 '갑'국의 방송사별 만족도지수, 질평가지수, 시청자평가지수를 나타낸 자료이다. 이에 대한 〈보기〉의 설명 중 옳은 것만을 모두 고르면?

〈표〉 방송사별 전체 및 주시청 시간대의 만족도지수와 질평가지수

유형 \ 방송사 \ 구분		전체 시간대		주시청 시간대	
		만족도 지수	질평가 지수	만족도 지수	질평가 지수
지상파	A	7.37	7.33	( )	7.20
	B	7.22	7.05	7.23	( )
	C	7.14	6.97	7.11	6.93
	D	7.32	7.16	( )	7.23
종합 편성	E	6.94	6.90	7.10	7.02
	F	7.75	7.67	( )	7.88
	G	7.14	7.04	7.20	( )
	H	7.03	6.95	7.08	7.00

〈그림〉 방송사별 주시청 시간대의 시청자평가지수

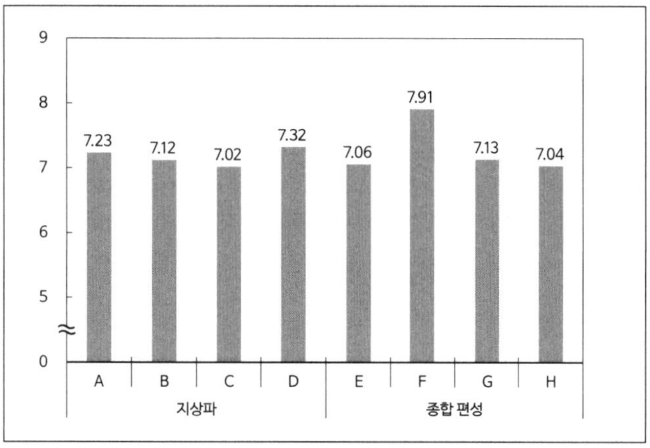

※ 전체(주시청)시간대 시청자평가지수 = $\left(\frac{\text{전체(주시청)시간대 만족도지수} + \text{전체(주시청)시간대 질평가지수}}{2}\right)$

보기

ㄱ. 각 지상파 방송사는 전체 시간대와 주시청 시간대 모두 만족도지수가 질평가지수보다 높다.
ㄴ. 각 종합편성 방송사의 질평가지수는 주시청 시간대가 전체 시간대보다 높다.
ㄷ. 각 지상파 방송사의 시청자평가지수는 전체 시간대가 주시청 시간대보다 높다.
ㄹ. 만족도지수는 주시청 시간대가 전체 시간대보다 높으면서 시청자평가지수는 주시청 시간대가 전체 시간대보다 낮은 방송사는 2개이다.

① ㄱ, ㄴ　② ㄱ, ㄷ　③ ㄴ, ㄹ
④ ㄱ, ㄷ, ㄹ　⑤ ㄴ, ㄷ, ㄹ

문제해결능력

문 18

다음 글의 내용이 참일 때, 갑이 반드시 수강해야 할 과목은?

> 갑은 A ～E 과목에 대해 수강신청을 준비하고 있다. 갑이 수강하기 위해 충족해야 하는 조건은 다음과 같다.
> ○A를 수강하면 B를 수강하지 않고, B를 수강하지 않으면 C를 수강하지 않는다.
> ○D를 수강하지 않으면 C를 수강하고, A를 수강하지 않으면 E를 수강하지 않는다.
> ○E를 수강하지 않으면 C를 수강하지 않는다.

① A　② B
③ C　④ D
⑤ E

문 19

다음 글에서 ㄱ ~ ㅁ에 들어갈 내용으로 옳은 것은?

논리학자 레이먼드 스멀리언을 통해 유명해진 퍼즐이 있다. 거짓말쟁이와 참말쟁이가 등장하는 퍼즐이다. 세상에 두 유형의 사람만 있다고 치자. 늘 거짓말을 말하는 사람과 늘 진실을 말하는 사람이다. 어떤 두 사람이 다음과 같이 말한다면, 누가 거짓말쟁이고 누가 참말쟁이인지 알 수 있을까?

몰리 : 레오폴드는 거짓말쟁이다.
레오폴드 : 우리 둘 다 거짓말쟁이다.

추론은 이런 식으로 전개된다. 레오폴드가 (ㄱ)라면, 그의 말은 거짓이 되므로 모순이 된다. 따라서 그는 (ㄴ)임이 분명하다. 레오폴드와 몰리 둘 다 (ㄷ)일 리는 없다. 레오폴드가 (ㄹ)이므로, 몰리는 (ㅁ)임이 틀림없다.

	참말쟁이	거짓말쟁이
①	ㄱ, ㄴ	ㄷ, ㄹ, ㅁ
②	ㄱ, ㄷ	ㄴ, ㄹ, ㅁ
③	ㄱ, ㅁ	ㄴ, ㄷ, ㄹ
④	ㄴ, ㄹ	ㄱ, ㄷ, ㅁ
⑤	ㄷ, ㅁ	ㄱ, ㄴ, ㄹ

문 20

다음 〈설명〉을 근거로 판단할 때 〈보기〉의 진술과 〈설명〉의 차별을 올바르게 연결한 것은?

설명

다음은 노인들이 재취업 현장에서 경험하는 차별을 범주화한 것이다.

1. 직접적 차별
   일자리나 기타 기회에서 노인들이 참여할 수 없는 진입장벽을 설정
2. 차별적 표현
   노인에 대한 비하적 언급이나 뉘앙스를 풍기는 태도
3. 무관심과 무시
   업무수행에 대해 관심을 갖지 않으며 성과에 대해서도 공정하게 평가하려는 노력 결여
4. 배제와 소외
   주요 결정에 참여시키지 않거나 함께 어울릴 기회를 주지 않는 것

보기

ㄱ. 회사 발전을 위해 의논을 한다든가 회의를 할 때, 나도 그 자리에 있으면 발언도 좀 할 수 있을 텐데요.
ㄴ. 현장 나가면 "나이 먹은 사람이 왔다." 식으로 이야기해요. 젊은 사람이 나와서 해줘야 하는데, 나이 먹은 사람이 와서 별로라는 인상을 받아요.
ㄷ. 무슨 일을 해도 너무 노인들을 값싼 취급한다는 생각이 들어요. "어, 그 노인네 다르네."라고 말하는 사람이 없어요. 존재감이 없다고 느껴요.
ㄹ. 이력서를 넣으면 노인은 지원자격이 없다고 하더라고요. "내가 갈 곳이 없네."라고 느끼게 되지요.

	1	2	3	4
①	ㄴ	ㄱ	ㄷ	ㄹ
②	ㄴ	ㄷ	ㄱ	ㄹ
③	ㄴ	ㄹ	ㄷ	ㄱ
④	ㄹ	ㄴ	ㄱ	ㄷ
⑤	ㄹ	ㄴ	ㄷ	ㄱ

21 ~ 22

아래 규정을 근거로 판단할 때 물음에 답하시오.

○ 긴급복지지원제도

1. 긴급복지지원제도란 갑작스러운 위기상황으로 생계유지가 곤란한 저소득층에게 생계 · 의료 · 주거지원 등 필요한 복지서비스를 신속하게 지원하여 위기상황에서 벗어날 수 있도록 돕는 제도이다.

2. 지원 대상은 갑작스러운 위기상황으로 생계유지 등이 곤란한 저소득 가구이다.

3. 가구의 소득 · 재산기준은 아래 세 가지 모두 충족하여야 한다.
   ① 소득: 기준중위소득(월) 75% 이하
      ※ 기준중위소득(월): 1인 170만원, 2인 290만원, 3인 380만원, 4인기준 470만원
   ② 재산: 대도시 188백만원, 중소도시 118백만원, 농어촌 101백만원 이하
      (재산에는 금융재산이 포함된다.)
   ③ 금융재산: 500만원 이하 (금융재산에는 예치금이 포함된다.)

4. 위기상황 주급여 종류와 지원내용 및 금액

종류	지원내용	지원금액	최대 횟수
생계 유지비	식료품비, 의복비 등 1개월 생계유지비	35만원 (1인 당)	6회
의료비	각종 검사, 치료 등 의료서비스 지원 - 300만원 이내(본인부담금 및 비급여 항목)	300만원 이내 (1인 당)	2회
주거비	국가·지자체 소유 임시거소 제공 또는 타인 소유의 임시거소 제공 등 1개월 주거비 - 제공자에게 거소사용 비용 지원	대도시: 60만원 중소도시: 40만원 농어촌: 20만원 (1인 당)	12회

※ 생계유지비 및 주거비는 월 1회 지급한다.

문 21

배우자와 함께 농촌에 거주하는 ㅇㅇ씨는 폭설로 인해 주택과 채소 경작 하우스가 무너졌다. 폭설 피해로 인해 소득은 없고 재산은 5천만원이며 은행에 450만원을 예치하고 있다. 이 부부는 각자 매월 정기적으로 1회 병원 진료 및 치료를 받아야 하며, 1인당 20만원의 본인부담금을 지출한다. 이 가구가 생계유지비(3개월), 의료비(기한 없음), 주거비(6개월) 등으로 지급받을 수 있는 예상 금액은 얼마인가?

① 440만원　② 480만원　③ 530만원
④ 550만원　⑤ 610만원

문 22

어촌에서 무소득 자녀 1명과 배우자를 부양하고 있는 丙씨는 가두리양식장 운영으로 가정의 생계를 유지하던 중 강력한 태풍으로 인해 가두리양식장이 유실되어 소득이 없게 되었다. 재산은 1억원이고 은행에 300만원을 예치하고 있다. 이 가구가 생계유지비 최대 횟수로 지급받을 수 있는 예상 금액은 얼마인가?

① 420만원　② 480만원　③ 530만원
④ 580만원　⑤ 630만원

문 23

다음 〈표〉는 2016년 '갑'시 5개 구 주민의 돼지고기 소비량에 관한 자료이다. 〈조건〉을 이용하여 변동계수가 3번째로 큰 구와 4번째로 큰 구를 바르게 나열한 것은?

〈표〉 5개 구 주민의 돼지고기 소비량 통계

(단위 : kg)

구	평균 (1인당 소비량)	표준편차
A	(　)	5.0
B	(　)	4.0
C	30.0	6.0
D	12.0	4.0
E	(　)	8.0

※ 변동계수(%) = $\frac{\text{표준편차}}{\text{평균}} \times 100$

조건

○ A구의 1인당 소비량과 B구의 1인당 소비량을 합하면 C구의 1인당 소비량과 같다.
○ A구의 1인당 소비량과 D구의 1인당 소비량을 합하면 E구 1인당 소비량의 2배와 같다.
○ E구의 1인당 소비량은 B구의 1인당 소비량보다 6.0 kg 더 많다.

	3번째	4번째
①	B	A
②	B	C
③	B	E
④	D	A
⑤	D	C

문 24

다음 〈그림〉은 '갑'국 국회의원 선거의 지역별 정당지지율에 관한 자료이다. 〈그림〉과 〈조건〉에 근거하여 선거구를 획정할 때, 〈보기〉 중 B 정당의 국회의원이 가장 많이 선출되는 선거구 획정 방법을 고르면?

〈그림〉 국회의원 선거의 지역별 정당지지율

(단위: %)

가 (90:10: 0)	나 (80:20: 0)	다 (70:20:10)	라 (40:50:10)
마 (60:20:20)	바 (60:10:30)	사 (30:30:40)	아 (10:60:30)
자 (30:60:10)	차 (20:40:40)	카 (20:20:60)	타 (10:80:10)

※ 괄호 안의 수치는 해당 지역의 각 정당지지율(A정당 : B정당 : C정당)을 의미함.

조건

○ 3개 지역을 묶어서 1개의 선거구로 획정한다.
  - 지역 경계는 점선(-----)으로 표시되며, 선거구 경계는 실선(━)으로 표시된다.
  - 아래 그림은 '가', '나', '바' 지역이 1개의 선거구로 획정됨을 의미한다.

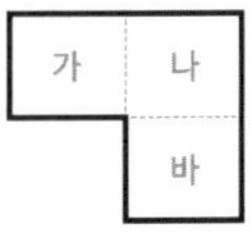

○ 선거구당 1명의 국회의원을 선출한다.
○ 선거구 내 지역별 각 정당지지율의 합이 가장 큰 정당의 후보가 국회의원으로 선출된다.

보기

ㄱ.

ㄴ.

ㄷ.

ㄹ.

ㅁ.
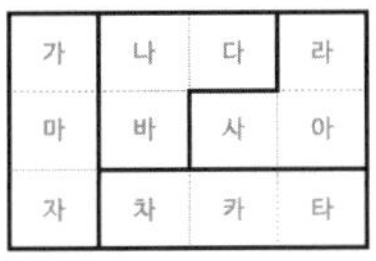

① ㄱ　② ㄴ　③ ㄷ　④ ㄹ　⑤ ㅁ

문 25

다음 〈표〉는 A ~ C가 참가한 사격게임 결과에 대한 자료이다. 〈표〉와 〈조건〉을 근거로 1 ~ 5라운드 후 A의 총적중 횟수의 최솟값과 C의 총적중 횟수의 최댓값의 차이를 구하면?

〈표〉 참가자의 라운드별 적중률 현황

(단위: %)

참가자 \ 라운드	1	2	3	4	5
A	20.0	(　　)	60.0	37.5	(　　)
B	40.0	62.5	100.0	12.5	12.5
C	(　　)	62.5	80.0	(　　)	62.5

※ 사격게임 결과는 적중과 미적중으로만 구분함.

보기

- ○ 1, 3라운드에는 각각 5발을 발사하고, 2, 4, 5라운드에는 각각 8발을 발사함.
- ○ 각 참가자의 라운드별 적중 횟수는 최소 1발부터 최대 5발까지임.
- ○ 참가자별로 1발만 적중시킨 라운드 횟수는 2회 이하임.

① 10　② 11　③ 12
④ 13　⑤ 14

여기에 필기하세요~^^

06 하프 모의고사 6회 (25문항 40분)

의사소통능력

문 01

다음 뉴스 기사에 대한 이해로 적절하지 않은 것은?

> 올해 A시는 '청소년 의회 교실' 운영에 관한 조례를 발표함으로써 청소년들이 지방의회의 역할과 기능을 이해하고 민주 시민으로서의 소양과 자질을 함양할 수 있는 근거를 마련하였다. 청소년 의회 교실이란 청소년을 대상으로 실시하는 의회 체험 프로그램을 의미한다. 여기에 참여할 수 있는 대상은 A시에 있는 학교에 재학 중인 만 19세 미만의 청소년이다. 이 조례에 따르면 시의회 의장은 의회 교실의 참가자 선정 및 운영 방안을 결정할 수 있다. 운영 방안에는 지방자치 및 의회의 기능과 역할, 민주 시민의 소양과 자질 등에 관한 교육 내용이 포함된다. 또한 시의회 의장은 고유 권한으로 본회의장 시설 사용이 가능하도록 지원할 수 있다. 최근 A시는 '수업 시간 스마트폰 사용 제한에 관한 조례안'을 주제로 본회의장에서 첫 번째 의회 교실을 운영 하였다. 참석 학생들은 1일 시의원이 되어 의원 선서를 한 후 주제에 관한 자유 발언 시간을 가졌다. 이어서 관련 조례안을 상정한 후 찬반 토론을 거쳐 전자 투표로 표결 처리하였다. 학생들이 의회 과정 전반에 대해 체험할 수 있었던 뜻 깊은 시간이었다.

① A시에 있는 학교의 만 19세 미만 재학생은 청소년 의회 교실에 참여할 수 있는 대상이다.
② A시의 시의회 의장은 청소년 의회 교실의 민주 시민 소양과 관련된 교육 내용을 결정할 수 있다.
③ A시에서 시행된 청소년 의회 교실에서 시의회 의장은 본회 의장 시설을 사용하도록 지원해 주었다.
④ A시의 올해 청소년 의회 교실은 의원 선서, 조례안 상정, 자유 발언, 찬반 토론, 전자 투표의 순서로 진행되었다.
⑤ A시의 청소년 의회 교실은 학생들이 의회 과정 전반에 대해 체험할 수 있는 좋은 시간이었다.

문 02

다음 글에 대한 이해로 옳지 않은 것은?

> 묘사란 원래 그린다는 뜻의 회화 용어다. 어떤 사물이나 어떤 사태를 그림 그리듯 그대로 그려냄을 가리킨다. 역사나 학술처럼 조리를 세워 끌어나가는 것은 기술이지 묘사는 아니다. 실경(實景), 실황(實況)을 보여주어 독자로 하여금 그 경지에 스스로 들고, 분위기까지 스스로 맛보게 하기 위한 표현이 묘사다.
>
> 아름다운 풍경을 보고 '아름답구나!'하는 것은 자기의 심리다. 자기의 심리인 '아름답구나!'만 써가지고는, 독자는 아무 아름다움도 느끼지 못한다. 독자에게도 그런 심리를 일으키기 위해서는 그 풍경이 아름다운 까닭을, 즉 하늘, 구름, 산, 내, 나무, 돌등 풍경의 재료를 풍경대로 조합해서 문장으로 표현해주어야 독자도 비로소 작자와 동일한 경험을 그 문장에서 얻고 한가지로 '아름답구나!'하는 심리에 이를 수 있는 것이다.
>
> 이렇듯 제재의 현상을 문장으로 재현하는 것이 묘사다.
>
> 묘사를 할 때 명심해야 할 사항으로는 다음의 몇 가지가 있다.
>
> 첫째, 객관적일 것. 언제든지 냉정한 관찰을 거쳐야 하기 때문이다.
>
> 둘째, 정연할 것. 시간적으로든 공간적으로든 순서가 있어야 전체 인상이 선명해지기 때문이다.
>
> 셋째, 사진을 찍는 것과는 달라야 할 것. 대상의 핵심과 특색은 취하되, 불필요한 것은 버려야 하기 때문이다.

① 묘사는 실경(實景)과 실황(實況)을 보여주는 것이다.
② 묘사는 객관적이어야 하므로 주관적인 심정을 표현할 수는 없다.
③ 질서정연하게 묘사할수록 대상은 분명하게 전달된다.
④ 대상을 제대로 묘사하기 위해서 대상의 모든 정보를 표현해야 할 필요는 없다.
⑤ 묘사는 제재의 현상을 문장으로 재현하는 것이다.

문 03

다음 글의 중심 내용으로 가장 적절한 것은?

과거 농경 사회에서는 한 사람이 태어나서 죽을 때까지 반경 10킬로미터를 벗어나지 않았다고 한다. 그렇다 보니 마을 사람들은 서로 다 아는 사이였다. 이런 작은 마을에서는 일거수일투족이 감시를 당하고 뉴스거리가 될 수 있다. 반면 지금의 도시민들은 어디를 가든 내가 모르고 나를 모르는 사람들에게 둘러싸여 있다. 그래서 우리가 해외여행을 가서 느끼는 그런 편안함이 일상 속에 있는 것이 사실이다. 누군가는 이런 모습을 '군중 속의 외로움'이라고 했지만, 사실 이는 '군중 속의 자유'이기도 하다. 1980년대에 우리가 아파트로 이사 갔던 큰 이유 중 하나는 문을 잠그고 외출하는 게 가능했기 때문이다. 이는 다른 말로 하면 내가 집에 있으나 없으나 무슨 일을 하든지 주변인들이 간섭하지 않는 자유를 가졌다는 뜻이다. 그게 우리의 도시 생활이다.

① 과거에 비해 현대인들은 더 넓은 반경의 공간을 경험하고 있다.

② 자유를 누리기 위해 살던 곳을 벗어나 해외여행을 떠나야 한다.

③ 현대인들은 주로 아파트에서 살고 있고 이웃에 대해 잘 알지 못한다.

④ 도시에 살게 되면서 익명성에 따른 자유를 누릴 수 있게 되었다.

⑤ 도시의 삶은 '군중 속의 외로움'과 '군중 속의 자유'가 공존한다.

문 04

다음 중 아래의 글을 읽고 추론한 라캉의 생각과 가장 거리가 먼 것은?

라캉에 의하면, 사회화 과정에 들어서기 전의 거울 단계에서, 자기와 자기 영상, 혹은 자기와 어머니 같은 양자 관계에 새로운 타인, 다시 말해 아버지, 곧 법으로서의 큰 타자가 개입하는 삼자 관계, 즉 상징적 관계가 형성된다. 이 형성은 제3자가 외부에서 인위적으로 비집고 들어섬을 뜻하는 것이 아니다. 인간이 상징적 질서를 생각하게 되는 것은, 이미 그 질서가 구조적으로 인간에게 기능하게끔 되어 있기 때문이다. 인간이 후천적, 인위적으로 그 구조를 만들었다고 생각하는 것은 잘못이다. 인간은 단지 구조되어 있는 그 질서에 참여할 뿐이다.

말하자면 구조란 의식되지 않는 가운데 인간 문화의 기저에서 인간의 행위를 규정함을 뜻하는 것이다. 그러므로 라캉에게 있어서, 주체의 존재 양태는 무의식적인 것을 바탕으로 해서 가능하다. 주체 자체가 무의식적인 것으로서 형성된다. 그러므로 주체는 무의식적 주체이다.

라캉에게 나의 사유와 나의 존재는 사실상 분리되어 있다. 그는 나의 사유가 나의 존재를 확인시켜 주지 못한다고 주장한다. 라캉의 경우 '나는 생각한다'라는 의식이 없는 곳에서 '나는 존재'하고, 또 '내가 존재하는 곳'에서 '나는 생각하지 않는다'. 라캉은 무의식은 타자의 진술이라고 말한다. 바꾸어 말한다면 언어 활동에서 우리가 보내는 메시지는 타자로부터 발원되어 우리에게 온 것이다. '무의식은 주체에 끼치는 기표의 영향'이라고 라캉은 말한다.

이런 연유에서 '인간의 욕망은 타자의 욕망'이라는 논리가 라캉에게 성립된다. 의식의 차원에서 '내가 스스로 주체적'이라고 말하는 것 같지만, 그것은 어디까지나 허상이다. 실상은, 나의 진술은 타자의 진술에 의해서 구성된다는 것이다. 나의 욕망도 타자의 욕망에 의해서 구성된다. 내가 스스로 원한 욕망이란 성립하지 않는다.

① 주체의 무의식은 구조화된 상징적 질서에 의해 형성된다.

② 주체의 의식적 사유와 행위에 의해 새로운 문화 질서가 창조된다.

③ 대중매체의 광고는 주체의 욕망이 형성되는데 큰 영향을 미친다.

④ 데카르트의 '나는 생각한다. 고로 존재한다' 라는 명제는 옳지 않다.

⑤ 라캉은 무의식은 주체에 끼치는 기표의 영향이라고 말한다.

문 05

다음 글에서 추론할 수 있는 것만을 〈보기〉에서 모두 고르면?

컴퓨터에는 자유의지가 있을까? 나아가 컴퓨터에 도덕적 의무를 귀속시킬 수 있을까? 컴퓨터는 다양한 전기회로로 구성되어 있고, 물리법칙, 프로그래밍 방식, 하드웨어의 속성 등에 따라 필연적으로 특정한 초기 상태로부터 다음 상태로 넘어간다. 마찬가지로 두 번째 상태에서 세 번째 상태로 이동하고, 이러한 과정이 계속해서 이어진다. 즉 컴퓨터는 결정론적 법칙의 지배를 받는 시스템이라는 것이다. 그럼 이러한 시스템에는 자유의지가 있을까?

결정론적 법칙의 지배를 받는 시스템의 중요한 특징은 주어진 조건에 따라 결과가 하나로 고정된다는 점이다. 다시 말해, 이러한 시스템에는 항상 하나의 선택지만 있을 뿐이다. 그런 뜻에서 결정론적 지배를 받는다는 것과 자유의지를 가진다는 것은 양립할 수 없음이 분명하다. 어떤 선택을 할 때 그것과 다른 선택을 할 수도 있다는 것은 자유의지의 필요조건이기 때문이다. 결국 결정론적 법칙의 지배를 받는 시스템은 자유의지를 가지지 않는다. 또한 자유의지를 가지지 않는 시스템에 도덕적 의무를 귀속시킬 수 없음은 당연하다.

보기

ㄱ. 컴퓨터는 자유의지를 가지지 않으며 도덕적 의무의 귀속 대상일 수도 없다.
ㄴ. 도덕적 의무를 귀속시킬 수 있는 시스템은 결정론적 법칙의 지배를 받지 않는다.
ㄷ. 어떤 선택을 할 때 그것과 다른 선택을 할 수 없는 시스템은 자유의지를 가지지 않는다.

① ㄱ,
② ㄱ, ㄴ
③ ㄱ, ㄷ
④ ㄴ, ㄷ
⑤ ㄱ, ㄴ, ㄷ

문 06

다음 글의 전개 순서로 가장 자연스러운 것은?

(가) 이 기관을 잘 수리하여 정련하면 그 작동도 원활하게 될 것이요, 수리하지 아니하여 노둔해지면 그 작동도 막혀 버릴 것이니 이런 기관을 다스리지 아니하고야 어찌 그 사회를 고취하여 발달케 하리오.
(나) 이러므로 말과 글은 한 사회가 조직되는 근본이요, 사회 경영의 목표와 지향을 발표하여 그 인민을 통합시키고 작동하게 하는 기관과 같다.
(다) 말과 글이 없으면 어찌 그 뜻을 서로 통할 수 있으며, 그 뜻을 서로 통하지 못하면 어찌 그 인민들이 서로 이어져 번듯한 사회의 모습을 갖출 수 있으리오.
(라) 그뿐 아니라 그 기관은 점점 녹슬고 상하여 필경은 쓸 수 없는 지경에 이를 것이니 그 사회가 어찌 유지될 수 있으리오. 반드시 패망을 면하지 못할지라.
(마) 사회는 여러 사람이 그 뜻을 서로 통하고 그 힘을 서로 이어서 개인의 생활을 경영하고 보존하는 데에 서로 의지하는 인연의 한 단체라.

① (마)-(가)-(다)-(나)-(라)
② (마)-(가)-(라)-(다)-(나)
③ (마)-(다)-(가)-(라)-(나)
④ (마)-(다)-(나)-(가)-(라)
⑤ (나)-(다)-(마)-(가)-(라)

07～09

아래 내용을 읽고 물음에 답하시오.

기업은 다른 기업들과의 경쟁에서 이기고, 자신이 설정한 경영목표를 달성하기 위해서 기업의 사업 내용과 목표 시장 범위를 결정하는데, 이를 기업전략이라고 한다. 즉 기업전략은 다양한 사업의 *포트폴리오를 전사적(全社的) 차원에서 어떻게 구성하고 조정할 것인가를 결정하는, 즉 참여할 사업을 결정하는 것이라고 할 수 있다. 기업전략의 구체적 예로 기업 다각화 전략을 들 수 있다.

기업 다각화 전략은 한 기업이 복수의 산업 또는 시장에서 복수의 사업을 영위하기 위한 전략으로, 제품 다각화 전략, 지리적 시장 다각화 전략, 제품 시장 다각화 전략으로 크게 구분된다. 이는 다시 제품이나 판매 지역 측면에서 관련된 사업에 종사하는 관련 다각화와 관련이 없는 사업에 종사하는 비관련 다각화로 구분된다. 리처드 러멜트는 미국의 다각화 기업을 구분하며, 관련 사업에서 70% 이상의 매출을 올리는 기업을 관련 다각화 기업, 70% 미만의 매출을 올리는 기업을 비관련 다각화 기업으로 명명했다. 기업 다각화는 범위의 경제성을 창출함으로써 수익 증대에 기여한다. 범위의 경제성이란 하나의 기업이 동시에 복수의 사업 활동을 하는 것이, 복수의 기업이 단일의 사업활동을 하는 것보다 총비용이 적고 효율적이라는 이론이다. 범위의 경제성은 한 기업이 여러 제품을 동시에 생산할 때, 투입되는 요소중 공통적으로 투입되는 생산요소가 존재하기 때문에 투입 요소 비용이 적게 발생한다는 사실을 통해 설명된다.

또한 다각화된 기업은 기업 내부 시장을 활용함으로써 새로운 가치를 창출할 수 있다. 여러 사업부에서 나오는 자금을 통합하여 활용할 수 있는 내부 자본시장을 갖추었을 뿐 아니라 여러 사업부에서 훈련된 인력을 전출하여 활용할 수 있는 내부 노동시장도 갖추었기 때문이다. 새로운 인력을 채용하여 교육시키는 데 많은 시간과 비용이 들어감을 고려하면, 다각화된 기업은 신규 기업에 비해 훨씬 우월한 위치에서 경쟁할 수 있다.

한편 다각화를 함으로써 기업은 사업 부문들의 경기 순환에서 오는 위험을 줄일 수 있다. 예를 들어 기업의 주력 사업이 반도체, 철강, 조선과 같이 불경기와 호경기가 반복적으로 순환되는 사업 분야일수록, 기업은 (a)분야의 다각화를 함으로써 경기가 불안정할 때에도 자금 순환의 안정성을 비교적 (b)할 수 있다.

* 포트폴리오 : 다양한 투자 대상에 분산하여 자금을 투입하여 운용하는 일

문 07

윗글에 대한 설명으로 가장 적절한 것은?

① 특정 개념이 성립하게 된 배경을 설명한 후, 개념의 역사적 의의를 서술하고 있다.

② 특정 개념의 장단점을 소개한 후, 단점을 극복하는 방안들을 서술하고 있다.

③ 특정 개념의 구체적 예를 제시한 후, 예에 해당하는 내용을 상세하게 설명하고 있다.

④ 특정 개념을 바라보는 다양한 학자들의 견해를 비교하며 절충안을 도출하고 있다.

문 08

윗글의 문맥을 고려하여, 윗글의 a, b 부분에 들어갈 단어를 가장 적절하게 추론한 것은?

	a	b
①	비관련	확보
②	비관련	제거
③	관련	확보
④	관련	제거

문 09

윗글에 대한 이해로 가장 적절한 것은?

① 범위의 경제성에 의하면 한 기업이 제품A, 제품B를 모두 생산하는 것은, 서로 다른 두 기업이 각각 제품A, 제품B를 생산하는 것보다 비효율적이다.

② 다각화된 기업은 여러 사업부에서 나오는 자금을 통합하여 활용할 수 없다.

③ 신규 기업은 새로운 인력을 채용하고 교육하는 것에 부담이 있다.

④ 리처드 러멜트에 의하면, 관련 사업에서 50%의 매출을 올리는 기업은 관련 다각화기업이다.

수리능력

문 10

올해 규연이와 치민이의 나이의 합은 43살이고, 내년에는 규연이 나이의 2배가 치민이의 나이와 같아진다. 규연이는 치민이 보다 몇 살이 어릴까?

① 11살
② 13살
③ 15살
④ 17살
⑤ 19살

문 11

눈이 온 다음 날 눈이 올 확률은 $\frac{2}{3}$, 눈이 오지 않은 다음 날 눈이 올 확률은 $\frac{1}{3}$이다. 월요일에 눈이 왔을 때 같은 주 수요일에 눈이 오지 않을 확률을 $\frac{a}{b}$하자. $a+b$의 값은? (단, a와 b는 서로소이다.)

① 11
② 13
③ 15
④ 17
⑤ 19

문 12

다음 〈표〉는 '갑'시에서 주최한 10 km 마라톤 대회에 참가한 선수 A ~ D의 구간별 기록이다. 이에 대한 〈보기〉의 설명 중 옳은 것만을 모두 고르면?

〈표〉 선수 A ~ D의 10 km 마라톤 대회 구간별 기록

구간＼선수	A	B	C	D
0 ~ 1 km	5분 24초	5분 44초	6분 40초	6분 15초
1 ~ 2 km	5분 06초	5분 42초	5분 27초	6분 19초
2 ~ 3 km	5분 03초	5분 50초	5분 18초	6분 00초
3 ~ 4 km	5분 00초	6분 18초	5분 15초	5분 54초
4 ~ 5 km	4분 57초	6분 14초	5분 24초	5분 35초
5 ~ 6 km	5분 10초	6분 03초	5분 03초	5분 27초
6 ~ 7 km	5분 25초	5분 48초	5분 14초	6분 03초
7 ~ 8 km	5분 18초	5분 39초	5분 29초	5분 24초
8 ~ 9 km	5분 10초	5분 33초	5분 26초	5분 11초
9 ~ 10 km	5분 19초	5분 03초	5분 36초	5분 15초
계	51분 52초	(　　)	54분 52초	57분 23초

※ 1) A ~ D는 출발점에서 동시에 출발하여 휴식 없이 완주함.
2) A ~ D는 각 구간 내에서 일정한 속도로 달림.

보기

ㄱ. 출발 후 6 km 지점을 먼저 통과한 선수부터 나열하면 A, C, D, B 순이다.
ㄴ. B의 10 km 완주기록은 60분 이상이다.
ㄷ. 3 ~ 4 km 구간에서 B는 C에게 추월당한다.
ㄹ. A가 10 km 지점을 통과한 순간, D는 7 ~ 8 km 구간을 달리고 있다.

① ㄱ, ㄴ
② ㄱ, ㄷ
③ ㄱ, ㄹ
④ ㄴ, ㄷ
⑤ ㄷ, ㄹ

문 13

다음 〈그림〉은 2011년과 2012년 A대학 학생들의 10개 소셜미디어 이용률에 관한 설문조사 자료이다. 이에 대한 〈보기〉의 설명 중 옳은 것만을 모두 고르면?

〈그림〉 소셜미디어 이용률

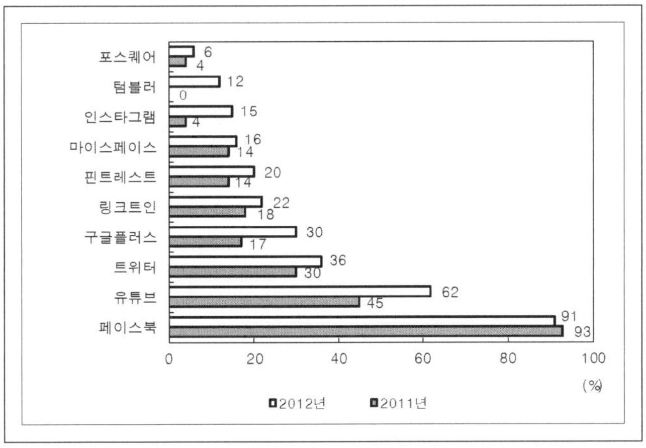

※ 1) 제시된 소셜미디어 외 다른 소셜미디어는 없는 것으로 가정함.
2) 각 소셜미디어 이용률은 전체 응답자 중 해당 소셜미디어를 이용한다고 응답한 학생의 비율임.

보기

ㄱ. 2011년과 2012년 모두 이용률이 가장 높은 소셜미디어는 페이스북이다.
ㄴ. 2012년 소셜미디어 이용률 상위 5개 순위는 2011년과 다르다.
ㄷ. 2011년에 비해 2012년 이용률이 가장 큰 폭으로 증가한 소셜미디어는 구글플러스이다.
ㄹ. 2011년에 비해 2012년 이용률이 감소한 소셜미디어는 1개이다.
ㅁ. 2011년 이용률이 50 % 이상인 소셜미디어는 유튜브와 페이스북이다.

① ㄱ, ㄴ, ㄹ
② ㄱ, ㄴ, ㅁ
③ ㄱ, ㄷ, ㄹ
④ ㄴ, ㄷ, ㅁ
⑤ ㄷ, ㄹ, ㅁ

문 14

다음 〈표〉는 대학 졸업생과 산업체 고용주를 대상으로 12개 학습성과 항목별 보유도와 중요도를 설문조사한 자료이다. 이에 대한 설명으로 옳지 않은 것은?

〈표〉 학습성과 항목별 보유도 및 중요도 설문결과

학습성과 항목	대학 졸업생		산업체 고용주	
	보유도	중요도	보유도	중요도
기본지식	3.7	3.7	4.1	4.2
실험능력	3.7	4.1	3.7	4.0
설계능력	3.2	3.9	3.5	4.0
문제해결능력	3.3	3.0	3.3	3.8
실무능력	3.6	3.9	4.1	4.0
협업능력	3.3	3.9	3.7	4.0
의사전달능력	3.3	3.9	3.8	3.8
평생교육능력	3.5	3.4	3.3	3.3
사회적 영향	3.1	3.6	3.2	3.3
시사지식	2.6	3.1	3.0	2.5
직업윤리	3.1	3.3	4.0	4.1
국제적 감각	2.8	3.7	2.8	4.0

※ 1) 보유도는 대학 졸업생과 산업체 고용주가 각 학습성과 항목에 대해 대학 졸업생이 보유하고 있다고 생각하는 정도를 조사하여 평균한 값임.
2) 중요도는 대학 졸업생과 산업체 고용주가 각 학습성과 항목에 대해 중요하다고 생각하는 정도를 조사하여 평균한 값임.
3) 값이 클수록 보유도와 중요도가 높음.

① 대학 졸업생의 보유도와 중요도 간의 차이가 가장 큰 학습성과 항목과 산업체 고용주의 보유도와 중요도 간의 차이가 가장 큰 학습성과 항목은 모두 '국제적 감각'이다.
② 대학 졸업생 설문결과에서 중요도가 가장 높은 학습성과 항목은 '실험능력'이다.
③ 산업체 고용주 설문결과에서 중요도가 가장 높은 학습성과 항목은 '기본지식'이다.
④ 대학 졸업생 설문결과에서 보유도가 가장 낮은 학습성과 항목은 '시사지식'이다.
⑤ 학습성과 항목 각각에 대해 대학 졸업생 보유도와 산업체 고용주 보유도 차이를 구하면, 그 값이 가장 큰 학습성과 항목은 '실무능력'이다.

06

문 15

다음 〈표〉와 〈그림〉은 2000 ~ 2010년 3개국(한국, 일본, 미국)의 3D 입체영상 및 CG 분야 특허출원에 관한 자료이다. 이를 바탕으로 작성된 〈보고서〉의 내용 중 옳은 것만을 모두 고르면?

〈표〉 2000 ~ 2010년 3개국 3D 입체영상 및 CG 분야 특허출원 현황

(단위 : 건)

국가 \ 분야	3D 입체영상	CG
한국	1,155	785
일본	3,620	2,380
미국	880	820
3개국 전체	5,655	3,985

〈그림 1〉 연도별 3D 입체영상 분야 3개국 특허출원 추이

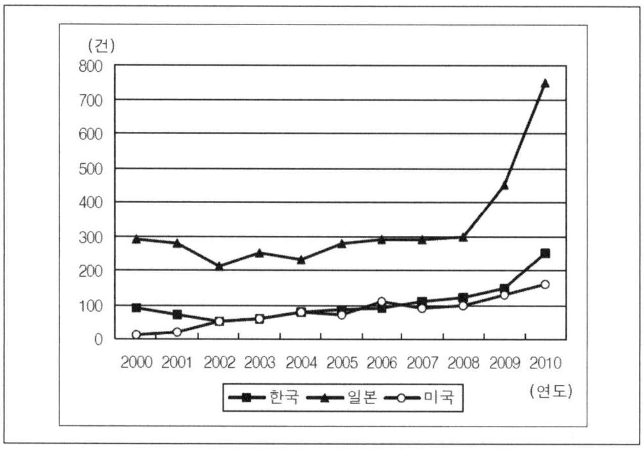

〈그림 2〉 연도별 CG 분야 3개국 특허출원 추이

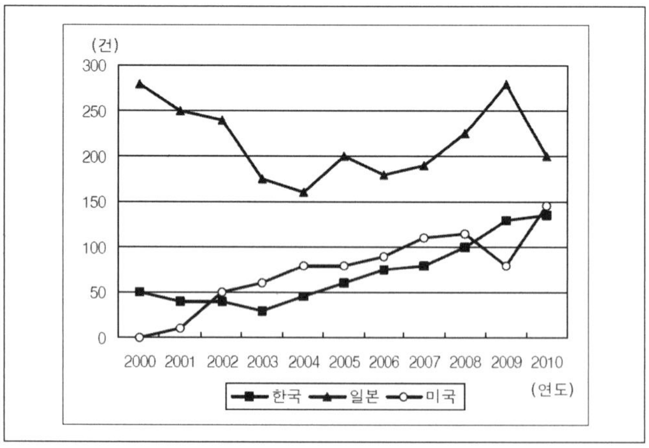

보고서

3D 입체영상 및 CG 분야에 대한 특허출원 경쟁은 한국, 일본, 미국을 중심으로 전개되고 있다. 일본이 기술개발을 선도하고 있는 ㉠ 3D 입체영상 분야의 경우 2000 ~ 2010년 일본 특허출원 건수는 3개국 전체 특허출원 건수의 60 % 이상을 차지하였다. 하지만 2006년 이후부터 한국에서 관련 기술에 대한 연구가 활발히 진행되어 특허출원 건수가 증가하고 있다. 그 결과 ㉡ 3D 입체영상 분야에서 2007 ~ 2010년 동안 한국 특허출원 건수는 매년 미국 특허출원 건수를 초과하였다.

CG 분야에서도, 2000 ~ 2010년 3개국 전체 특허출원 건수대비 일본 특허출원 건수가 차지하는 비중이 가장 높았으며, 그 다음으로 미국, 한국 순으로 나타났다. 이를 연도별로 살펴보면 ㉢ 2003년 이후 CG 분야에서 한국 특허출원 건수는 매년 미국 특허출원 건수보다 적지만, 관련 기술의 특허출원이 매년 증가하는 추세를 보이고 있다. 한편, ㉣ 2000 ~ 2010년 동안 한국과 일본의 CG 분야 특허출원 건수의 차이는 2010년에 가장 작았다.

① ㄱ, ㄴ
② ㄱ, ㄷ
③ ㄷ, ㄹ
④ ㄱ, ㄴ, ㄹ
⑤ ㄴ, ㄷ, ㄹ

문 16

다음 〈표〉는 2012년 지역별 PC 보유율과 인터넷 이용률에 관한 자료이다. 이에 대한 〈보기〉의 설명 중 옳은 것만을 모두 고르면?

〈표〉 2012년 지역별 PC 보유율과 인터넷 이용률

(단위 : %)

구분 / 지역	PC 보유율	인터넷 이용률
서울	88.4	80.9
부산	84.6	75.8
대구	81.8	75.9
인천	87.0	81.7
광주	84.8	81.0
대전	85.3	80.4
울산	88.1	85.0
세종	86.0	80.7
경기	86.3	82.9
강원	77.3	71.2
충북	76.5	72.1
충남	69.9	69.7
전북	71.8	72.2
전남	66.7	67.8
경북	68.8	68.4
경남	72.0	72.5
제주	77.3	73.6

보기

ㄱ. PC 보유율이 네 번째로 높은 지역은 인터넷 이용률도 네 번째로 높다.
ㄴ. 경남보다 PC 보유율이 낮은 지역의 인터넷 이용률은 모두 경남의 인터넷 이용률보다 낮다.
ㄷ. 울산의 인터넷 이용률은 인터넷 이용률이 가장 낮은 지역의 1.3배 이상이다.
ㄹ. PC 보유율보다 인터넷 이용률이 높은 지역은 전북, 전남, 경남이다.

① ㄱ, ㄴ
② ㄱ, ㄷ
③ ㄱ, ㄹ
④ ㄴ, ㄷ
⑤ ㄴ, ㄹ

문 17

다음 〈표〉와 〈그림〉은 2018년 A 대학의 학생상담 현황에 대한 자료이다. 이에 대한 〈보기〉의 설명 중 옳은 것만을 모두 고르면?

〈표〉 상담자별, 학년별 상담건수

(단위: 건)

학년 / 상담자	1학년	2학년	3학년	4학년	합
교수	1,085	1,020	911	1,269	4,285
상담직원	154	97	107	56	414
진로컨설턴트	67	112	64	398	641
전체	1,306	1,229	1,082	1,723	5,340

〈그림 1〉 상담횟수별 학생 수

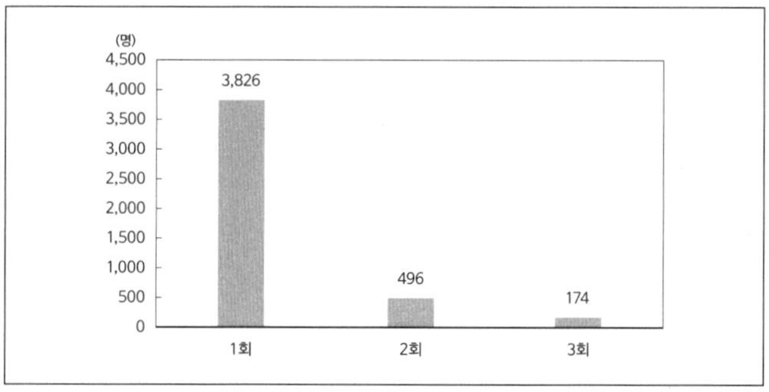

〈그림 2〉 전체 상담건수의 유형별 구성비

(단위: %)

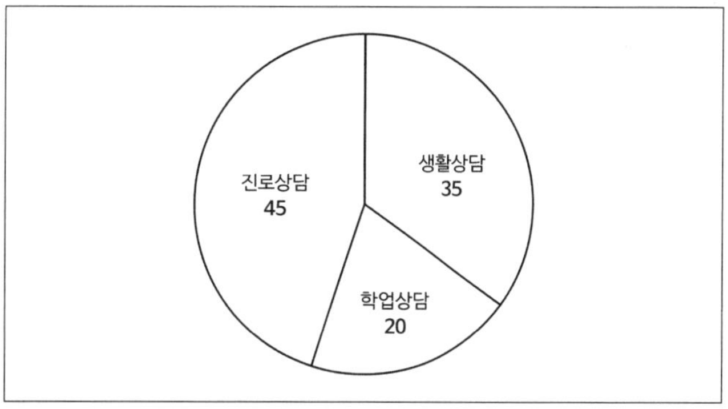

보기

ㄱ. 학년별 전체 상담건수 중 '상담직원'의 상담건수가 차지하는 비중이 큰 학년부터 순서대로 나열하면 1학년, 2학년, 3학년, 4학년 순이다.
ㄴ. '진로컨설턴트'가 상담한 유형이 모두 진로상담이고, '상담직원'이 상담한 유형이 모두 생활상담 또는 학업상담이라면, '교수'가 상담한 유형 중 진로상담이 차지하는 비중은 30% 이상이다.
ㄷ. 상담건수가 많은 학년부터 순서대로 나열하면 4학년, 1학년, 2학년, 3학년 순이다.
ㄹ. 최소 한 번이라도 상담을 받은 학생 수는 4,600명 이하이다.

① ㄱ, ㄷ ② ㄴ, ㄹ ③ ㄱ, ㄴ, ㄷ
④ ㄱ, ㄷ, ㄹ ⑤ ㄴ, ㄷ, ㄹ

문제해결능력

문 18

다음 대화 내용이 참일 때 A～E 다섯 명 중 오늘 학원에 가지 않은 사람은 누구인가?

- A : 오늘 우리 중 나를 포함해서 셋만 학원에 다녀왔어.
- B : 내가 학원에 가지 않았다면 D도 학원에 가지 않았어.
- C : 나는 오늘 계속 D랑 같이 있었어.

① B, C
② B, D
③ C, D
④ C, E
⑤ D, E

문 19

다음 조건이 모두 참이라고 할 때, 아래의 〈결론〉이 타당하게 도출되기 위해서 추가로 필요한 전제는?

조건

- 아이를 잘 다루는 의사라면 누구나 공감능력이 뛰어나다.
- A는 공감능력이 뛰어나지는 않지만, 공부는 잘했다.
- A가 의사라면 소아과 전문의이거나 안과 전문의이다.
- A가 의사가 아니라면 A는 변호사이다.
- A가 변호사라면 A는 공감능력이 뛰어나다.

결론

A는 안과전문의이다.

① 모든 변호사는 공감능력이 뛰어나거나 공부를 잘했다.
② A는 아이를 잘 다루지 못한다.
③ 소아과 의사는 아이를 잘 다룬다.
④ 안과 전문의는 공감능력이 뛰어나지 않다.
⑤ A가 공부를 잘 못했다면 A는 소아과 전문의이다.

문 20

다음 글을 근거로 판단할 때 〈보기〉에서 a + b + c의 값으로 옳은 것은?

예시

○ 5×5의 격자를 1부터 5까지의 숫자로 채워야 한다.
○ 각 행과 각 열에 1부터 5까지의 숫자는 하나씩 존재해야 한다.
○ 부등호로 비교된 숫자는 대소관계(크거나 작음)를 충족해야 한다.

3		5		4		2		1
								∧
5		1		3	<	4		2
∨								
4	>	3	>	2		1		5
				∨				
2		4		1		5		3
								∧
1		2		5		3		4

보기

4		□		a	<	3	>	□
		∨		∨				
□		□		□		□		□
∧								∧
□		□		□		1		□
				∨				∧
□		b		□	>	□		□
5		□		c		□		2

① 7
② 8
③ 9
④ 10
⑤ 11

문 21

다음 글을 근거로 판단할 때 옳은 것은?

제00조

① 본인 또는 배우자, 직계혈족(이하 '본인 등'이라 한다)은 가족관계등록부의 기록사항에 관하여 발급할 수 있는 증명서(가족관계증명서, 기본증명서, 혼인관계증명서, 입양관계증명서, 친양자입양관계증명서 등)의 교부를 청구할 수있고, 본인 등의 대리인이 청구하는 경우에는 본인 등의 위임을 받아야 한다. 다만 다음 각 호의 어느 하나에 해당하는 경우에는 본인 등이 아닌 경우에도 교부를 신청할 수 있다.

1. 국가 또는 지방자치단체가 직무상 필요에 따라 문서로 신청하는 경우
2. 소송·민사집행의 각 절차에서 필요한 경우
3. 다른 법령에서 본인 등에 관한 증명서를 제출하도록 요구하는 경우

② 제1항에도 불구하고 친양자입양관계증명서는 다음 각 호의 어느 하나에 해당하는 경우에 한하여 교부를 청구할 수 있다.

1. 친양자가 성년이 되어 신청하는 경우
2. 법원의 사실조회촉탁이 있거나 수사기관이 수사상 필요에 따라 문서로 신청하는 경우

③ 제1항 및 제2항에 따라 증명서의 교부를 청구하는 사람은 수수료를 납부하여야 하며, 증명서의 송부를 신청하는 경우에는 우송료를 따로 납부하여야 한다.

④ 본인 또는 배우자, 부모, 자녀는 가족관계등록부의 기록 사항 전부 또는 일부에 대하여 전자적 방법에 의한 열람을 청구할 수 있다. 다만 친양자입양관계증명서의 기록 사항에 대하여는 친양자가 성년이된 이후에만 청구할 수 있다.

① A의 직계혈족인 B가 A의 기본증명서 교부를 청구할 때에는 A의 위임을 받아야 한다.
② 본인의 입양관계증명서 교부를 청구한 C는 수수료와 우송료를 일괄 납부하여야 한다.
③ 지방자치단체는 직무상 필요에 따라 구두로 지역주민 D의 가족관계증명서 교부를 신청할 수 있다.
④ E의 자녀 F는 E의 혼인관계증명서의 기록 사항에 대해 전자적 방법에 의한 열람을 청구할 수 있다.
⑤ 미성년자 G는 본인의 친양자입양관계증명서의 기록사항에 대해 전자적 방법에 의한 열람을 청구할 수 있다.

22~23

㉠ 기업의 영업부 거래처 담당 직무를 맡은 광규는 거래처 인사를 준비 중이다. 〈표1〉은 ㉠ 기업 본사에서 각 거래처까지 사이의 거리와 광규가 이용할 차종에 따른 연비를 나타낸 표이고, 〈표2〉는 분기 휘발유와 경유공급가를 나타낸 것이다. 주어진 보기를 바탕으로 이어지는 물음에 답하여라.

〈표1〉

목적지	㉠ 기업-A	A-B	B-C	C-D	D-E	E-F
거리	20km	60km	40km	100km	90km	50km

차종	가	나	다	라	마
복합연비 (km/L)	18	15	12	10	20

〈표2〉

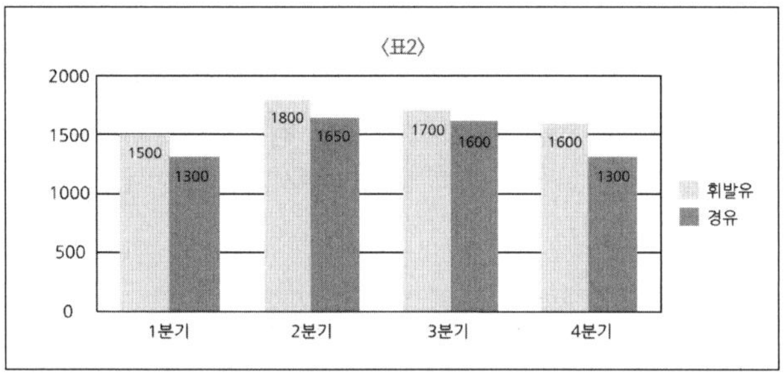

문 22

회사차량을 이용하여 K기업에서 출발하여 목적지 A에서 F까지 순서대로 방문한다. 1분기에 가장 비용이 적게드는 차로 이동을 한다고 할 때 광규가 사용해야 하는 차종과 연료는 무엇인가?

① 가 – 휘발유
② 나 – 경유
③ 다 – 경유
④ 라 – 휘발류
⑤ 마 – 경유

문 23

재료비 5만원의 예산으로 4분기에 연비가 가장 좋은 차종과 경유를 사용하여 거래처 전체를 순서대로 방문한다고 할 때 총 몇 회 방문이 가능한가?

① 1회
② 2회
③ 3회
④ 4회
⑤ 5회

문 24

다음 〈표〉는 2018년 A～E 기업의 영업이익, 직원 1인당 영업이익, 평균연봉을 나타낸 자료이다. 〈보기〉의 설명을 근거로 '나', '라'에 해당하는 기업을 바르게 나열한 것은?

〈표〉 A～E 기업의 영업이익, 직원 1인당 영업이익, 평균연봉

(단위: 백만 원)

항목 / 기업	영업이익	직원 1인당 영업이익	평균연봉
가	83,600	34	66
나	33,900	34	34
다	21,600	18	58
라	24,600	7	66
마	50,100	30	75

보기

- ○ A는 B, C, E에 비해 직원 수가 많다.
- ○ C는 B, D, E에 비해 평균연봉 대비 직원 1인당 영업이익이 적다.
- ○ A, B, C의 영업이익을 합쳐도 D의 영업이익보다 적다.
- ○ E는 B에 비해 직원 1인당 영업이익이 적다.

	나	라
①	B	A
②	B	D
③	C	B
④	C	E
⑤	D	A

문 25

다음 〈표〉는 '갑'국 A～E 대학의 재학생수 및 재직 교원수와 법정 필요 교원수 산정기준에 관한 자료이다. 이에 근거하여 법정 필요 교원수를 충족시키기 위해 충원해야 할 교원수가 많은 대학부터 순서대로 나열하면?

〈표 1〉 재학생수 및 재직 교원수

(단위: 명)

대학 / 구분	A	B	C	D	E
재학생수	900	30,000	13,300	4,200	18,000
재직 교원수	44	1,260	450	130	860

〈표 2〉 법정 필요 교원수 산정기준

재학생수	법정 필요 교원수
1,000명 미만	재학생 22명당 교원 1명
1,000명 이상 10,000명 미만	재학생 21명당 교원 1명
10,000명 이상 20,000명 미만	재학생 20명당 교원 1명
20,000명 이상	재학생 19명당 교원 1명

※ 법정 필요 교원수 계산시 소수점 아래 첫째 자리에서 올림.

① B, C, D, A, E　② B, C, D, E, A

③ B, D, C, E, A　④ C, B, D, A, E

⑤ C, B, D, E, A

06

07 코레일 1회 (25문항 30분)

의사소통능력

문 01

㉠과 가장 유사한 의미로 쓰인 것은?

> 아닌 게 아니라 날이라도 좀 밝은 다음이었으면 좋았겠는데, 날이 밝기를 기다려 동네를 나서는 건 노인이나 나나 생각을 않았다. 그나마 그 어둠을 ㉠ 타고 마을을 나서는 것이 노인이나 나나 마음이 편했다.

① 철호 가족의 가슴 아픈 사연이 방송을 타면서 수많은 독지가들이 성금을 보내 왔다.
② 원숭이는 야자열매를 따기 위해 나무를 탔다.
③ 우리는 함양에서 출발하여 지리산 줄기를 타고 남원으로 내려가려 하였다.
④ 꽃가루는 바람을 타고 이곳저곳으로 퍼진다.
⑤ 소매치기는 사람들이 복닥거리는 틈을 탄 여자의 가방에서 지갑을 훔쳤다.

문 02

㉠과 ㉡에 들어갈 말로 가장 적절한 것은?

> 인류가 생존하기 위해 꼭 필요한 것이 있다면, 숨 쉴 공기와 마실 물, 그리고 먹을 음식이다. 숨 쉴 공기가 없으면 어느 누구도 5분 이상을 살 수 없으며, 마실 물이 없으면 5일을, 그리고 먹을 음식이 없으면 5주를 넘기기 어렵다. 이 세 가지는 생존을 위한 (㉠)이다. 이것이 충족되면 '생존'의 차원을 넘어 '삶'을 위한 조건인 쾌적한 환경에서 여유 있는 마음으로 문명의 (㉡)(을)를 누리는 문화생활을 찾게 된다.

	㉠	㉡
①	필요조건(必要條件)	혜택(惠澤)
②	요구수준(要求水準)	특수(特需)
③	반대급부(反對給付)	특혜(特惠)
④	충분조건(充分條件)	혜량(惠諒)

문 03

다음 글의 문맥상 ㉠ 에 들어갈 가장 적절한 표현은?

> 아파트에서는 부엌이나 안방이나 화장실이나 거실이 다 같은 높이의 평면 위에 있다. 그것보다 밑에 또는 위에 있는 것은 다른 사람의 아파트이다. 좀 심한 표현을 쓴다면 아파트에서는 모든 것이 평면적이다. 깊이가 없는 것이다. 사물은 아파트에서 그 부피를 잃고 평면 위에 선으로 존재하는 그림과 같이 되어 버린다. 모든 것은 한 평면 위에 나열되어 있다. 그래서 한 눈에 들어오게 되어 있다. 아파트에는 사람이나 물건이나 다 같이 자신을 숨길 데가 없다. 땅집에서는 사정이 전혀 딴판이다. 땅집에서는 모든 것이 자기 나름의 두께와 깊이를 가지고 있다. 같은 물건이라도 그것이 다락방에 있을 때와 안방에 있을 때와 부엌에 있을 때는 거의 다르다. 아니, 집 자체가 인간과 마찬가지의 두께와 깊이를 가지고 있다. 집이 아름다운 이유는 (㉠). 다락방은 의식이며 지하실은 무의식이다.

① 세상을 조망할 수 있기 때문이다
② 인간을 닮았기 때문이다
③ 안정을 뜻하기 때문이다
④ 어딘가로 떠날 수 있기 때문이다
⑤ 휴식과 안락을 제공하기 때문이다

04 ~ 05

다음 글을 읽고 물음에 답하시오.

산호 화석에 나타난 미세한 성장선을 세면 산호가 살던 시기의 1년의 날수를 알 수 있다. 산호는 낮과 밤의 생장 속도가 다르기 때문에 하루의 변화가 성장선에 나타나고 이를 세면 1년의 날수를 알 수 있는 것이다. 이런 방법으로 웰스는 약 4억 년 전인 중기 데본기의 1년이 지금의 365일보다 더 많은 400일 정도임을 알게 되었다. 1년의 날수가 줄어들었다는 것은 지구의 하루가 길어졌다는 말이 된다.

그렇다면 지구의 하루는 왜 길어지는 것일까? 그것은 바로 지구의 자전이 느려지기 때문이다. 지구의 자전은 달과 밀접한 관련을 맺고 있다. 지구가 달을 끌어당기는 힘이 있듯이 달 또한 지구를 끌어당기는 힘이 있다. 달은 태양보다 크기는 작지만 지구와의 거리는 태양보다 훨씬 가깝기 때문에 지구의 자전에 미치는 영향은 달이 더 크다. 달의 인력은 지구의 표면을 부풀어 오르게 한다. 그리고 이 힘은 지구와 달 사이의 거리에 따라 다르게 작용하여 달과 가까운 쪽에는 크게, 그 반대쪽에는 작게 영향을 미치게 된다. 결국 지구 표면은 달의 인력과 지구-달의 원운동에 의한 원심력*의 영향을 받아 그림처럼 양쪽이 부풀어 오르게 된다.

이때 달과 가까운 쪽 지구의 '부풀어 오른 면'은 지구와 달을 잇는 직선에서 벗어나 지구 자전 방향으로 앞서게 되는데, 그 이유는 지구가 하루 만에 자전을 마치는데 비해 달은 한 달 동안 공전 궤도를 돌기 때문이다. 달의 인력은 이렇게 지구 자전 방향으로 앞서가는 부풀어 오른 면을 반대 방향으로 다시 당기고, 그로 인해 지구의 자전은 방해를 받아 속도가 느려진다. 한편 지구보다 작고 가벼운 달의 경우에는 지구보다 더 큰 방해를 받아 자전 속도가 더 빨리 줄게 된다.

이렇게 지구와 달은 서로의 인력 때문에 자전 속도가 줄게 되는데, 이 자전 속도와 관련된 운동량은 '지구-달 계'* 내에서 달의 공전 궤도가 늘어나는 것으로 보존된다. 왜냐하면 일반적으로 외부에서 작용하는 힘이 없다면 운동량은 보존되기 때문이다. 이렇게 하여 결국 달의 공전 궤도는 점점 늘어나고, 달은 지구로부터 점점 멀어지는 것이다.

실제로 지구의 자전 주기는 매년 100만 분의 17초 정도 느려지고 달은 매년 38㎜씩 지구에서 멀어지고 있다. 이처럼 지구의 자전 주기가 점점 느려지기 때문에 지구의 1년의 날수는 점차 줄어들 수밖에 없다. 그러나 이렇게 느려지더라도 하루가 25시간이 되려면 2억 년은 넘게 시간이 흘러야 한다.

* 지구-달의 원운동에 의한 원심력: 지구-달의 공통 질량 중심을 기준으로 회전하는 원운동에 의해 생기는 힘으로, 지구의 모든 지역에서 힘의 크기는 동일함.
* 지구-달 계: 태양이나 다른 천체의 영향력이 없다고 가정한, 지구와 달로 이루어진 계.

문 04

윗글의 내용 전개 방식으로 가장 적절한 것은?

① 현상에 대한 이론의 변화를 통시적으로 고찰하고 있다.
② 현상에 대한 문제점을 지적하고 해결 방안을 제시하고 있다.
③ 현상이 일어나는 원인을 밝히고 미래의 상황을 예측하고 있다.
④ 현상과 관련된 다양한 이론을 병렬식으로 나열하여 소개하고 있다.
⑤ 현상과 관련된 이론의 한계를 분석하고 새로운 가설을 제안하고 있다.

07

문 05

윗글을 통해 알 수 있는 내용으로 가장 적절한 것은?

① 인력의 크기는 지구와 달의 거리에 비례하여 커지는군.
② 지구의 자전 속도가 느려질수록 1년의 날수가 늘어나는군.
③ 달은 지구와 멀어지며 '지구-달 계'의 운동량을 줄이게 되는군.
④ 달의 인력이 지구에 미치는 힘은 지구의 모든 부분에 일정하게 작용하는군.
⑤ 달과 반대쪽의 지구 표면이 부풀어 오른 것은 달의 인력보다 지구-달의 원운동에 의한 원심력의 영향이 크기 때문이군.

06~08

다음 글을 읽고 물음에 답하시오

(가) 유비 논증은 두 대상이 몇 가지 점에서 유사하다는 사실이 확인된 상태에서 어떤 대상이 추가적 특성을 갖고 있음이 알려졌을 때 다른 대상도 그 추가적 특성을 가지고 있다고 추론하는 논증이다. 유비 논증은 이미 알고 있는 전제에서 새로운 정보를 결론으로 도출하게 된다는 점에서 유익하기 때문에 일상생활과 과학에서 흔하게 쓰인다. 특히 의학적인 목적에서 포유류를 대상으로 행해지는 동물 실험이 유효하다는 주장과 그에 대한 비판은 유비 논증을 잘 이해할 수 있게 해 준다.

(나) 유비 논증을 활용해 동물 실험의 유효성을 주장하는 쪽은 인간과 실험동물이 유사성을 보유하고 있기 때문에 신약이나 독성 물질에 대한 실험동물의 반응 결과를 인간에게 안전하게 적용할 수 있다고 추론한다. 이를 바탕으로 이들은 동물 실험이 인간에게 명백하고 중요한 이익을 준다고 주장한다.

(다) 도출한 새로운 정보가 참일 가능성을 유비 논증의 개연성이라 한다. 개연성이 높기 위해서는 비교 대상 간의 유사성이 커야 하는데 이 유사성은 단순히 비슷하다는 점에서의 유사성이 아니고 새로운 정보와 관련 있는 유사성이어야 한다. 예를 들어 ㉠ <u>동물 실험의 유효성을 주장하는 쪽</u>은 실험동물로 많이 쓰이는 포유류가 인간과 공유하는 유사성, 가령 비슷한 방식으로 피가 순환하며 허파로 호흡을 한다는 유사성은 실험 결과와 관련 있는 유사성으로 보기 때문에 자신들의 유비 논증은 개연성이 높다고 주장한다. 반면에 인간과 꼬리가 있는 실험동물은 꼬리의 유무에서 유사성을 갖지 않지만 그것은 실험과 관련이 없는 특성이므로 무시해도 된다고 본다.

(라) 그러나 ㉡ <u>동물 실험을 반대하는 쪽은 유효성을 주장하는 쪽</u>을 유비 논증과 관련하여 두 가지 측면에서 비판한다. 첫째, 인간과 실험동물 사이에는 위와 같은 유사성이 있다고 말하지만 그것은 기능적 차원에서의 유사성일 뿐이라는 것이다. 인간과 실험동물의 기능이 유사하다고 해도 그 기능을 구현하는 인과적 메커니즘은 동물마다 차이가 있다는 과학적 근거가 있는데도 말이다. 둘째, 기능적 유사성에만 주목하면서도 막상 인간과 동물이 고통을 느낀다는 기능적 유사성에는 주목하지 않는다는 것이다. 인간은 자신의 고통과 달리 동물의 고통은 직접 느낄 수 없지만 무엇인가에 맞았을 때 신음 소리를 내거나 몸을 움츠리는 동물의 행동이 인간과 기능적으로 유사하다는 것을 보고 유비 논증으로 동물이 고통을 느낀다는 것을 알 수 있는데도 말이다.

(마) 요컨대 첫째 비판은 동물 실험의 유효성을 주장하는 유비 논증의 개연성이 낮다고 지적하는 반면 둘째 비판은 동물도 고통을 느낀다는 점에서 동물 실험의 윤리적 문제를 제기하는 것이다. 인간과 동물 모두 고통을 느끼는데 인간에게 고통을 끼치는 실험은 해서는 안 되고 동물에게 고통을 끼치는 실험은 해도 된다고 생각하는 것은 공평하지 않다고 생각하기 때문이다. 결국 윤리성의 문제도 일관되지 않게 쓰인 유비 논증에서 비롯된 것이다.

문 06

(가)~(마)에 대한 이해로 적절하지 않은 것은?

① (가) : 유비 논증의 개념과 유용성을 소개하고 있다.
② (나) : 동물 실험의 유효성 주장에 유비 논증이 활용되고 있음을 언급하고 있다.
③ (다) : 동물 실험을 예로 들어 유비 논증이 높은 개연성을 갖기 위한 조건을 설명하고 있다.
④ (라) : 동물 실험 유효성 주장이 유비 논증을 잘못 적용하고 있다는 비판을 소개하고 있다.
⑤ (마) : 동물 실험 유효성 주장이 갖는 현실적 문제들을 유비 논증의 차원을 넘어서 살펴보고 있다.

문 07

윗글을 바탕으로 추론한 내용으로 가장 적절한 것은?

① 유비 논증의 개연성은 이미 알고 있는 정보와 관련이 없는 새로운 대상이 추가될 때 높아진다.
② 인간은 자신이 고통을 느낀다는 것이나 동물이 고통을 느낀 다는 것이나 모두 유비 논증에 의해 안다.
③ 인간이 꼬리가 있는 실험동물과 차이가 있다는 사실은 동물 실험의 유효성을 주장하는 논증의 개연성을 낮춘다.
④ 동물 실험이 인간에게 중대한 이익을 가져다준다는 것은 동물 실험의 유효성과 상관없이 알 수 있는 정보이다.
⑤ 동물 실험에 윤리적 문제가 있다는 주장에는 인간과 동물의 고통을 공평한 기준으로 대해야 한다는 생각이 전제되어 있다.

문 08

㉠과 ㉡에 대한 설명으로 가장 적절한 것은?

① ㉠과 ㉡은 모두 인간과 동물이 기능적으로 유사하면 인과적 메커니즘도 유사하다고 생각한다.
② ㉠이 ㉡의 비판에 적절히 대응하기 위해서는 인간과 동물이 기능적으로 유사하지 않다는 것을 보여 주면 된다.
③ ㉡은 ㉠이 인간과 동물 사이의 기능적 차원의 유사성과 인과적 메커니즘의 차이점 중 전자에만 주목한다고 비판한다.
④ ㉡은 ㉠과 달리 인간과 동물이 유사하지 않으면 동물 실험 결과는 인간에게 적용할 수 없다고 생각한다.
⑤ ㉡은 ㉠과 달리 인간이 고통을 느끼는 것과 동물이 고통을 느끼는 것은 기능적으로 유사하지 않다고 생각한다.

수리능력

문 09

M마트에서 '가' 제품에 대해서 아래와 같이 가격 정책을 취했다. '가' 제품의 원가는 얼마인가?

- '가' 제품의 이익은 원가의 20%로 정하였다.
- 판매가 원활하지 않아서, 정가에서 900원을 할인하도록 하였다.
- 할인판매를 할 경우 '가' 제품은 1개 판매할 때마다 원가의 10%의 이익을 얻을 수 있다.

① 7,500원　② 8,000원
③ 8,500원　④ 9,000원
⑤ 9,500원

문 10

경수는 집에서 회사까지 자전거를 이용하여 출퇴근을 하고 있다. 경수가 출근과 퇴근하는 경로가 같다면, 출퇴근을 통해 하루에 소비하고 있는 열량은 얼마인가?

- 경수가 자전거를 1시간 타면 570kcal의 열량을 소비한다.
- 경수의 집에서 회사까지의 거리는 12km이다.
- 경수는 평균 20km/h의 속력으로 자전거를 탄다.

① 660kcal　② 684kcal
③ 692kcal　④ 704kcal
⑤ 718kcal

문 11

한국철도공사 민원대응팀은 지난달 접수된 고객 민원에 대한 응답시간을 조사하였다. 고객 민원에 대한 응답시간이 아래와 같았고, 평균응답시간이 90분이었다. A와 B에 적합한 것을 고르시오

응답시간	민원접수 건수
30분 미만	(A)
30분 이상 ~ 60분 미만	(B)
60분 이상 ~ 90분 미만	92
90분 이상 ~ 120분 미만	105
120분 이상 ~ 150분 미만	122
150분 이상 ~ 180분 미만	84
합계	600건

※) 모든 고객민원은 3시간 내에 처리가 되었다.

① A: 102건, B: 95건
② A: 103건, B: 94건
③ A: 104건, B: 93건
④ A: 105건, B: 92건
⑤ A: 106건, B: 91건

문 12

아래의 조건에 따라 서울시에서 정수기 필터교체 업무를 하는 사람의 수는 몇 명으로 추정이 되는가?

- 서울시 총인구수는 1,000만 명이고, 가구당 인구는 평균 4명이다.
- 정수기 이용하는 가구의 비율은 50%이고, 1년에 평균 4번 필터 교체를 한다.
- 한 사람은 3시간에 5개 가구의 필터를 교체할 수 있다.
- 정수기 필터를 교체하는 사람은 하루에 6시간, 일주일에 5일, 1년에 50주를 근무한다.

① 1,700명
② 1,800명
③ 1,900명
④ 2,000명
⑤ 2,100명

문 13

다음〈표〉 및 〈그림〉은 지역별 및 연도별 이민자 경제활동인구수에 관한 자료이다. 아래 대한 설명으로 옳은 것은?

〈표〉 2018년도 지역별 이민자 경제활동인구수

(단위: 천 명)

구분	이민자 경제활동인구수
서울	195
인천	47
경기	240
광주·전남	79
부산·경남	99
대구·경북	58
기타	180

※ 기타 지방자치단체 수는 8개이다.

〈그림〉 연도별 이민자 경제활동인구 추이

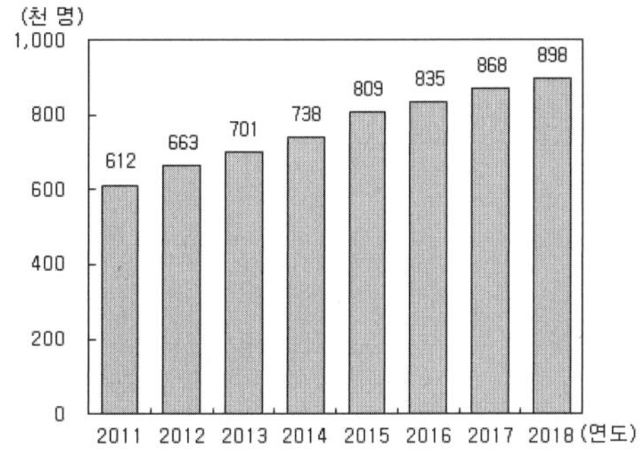

① 2015년 이민자 경제활동인구수의 전년대비 증가율은 약 15%이다.

② 2018년 이민자 경제활동인구수는 2012년에 비해 약 135% 증가하였다.

③ 2018년 전체 이민자 경제활동인구수 중 부산, 경남의 비중은 약 22%이다.

④ 2018년 수도권(서울, 경기, 인천)의 이민자 경제활동인구수는 2017년 전체 이민자 경제활동인구수의 절반 이하이다.

⑤ 2018년 기타에 있는 지방자치단체 중 이민자 경제활동인구수가 23천명 이하인 지역이 있다.

문 14

제시된 자료에 대한 내용으로 옳지 않은 것은? (단, 소수점 아래 둘째 자리에서 반올림한다)

〈표〉 가구당 가계재무건전성

(단위: 만 원)

구분		2012년	2013년	2014년	2015년	2016년	2017년	2018년
자산		32,324	32,688	33,539	34,685	36,637	38,671	41,573
	금융자산	8,141	8,827	9,013	9,290	9,638	10,056	10,512
	비금융자산	24,183	23,861	24,526	25,395	26,999	28,615	31,061
부채		5,450	5,858	6,051	6,256	6,719	7,099	7,531
	금융부채	3,684	3,974	4,118	4,361	4,721	5,041	5,446
	비금융부채	1,766	1,884	1,933	1,895	1,998	2,058	2,085

* 순자산 = 자산-부채

* 부채비율 = $\frac{\text{부채}}{\text{순자산}}$

① 조사기간 동안 가구당 비금융자산은 매년 금융자산의 3배 이하이다.

② 조사기간 동안 가구당 부채 대비 가구당 금융부채의 비중은 매년 65% 이상이다.

③ 조사기간 동안 가구당 자산은 지속적으로 증가하였다.

④ 조사기간 동안 가구당 금융부채는 지속적으로 증가하였다.

⑤ 조사기간 동안 가구당 순자산 대비 가구당 부채의 비중은 매년 25% 이상이다.

15～16

다음은 여가 시간과 관련된 자료이다. 이 자료를 보고 질문에 답하시오.

〈표 1〉 주중 대중교통 1주간 평균 이용 시간

(단위: 시간)

구분		2013년	2014년	2015년	2016년	2017년	2018년
전체		7.8	8.1	( )	8.3	9.0	7.4
성	남자	7.5	7.6	10.6	8.1	8.3	7.0
	여자	8.0	8.4	11.8	8.6	9.5	7.9
연령집단	10대	9.0	6.2	8.7	6.8	7.8	6.5
	20대	7.0	7.0	10.4	8.1	8.3	7.0
	30대	6.5	6.2	9.0	7.3	7.8	6.7
	40대	6.8	6.5	6.7	7.8	8.3	6.7
	50대	7.8	7.3	10.9	7.8	8.8	7.0
	60대	10.8	13.2	15.1	10.7	10.8	8.6
	70대 이상	19.2	18.3	19.9	15.3	12.8	11.3

〈표 2〉 주말의 대중교통 1주간 평균 이용 시간

(단위: 시간)

구분		2013년	2014년	2015년	2016년	2017년	2018년
전체		3.4	4.5	( )	3.3	3.6	3.2
성	남자	3.6	4.7	5.1	3.4	3.7	3.1
	여자	3.3	4.3	4.7	3.3	3.6	3.2
연령집단	10대	4.7	5.1	4.4	3.1	3.5	3.1
	20대	3.3	5.3	5.2	3.6	3.8	3.2
	30대	3.0	4.1	4.7	3.1	3.4	2.8
	40대	3.0	4.2	4.7	3.2	3.5	2.8
	50대	3.1	4.3	4.8	3.1	3.5	2.9
	60대	3.4	4.1	5.0	3.4	3.3	3.1
	70대 이상	4.8	4.6	5.7	4.2	4.1	3.4

* 2006년과 2008년 통계에서 60대는 60세 이상을 나타냄

문 15

위의 〈표 1〉 및 〈표 2〉의 대중교통 1주간 평균 이용 시간에 대한 설명으로 옳은 것은?

① 2013～2018년 10대와 20대의 주말 대중교통 1주간 평균 이용 시간은 각각 매년 3시간 20분을 넘는다.

② 2013～2018년 동안 대중교통 1주간 평균 이용 시간은 매년 주중이 주말보다 5시간 이상 많다.

③ 여자의 주중 대중교통 1주간 평균 이용 시간이 가장 길었던 해는 2015년이고, 가장 짧았던 해는 2018년이다.

④ 주중 대중교통 1주간 평균 이용 시간은 매년 여자가 남자보다 길고, 주말 대중교통 1주간 평균 이용 시간은 매년 남자가 여자보다 길다.

⑤ 주말 대중교통 1주간 평균 이용 시간은 매년 70대 이상이 가장 많다.

문 16

2015년에는 위 자료를 4000명을 대상으로 진행하였다. 조사대상자가 남자가 3000명, 여자가 1000명이었다면, 2015년 주중과 주말의 대중교통 1주간 평균 이용 시간을 바르게 나열한 것을 고르시오.

① 10.8시간, 5.0시간 ② 10.9시간, 5.0시간

③ 11.0시간, 4.9시간 ④ 11.1시간, 4.9시간

⑤ 11.2시간, 4.8시간

문 17

다음 〈그림〉은 연도별 남자 및 여자의 흡연율에 관한 자료이다. 아래 대한 설명으로 옳은 것은?

〈그림〉 남자 및 여자 흡연율

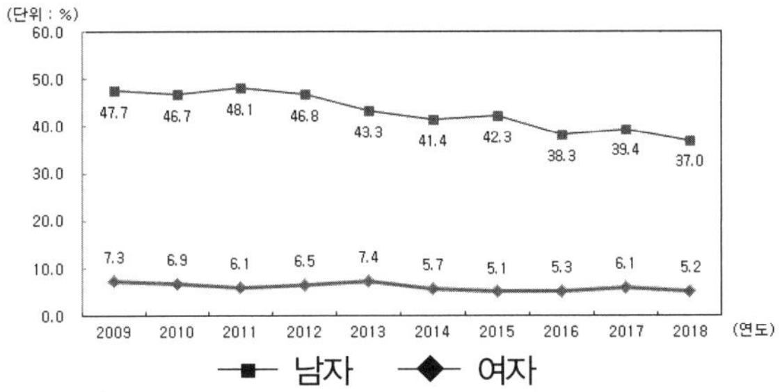

※) 흡엽율은 만 19세 이상 인구 중 한달에 100개비 이상 담배를 피는 사람의 비율

① 2009 ~ 2018년 동안 남자의 흡연율은 증가와 감소가 한 번씩 반복이 된다.

② 2018년 남자의 흡연율은 전년대비 2.4%p 감소하였으나, 여자의 흡연율은 0.9%p 증가하였다.

③ 2012년 만 19세 이상의 성인남성이 1560만명이라고 하면, 한달에 100개비 이상 담배를 피는 만 19세 이상 성인남성의 수는 700만명 이상이다.

④ 2015년 만 19세 이상의 성인남성이 1620만명이라고 하면, 한달에 100개비 이상 담배를 피지 않는 만 19세 이상 성인남성의 수는 1000만명 이상이다.

⑤ 2009 ~ 2018년 동안 남자의 흡연율이 가장 낮은 해는 2018년이며, 남성흡연율이 여성흡연율의 5배 이상인 해는 1번 있다.

문제해결능력

문 18

다음 글에서 의열단 내의 변절자는 모두 몇 명인가?

일본 경찰의 지속적인 추적으로 인해 다수의 의열단원이 체포되는 상황이 벌어졌다. 의열단의 단장인 약산 김원봉 선생은 의열단 내 변절자가 몇 명이나 되는지 알아보고자 세 명의 간부에게 물었다.

"서른 명 이상입니다." 첫 번째 간부가 말했다.

"제 생각은 다릅니다. 서른 명보다는 적습니다." 두 번째 간부가 말했다.

그러자 세 번째 간부가 고개를 저으며 말했다.
"적어도 한 명 이상입니다."

다만, 약산 선생은 세 명의 간부는 모두 변절자가 아니지만, 오직 한 명만 상황을 정확히 파악하고 있다는 것을 알고 있다.

① 0명　② 1명　③ 2명　④ 3명　⑤ 30명 이상

문 19

인사팀장은 부서배치를 위해 해외영업팀 4명의 신입사원을 바라보며 인적사항을 최종 검토하고 있다. 아래 내용을 토대로 할 때 옳지 않은 것은?

- 4명의 성은 '김', '이', '박', '최'이며 각각 반지, 시계, 목걸이, 팔찌 중 하나씩을 중복되지 않게 착용하고 있다.
- 이 씨는 인사팀장 기준으로 가장 왼쪽에 앉아 있고, 케빈 씨는 가장 오른쪽에 앉아 있다.
- 제시 씨는 반지, 시계를 착용한 사람들보다 왼쪽에 앉아 있다.
- 시계를 착용한 사람은 최 씨이다.
- 김 씨는 목걸이를 착용한 유리 씨 바로 오른쪽에 앉아 있으며, 가장 오른쪽에 앉아 있지는 않다.
- 앤디 씨 바로 왼쪽에는 팔찌를 착용한 사람이 있고, 바로 오른쪽에는 박 씨가 있다.

① 최 씨의 이름은 '앤디'이다.
② 박 씨는 반지를 하고 있다.
③ 김 씨는 시계를 한 사람보다 오른쪽에 앉아 있다.
④ 이 씨는 목걸이를 하고 있다.
⑤ 김 씨는 팔찌를 하고 있다.

문 20

다음 〈상황〉을 근거로 판단할 때 옳은 것을 고르시오.

〈상황〉

라디오 음악 프로그램 진행자인 희망이는 오늘 방송에서 내보낼 6개 노래들을 다음과 같이 선정하였다. 청취자들을 위해 솔로 가수 노래와 남녀 그룹 노래를 동일하게 배분하였다.

솔로 가수 노래	남녀 그룹 노래
- 먼저 말해줘(태연) - 너였다면(정승환) - 답장(김동률)	- The War(EXO) - 빨간 맛(레드벨벳) - 뿜뿜(모모랜드)

※ 괄호 안은 가수명 또는 그룹명이다.

희망이는 PD의 요청으로 다음 조건에 따라 노래 순서를 결정해야 한다.

(가) '빨간 맛'과 '뿜뿜'은 연속으로 선곡되면 안 된다.
(나) '먼저 말해줘'는 1번째 곡으로 선곡되지 않는다.
(다) 3번째와 4번째 곡으로 선곡되는 노래는 솔로 가수의 노래이다.
(라) 'The War'는 '빨간 맛' 바로 앞 곡이며 또한 '너였다면'의 바로 다음 곡으로 선곡된다.
(마) '답장'과 '뿜뿜'은 연속으로 선곡되면 안 된다.

① '너였다면'은 1번째 곡이다.
② '뿜뿜'은 6번째 곡이다.
③ '답장'은 4번째 곡이다.
④ '먼저 말해줘'는 2번째 곡이다.
⑤ '빨간 맛'은 5번째 곡이다.

문 21

다음 〈규칙〉을 근거로 판단할 때 〈보기〉에서 옳은 것만을 모두 고르면?

규칙

- 부처 성과관리위원회는 산하 7개 공공기관인 R, S, T, U, V, W 및 X에 대한 평가를 실시하려고 한다. 성과관리위원회는 다음과 같은 규칙에 따라 1그룹과 2그룹으로만 구분된 산하 공공기관들에 대해 각각 평가를 실시해야 한다.
- 각 그룹에는 적어도 3개 기관이 포함되어야 한다.
- 어떤 공공기관도 양쪽 그룹에 동시에 속할 수 없다.
- R과 X는 반드시 같은 그룹에 속해야 한다.
- T가 1그룹에 속하게 되는 경우, W는 1그룹에 속해야만 한다.
- U가 2그룹에 속하게 되는 경우, S는 1그룹에 속해야만 한다.

보기

ㄱ. S와 W가 2그룹에 함께 속하는 경우, U와 X는 반드시 같은 그룹에 속해야만 한다.
ㄴ. R과 T는 2그룹에 함께 속할 수 있다.
ㄷ. S, T, V, W가 1그룹에 함께, R, U, X가 2그룹에 함께 속할 수 있다.
ㄹ. R, V, W가 1그룹에 함께 속할 수 있다.

① ㄱ, ㄷ　　② ㄴ, ㄹ
③ ㄱ, ㄴ, ㄷ　　④ ㄱ, ㄷ, ㄹ
⑤ ㄴ, ㄷ, ㄹ

문 22

컴퓨터 활용능력 점수는 최대 500점이며 다. 인지능력 점검 점수는 최대 몇점인가?

- 컴퓨터 활용능력 점수는 인터넷 활성화 점수가 20%, 정보화 상품점검 기능성 점수가 40%, 신제품 컴퓨터 프로그램 체험 점수를 40% 반영하였다.
- 인터넷 활성화 점수 = 인터넷 검색건수(20%) + 검색빈도 교체검수(30%) + 검색광고 접수건수(50%)
- 정보화 상품점검 기능성 점수 = 정보처리 속도빈도(30%) + 정보공유 편리성 지수(40%) + 정보관련 소통지수(30%)
- 신제품 컴퓨터 프로그램 체험점수 = 인지능력 점검점수(20%) + 신제품 출시건수(40%) + 신제품 체험 건수(40%)

① 20점　　② 30점
③ 40점　　④ 60점
⑤ 80점

문 23

톱니바퀴 A는 바퀴수가 12개로 바퀴마다 1부터 12까지 숫자가적혀 있고, B는 바퀴수가 20개로 바퀴마다 1부터 20까지 숫자가 적혀 있다. B 톱니바퀴를 10바퀴 돌리는 동안 같은 번호는 총 몇 번 마주보는가?

① 36번　　② 40번
③ 48번　　④ 54번
⑤ 60번

24~25

코레일은 '사무비용 절감 시범시업'을 시행하였다. 아래 〈표〉에 따라 물음에 답하시오.

〈표 1〉 항목별 월 절감액

구분	항목	월 절감액(원)
A	복사기 교체 (재활용 잉크 사용)	25,000,000
B	전등 교체 (절전 전등)	15,000,000
C	실내 규정온도 중시 (에어컨, 난방 등)	30,000,000
D	개인 텀블러 사용	4,000,000
E	다과비 절감	12,000,000
F	정수기 렌탈비용 절감 (구매로 대체)	8,000,000
G	PC, 가구 등 수리 후 재사용	45,000,000

〈표 2〉 사무비용 절감 항목별 국가 지원현황

구분	국가 지원율
A + B + C	30%
A + C + G	20%
A + C + E	25%
B + C + G	20%
B + E + G	15%
C + E + G	10%
C + F + G	25%

※ 1) 〈표2〉의 항목을 동시에 진행하면 국가지원액을 받을 수 있다.
국가지원액 = '해당항목의 월 절감액' × 국가 지원율
2) 총 절감액 = 월절감액 + 국가지원액

문 24

'PC, 가구 등 수리 후 재사용'을 포함하여 절감안을 시행하려고 한다. 총 절감액이 가장 큰 항목을 고르려고 한다면, 다음 중 가장 적절한 것을 고르시오.

① 복사기 교체 (재활용 잉크 사용), 실내 규정온도 중시 (에어컨, 난방 등)
② 전등 교체 (절전 전등), 실내 규정온도 중시 (에어컨, 난방 등)
③ 전등 교체 (절전 전등), 다과비 절감
④ 실내 규정온도 중시 (에어컨, 난방 등), 다과비 절감
⑤ 실내 규정온도 중시 (에어컨, 난방 등), 정수기 렌탈비용 절감 (구매로 대체)

문 25

코레일은 매달 '복사기 교체 (재활용 잉크 사용)', '전등 교체 (절전 전등)', '개인 텀블러 사용'을 시행하였으나, 이번 달에는 '실내 규정온도 중시 (에어컨, 난방 등)', '다과비 절감', 'PC, 가구 등 수리 후 재사용'을 시행하는 것으로 변경하였다. 이번 달 총 절감액은 얼마나 증가하였는가?

① 48,600,000원
② 51,700,000원
③ 54,300,000원
④ 57,500,000원
⑤ 60,200,000원

여기에 필기하세요~^^

08 코레일 2회 (25문항 30분)

의사소통능력

문 01

밑줄 친 '눈'의 의미와 가장 가까운 것은?

나는 밤눈이 매우 밝은 편이다.

① 혜정이는 눈이 초롱초롱하다.
② 혜정이는 보는 눈이 정확하다.
③ 영수는 조금만 화나면 눈을 부라린다.
④ 영수는 눈도 좋은데 멋으로 안경을 쓴다.

문 02

다음 글의 ㉠, ㉡, ㉢에 들어갈 말로 옳은 것은?

> 최저임금제도란 저임금 근로자의 임금개선을 목적으로 국가가 결정한 임금에 법률상의 효력을 부여하여 사용자에게 일정액의 최저임금 이상의 임금을 지불토록 강제하여 그 이하의 임금으로 근로자를 고용하는 것을 금지하는 제도이다. 말하자면 국가가 임금결정에 (㉠)한다는 것을 의미하는 것으로 자본주의 사회의 임금결정의 원칙이라고 할 수 있는 사용자와 근로자 간의 자유로운 교섭에 의한 임금결정의 원칙에 대한 (㉡)이라고 할 수 있다.
>
> 임금결정을 근로계약에 맡겨 놓을 때에는 당사자인 개별근로자와 사용자 사이에는 (㉢) 교섭관계가 이루어질 수 없고, 또한 모든 사업장의 근로자들이 노동조합에 의하여 조직되어있는 것도 아니므로 근로자는 실질적으로 적정임금의 확보를 보장받을 수 없게 된다는 시각이다. 이러한 상황에서 국가의 근로자 보호정책이라는 원칙에 의하여 임금에 대한 간섭정책은 국가의 사회복지정책 채택의 논리에서 구해진다. 이에 국가는 최소한의 적정임금을 보장하기 위하여 최저임금법을 두고 있으며, 이로 인하여 생활의 안정을 보장하고자하는 것이다. 즉 우리 최저임금법은 근로자에 대하여 임금의 최저수준을 보장하여 근로자의 생활안정과 노동력의 질적 향상을 꾀함으로써 국민경제의 건전한 발전에 이바지하게 함을 목적으로 한다 고 규정하여 이를 잘 반영하고 있다. 이와 같이 최저임금제도는 국가가 노사의 임금결정에 (㉠)하는 행위이며, 이는 헌법 제32조의 근로권에 근거하여 나타난 제도라고 할 수 있다.

	㉠	㉡	㉢
①	개입	수정	대등한
②	개입	묵인	불평등한
③	추종	수정	대등한
④	추종	묵인	불평등한
⑤	개입	수정	불평등한

문 03

다음 글의 주제로 가장 적절한 것은?

재난은 기본적으로 끔찍하고 비극적이고 슬픈 일이며, 제아무리 긍정적인 효과와 가능성이 부수적으로 나타난다 해도 바람직하다고 말할 수는 없다. 그러나 마찬가지 이유, 즉 재난 속에서 생겨났다는 이유로 그런 효과를 무시할 수는 없다. 사람들이 자각한 열망과 가능성은 너무도 강력해서 폐허속에서도, 잿더미 속에서도, 아수라장 속에서도 빛을 발한다. 여기에서 나타나는 상황은 다른 곳에서도 무관하지 않다. 요컨대 재난을 환영하자는 게 아니다. 재난이 이런 선물을 창조하지는 않지만, 선물이 도착하는 통로가 될 수 있다는 뜻이다. 재난은 사회적 열망과 가능성을 보여주는 놀라운 창을 제공하며, 재난 시에 증명된 것은 평상시에도, 다른 특별한 순간에도 중요하다.

대부분의 사회적 변화는 선택으로 생겨난다. 예를 들어, 우리는 사회안전망이나 지역사회가 함께하는 농업의 가치를 믿기에 협동조합에 가입한다. 하지만 재난은 선호에 따라 우리를 분류하지 않는다. 재난은 우리가 무엇을 선택하건, 우리가 무슨 일을 하건, 스스로 생존하거나 이웃을 구하기 위해 솔선수범하여 용감하고 이타적으로 행동할 것을 요구하는 비상 상황으로 우리를 던져 넣는다. 비관적인 상황에서 생겨나는 긍정적인 감정들은 우리가 사회적 유대와 의미 있는 일들을 열망하고 있고, 그런 것들이 즉석에서 이루어질 수 있으며, 우리에게 커다란 보람을 안겨 준다는 것을 증명한다. 다만 우리의 경제사회 구조 자체가 그렇게 되지 못하게 막고 있을 뿐이다. 또한 경제사회 구조는 이데올로기적이며, 부와 권력을 가진 자들을 위한 철학을 담고 있다. 가진 자들을 위한 이 철학은 우리 모두의 삶을 결정하며, 뉴스에서 재난 영화에 이르기까지 대중매체가 확산시키는 통념으로 더욱 강화된다.

재난은 우리가 속한 지역사회의 건강과 사회의 정의가 우리의 생사를 결정하는 요인 가운데 하나라는 사실을 증명한다. 우리에겐 유대가 필요하다. 게다가 유대는 목적의식과 직접성, 주체성뿐 아니라 기쁨까지 가져다준다. 재난 생존자들의 증언에서 발견되는 놀랍고 날카로운 기쁨 말이다. 사람들의 증언은 모든 낙원이 필요로 하는 시민들, 용감하고 융통성있고 마음 씀씀이가 넓은 시민들이 이미 존재한다는 사실을 보여준다. 그 도래를 막기 힘들 정도로, 낙원의 가능성은 목전에 와 있다. 만일 지옥에서 낙원이 나타난다면, 그것은 기존 질서와 체제가 작동을 멈춘 상태에서 우리가 자유롭게 살며 다른 방식으로 행동한 덕분이다.

① 재난의 긍정적 효과
② 재난 발생의 사회적 원인
③ 경제구조와 재난의 관련성
④ 사회안전망의 확충을 통한 재난 방지
⑤ 생존자의 증언을 통해 본 재난의 참상

문 04

다음 글에 사용된 내용 전개 방식으로 가장 적절한 것은?

기원전 5세기 경 탈레스는 만물의 근원이 물이라고 주장하였다. 이는 사물의 변화 과정 속에서 변하지 않는 불변의 요소가 물이며, 따라서 물이 사물을 구성하는 근원 요소라고 본 것이다. 이후 수많은 고대 그리스의 철학자들이 자연을 구성하는 근원 요소와 그 형태의 변화에 대해 질문을 제기했다.

기원전 4세기경 엠페도클레스는 자연의 근원 요소로 불, 공기, 물, 흙이라는 4원소를 제시하였다. 그는 또한 4원소의 관계를 결정하는 두 가지 힘을 상정하였는데, 이는 나누는 힘(미움)과 묶어주는 힘(사랑)이다. 즉 엠페도클레스의 주장에 따르면 불변적이며 고유한 특성을 지니고 있는 4원소가 두 가지 힘에 따라 나뉘고 합쳐지며 사물을 구성한다는 것이다.

한편 엠페도클레스와 비슷하거나 조금 늦은 시기, 데모크리토스는 원자론을 제시하였다. 그에 따르면 우주에는 오직 단 한 가지 유형의 근원 요소가 존재한다. 이 요소들은 더 이상 분리가 불가능한 작은 입자들인데, 이 입자들이 '원자'이다. 원자는 그 크기가 너무 작아서 인간의 감각 기관으로 지각이 불가능하며, 원자의 운동은 기계적으로 결정된다. 기계적 충돌이 때때로 원자들로 하여금 무리를 이루게 하는데, 이렇게 원자들이 서로 뭉쳐지면 사물이 구성된다. 반대로 한 물체를 구성하고 있는 원자들은 서로 떨어져 나갈 수도 있는데, 이 경우 사물은 해체된다. 달리 말하면 우주는 그 다채로움과 복잡함에도 불구하고 무한한 수의 미세한 입자들이 빈 공간 속을 돌아다니며 충돌에 의해 위치 변화가 결정되는 거대한 당구 게임과 같은 것이다.

데모크리토스의 주장은 엠페도클레스의 주장과 여러모로 대비된다. 근원 요소의 종류를 4가지로 나눈 엠페도클레스와 달리 데모크리토스는 단 한 종류의 근원 요소를 제시하였다. 또한 엠페도클레스가 사물의 구성과 관련하여 보이지 않는 힘의 작용을 주장한 것에 반해, 데모크리토스는 근원 요소들의 기계적 충돌과 위치 변화만으로 이를 설명하고자 하였다.

데모크리토스의 원자론은 오늘날의 화학 이론과 놀라울 정도로 유사하지만, 당시에는 자연에 관한 여러 이론과 주장들 중 하나로 취급되었다. 데모크리토스의 이론은 인간이 지각할 수 없는 원자의 존재를 전제하고 있는데, 원자의 존재를 입증할 수 없다면 설득력을 얻기 어렵다. 그러나 원자의 존재를 확증할 수 있는 실험은 그 당시의 기술력으로는 수행할 수 없는 것이었다. 원자론은 이후 르네상스 시대에 이르러 실험적 자연과학의 성립에 중요한 역할을 하게 되었다.

① 여러 이론가들의 주장을 차례대로 소개하고 그 의의를 밝히고 있다.
② 특정 이론가의 주장이 가지고 있는 허점을 드러낸 후 대안을 제시하고 있다.
③ 실제 현상을 제시한 후 그 배경 원리에 대한 여러 이론가의 이론을 제시하고 있다.
④ 여러 이론가들의 이론을 설명하고 각각의 이론이 적용된 실제 사례를 보여주고 있다.
⑤ 서로 상반되는 이론가들의 주장을 대조한 후 이를 절충하여 새 이론을 소개하고 있다.

05～06

다음 글을 읽고 물음에 답하시오.

행정기관의 작용이 개인의 권리와 이익을 침해한다면 당연히 그에 대한 구제가 이루어져야 한다. 이러한 권익의 구제를 가능하게 하는 제도가 행정구제제도이다. 대표적인 유형으로 '행정상 손해전보'와 '행정쟁송'이 있다.

행정상 손해전보는 행정작용 때문에 개인에게 손해나 손실이 발생하면 국가나 자치단체가 이를 금전적으로 갚아 주는 제도이다. 이는 배상 및 보상의 원인에 따라 '행정상 손해배상(損害賠償)'과 '행정상 손실보상(損失補償)'으로 구분된다.

행정상 손해배상은 위법한 행정작용 때문에 발생한 손해를 구제하는 것이다. 이러한 배상은 공무원의 위법한 직무행위로 인해 발생한 손해와 영조물*의 설치·관리 하자로 인해 발생한 손해에 대해 이루어진다. 손해배상을 받고자 할 때에는 배상심의회에 배상금 지급을 신청하거나 법원에 소송을 제기해야 한다. 배상심의회에 지급 신청을 한 경우, 배상심의회의 결정을 신청자가 받아들이지 않는다면 법원에 소송을 제기할 수도 있다. 이와 달리 행정상 손실 보상은 공공을 위한 적법한 행정작용 때문에 발생한 국민의 재산상 손실을 구제하는 것이다. 이는 사회 전체가 그 손실을 공평하게 부담해야 한다는 입장에서 마련된 제도이다. 행정상 손실보상은 현금보상을 원칙으로 하지만 물건으로 보상하기도 한다. 보상액을 결정할 때에는 대개 당사자 간의 협의에 의하기도 하고, 협의가 성립되지 않을 때에는 행정기관에 결정을 내려줄 것을 요청할 수 있다.

만약 행정기관의 결정 절차를 거치고도 보상 문제가 해결되지 않는다면 이의 신청을 하거나 바로 법원에 소송을 제기할 수 있다.

행정쟁송은 당사자의 청구에 의해 행정작용의 효력의 유무나 부당성을 심판하는 제도이다. 이는 소송을 행정기관에 제기하느냐 법원에 제기하느냐에 따라 '행정심판'과 '행정소송'으로 구분된다.

행정심판은 행정작용 때문에 권익을 침해받은 자가 행정기관에 제기하는 소송을 말한다. 이는 당사자가 정해진 기간 내에 행정심판위원회나 해당 행정기관에 청구서를 제출해야 한다. 행정심판위원회가 당사자의 청구 내용이 타당하다고 인정하면 행정작용을 취소·변경하거나 각종 처분을 내린다. 이러한 행정심판은 행정기관에 심판을 청구하는 것이므로 법원의 심판에 따르는 것에 비해 개인의 소송비용과 법원의 업무 부담을 줄일 수 있다. 행정심판과 달리 행정소송은 권익을 침해 받은 자가 법원에 제기하는 소송을 말한다. 이는 행정심판을 거치지 않고 제기할 수도 있으며, 행정심판에서 기각결정을 받은 경우에도 제기가 가능하다. 행정소송은 사건과 관련하여 자격이 있는 당사자가 소송을 제기하고, 당사자가 소송을 통해 보호 받을 실질적인 이익이 있으며, 급박한 사안일 때에 가능하다. 당사자의 청구 내용이 타당하다고 인정되면 법원은 행정작용의 무효를 확인하거나 행정작용의 일부 또는 전부를 취소하는 판결을 내린다. 그러나 청구 내용이 타당하더라도 행정작용의 취소 등이 공공복리를 현저히 해친다면 기각판결을 내릴 수 있다. 이는 공익 추구를 위해 예외적으로 인정되는 것이다.

* 영조물: 국가 또는 공공단체에 의해 공공의 목적에 공용되는 인적·물적 시설.

문 05

윗글의 내용 전개 방식으로 적절한 것은?

① 행정쟁송의 개념을 사례를 들어 설명하고 있다.
② 행정구제제도의 유형을 구분하여 설명하고 있다.
③ 행정상 손해배상의 문제점을 밝히며 대안을 제시하고 있다.
④ 행정구제제도의 변천 과정을 시대적 흐름에 따라 제시하고 있다.
⑤ 행정구제제도에 대한 다양한 관점을 소개하고 이를 절충하고 있다.

문 06

윗글에서 다룬 내용이 아닌 것은?

① 행정소송의 성립 요건
② 행정심판의 법적 근거
③ 행정상 손해배상의 대상
④ 행정상 손실보상의 방법
⑤ 행정상 손실보상의 도입 취지

07~08

다음 글을 읽고 물음에 답하시오.

인간의 몸은 약 70%의 물로 구성되며, 물은 영양소와 산소를 몸 전체에 운반하고 노폐물을 소변, 땀 등을 통해 몸 밖으로 내보낸다. 이러한 물이 절대적으로 한정된 달 기지나 우주정거장에서는 버려진 물을 여과하여 사용해야 한다. 물을 지구에서 우주로 실어 나르기에는 너무 큰 비용이 발생하기 때문이다. 일반적으로 중력이 작용하는 지구에서는 폐수가 필터를 통해 아래로 이동하며 여과된다. 달 기지에서도 물이 아래로 흘러 필터를 통과하지만, 중력이 낮아 그 속도가 매우 느리다. 그렇다면 중력이 거의 없는 우주정거장에서는 어떻게 폐수를 여과할까?

가장 좋은 방법은 중력처럼 작용하는 힘을 만들어주는 것이다. 뉴턴의 운동 법칙에 의하면, 외부의 힘이 작용하지 않을 때 운동하는 물체는 등속직선운동을 한다. 물체의 운동 방향을 바꾸려면 외부의 힘이 필요하다. 그리고 운동 방향에 수직으로 일정한 크기의 외부 힘이 작용하면 물체는 등속원운동을 하게 된다. 이렇게 원의 중심 방향으로 작용하여 원운동을 유지하는 힘이 구심력이다. 구심력과 반대 방향인 원심력은 원운동을 하는 물체가 중심 밖으로 나가려는 가상의 힘으로, 어떤 힘이 존재하는 것이 아니라 물체가 등속직선운동하려는 관성에 의한 효과이다. 그리고 사람이 회전하는 물체 안에 있다면 원심력을 중력처럼 인식하게 된다.

중력이 거의 없는 우주 공간에서는 이 원심력을 이용해 물을 여과할 수 있다. 회전하는 우주정거장의 외곽에 거주하는 우주인은 등속직선운동을 하려는 관성을 가지고 있다. 회전하는 우주정거장은 우주인을 나가지 못하게 잡아두고, 우주인은 원심력을 정거장의 바깥에서 자신을 끌어당기는 중력처럼 인식하게 된다. 폐수에도 원심력이 작용할 것이고, 이 힘을 이용해 지구에서처럼 폐수를 여과할 수 있다. 즉 수만 명이 살아갈 거대한 우주 거주 시설은 다량의 폐수를 정화해야 하고 이를 위해서는 회전 운동을 통해 원심력을 만들어 내야 한다.

이렇듯 우리가 알고 있는 물체의 운동과 힘, 운동 방향 등의 원리를 이해하면, 인간이 생존하기 힘든 우주 공간에서도 살아갈 수 있는 것이다. 문제는 거대한 우주정거장을 어떻게 만들고, 회전시킬 것이냐 하는 것이다. 우리의 미래 세대가 영화 속의 우주정거장을 건설할 날을 기대한다.

문 07

윗글의 논지 전개 방식을 〈보기〉에서 모두 고른 것은?

보기

ㄱ. 다른 대상과의 비교를 통해 가설을 입증하고 있다.
ㄴ. 과학적 원리를 적용하여 해결 방안을 제시하고 있다.
ㄷ. 예상되는 상황을 제시하여 독자의 관심을 유도하고 있다.
ㄹ. 통념의 문제점을 지적하고 새로운 이론을 주장하고 있다.

① ㄱ, ㄴ
② ㄱ, ㄷ
③ ㄴ, ㄷ
④ ㄴ, ㄹ
⑤ ㄷ, ㄹ

문 08

윗글을 통해 알 수 있는 내용으로 적절하지 않은 것은?

① 원심력은 물체의 회전 운동을 발생시킨다.
② 중력의 크기는 물의 여과 속도에 영향을 미친다.
③ 물체의 운동 방향이 변하려면 외부의 힘이 있어야 한다.
④ 회전하는 물체 안의 사람은 원심력을 중력처럼 인식한다.
⑤ 지구에서 물이 흐르는 이유는 중력이 존재하기 때문이다.

수리능력

문 09

A공기업은 구내식당에 관한 설문조사를 실시하였다. 10점 만점으로 점수를 조사하였다면 전체 응답자의 평균점수는 얼마인가? (소수점 둘째자리에서 반올림 하시오)

부서	응답자 수	평균점수
A부서	30명	8.0점
B부서	55명	7.5점
C부서	60명	6.8점

① 7.1점 ② 7.3점
③ 7.5점 ④ 7.7점
⑤ 7.9점

문 10

아래는 A반의 중간고사 시험성적이다. 평균과 표준편차를 구하여라.

〈A반의 중간고사 시험성적〉

점수	학생수
45 ~ 55	1
55 ~ 65	11
65 ~ 75	27
75 ~ 85	9
85 ~ 95	2

① 60, 10 ② 65, 8
③ 65, 10 ④ 70, 8
⑤ 70, 10

문 11

H회사의 청주공장은 3개의 라인이 가동되고 있다. 생산량과 불량률이 아래와 같다면 H회사 전체의 불량률은 얼마인가? (소수점 셋째자리에서 반올림 하시오)

- A라인의 하루 생산량은 10,000개이다.
- B라인의 하루 생산량은 A라인보다 20% 적다.
- C라인은 B라인보다 하루 생산량이 1000개 더 많다.

불량률은 A라인은 1%, B라인은 2%, C라인은 1.5%이다.

① 1.44% ② 1.45%
③ 1.46% ④ 1.47%
⑤ 1.48%

문 12

J기업의 직원들의 월급은 모두 동일하다고 한다. J기업의 현재 직원들의 월급 총액은 얼마인가?

- 직원을 50명 줄이고, 월급을 50만원 줄이면 전 직원에게 지급하는 월급 총액은 기존의 60%로 줄어든다.
- 직원을 30명 줄이고, 월급은 그대로 라면 전 직원에게 지급하는 월급 총액은 기존의 88%로 줄어든다.

① 3억 5천만원
② 4억
③ 4억 5천만원
④ 5억
⑤ 5억 5천만원

문 13

아래의 〈표〉 및 〈그림〉을 보고 제시된 자료에 대한 내용으로 옳지 않은 것은?

〈표〉 국내의약품 생산액 및 시장규모

(단위: 억원)

구분	생산액	시장규모
2012년	155,968	120,290
2013년	157,140	122,014
2014년	163,761	134,279
2015년	164,194	134,684
2016년	169,696	147,038
2017년	188,061	158,866
2018년	203,508	186,456

〈그림〉 국내의약품 수출액 및 수입액

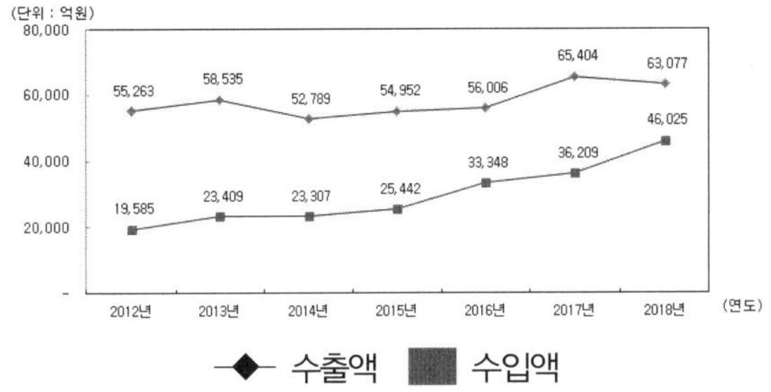

※ 1) 무역수지 = 수출액 − 수입액

① 2015년 국내의약품의 생산액, 시장규모, 수출액, 수입액은 모두 전년대비 상승하였다.
② 2012~2018년 동안 국내의약품 생산액의 전년대비 증가율이 가장 큰 해는 2017년이다.
③ 2012~2018년 동안 국내의약품 무역수지는 2012년이 가장 크다.
④ 2014년 이후 국내의약품 무역수지는 꾸준히 감소하였다.
⑤ 국내의약품 생산액은 2014년 이후 16조 원을 상회한다.

14~15

아래의 〈표〉를 보고 다음 질문에 답하시오.

〈표〉 소상공인 업종별 시장경기 동향조사지수

업종		2018년 7월	2018년 8월	2018년 9월	2018년 10월	2018년 11월	2018년 12월
농산물	체감	51.7	35.6	80.1	59.5	76.9	47.3
	전망	90.5	81.8	110.4	97.3	103.0	79.1
가공식품	체감	41.8	36.9	91.5	69.3	78.8	54.6
	전망	84.0	77.8	123.5	96.1	101.0	81.0
의류·신발	체감	46.4	32.1	45.4	76.7	58.2	47.9
	전망	85.6	59.7	95.4	103.3	106.7	81.0
가정용품	체감	47.9	40.8	62.6	74.8	59.7	48.3
	전망	87.4	71.0	105.0	97.9	92.9	79.8
음식점	체감	34.4	39.8	71.9	72.2	59.7	55.7
	전망	79.0	71.6	96.6	96.6	94.0	84.9
기타	체감	52.6	44.9	66.6	67.7	61.5	52.6
	전망	83.5	73.3	100.6	93.5	88.9	79.3

※ 1) 시장경기 동향조사지수가 높을수록 경기가 좋은 것으로 인식할 수 있으며, 지수가 100이상이면 호황, 100미만이면 불황으로 인식할 수 있다.

2) 시장경기 동향조사 시 응답에 따른 시장경기 동향조사지수 산출방식

시장경기 동향조사지수 = {(매우 불황 × 0) + (다소 불황 × 50) + (보통동일 응답빈도 × 100)
+ (다소 호황 × 150) + (매우 호황 × 200)}/(총 응답자수)

문 14

위 〈표〉를 보고 시장경기 동향조사지수에 대한 설명으로 옳지 않은 것은?

① 2018년 10월 소상공인 시장경기 호황을 전망하고 있는 업종은 의류·신발 밖에 없다.

② 2018년 12월 소상공인 시장경기 체감 및 전망 동향조사지수는 모든 업종에서 전월대비 하락했다.

③ 2018년 10 ~ 12월 3개월간 음식점의 소상공인 시장경기 전망치는 지속적으로 하락했다.

④ 2018년 7월 ~ 12월간 모든 업종의 소상공인 체감 시장경기는 2018년 9월에 가장 높았다.

⑤ 농산물, 가공식품, 의류·신발은 2018년 11월 전월대비 소상공인 시장경기가 좋아질 것으로 전망 하고 있다.

문 15

공산품 소상공인 1,000개를 대상으로 시장경기 동향조사를 실시하였다. 시장경기 동향조사 결과가 다음와 같을 때, 공산품의 시장경기 동향조사지수는 얼마인가?

〈공산품 소상공인 시장경기 동향조사 결과〉

매우 호황	다소 호황	보통	다소 불황	매우 불황
100개 업체	310개 업체	300개 업체	180개 업체	110개 업체

① 103.5 ② 105.5
③ 106.0 ④ 106.5
⑤ 107.5

문 16

다음은 2017년 한국철도공사 월별 여객 수송실적에 관한 자료이다. 아래의 〈표〉에 대한 설명으로 옳지 않은 것은?

〈표〉 2017년 한국철도공사 월별 여객 수송실적

(단위: 천 명)

월	수송인원	승차인원	유입인원
1월	98,961	65,419	33,541
2월	88,430	58,243	30,186
3월	(　　)	57,538	30,316
4월	104,288	69,149	35,139
5월	100,770	67,113	33,657
6월	101,684	68,088	33,596
7월	97,402	(　　)	32,501
8월	93,195	61,675	31,520
9월	93,211	61,848	31,363
10월	100,815	67,191	33,624
11월	93,161	62,647	(　　)
12월	99,861	66,171	33,690
합 계	1,159,632	769,983	389,647

※ 수송인원 = 승차인원 + 유입인원

① 2017년 3분기 한국철도공사 유입인원은 1억명 미만이다.
② 2017년 중 한국철도공사 수송인원은 2분기에 가장 많다.
③ 2017년도 한국철도공사의 승차인원이 가장 많은 달에 유입인원도 가장 많다.
④ 2017년도 한국철도공사의 수송인원이 가장 많은 달과 가장 적은 달의 수송인원의 차이는 1500만명 이상이다.
⑤ 2017년 7월 한국철도공사의 승차인원은 전월에 비해 4백만 명 이상 감소하였다.

문 17

다음 〈그림〉은 문화예술활동의 투자시간 비율에 대한 자료이다. 주말 12~18시의 문화예술활동 투자시간의 비율은 얼마인가? (소수점 둘째자리에서 반올림 하시오)

〈그림 1〉 문화예술활동의 투자시간 비율

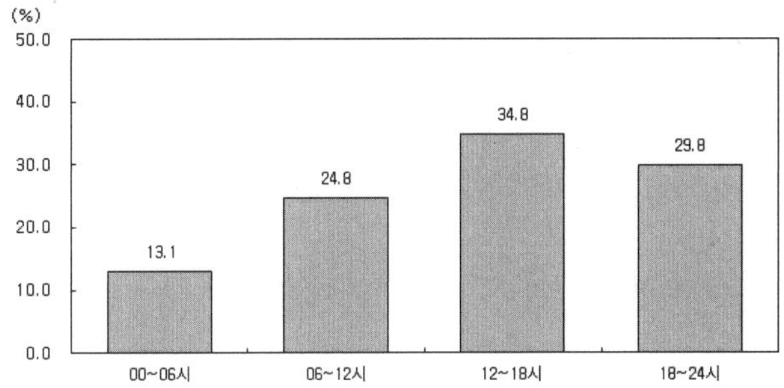

〈그림 2〉 주중(월~금) 문화예술활동의 투자시간 비율

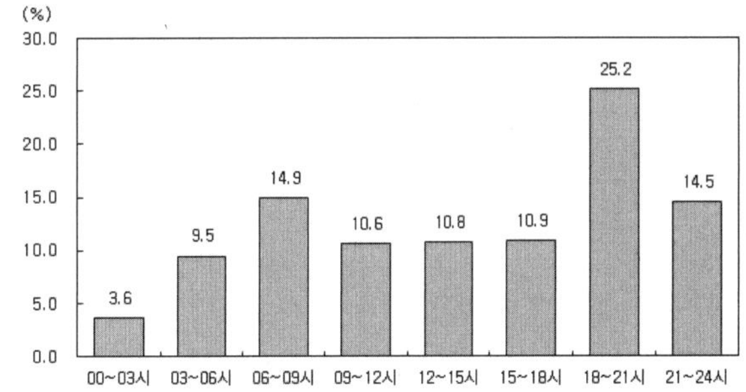

※ 하루당 문화예술활동의 투자시간은 주말이 주중의 2.75배이다.

① 45.7%
② 46.7%
③ 47.7%
④ 48.7%
⑤ 49.7%

문제해결능력

문 18

A부터 G까지 총 7명은 전 세계에서 특수활동을 하고 있는 특수요원들이다. 이들은 비상호출을 받고 일제히 서울의 본부로 모였다. 다음 내용을 보고 보기 중 옳은 것을 고르시오.

- C 요원은 가장 먼저 도착하였다.
- D 요원은 G 요원보다 먼저 도착하였다.
- E 요원은 G 요원보다 늦게 도착하였다.
- G 요원이 도착한 직후 B 요원이 도착하였다.
- F 요원은 D 요원보다 먼저 도착하였지만 A 요원보다 늦게 도착하였다.

① F 요원이 두 번째로 도착하였다.
② D 요원이 세 번째로 도착하였다.
③ B 요원보다 늦게 도착한 사람은 2명이다.
④ E 요원 다음으로 도착한 사람은 D 사원이다.
⑤ E 요원이 가장 늦게 도착하였다.

문 19

다음 글과 표를 근거로 판단할 때 A~D 신발의 주인으로 올바른 것은?

철수, 주환, 영수, 정희는 연말을 맞아 음식점에서 송년회를 하였다. 송년회를 마치고 문을 나서려는 순간, 네 명은 자신들의 신발이 한 짝씩 없어진 것을 발견하였다. 이후 가까스로 집에 귀가한 네 명에게 경찰서에서 신발을 찾았다는 연락이 왔다. 경찰은 네 명 각각으로부터 진술을 따로 들은 뒤, 주인을 찾아 신발을 돌려주기로 하였다. 다음은 철수, 주환, 영수, 정희가 진술한 내용이며, 이 진술들은 모두 참이다.

철수 : 제 신발은 운동화입니다.
주환 : 제 신발은 영수의 신발보다 사이즈가 큽니다.
영수 : 저희 네 명의 신발 가격의 평균은 네 명 중 누군가의 신발 가격과 같고, 네 명의 신발 모두 가격이 7만원을 초과하지 않습니다. 제 신발은 가격이 가장 비쌉니다.
정희 : 제 신발은 가격이 제일 비싼 신발은 아닙니다.

	유형	사이즈(mm)	가격(만원)
A	운동화	240	5
B	운동화	250	6
C	슬리퍼	250	4
D	구두	260	모름

	철수	주환	영수	정희
①	A	D	C	B
②	A	D	B	C
③	B	D	C	A
④	B	C	D	A
⑤	D	A	C	B

문 20

다음 대화의 내용이 참일 때, 거짓인 것은?

상학 : 위기관리체계 점검 회의를 위해 외부 전문가를 위촉해야 하는데, 위촉 후보자는 A, B, C, D, E, F 여섯 사람이야.
일웅 : 그건 나도 알고 있어. 그런데 A와 B 중 적어도 한 명은 위촉해야 해. 지진 재해와 관련된 전문가들은 이들 뿐이거든.
상학 : 나도 동의해. 그런데 A는 C와 같이 참여하기를 바라고 있어. 그러니까 C를 위촉할 경우에만 A를 위촉해야 해.
희아 : 별 문제 없겠는데? C는 반드시 위촉해야 하거든. 회의진행을 맡을 사람이 필요한데, C가 적격이야. 그런데 C를 위촉하기 위해서는 D, E, F 세 사람 중 적어도 한 명은 위촉해야 해. C가 회의를 진행할 때 도움이 될 사람이 필요하거든.
일웅 : E를 위촉할 경우에는 F도 반드시 위촉해야 해. E는 F가 참여하지 않으면 참여하지 않겠다고 했거든.
희아 : 주의할 점이 있어. B와 D를 함께 위촉할 수는 없어. B와 D는 같은 학술 단체 소속이거든.

① 총 3명만 위촉하는 방법은 모두 3가지이다.
② A는 위촉되지 않을 수 있다.
③ B를 위촉하기 위해서는 F도 위촉해야 한다.
④ D와 E 중 적어도 한 사람은 위촉해야 한다.
⑤ D를 포함하여 최소인원을 위촉하려면 총 3명을 위촉해야 한다.

문 21

5명의 신입사원(A~E)은 영업1팀, 영업2팀, 영업3팀 중 한 곳에서 일주일간 연수를 받는다. 조건을 토대로 할 때 옳지 않은 것은?

- B와 E는 같은 팀에서 연수를 받는다.
- C는 영업3팀에서 연수를 받는다.
- D는 영업1팀에서 연수를 받지 않는다.
- 영업1팀에서 연수를 받는 사람은 1명이다.
- 각 팀은 신입사원 2명 또는 1명을 맡아 연수를 한다.

① B는 영업2팀에서 연수를 받는다.
② D는 영업3팀에서 연수를 받는다.
③ A와 C는 같은 팀에서 연수를 받는다.
④ A와 D는 같은 팀에서 연수를 받지 않는다.
⑤ C와 D는 같은 팀에서 연수를 받는다.

22～23

아래는 코레일에서 제휴를 맺고 있는 어느 민속촌의 이용에 관한 자료이다. 다음 물음에 답하시오

민속촌 이용안내

○ 이용시간
- 매주 월요일은 휴관이며 이용시간은 09:00 ~ 19:00
  ※ 단, 동절기(12월 ~ 2월)는 09:00 ~ 18:00

○ 이용 시설
- 미술관, 박물관, 전통가옥, 상가마을, 놀이시설 등

○ 이용요금(입장료)

	성인	청소년	아동	경로	장애인, 국가유공자
코레일 가족	4,000원	2,500원	1,000원	3,000원	2,500원
일반	5,000원	3,500원	1,500원	4,000원	3,500원

※ 성인은 20세 이상이며, 청소년은 중, 고등학생이다. 아동은 36개월에서 초등학교 6학년까지이며, 36개월 미만의 아동은 무료이다. 경로는 65세 이상이다.

○ 놀이시설은 개장시간 30분 이후부터 이용 가능합니다.
  ※ 놀이시설은 별도의 요금을 지불한 후 이용 가능합니다.

○ 국어, 영어, 중국어, 일본어로 민속촌에 대한 이해를 도와주는 설명을 제공하고 있습니다.

○ 민속촌 내 모든 촬영은 사전 신청(유료) 후 허가 시 이용 가능합니다.

○ 애완동물의 출입은 제한됩니다.

문 22

위에 대한 설명 중 옳은 것을 고르시오.

① 민속촌은 연중무휴로 운영 중이다.
② 입장료 지불 후 이용시설은 무료로 이용 가능하다.
③ 민속촌 이용은 동절기에 보통 때 보다 1시간 일찍 종료된다.
④ 국어·영어·중국어가 가능한 통역사가 대기하고 있다.
⑤ 민속촌 내 사진촬영 시 별도의 조건 없이 이용 후 요금을 지불하면 된다.

문 23

코레일 직원인 인성이는 민속촌으로 여행을 갔다. 이번 여행에는 부모님, 여동생과 인성이네 가족, 남동생네 가족이 함께 했다. 이들 가족의 총 이용요금을 구하시오.

조건

○ 이번 여행은 놀이시설은 이용하지 않고 민속촌 입장만 했다.
○ 아버지의 연세는 68세, 어머니는 63세이며 여동생은 성인이며 아직 미혼이다.
○ 인성이네 가족은 부인과 아이 2명(중학생, 초등학생)이 있다.
○ 남동생네 가족은 부인과 아이 3명(초등학생, 6살, 24개월)이 있다.
○ 코레일 가족 할인은 인성이네 가족에만 해당이 된다.

① 35,500원　② 36,500원
③ 38,000원　④ 38,500원
⑤ 40,000원

24～25

호텔 연회장에서 근무하는 A는 연회장 예약을 담당하고 있다.

〈12월 예약 일정표〉

* 예약: 연회장 이름(시작시간)

MON	TUE	WED	THU	FRI	SAT	SUN
1	2	3	4	5	6	7
화이트 (13) 블루 (14)	레드 (16)	블루 (13) 블랙 (14)	블랙 (14) 블루 (17)	블랙 (14) 화이트 (17)	화이트 (13) 블랙 (15)	레드 (10) 블루 (16)
8	9	10	11	12	13	14
	화이트 (13) 블루 (16)	레드 (16)	블랙 (14) 블루 (17)	레드 (14) 블랙 (17)	블랙 (12)	화이트 (10) 레드 (15)

〈호텔 연회장 현황〉

연회장 구분	수용가능 인원	최소 투입인력	연회장 이용시간
레드	200명	35명	3시간
블루	300명	30명	2시간
화이트	200명	30명	2시간
블랙	300명	40명	3시간

※ 예약은 12시부터 가능하며 오후 9시에 모든 업무를 종료함
연회부의 동 시간대 투입 인력은 총 70명을 초과할 수 없음
연회시작 전,후 1시간씩 연회장 세팅 및 정리

문 24

아래 표의 상황에서 고객의 예약전화를 받았을 때, 예약가능한 날과 연회장의 종류는?

(고객) 12월 첫째 주 또는 둘째 주에 회사 송년의 밤 행사를 위해서 연회장을 예약하려 합니다. 총 인원은 250명이고 월, 화, 수요일은 피하고 싶습니다. 예약이 가능할까요?

① 블루, 13일
② 블랙, 14일
③ 레드, 13일
④ 레드, 14일
⑤ 화이트, 13일

문 25

아래 표와 같이 예약을 변경했을 때 예약가능한 날과 연회장의 종류는?

(당초) – 일 시 : 12월 10일
– 예약인원 : 200명
– 연회장 이용 시간 : 2시간
– 예약된 연회장 : 화이트

(변경) – 일 시 : 12월 2~4일
– 예약인원 : 300명
– 연회장 이용 시간 : 3시간
– 예약된 연회장 : ?

① 블루, 2일
② 블루, 3일
③ 블랙, 2일
④ 블랙, 4일
⑤ 화이트, 2일

08

의사소통능력

문 01

다음 설명 중 문법적인 오류가 없는 문장은?

① 나는 어제 서울에 온 현규와 밥을 먹었다.
② 무엇보다도 중요한 것은 서류가 전부는 아닙니다.
③ 선생님께서는 제게 초심(初心)을 잊지 말라고 당부하셨습니다.
④ 궂은 날씨가 계속되면서, 오늘도 바람과 눈이 오는 지역이 있습니다.

문 02

밑줄 친 단어가 다음에서 설명한 동음어로 묶인 것은?

> 동음어는 의미상 서로 관련이 없거나 역사적으로 기원이 다른데 소리만 우연히 같게 된 말들의 집합이며, 국어사전에는 서로 다른 표제어로 등재된다.

① 지수는 빨래를 할 때 합성세제를 <u>쓰지</u> 않는다.
이 일은 인부를 <u>쓰지</u> 않으면 하기 어렵다.
② 새로 구입한 의자는 <u>다리</u>가 튼튼하다.
박물관에 가려면 한강 <u>다리</u>를 건너야 한다.
③ 이 방은 너무 <u>밝아서</u> 잠자기에 적당하지 않다.
그는 계산에 <u>밝은</u> 사람이다.
④ 그 영화는 <u>뒤</u>로 갈수록 재미가 없었다.
너의 일이 잘될 수 있도록 내가 <u>뒤</u>를 봐주겠다.

문 03

다음 글에서 소개한 조선 시대 부동산 매매 절차로 가장 적절하지 않은 것은?

> 조선 시대에는 토지 및 주택의 매매를 국가에서 관리하였는데, 국가에서 허용하는 부동산 매매의 경우 거래의 안전을 위해 법으로 거래 절차를 규정해 놓았다.
>
> 조선 시대 부동산 매매의 합의와 인도는 반드시 계약서의 작성을 통해 이루어지도록 하였다. 매매시에는 신문기(新文記)라는 계약서를 작성하도록 하였으며, 매도인은 구매인에게 신문기와 함께 토지의 권리전승을 증명하는 구문기(舊文記)도 함께 인도해야 했다. 구문기가 없을 경우 관청에서 그 사실을 증명하는 입안(立案)이나 입지(立旨)를 발급받아야 하며, 구두계약의 경우라 할지라도 반드시 문기를 작성해야 했다. 또한 주택을 매매할 경우에는 문기에 초가(草家)/와가(瓦家)의 여부와 집의 규모를 명시하도록 하였다.
>
> 부동산 매매가 발생하였을 때에는 100일 이내로 관아에서 매매 사실을 공증 받아야 했는데, 경국대전을 통해 입안의 형식과 절차를 규정하였다. 매매를 공증 받기 위해서는 매도인, 증인, 서류를 작성하는 필집(筆執), 친족이나 인근 주민 2–3명의 보증을 받아야 하며, 구매인이 관청에 입안을 신청하면 매도인, 증인, 필집의 확인을 거친 후 관인을 찍어 거래 내용을 공증하였다.
>
> 또한 입안을 신청할 때에는 관아에 세금을 납부해야 하는데, 세전(稅錢)으로는 종이를 냈다. 기와집의 경우 1간 당 백지 1권, 초가는 1간 당 백지 10장씩 내도록 하였으며, 부동산의 규모가 아무리 크더라도 세금으로 납부하는 종이의 양은 최고 20권을 넘지 않도록 하였다.
>
> 이 같은 부동산 매매 관리 제도는 오랜 시간동안 이중매매, 위조문기의 방지 등 권리자의 보호를 위해 수정되며 확립되어왔다. 그러나 절차상의 복잡함으로 인해 관청의 증명 없는 백문매매(白文賣買)가 성행하였으며, 임진왜란과 병자호란을 거치며 문기가 대량 소실됨에 따라 부동산 거래를 관리하는 법안은 점차 사문화 되었다.

① 문기를 작성할 때에는 주택의 유형과 규모도 적는다.

② 매매 서류의 작성자는 매매의 보증인으로도 참여해야 한다.

③ 부동산 거래 후 관아에서 진행하는 공증은 법으로 정해진 형식에 따른다.

④ 30간 규모의 기와집을 거래할 경우 납부해야 하는 세금은 백지 30권이다.

⑤ 이전의 거래 내용이 기록된 문기가 소실됐을 경우 관아에서 입지를 발급받아야 한다.

문 04

다음은 신문 기사이다. 사원들이 아래의 신문기사를 읽고 나눈 대화이다. 기사의 내용과 일치하는 발언을 한 사원은?

> ○○일보
>
> **김치냉장고의 구조, 용량이 다양한 만큼 구매 전 사용목적과 필요한 기능, 용량 등을 종합적으로 고려해 선택해야**
>
> 김치냉장고가 대형화되고 기능도 다양화 되면서 사용자의 용도에 맞는 제품 구조, 용량, 기능을 고려해 선택해야한다.
>
> ■ 김치냉장고는 크게 뚜껑형(항아리형), 스탠드형 두 가지로 나뉜다. 뚜껑형은 구조적으로 스탠드형에 비해 10% 이상 용량 효율이 높은 장점이 있다. 스탠드형은 무거운 김치용기를 꺼낼 때 허리를 굽히지 않아도 되고, 공간 활용도가 높아 김치 보관 외에 냉장/냉동 등 복합 용도로 사용하기 좋다.

뚜껑형	스탠드형

> ■ 시중에 출시된 스탠드형 김치냉장고 용량은 200L급에서 500L급까지 다양하다. 무조건 대형 제품을 선호하기 보다는 사용자의 가족 구성원 수, 김치소비량 등을 고려한 합리적인 선택이 필요하다.
>
> ■ 김장김치를 기준으로 냉장고 용량을 결정한다면 이듬해 가을까지 남는 용량이 생기게 된다. 이럴 때 필요 없는 저장실의 전원을 끌 수 있다면 그만큼 전기사용량을 절약할 수 있어 경제적이다. 이번 조사대상 제품 모두 저장실을 선택적으로 사용할 수 있는 기능이 있었다.

① H씨 : 김치 냉장고를 고를 때는 가족구성원 수, 김치소비량 등을 고려하여 무조건 대형 제품을 고른다.

② B씨 : 김치냉장고는 뚜껑형과 스탠드형 두 가지로 나눌 수 있는데 스탠드형이 10% 용량 효율이 더 좋다.

③ T씨 : 뚜껑형은 허리를 굽히지 않아도 되고 공간활용도가 높아 여러 용도로 사용할 수 있다.

④ Y씨 : 김장김치를 기준으로 냉장고 용량을 결정할 경우 사용하지 않는 저장실의 전원을 끌 수 있다면 경제적이다.

⑤ U씨 : 이번 조사 대상 제품 모두 저장실을 선택적으로 사용할 수 없다.

05 ~ 06

다음은 전소민 과장의 출장계획서이다. 아래의 물음에 답하시오.

공무국외출장 계획서

1. 출장국 : 프랑스, 네덜란드, 스위스, 영국
2. 출장목적
   - ㅇ 상태기반의 유지보수 및 부품단위 관리강화를 위한 해외 선진철도 자동검측, 원격감시, 빅데이터 분석기술 적용사례 조사
     - – 자동검측, 원격감시 기술 확대적용 기준 정립, 빅데이터를 활용한 부품 이력관리 및 수명예측 기술 등
   - ㅇ 전기설비 건설기준, 설계편람, 규격, 점검항목 · 주기 등 법적, 제도적 근거마련을 위한 자료수집 및 관계자 인터뷰
   - ㅇ 자동화·첨단화 접목, 상태기반 유지보수체계 구축을 위한 중장기 유지관리 조직 · 인력 현황 파악
     - – 국외 유관기관 비교분석 등 사례 조사 및 인력 · 조직 운영 최적방안 도출
3. 출장기간 : 2018. 5. 16. ~ 5. 25.
4. 출장일정

일자	일자	행선지	일 정	비고
1일차	5/16 (수)	프랑스	■ 인천 출발 → 프랑스 파리 도착 - KE901(13:20) →18:30	항공
2일차	5/17 (목)	프랑스, 네덜란드 위트렉트 (Ricardo)	■ OSIsoft 방문 1) CBM을 활용한 선로전환기 원격감시시스템 2) 실시간 검측정보, 유지보수자의 현장 검측항목 3) Discussion : - CBM구축을 위한 전제조건 - 구축된 CBM을 최적화하고 효과를 높이기 위해서 추가적으로 요구되는 사항 ■ 프랑스 파리 → 네덜란드 위트렉트(Utretcht)이동	항공
3일차	5/18 (금)	네덜란드 위트렉트 (Ricardo)	■ Ricardo Rail의 CBM 현장설비 구축현황 조사 1) CBM 및 AM전략 수립 프리젠테이션(Ricardo) 2) Ricardo의 CBM 운영상황 확인 3) CBM 현장설비 조사 4) 실시간 검측정보, 유지보수자의 현장 검측 항목 5) Discussion : - CBM대상의 보수/교체 기준 - CBM운용과정에서 도출될 보완사항 및 조치 결과 등 ■ 네덜란드 위트렉트 → 네덜란드 암스테르담	
4일차	5/19 (토)	이동	■ 네덜란드 암스테르담 → 스위스 쯔리히 이동	항공
5일차	5/20 (일)	쯔리히	■ 현장조사결과 분석(자체)	
6일차	5/21 (월)	쯔리히 (ABB)	■ ABB 방문 1) ABB사의 CBM 및 AM 전략 플랫폼 프리젠테이션 2) 전력설비용 상태감시센서의 표준화 기술 및 전력설비 자동원격검침장치 기술 3) ABB사의 CBM 및 AM 운용현황 4) Discussion : - CBM대상의 보수/교체 기준 - CBM운용과정에서 도출될 보완사항 및 조치 결과 - 데이터센터 운용 사례 등	
7일차	5/22 (화)	쯔리히 (SBB)	■ 스위스 철도청(SBB) 방문 1) SBB의 전기설비 보수/보강/교체기준 2) SBB의 전력설비 유지보수 현장방문 3) discussion: - SBB의 신호설비 및 통신설비의 유지보수 현황 - SBB의 CBM체계 또는 AM구축 전략 • 유지보수인력 교육, 훈련 계획 포함 상태정보 및 검측정보 저장, 분석, 예측을 위한 데이터 센터 운용현황 등	
8일차	5/23 (수)	이동	■ 스위스 쯔리히 → 프랑스 파리 이동	항공
9일차	5/24 (목)	파리 (SNCF) 런던	■ SNCF 방문 1) CBM을 활용한 선로전환기 원격감시시스템 2) 실시간 검측정보, 유지보수자의 현장 검측항목 3) Discussion : - CBM구축을 위한 전제조건 - 구축된 CBM을 최적화하고 효과를 높이기 위해서 추가적으	열차

			로 요구되는 사항 ■ 파리 런던 유로스타 ■ 영국 런던(KE 902, 21:00) 인천	
10일차	5/25 (금)		■ 인천 → 도착(15:00)	항공

문 05

이 출장에 대해 옳지 않은 것은?

① 기관방문을 위해 방문하는 나라는 프랑스, 네덜란드, 스위스, 영국, 총 4곳이다.
② 전기설비 건설기준, 설계편람 등 법적, 제도적 근거마련을 위한 자료수집이 목적이다.
③ 출장기간은 총 10일이다.
④ 행선지 간 이동 수단은 항공, 열차를 이용한다.
⑤ 출장기간 중 4일은 이동 외에는 일정이 없다.

문 06

출장 중 전소민 과장이 할 일로 옳은 것은?

① 프랑스에서 Ricardo Rail의 CBM 현장설비 구축현황 조사한다.
② 5월 21일에 ABB의 전력설비 유지보수 현장을 방문한다.
③ 쯔리히에서는 2곳의 회사 및 기관을 방문한다.
④ 5월 24일에 비행기로 이동한다.
⑤ 영국에서 SNCF 방문을 방문한다.

09

07～08

다음 글을 읽고 물음에 답하시오

전통적으로 동아시아에서 역법은 연월일시의 시간 규범을 제시하는 일뿐만 아니라 태양, 달 그리고 다섯 행성의 위치 변화를 통해 하늘의 뜻을 이해하는 것이었다. 역법의 운용과 역서의 발행은 나라를 다스리는 중요한 통치 행위였기 때문에 동아시아에서는 국가 기구를 설치하여 역법을 다루었고 그곳의 관리에게만 연구가 허락되었다. "서경(書經)"에서 말한 '하늘을 관찰하여 백성에게 시간을 내려준다.'라는 뜻의 관상수시(觀象授時)는 유교 문화권에서 역법을 어떻게 바라보았는가를 잘 드러낸다. 관상수시는 하늘의 명을 받은 천자에게만 허락된 일이므로 고려 시대에는 중국의 역을 거의 그대로 따라야 했다. 고려 초에 도입된 선명력은 정확성이 부족하여 고려 말에는 정확성이 높아진 수시력을 도입했다. 수시력은 계산식이 복잡해 익히기가 어려웠기 때문에 일식과 월식, 곧 교식을 추보*할 때는 여전히 선명력이 사용되었다. 이 상황은 조선 건국 직후에도 지속되었다.

세종은 즉위 초부터 수시력에 대한 이해를 높이려고 애썼고 마침내 수시력에 통달했다고 자부했다. 그럼에도 세종 12년, 교식 추보에 오차가 생기자 세종은 그 해결책으로 조선만의 교식 추보 방법을 찾고자 했다. 세종은 중국의 역법을 수용하되 이것을 조선에 맞게 운용하는 방법을 택함으로써 중국과의 관계를 고려하면서도 시간 규범을 스스로 수립하고자 한 것이다. 수시력으로 교식을 추보할 때에는 입성을 사용했는데, 이때의 입성은 모두 중국을 기준으로 한 것이었다. 입성이란 천체의 위치를 계산하는 데 필요한 관측값 등을 실어 놓은 계산표이다. 세종은 한양을 기준으로 한 입성을 제작하려 했다. 그래서 입성 제작에 필요한 낮과 밤의 길이인 주야각을 추보하기 위해 한양의 위도 등을 알아내도록 명했다. 이러한 일련의 연구 성과를 담은 것이 세종 26년에 편찬된 "칠정산 내편"이다. '칠정'이란 태양, 달, 다섯 행성의 운행을 가리키고, '산'이란 계산했다는 뜻이다. "칠정산 내편"은 중국 역법에 기반을 두었지만 교식과 천체 관측에 필요한 값들을 한양의 기준으로 계산할 수 있게 되었다는 점에서 독자적인 역법이라 할 수 있다.

"칠정산 내편"의 효용성을 살피기 위해 세종은 정묘년(1447년) 8월에 일어날 교식을 미리 추보하여 "칠정산 내편 정묘년 교식 가령"을 편찬하게 했다. 그런데 이 추보에 오차가 발생하자 추보의 방법과 내용을 꾸준히 정비했다. 이 성과를 담은 책이 바로 세조 4년에 편찬된 "교식 추보법 가령"이다. 이 책은 정묘년(1447년) 8월의 교식을 새로운 계산식으로 다시 추보한 것이다. 두 가령의 교식 추보 원리는 동일하지만 계산식을 약간 달리했기 때문에 교식 추보 시각은 서로 달랐다. 두 가령의 교식 추보 시각은 현대 천문학의 계산과 조금의 오차는 있지만 당시 유럽의 천문학과 비교하더라도 그 방법론이 매우 정교하여 조선 역법의 뛰어난 수준을 보여 주는 것이다.

지구는 태양과의 거리가 가장 가까운 근일점에서 공전 속도가 가장 빠르다. 그러므로 북반구에서 관측한 태양은 동지 즈음에 가장 빠르게 운행하는 것으로 보이고, 하지 즈음에 가장 느리게 운행하는 것으로 보인다. 그래서 "칠정산 내편"은 근일점과 동지가 일치한다고 보았다. 즉 동지와 하지에서 태양의 실제 위치가 평균 속도로 운행한 태양의 위치와 일치한다고 설정한 것이다. 그리고 동지부터 하지 사이를 영, 하지부터 동지 사이를 축이라 했다. '영축차'는 태양의 실제 위치에서 평균 위치를 뺀 값이다. 그러므로 영에서의 값인 '영차'는 양의 값이고, 축에서의 값인 '축차'는 음의 값이다. 달 역시 지구와 가까울수록 빠르게 움직인다. 그래서 달이 지구와 가장 가까이 위치할 때인 근지점에서 '지질차'의 값을 0으로 간주했다. '지질차'란 달의 실제 위치에서 평균 위치를 뺀 값인데, 근지점부터 달이 지구와 가장 멀리 떨어져 있는 원지점까지는 달의 실제 위치가 평균 위치보다 앞선다. 그리고 원지점부터 근지점까지는 그 반대이다. 달의 실제 위치가 평균 위치보다 앞서면 '질차', 뒤처지면 '지차'라 했다.

달이 태양과 지구 사이에 놓여 태양을 가릴 때를 삭(朔), 지구가 태양과 달 사이에 놓여 달을 가릴 때를 망(望)이라 한다. 정삭과 정망은 지구와 달이 태양과 정확히 일직선 위에 놓이게 될 때의 시각이다. "칠정산 내편 정묘년 교식 가령"과 "교식추보법 가령" 모두 정삭, 정망은 태양과 달의 평균 위치로 계산된 경삭과 경망에 실제 태양과 달의 빠르고 느린 정도를 가하거나 감하여 구했다. 이를 가감차 방식이라 한다. 가감차 값은 영축차에서 지질차를 뺀 값을 속도항 값으로 나누어 구했다. 즉 가감차 값이 양일 때에는 그 값을 경삭, 경망에 더하는 가차로 삼았고, 음일 때에는 그 값을 경삭, 경망에서 빼는 감차로 삼았다. 앞에서 언급한 두 가령 모두 영축차에서 지질차를 뺀 값에는 거의 차이가 없다. 하지만 칠정산 내편 정묘년 교식 가령 은 속도항 값으로 달의 이동 속도를 활용했지만, 교식 추보법 가령 은 달의 이동 속도에서 태양의 이동 속도를 뺀 값을 활용했다. 이는 태양이 달에 비해 느린 속도로 달과 같은 방향으로 이동하는 것처럼 보이는 현상을 고려한 것이다.

"칠정산 내편"등을 통한 역법의 확립으로 조선은 유교적 이념을 만족스럽게 실현할 수 있는 체계를 갖추었다는 자부심을 가질 수 있게 되었다. "칠정산 내편"이 편찬된 지 200여년 뒤, 일본을 왕래하던 조선 통신사 사신 박안기는 조선의 역법을 일본에 전하게 된다. 이를 바탕으로 일본에서도 독자적인 역법 "정향력"이 완성되었다. 동아시아 천문학은 시대와 장소에 따라 서로 다르게 전개되었지만 "칠정산 내편", "정향력"등은 자국의 고유한 역법을 확립하고자 했던 열망의 소산이라고 할 수 있다.

* 추보 : 천체의 운행을 관측함.

문 07

윗글에 대한 설명으로 가장 적절한 것은?

① 관상수시의 개념을 소개하고 고려와 조선이 그것을 어떻게 변용하여 역법 제작에 응용했는지 설명하고 있다.
② 조선의 역법 발달 과정을 언급하고 동서양 문명에서 공통적으로 나타난 천문과 역법의 의미를 보여 주고 있다.
③ 역법에 대한 유교적 관점을 드러내고 조선이 역법 확립을 위해 노력한 바와 그것이 끼친 영향을 보여 주고 있다.
④ 조선에서 교식 추보 방법이 발달했던 이유를 제시하고 교식추보가 중국 천문학 발전에 끼친 영향을 설명하고 있다.
⑤ 조선 역법의 우수성을 부각하고 당대에 관측한 값들이 현대적 관점에서 얼마나 정확한 것인지 단계적으로 검증하고 있다.

문 08

윗글을 통해 알 수 있는 사실이 아닌 것은?

① 조선은 역법을 통해 천자를 부정하고 독자적 정치 이념을 실현하고자 했다.
② 조선은 교식 추보 이외에 여러 행성들의 운동도 역법에 담으려고 노력했다.
③ 전통적으로 동아시아에서는 국가의 주도와 통제 아래 역법연구가 수행되었다.
④ 전통적으로 동아시아는 천체의 변화를 이해하여 하늘의 뜻을 알고자 역법을 마련했다.
⑤ 조선은 역법의 확립을 통해 유교적 이념의 실현을 위한 체계를 수립했다는 자부심을 가질 수 있었다.

수리능력

문 09

K고등학교 셔틀버스는 하교 후 4번의 정류장에서 정차를 한다. 매 정류장마다 내리는 학생에 대한 내용이 아래와 같을 때, K고등학교 셔틀버스에 탄 학생의 수는 얼마인가?

- 첫 번째 정류장에서 셔틀버스에 탄 학생의 $\frac{2}{5}$가 하차를 했다.
- 두 번째 정류장에서 남은 학생의 $\frac{1}{4}$이 하차했다.
- 세 번째 정류장에서 남은 학생의 $\frac{2}{3}$가 하차했다.
- 네 번째 정류장에서 남은 학생의 $\frac{1}{5}$가 하차했다.
- 네 번째 정류장을 지났을 때 학생은 12명이 남았다.

① 60명 ② 80명
③ 100명 ④ 120명
⑤ 150명

문 10

K물류회사 총무팀 민호는 회사 비품 구매를 담당하고 있다. A4 용지를 구매하려고 문구점에 가격을 문의하였고 그 가격이 아래와 같았다. 민호는 8,900장을 구매해야 하며, 회사 규정상 가장 저렴한 금액으로 구매를 해야 한다면 어느 문구점에서 구매를 해야 하는가?

A 문구점 : 1,000매당 19,000원에 판매하며, 배송비는 주문 수량과 관계없이 3,000원이다.
B 문구점 : 300매당 7,500원에 판매하며, 배송비는 주문 수량과 관계없이 1,000원이다.
C 문구점 : 2,000매당 38,000원에 판매하며, 배송비는 무료다.
D 문구점 : 600매당 11,000원에 판매하며, 배송비는 주문 가격의 10%이다.
E 문구점 : 1매당 20원에 판매하며, 배송비는 무료다.

① A 문구점 ② B 문구점
③ C 문구점 ④ D 문구점
⑤ E 문구점

문 11

Y기업의 2017년과 2018년의 수출액에 대한 자료는 아래와 같다. 원화를 기준으로 2018년도에 전년대비 수출액 증가액은 얼마인가?

〈○○기업의 수출액 추이〉

구분	수출액(미국 USD)	환율
2017년	972,620,000	1,200원/달러
2018년	1,237,800,000	1,250원/달러

① 10,334,600,000원 ② 224,125,000,000원
③ 380,106,000,000원 ④ 882,260,000,000원
⑤ 2,122,600,000,000원

문 12

다음은 보훈 보상금 지급 현황에 관한 자료이다. 자료에 대한 설명으로 옳지 않은 것은? (단, 소수점 셋째 자리에서 반올림한다)

〈보훈 급여금 지급 실적〉

(단위: 천 명, 억 원)

구분		2014년	2015년	2016년	2017년	2018년
상이군경	대상자	226	224	230	235	232
	지급금액	13,400	13,947	14,372	14,796	15,766
군경유족	대상자	162	154	161	149	143
	지급금액	8,665	9,308	11,077	11,724	12,302
애국지사 및 그 유족	대상자	34	38	36	39	40
	지급금액	776	779	855	894	909
특수대상	대상자	2	3	2	3	3
	지급금액	2	34	36	35	41
합계	대상자	424	419	429	426	418
	지급금액	23,071	24,263	26,539	27,640	29,204

① 2017년 군경유족의 1인당 지급금액은 애국지사 및 그 유족의 1인당 지급금액의 3배 이상이다.

② 2014년 대비 2018년에 보훈 급여금 대상자가 감소한 것은 군경유족 대상자의 감소가 그 원인이다.

③ 2018년 군경유족의 1인당 지급금액은 전년 대비 90만 원 이상 증가하였다.

④ 2016년 상이군경의 지급금액은 전년 대비 425억원 증가하였다.

⑤ 2015년 보훈 대상자는 전년대비 약 5천명 감소하였고, 지급금액은 약 1,192억원 증가하였다.

문 13

다음은 OECD 주요국의 지적재산권 사용료에 관한 자료이다. 자료에 대한 설명으로 옳지 않은 것은?

〈표〉 국가별 지적재산권 사용료 수입 및 지급

(단위: 백만 달러)

국가	지적재산권 사용료					
	수입			지급		
	2016년	2017년	2018년	2016년	2017년	2018년
한국	6,167	7,205	7,007	8,441	9,545	10,005
중국	62,594	67,328	51,022	42,080	45,236	44,710
일본	15,176	17,192	20,160	19,278	21,168	24,948
영국	18,511	16,509	15,840	4,752	5,104	5,632
미국	96,120	106,355	106,355	47,793	53,489	56,248

① 2016~2018년도 중 지적재산권 사용료 수입과 지급이 가장 큰 나라는 모두 미국이다.

② 2016년 영국의 지적재산권 사용료 수입은 한국의 3배 이상이다.

③ 2018년 중국의 지적재산권 사용료 지급은 전년 대비 5% 이상 감소하였다.

④ 2017년 영국의 지적재산권 사용료 수입은 전년 대비 20억 달러 이상 감소하였다.

⑤ 2016~2018년도 중 한국과 일본을 제외한 나라들은 지적재산권 사용료 수입이 지급보다 더 많다.

문 14

다음은 산불피해 현황에 관한 자료이다. 자료에 대한 설명으로 옳은 것은?

〈표〉 산불 피해건수 대비 피해금액 및 피해면적

(단위: ㎡, 백만 원, 명)

구분	2011	2012	2013	2014	2015	2016	2017	2018
피해건당 피해금액	(　)	60	85	19	33	55	(　)	98
피해면적	5,254	247	6,677	696	3,159	665	8,992	10,071
인명피해	3	2	36	10	7	6	16	30

〈그림〉 산불 피해현황

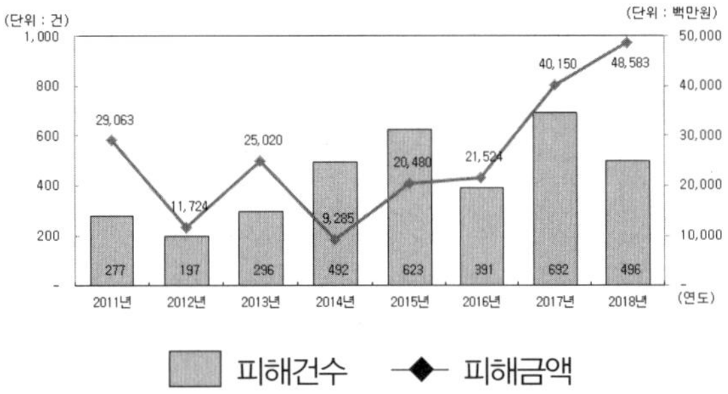

① 2013년도 피해건수는 전년 대비 100% 이상 증가했다.
② 인명피해가 적을수록 피해면적이 적다.
③ 2011~2018년도 중 피해건수와 피해면적이 가장 큰 해는 모두 2017년이다.
④ 피해건당 피해금액은 이 가장 큰 해는 2011년이다.
⑤ 2017년의 피해금액은 2016년 피해금액의 2배 이상이다.

문 15

다음 〈표〉 및 〈그림〉에 대한 설명으로 옳은 것은?

〈그림〉 한국의 의사 수 및 인구 10만 명당 의사 수

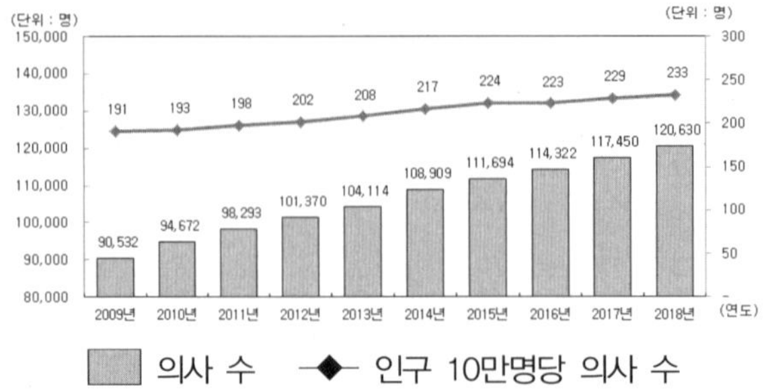

〈표〉 OECD 주요국의 인구 10만 명당 의사 수

(단위: 명)

구분	2014년	2015년	2016년	2017년	2018년
일본	257	262	275	269	285
캐나다	268	273	286	291	296
멕시코	235	248	264	269	285
미국	278	283	287	291	319
프랑스	332	338	341	347	365
독일	428	447	451	470	490
이탈리아	417	425	418	448	456
네덜란드	364	371	385	392	410
스페인	407	414	429	426	445
영국	289	294	308	314	319

① 2009~2018년 동안 한국의 인구 10만 명당 의사 수는 지속적으로 증가하였다.
② 2009~2018년 동안 한국의 총인구 수가 가장 많았던 년도는 2018년이다.
③ 2014년~2018년 동안 OECD 주요국 중 의사 수는 독일이 매년 가장 많다.
④ 2016년도 미국은 OECD 주요국 중 10만 명당 의사 수가 여덟번째로 많았다.
⑤ 2015년도 인구 10만 명당 의사 수는 멕시코가 한국에 비해 15% 이상 더 많다.

16 ~ 17

다음 〈표〉는 인구 구조 현황 및 전망에 관한 자료이다. 표를 보고 물음에 답하시오.

〈표〉 인구 구조 현황 및 전망

(단위: 천 명, %)

연도	총인구	유소년인구 (14세 이하)		생산가능인구 (15 ~ 64세)		노인인구 (65세 이상)	
		인구수	구성비	인구수	구성비	인구수	구성비
1995년	45,717	10,542	23.1	32,361	70.8	2,814	6.1
2000년	47,008	9,911	21.1	33,702	71.7	3,395	7.2
2005년	48,142	8,812	18.3	35,099	72.9	4,231	8.8
2010년	49,410	7,975	16.1	35,983	72.8	5,452	11.1
2016년	51,246	6,858	13.4	36,207	70.7	8,181	( )
2020년	51,974	6,799	13.1	35,956	69.2	9,219	( )
2030년	48,941	5,628	11.5	29,609	60.5	13,704	28.0
2040년	45,671	5,102	11.2	24,361	53.3	16,208	35.5
2050년	41,234	4,832	11.7	18,187	44.1	18,215	44.2

※ 1) 노년부양비(%) $= \frac{\text{노인인구}}{\text{생산가능인구}} \times 100$

2) 고령화사회(ageing society): 총인구 중 65세 이상 인구가 차지하는 비율이 7% 이상

3) 고령사회(aged society): 총인구 중 65세 이상 인구가 차지하는 비율이 14% 이상

4) 초고령사회(post-aged society): 총인구 중 65세 이상 인구가 차지하는 비율이 20% 이상

문 16

위 〈표〉에 관해 옳지 않은 분석을 고르시오.

① 2016년에 고령사회로 진입을 했으며, 2020년에는 초고령사회에 진입할 것으로 예상이 된다.

② 1990년 이 후 노인인구의 구성비는 조사기간 마다 지속적으로 증가하고 있으며, 향후에도 증가추세일 것으로 예상이 된다.

③ 2010년에 노인인구 비중이 전체인구의 10%를 넘었고, 이후 매 조사년도 마다 증가하여 2050년에는 노인인구의 비중이 전체의 44% 이상을 차지할 것으로 보인다.

④ 2016년에는 노인인구의 비중이 유소년인구 비중보다 커졌고, 2030년 이 후 총인구도 감소할 것으로 예상되고 있다.

⑤ 유소년인구는 1995년 1,054만 2천 명에서 지속적으로 감소하여, 2040년 510만 2천 명, 2050년 483만 2천 명으로 줄어들 것으로 예상이 된다.

09

문 17

노년부양비에 대한 설명으로 옳지 않은 것은?

① 2016년 노년부양비는 20%를 넘을 것으로 예상된다.

② 2016년 노년부양비는 2000년 노년부양비의 2배 이상이다.

③ 2030년 노년부양비는 약 46%로 2020년보다 20%p 이상 증가할 전망이다.

④ 2040년 노년부양비는 약 70% 이상이 될 것으로 보인다.

⑤ 노년부양비는 매 조사년도마다 계속 증가할 것으로 보인다.

문 18

코레일 어린이집에 세 살, 네 살, 다섯 살, 여섯살 네 명의 아이가 있다. 아이들 중 1명은 모든 진술이 거짓, 나머지 3명은 진실을 말한다고 할 때, 다음 중 거짓을 말한 아이와 다섯 살인 아이를 순서대로 나열한 것은?

• A : 나는 C와 D보다 나이가 많다. • B : 나는 세 살이고, C는 네 살이다. • C : 나는 다섯 살이 아니다. • D : 나는 세 살이고, A는 네 살이다.

① A, C
② B, C
③ B, D
④ D, A
⑤ D, D

문 19

A, B, C, D, E, F, G, H 8명이 '친근'팀, '편의'팀, '신뢰' 팀으로 나뉘어진다. 팀당 3명씩이 속하되 '편의'팀은 두 명이 배치되고 E가 '신뢰'팀이라면 다음 중 옳은 것은?

ㅇ A와 B는 같은 팀이다. ㅇ C는 '편의'팀이다. ㅇ D은 E와 같은 팀이 될 수 없다. ㅇ F는 인원수가 다른 팀보다 적은 팀에 속한다. ㅇ H가 있는 팀에는 적어도 E 혹은 C 둘 중 한 명은 있다.

① A는 '신뢰'팀이다.
② G은 '친근'팀이다.
③ G은 '신뢰'팀이다.
④ H은 '친근'팀이다.
⑤ H은 '편의'팀이다.

문 20

신입사원 10명의 취미에 대한 글이다. 〈정보〉가 모두 참일 때 〈보기〉 가운데 항상 참인 추론은?

정보

- 신입사원의 취미는 공교롭게 독서, 음악감상, 운동 세 가지 중 한 가지이다.
- 음악감상이 취미인 사람은 1명 이상이다.
- 운동이 취미인 사람이 음악감상이 취미인 사람보다 많다.
- 독서가 취미인 사람이 운동이 취미인 사람보다 많다.

보기

A : 운동이 취미인 사람이 2명이라면, 음악감상이 취미인 사람은 1명이다.
B : 음악감상이 취미인 사람이 2명이라면, 독서가 취미인 사람은 5명이다.
C : 독서가 취미인 사람이 6명이라면, 운동이 취미인 사람은 3명이다.

① A　② B
③ A, C　④ B, C
⑤ A, B, C

문 21

다음 〈A대학 학사규정〉을 근거로 판단할 때, 〈상황〉의 ㉠과 ㉡에 들어갈 기간으로 옳게 짝지은 것은?

A대학 학사규정

제1조(목적) 이 규정은 졸업을 위한 재적기간 및 수료연한을 정하는 것을 목적으로 한다.

제2조(재적기간과 수료연한)
① 재적기간은 입학 시부터 졸업 시까지의 기간으로 휴학기간을 포함한다.
② 졸업을 위한 수료연한은 4년으로 한다. 다만 다음 각 호의 경우에는 수료연한을 달리할 수 있다.
1. 외국인 유학생은 어학습득을 위하여 수료연한을 1년 연장하여 5년으로 할 수 있다.
2. 특별입학으로 입학한 학생은 2년차에 편입되며 수료연한 3년으로 한다. 다만 특별입학은 내국인에 한한다.
③ 수료와 동시에 졸업한다.

제3조(휴학)
① 휴학은 일반휴학과 해외 어학연수를 위한 휴학으로 구분한다.
② 일반휴학은 해당 학생의 수료연한의 2분의 1을 초과할 수 없으며, 6개월 단위로만 신청할 수 있다.
③ 해외 어학연수를 위한 휴학은 해당 학생의 수료연한의 2분의 1을 초과할 수 없으며, 1년 단위로만 신청할 수 있다.

상황

- A대학의 학생이 재적할 수 있는 최장기간은 (㉠)이다.
- A대학에 특별입학으로 입학한 학생이 일반휴학 없이 재적할 수 있는 최장기간은 (㉡)이다.

	㉠	㉡
①	9년	4년
②	9년 6개월	4년
③	9년 6개월	4년 6개월
④	10년	4년 6개월
⑤	10년	5년

09

22~23

다음 〈표〉는 어떤 문화센터의 강좌별 수강생 수와 수강료 등에 대한 자료이다

〈표 1〉 강좌별 수강료 및 수강생 수

(단위: 원, 명)

구분	강좌	수강료	실습비	수강생 수
인문학	A	100,000	없음	17
	B	70,000	20,000	23
취미	C	50,000	없음	10
	D	80,000	10,000	23
	E	90,000	( )	( )
스포츠	F	120,000	20,000	19
	G	100,000	20,000	13
예술	H	120,000	없음	( )
	I	170,000	( )	( )

※ 1) 실습비가 없는 강좌는 실습이 존재하지 않음.
2) 실습비는 만원, 2만원, 3만원 중 하나임.
3) 중복 수강은 없음.

〈표 2〉 실습비와 분야별 수강생 수 및 납입금액

(단위: 원, 명)

구분		수강생 수	수강료	실습비	납입금액
분야	인문학	40	3,310,000	460,000	3,770,000
	취미	( )	( )	( )	( )
	스포츠	32	3,580,000	640,000	4,220,000
	예술	9	( )	( )	1,500,000
합계		( )	11,240,000	1,660,000	12,900,000

문 22

E강좌를 수강하는 수강생 수는 몇 명인가?

① 6
② 7
③ 8
④ 9
⑤ 10

문 23

I강좌를 수강하는 수강생 수는 몇 명인가?

① 4
② 5
③ 6
④ 7
⑤ 8

24~25

아래의 제시 상황을 보고 이어지는 질문에 답하시오.

화장품회사 상품기획부에 근무하는 M은 신제품 출시를 앞두고 용기 제작을 위한 협력 업체를 결정한 후 원가를 책정하려고 한다.

상품 주문서

제작상품 : 크림(화장품) 용기

제품구성(용기 1개 제작 시 필요한 크기)

: 본체(30㎖)/ 뚜껑(1개)

제작수량 : 1000개

출고일정 : 2018년 4월 10일

제품 소재 종류		내구성	단가
본체	유리	상	1,000원/10㎖
	폴리프로필렌	중	850원/10㎖
	아크릴	중	780원/10㎖
뚜껑	유리	상	500원/개
	폴리프로필렌	중	300원/개
	아크릴	상	250원/개
	플라스틱	중	200원/개

공장	가	나	다	라
생산비용(원/개)	300	200	250	260
일일최대 제작수량(개)	540	400	450	500
본체 제작 가능컬러	투명 흰색 갈색	불투명 흰색 갈색	투명 흰색 갈색	투명 흰색 파란색

문 24

M은 아래 〈보기〉의 조건에 따라 제품의 소재를 최종 결정하기로 했다. 다음 중 M이 선택한 소재와 협력업체로 올바르게 짝지어진 것은?

보기

본체는 저렴한 소재를 우선으로 선택한다.

뚜껑은 각 소재의 단가가 100원 이상 차이 나지 않을 때에는 내구성이 강한 소재를 선택한다.

협력업체는 본체를 투명흰색과 갈색을 생산할 수 있되 일일 최대 제작수량이 100개 이상 차이나지 않는 이상 생산비용이 저렴한 업체를 선택한다.

	본체 소재	뚜껑 소재	협력업체
①	폴리프로필렌	폴리프로필렌	나
②	폴리프로필렌	플라스틱	나
③	아크릴	아크릴	나
④	아크릴	아크릴	다
⑤	아크릴	플라스틱	다

문 25

앞의 문제에서 결정한 소재와 협력업체를 통해 용기의 원가를 구하고자 한다. 제품 한 개당 용기는 원가는 얼마이며 소요일은 며칠인가?

① 2일, 1,280원
② 2일, 2,840원
③ 3일, 1,280원
④ 3일, 2,590원
⑤ 3일, 2,840원

10 코레일 4회 (25문항 30분)

의사소통능력

문 01

밑줄 친 부분의 문맥적 의미가 ㉠과 가장 가까운 것은?

> 선율 음형에는 단어 차원의 수사학에 근거한 음형인 '아나포라', 문장 차원의 수사학에 근거한 음형인 '영탄법', '멈춤' 등이 있다. 아나포라는 수사학에서의 두음(頭音) 반복의 원리를 음악에 적용하여 일정 구절의 앞부분을 반복하는 음형이다. 작곡가는 전달하려는 감정을 강조하기 위해 이 음형을 ㉠ <u>쓴다.</u> 영탄법은 느낌표로 표현된다는 점에 착안하여 두 음 사이의 도약을 통해 감탄을 표현한다. 멈춤은 음을 짧게 끊어 갑작스럽게 단절된 느낌을 주는 음형으로, 영탄법과 함께 격한 감정을 표현한다.

① 요즘 신경 <u>쓸</u> 일이 많다.
② 그 공식을 <u>쓰니</u> 문제가 풀렸다.
③ 악기를 사는 데 많은 돈을 <u>썼다.</u>
④ 억지를 <u>쓰는</u> 버릇을 고쳐야 한다.
⑤ 공사를 하게 되어 인부를 <u>써야</u> 한다.

문 02

문장쓰기 어법이 가장 옳은 것은?

① 한국 정부는 독도 영유권 문제에 대하여 일본에 강력히 항의하였다.
② 경쟁력 강화와 생산성의 향상을 위해 경영 혁신이 요구되어지고 있다.
③ 이것은 아직도 한국 사회가 무사안일주의를 벗어나지 못했다는 생각이 든다.
④ 냉정하게 전력을 평가해 봐도 한국이 자력으로 16강 티켓 가능성은 높은 편이다.

문 03

다음은 A씨가 작성한 공무국외출장 심의위원회 회의록이다. 이 회의록을 통해 알 수 있는 내용 중 잘못된 것은?

제8회 「공무국외출장 심의위원회」 회의록

개최 일시	2018.4.16.(월) 14:00~14:40	
심의 안건	1) UITP 전기안전 분과위원회 참가 2) 차량분야 SCM 및 정비시스템 고도화 선진기술 습득 3) 노동이사 해외선진사례 연구	
장소	본사 6층 인사부속실	
참석	재적위원 5명 - 위원장 : 인사처장 - 위　원 : 제2종합관제센터장 등 4명 인사처 부장, 회의록 기록자 각 1명	
출장 개요	출장 목적	1) UITP 메트로분야 전기안전 분과위원회 연구활동 참가 2) 차량분야 SCM 과제인 스마트 검수시스템 구축을 위한 유럽 철도에 적용 중인 첨단기술 벤치마킹 3) 해외 노동이사 우수사례 연구를 통한 '한국형 모델 발전' 모색
	출장 기간	1) '18.4.17.(화) ~ 4.21.(토) / 3박 5일 2) '18.4.22.(일) ~ 4.30.(월) / 7박 9일 3) '18.4.29.(일) ~ 5.9.(수) / 9박 11일
	출장지	1) 스페인(바르셀로나) 2) 이탈리아(로마), 스페인(마드리드), 독일(프랑크푸르트) 3) 독일(베를린), 스웨덴(스톡홀름), 프랑스(파리)
	대상자	1) 전기처 차장 등 2명 2) 군자차량사업소 부장 등 6명 3) 노동이사 1명
심의 결과	원안의결	

① 출장 중에 UITP 메트로분야 전기안전 분과위원회 연구활동 참가할 것이다.
② 이 회의에는 총 7명이 참석하였다.
③ 출장 일정 중 하나는 유럽의 철도청이나 철도 관련 기술청 방문일 것이다.
④ 출장 일정은 모두 4월 중이다.
⑤ 출장 대상자는 총 9명이다.

문 04

다음 글의 요지를 가장 잘 정리한 것은?

> 신문에 실려 있는 사진은 기사의 사실성을 더해 주는 보조 수단으로 활용된다. 어떤 사실을 사진 없이 글로만 전할 때와 사진을 곁들여 전하는 경우에 독자에 대한 기사의 설득력에는 큰 차이가 있다. 이 경우 사진은 분명 좋은 의미에서의 영향력을 발휘한 것에 해당할 것이다. 그러나 사진은 대상을 찍기 이전과 이후에 대해서 알려 주지 않는다. 어떤 과정을 거쳐 그 사진이 있게 됐는지, 그 사진 속에 어떤 속사정이 숨어 있는지에 대해서는 침묵한다. 분명히 한장의 사진에는 어떤 인과 관계가 있음에도 그것에 관해 자세히 설명해 주지 못한다. 이러한 서술성의 부족으로 인해 사진은 사람을 속이는 증거로 쓰이는 경우도 있다. 사기꾼들이 권력자나 얼굴이 잘 알려진 사람과 함께 사진을 찍어서, 자신이 그 사람과 특별한 관계가 있는 것처럼 보이게 하는 경우가 그 예이다.

① 사진은 신문 기사의 사실성을 강화시켜 주며 보도 대상의 이면에 대한 이해를 돕는다.
② 사진은 사실성의 강화라는 장점을 지니지만 서술성의 부족이라는 단점도 지닌다.
③ 사진은 신문 기사의 사실성을 더해 주는 보조 수단으로서 항상 좋은 의미에서의 영향력을 발휘한다.
④ 사진은 사실성이 높기 때문에 그 서술성의 부족에도 불구하고 사람을 속이는 증거로 잘못 쓰이는 경우가 있다.
⑤ 사진은 서술성이 부족하지만 객관적인 증거로서의 가치가 크다.

05～06

다음 글을 읽고 물음에 답하시오.

근대 이전의 조각은 고유한 미술 영역의 독립적인 작품으로서가 아니라 신전이나 사원, 왕궁과 같은 장소의 일부로서 존재했다. 중세 유럽의 성당 곳곳에 성서와 관련있는 각종 인물이 새겨지거나 조각상으로 놓였던 것, 왕궁 안에 왕이나 귀족의 인물상들이 놓였던 것이 그 예이다. 이러한 조각은 그것이 놓여 있는 장소의 성격에 따라 종교적인 분위기를 조성하거나 왕의 권력을 상징함으로써 사람들을 감화시키는 기능을 수행하였다.

조각이 장소와 긴밀한 관련성을 지니고 그 장소의 맥락과 의미를 강조하는 수단으로 활용되는 경향은 근대에 들어서면서 큰 변화를 맞이했다. 종교의 영향력 및 왕권이 약화되면서 관련 장소가 지녔던 권위도 퇴색하여, 그 장소에 놓인 조각에 부여되었던 종교적, 정치적 의미도 약해진 것이다. 또 특정 장소의 상징으로서의 조각이 원래의 장소에서 물리적으로 분리되어 기존의 맥락을 상실하는 경우도 생겨났다. 이러한 상황이 전시 및 교육을 목적으로 하는 박물관, 미술관 등 근대적 장소가 출현하는 상황과 맞물리면서 조각에 대한 새로운 관점이 부각되기 시작했다. 조각이 박물관이나 미술관에 놓이면서 미적 감상의 대상인 '작품'으로서의 성격이 강조된 것이다. 사람들은 조각을 예술적인 기법이나 양식 등 순수한 미적 현상이 구현된 독립적인 작품으로 감상하게 되었다.

이러한 경향은 19세기 이후 미술의 흐름 속에서 더욱 두드러졌고, 작품 외적 맥락에 구속되기보다는 작품 자체에서 의미의 완결을 추구하는 경우가 많아졌다. 그래서 작품 바깥의 대상을 지시하거나 재현하기보다는 감상자의 시선을 작품에만 집중시키는 단순하고 추상화된 작품들이 이 시기부터 많이 등장하였다. 이러한 작품들은 대개 미술 전시장의 전형적인 화이트 큐브, 즉 출입구 이외에는 사방이 막힌 실내 공간 안에서 받침대 위에 놓여 실제적인 장소나 현실로부터 분리된 느낌을 주었다.

이렇게 조각이 특정 장소로부터 독립해 가는 경향 속에서 미니멀리즘이 등장하였다. 미니멀리즘은 1960년대에 미국을 중심으로 발달한 예술 사조로, 작품의 의미가 예술가의 의도에 의해 결정되는 것을 최소화하고 꾸밈과 표현도 최소화하여 극단적으로 단순화된 기하학적 형태를 추구했다. 미니멀리즘 작가들은 가공하지 않은 있는 그대로의 산업 재료들을 사용하는 등의 방법으로 무의도성과 단순성을 구현했기 때문에, 그 결과물은 작품이라기보다는 사물로 인식되기도 하였다. 또한 미니멀리즘 조각은 감상자들이 걸어 다니는 바닥이나 전시실 벽면과 같은 곳에 받침대 없이 놓임으로써 감상자와 작품 간의 거리를 축소하고, 동선에 따라 개별적이고 다양한 경험과 의미형성이 가능하도록 하였다. 그 결과 미니멀리즘 조각은 단순성과 추상성을 특징으로 한다는 점에서 이전 시기의 추상 조각과 공통점을 지니면서도, 전시장이라는 실제 장소의 물리적 특성을 작품에 의도적으로 결부하여 활용했다는 점에서 차별성을 띠게 되었다. 이런 특징은 근대 이전의 조각이 장소의 특성에 종속되어 있었던 것과도 차별화된다.

이후 미술에서는 미니멀리즘을 통해 부각된 작품과 장소 간의 관련성을 새롭게 실현하려는 시도들이 이어져 왔다. 미니멀리즘 작품이 장소와의 관련성을 모색하고 구현한 것이기는 해도 미술관이라는 공간 내부에 제한된다는 점을 간파한 일부 예술가들은, 미술관 바깥의 도시나 자연을 작업의 장소이자 대상으로 삼아 장소와의 관련성을 다양한 방식으로 실현하려 하였다. 대지 미술은 이러한 시도 중 하나로, 대지의 표면에 형상을 디자인하고 자연 경관 속에 작품을 만들어 냄으로써 지역이나 환경 자체를 작품화하였다. 구체적인 장소의 특성을 작품 의미의 근원으로 삼는 이러한 작품들에서는 작품과 장소, 감상자간의 상호 작용을 통해 의미가 형성된다는 특징이 드러났다.

문 05

윗글의 논지 전개 방식으로 가장 적절한 것은?

① 논쟁이 벌어지게 된 배경을 다각도로 분석하고 있다.
② 통념에 대한 비판을 통해 특정 이론을 도출하고 있다.
③ 하나의 현상을 해석하는 대립적인 관점을 절충하고 있다.
④ 역사적 사건에 영향을 미친 요소를 구체적으로 나열하고 있다.
⑤ 논의의 대상이 변모해 온 양상을 시간적 순서로 설명하고 있다.

문 06

윗글의 내용과 일치하지 않는 것은?

① 대지 미술가들은 자연을 창작 작업의 장소이자 대상으로 삼았다.
② 화이트 큐브는 현실로부터 작품이 분리된 느낌을 완화해 주는 역할을 하였다.
③ 왕권이 약해짐에 따라 왕의 모습을 담은 인물상에 부여되는 상징적 의미가 변화되었다.
④ 19세기 이후의 추상 조각은 감상자의 시선을 작품 외적 맥락보다 작품 자체에 집중시키는 경향이 있었다.
⑤ 미니멀리즘 작가들은 가공하지 않은 산업 재료들을 사용하여 무의도성과 단순성을 구현하기도 하였다.

07～08

다음 글을 읽고 물음에 답하시오.

(가) 편견은 집단 간의 정상적인 관계를 저해하고 갈등을 조장하며 때로는 중대한 사회 문제를 야기하므로, 이를 타파하기 위한 여러 가지 연구들이 사회 심리학자들에 의해 행해져왔다. 특히 미국의 경우 인종 문제가 여전히 중요하므로, 이를 완화시키기 위한 조건 분석과 시책에 관한 실천적 연구들이 많이 행해지고 있다.

(나) 편견은 생득적인 것이 아니라 사회화 과정에서 습득된 것으로, 특히 유년기와 소년기에 학습하게 된 편견은 평생을 통해 좀처럼 해소되지 않는다. 따라서 편견을 타파하기 위한 근본적 치유책 중의 하나는 어린 시기부터 사회화 기구 특히 가족이 솔선해서 아동들에게 편견을 주입시키지 않고 교육하는 것이다. 뿐만 아니라 대중매체를 이용하여 편견을 완화시키고자 하는 방법도 시도되고 있다. 일반적으로 설득력에 있어 대중매체는 개인적 접촉보다는 효과가 미약하다. 하지만 인종 편견적 태도를 변화시키는 데 있어 영화가 강연의 효과보다 훨씬 더 영속성이 있다는 실증적 연구 결과가 발표되었다.

(다) 편견을 줄이는 또 하나의 중요한 방법으로 타 집단 성원과의 접촉을 들 수 있다. 접촉가설에 의하면 상이한 집단들 간의 접촉은 집단 상호간에 보다 긍정적인 태도를 유발하는 것으로 알려져 있다. 이질적인 집단 성원들과의 접촉은 편견을 지닌 사람들로 하여금 고정 관념에 의한 판단이 잘못된 것이라는 것을 가르쳐 주는 기회를 제공할 뿐만 아니라, 상이한 자극 대상과의 익숙함은 자극 대상에 대해 보다 우호적인 태도를 낳는다는 것이다.

(라) 이처럼 편견을 실질적으로 감소시키기 위해서는 특별한 노력이 경주되어야 한다. 그런데 이런 노력이 모든 상황에서 원만하게 실현되기는 그리 쉬운 일이 아니다. 따라서 법률 제정과 같은 보다 적극적인 조치가 필요하다. 현재 많은 나라들에서 인종, 성, 종교, 나이, 그리고 그 외의 다른 요인들을 이유로 차별하는 것에 대해 반대하는 법률을 입법화하는 것도 이와 같은 배경 때문이다.

(마) 차별을 비합법적인 것으로 규정하면 소수 집단 성원들의 삶에 있어 편견의 영향력을 감소시킬 수 있다. 이를테면 소수 집단에 대해 기회를 제공하는 것을 거부하는 행위, 심리적 또는 신체적으로 유해한 영향력을 미치거나 그들의 목표 달성을 방해하는 행위 등이 억제될 수 있다. 물론 차별에 반대하는 입법화가 차별 그 자체를 근절시킬 수는 없다. 하지만 차별 행위의 빈도와 가혹함을 감소시킬 수 있다는 점에서는 의미가 있다.

(바) 뿐만 아니라 법률 제정은 사회 규범을 재수립하는 데 도움을 준다. 다시 말해서 법의 제정은 어떤 종류의 행동이 사회적으로 수용되며 또 어떤 종류의 행동이 수용되지 않는지를 규정해 주는 역할을 한다. 편견을 지닌 개인의 차별적 행동이 규범에 위반된다는 것을 인식하고 믿는다면, 개인들은 쉽사리 그러한 행동을 자행하기 어렵다.

(사) 법에 동조함으로써 차별 행위가 일어나지 않도록 하는 것은 결과적으로 편견 없는 태도를 내면화하도록 하는 데도 영향을 미친다. 차별을 하지 않는 행위가 하나의 습성처럼 일상적이 된다면 법의 제재는 약해지게 될 것이며, 결과적으로 사람들은 자의적으로 차별 행위를 피하게 된다. 따라서 편견 없는 태도를 내면화시키기 위해서는 차별 행위에 대한 법적 제재가 어느 정도는 필요하다.

문 07

위 글을 내용상 세 부분으로 나눈 것으로 가장 적절한 것은?

① (가), (나)(다), (라)(마)(바)(사)
② (가)(나), (다)(라), (마)(바)(사)
③ (가), (나)(다)(라), (마)(바)(사)
④ (가)(나), (다)(라)(마), (바)(사)
⑤ (가)(나)(다)(라), (마)(바), (사)

문 08

위 글에서 언급한 법의 기능으로 볼 수 없는 것은?

① 법은 무엇이 옳고 그른 행위인지 그 기준을 제시해 준다.
② 법은 사회적 규범을 구성원들이 생활 속에 습관화하는 데 기여한다.
③ 법은 문제적 행위의 제재를 통해 사회 질서를 유지하는 데 도움을 준다.
④ 법은 개인이 입은 손해나 피해를 규정에 따라 구제해 주는 역할을 한다
⑤ 법은 사회 규범을 재수립하는 데 도움을 준다.

수리능력

문 09

A공사는 2019년 신입사원 공채를 실시하였다. 2019년 선발된 여자 신입사원의 수는 얼마인가?

- 2018년도에는 신입사원을 총 425명 선발하였다.
- 2019년 신입사원 중 남자 신입사원은 12% 증가하였고, 여자 신입사원은 8% 증가하였다.
- 2019년 신입사원은 전년대비 42명이 증가하였다.

① 220　② 228
③ 235　④ 243
⑤ 257

문 10

A공사 해외구매팀에 근무 중인 민 차장은 아래와 같이 해외출장을 가려고 한다. 아래의 계획대로 차질 없이 도착한다면 민 차장이 도착한 현지 시각은 언제인가?

- 민 차장은 인천 공항에서 한국시간 오후 4시 45분에 출발하는 비행기를 예약하였다.
- 민 차장이 예약한 비행기는 경유지를 통하는데, 경유지의 시간는 한국보다 3시간 빠르고 출장지는 경유지 보다 5시간이 느리다.
- 첫 번째 비행은 4시간 45분이 소요되며, 경유지에서는 2시간 25분을 대기한다.
- 두 번째 비행은 8시간 50분이 소요된다.

① 오전 6시　② 오전 6시 45분
③ 오전 7시　④ 오후 7시
⑤ 오후 6시 45분

문 11

최 사원은 부서장회의에 필요한 다과 준비를 하였다. 아래와 같은 내용으로 주문을 할 때 음료수 한 박스의 가격은 얼마인가?

- 부서장 회의는 총 60명이 참석한다.(여분으로 10명의 분량을 추가로 준비한다.)
- 회의 참석인원 1인당 생수 2병과 음료 1병, 과자 3개를 준비한다.
- 생수는 1병에 500원, 과자는 한 개에 600원이다.
- 과일 및 커피는 총 34,000원을 주고 구매하였다.
- 전체 다과비용은 총 30만원이 들었다.
- 음료수는 한 박스에 10병이 들어있다.

① 800원
② 1,000원
③ 5,500원
④ 10,000원
⑤ 38,000원

문 12

다음은 청년들의 주택 점유형태를 나타내는 자료이다. 자료에 대한 이해로 옳지 않은 것은?

〈표〉 가구주 연령대별 주택유형별 점유 형태

(단위: %)

연령대	자가	임대차			기타	계
		전세	보증금 있는 월세	보증금 없는 월세		
20~29세	17.1	25.2	46.9	10.1	0.7	100
30~39세	32.6	30.2	27.8	7.9	1.5	100
40~49세	40.9	28.1	25.8	3.1	2.1	100
50세 이상	50.8	23.9	14.2	6.3	4.8	100

① 20~29세 가구주를 제외하면, 모든 연령대에서 보증금 없는 월세 비율은 기타 비율보다 높다.
② 20~29세 가구주의 약 57%가 월세 형태로 거주하고 있으며 자가 비율은 17.1%이다.
③ 연령대가 높아질수록 가구주의 자가 비율이 높아지고, 월세 비율은 낮아진다.
④ 30~39세 가구주의 경우, 20~29세에 비해 자가 비율이 높고 임대차는 전체의 65.9%를 차지하며 월세는 전체의 35.7%를 차지한다.
⑤ 20세 이상 가구주의 자가 비율은 약 35.3%이며, 40대 이상의 자가 비율은 약 45.9%로 40세 미만의 자가 비율보다 높다.

10

문 13

다음 〈표〉는 2013년 '갑'국의 수도권 집중 현황에 관한 자료이다. 아래 표에 대한 해석으로 옳지 않은 것은?

〈표〉 수도권 집중 현황

구분		전국(A)	수도권(B)	수도권 비중 $(\frac{B}{A} \times 100)$
인구 및 주택	인구(천 명)	50,034	24,472	
	주택 수(천 호)	17,672	8,173	
산업	지역 총 생산액(십억 원)	856,192	408,592	
	제조업체 수(개)	119,181	67,799	
	서비스업체 수(개)	765,817	370,015	
금융	금융예금액(십억 원)	592,721	407,361	
	금융대출액(십억 원)	699,430	469,374	
기능	4년제 대학 수(개)	175	68	
	공공기관 수(개)	409	345	
	의료기관 수(개)	54,728	26,999	

※ 수도권 비중은 소수점 둘째 자리에서 반올림한다

① 금융예금액과 금융대출액, 공공기관 수의 수도권 비중은 각각 70%이상이다.
② 제조업체수의 수도권 비중은 56.9%이다.
③ 금융대출액은 전국과 수도권 모두 금융예금액보다 많았다.
④ 수도권 비중은 인구가 주택수보다 높았다.
⑤ 산업에서는 제조업체 수의 수도권 비중이 가장 높고, 기능에서는 4년제 대학수의 수도권 비중이 가장 낮다.

문 14

다음 〈그림〉은 불법광고물의 1인당 1일 수신 횟수에 관한 자료이다. 아래 대한 설명으로 옳지 않은 것은?

〈그림〉 불법광고물 1일 수신 횟수

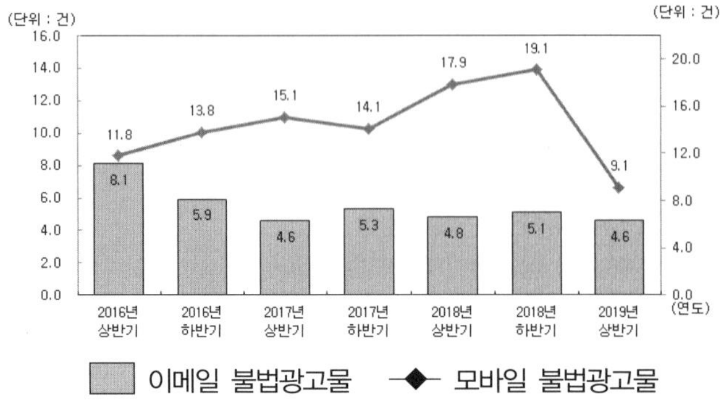

① 이메일 불법광고물 수신횟수가 전년 동기에 비해 가장 크게 감소한 기간은 2017년 상반기로 45% 이상 감소하였다.
② 모바일 불법광고물 수신횟수가 전년 동기에 비해 가장 크게 감소한 기간은 2019년 상반기로 45% 이상 감소하였다.
③ 2018년 하반기에는 6개월 동안 1인당 900통 이상의 이메일 불법광고물을 받았을 것이다.
④ 2017년 하반기에 직전조사년도 대비 이메일 불법광고물 수신횟수가 14% 이상 증가하였다.
⑤ 2018년 하반기 모바일 불법광고물 수신횟수는 2019년 상반기의 모바일 불법광고물 수신횟수의 두 배 이상이다.

15~16

다음 자료를 보고 질문에 답하시오.

〈표 1〉 규칙적 체육활동 참여율

(단위: %)

구분	2013년	2014년	2015년	2016년	2017년	2018년
주 1회 이상	50.3	43.3	52.4	53.7	57.9	58.8
주 2회 이상	35.0	43.6	45.3	49.3	48.3	52.4

* 규칙적 체육활동 참여율: 15세 이상 남녀 중 주 1회 이상(1회당 30분 이상) 운동에 참여하는 비율

〈표 2〉 주 2회 이상 규칙적 체육활동 참여율

(단위: %)

구분		2013년	2014년	2015년	2016년	2017년	2018년
성별	남성	35.1	43.2	44.1	49.2	45.6	48.7
	여성	34.9	43.9	46.6	49.3	50.8	56.1
연령별	10대	27.4	38.9	36.2	45.9	45.3	44.3
	20대	30.3	47.2	46.0	46.9	46.5	52.6
	30대	32.1	40.3	42.3	46.8	51.1	52.8
	40대	38.5	44.3	48.3	50.7	47.8	52.2
	50대	41.4	45.9	47.9	51.0	47.2	53.2
	60대	39.8	48.1	51.0	54.2	52.1	54.9
	70대 이상	37.1	39.4	44.6	49.5	48.8	55.7

문 15

다음 중 자료에 대한 설명으로 옳지 않은 것은?

① 2015년도 주 2회 이상 규칙적 체육활동 참여율이 세번째로 높은 연령은 50대이고, 2013년에는 20대가 두 번째로 낮다.

② 2016년에 주 1회 이상 규칙적 체육활동 참여율은 전년 대비 2% 이상 증가하였다.

③ 2017년 주 2회 이상 규칙적인 체육활동을 하는 60대의 비율은 2013년에 비해 35% 이상 증가하였다.

④ 2013~2018년도 중 주 2회 이상 규칙적인 체육활동을 하는 인구의 비율이 전년 대비 가장 큰 폭으로 증가한 해는 2014년이다.

⑤ 2015년 이후 매년 15세 이상 남녀의 절반 이상이 주 1회 이상(1회당 30분 이상) 운동에 참여하였다.

문 16

2018년 총 조사 대상 인원수가 12,000명이다. 성비가 1 : 1일 때, 주 2회 이상 규칙적인 체육활동에 참여한 여성의 수는?

① 2,957명
② 3,183명
③ 3,366명
④ 3,562명
⑤ 3,768명

문 17

다음 자료에 대한 설명으로 옳지 않은 것은?

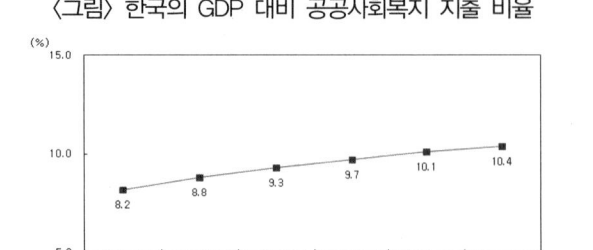

〈그림〉 한국의 GDP 대비 공공사회복지 지출 비율

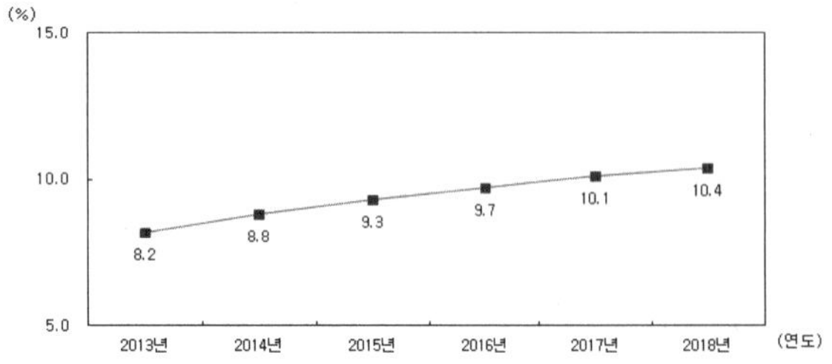

〈표〉 유럽 주요국의 GDP 대비 공공사회복지 지출 비율

(단위: %)

구분	2013년	2014년	2015년	2016년	2017년	2018년
오스트리아	26.8	27.2	27.6	27.9	28.0	27.8
벨기에	28.7	29.0	29.3	29.2	29.2	29.0
체코	19.8	20.0	20.3	19.9	19.5	19.4
덴마크	28.9	28.9	29.0	29.0	28.8	28.7
에스토니아	16.3	15.9	15.9	16.0	17.0	17.4
핀란드	27.1	28.4	29.5	30.2	30.6	30.8
프랑스	30.5	31.0	31.5	31.9	31.7	31.5
독일	24.7	24.6	24.8	24.9	25.0	25.3
그리스	27.9	28.0	26.0	26.1	26.4	27.0
헝가리	22.2	22.5	22.1	21.4	20.7	20.6

※ 1) GDP 대비 공공사회복지 지출 비율

$$= \frac{\text{해당국가의 공공사회복지 지출액}}{\text{해당국가의 당해년도 } GDP}$$

① 2015년 체코와 한국의 GDP가 동일하다면, 공공사회복지 지출액은 체코가 한국의 2배 이상이다.

② 2013년 ~ 2018년 동안 유럽 주요국가들의 GDP 대비 공공사회복지 지출 비율의 전년대비 변화량은 각각 2.1%p 이하이다.

③ 2017년 독일의 GDP가 핀란드보다 3.5배라고 하면, 공공사회복지 지출액은 독일이 핀란드의 3배 이상이다.

④ 한국의 GDP 대비 공공사회복지 지출 비율은 유럽주요국에 비해 낮은 편이지만, GDP를 알 수 없기 때문에, 공공사회복지 지출액은 알 수 없다.

⑤ 2018년 덴마크의 GDP가 벨기에보다 5.7배라고 하면, 공공사회복지 지출액은 덴마크가 벨기에의 5배 이상이다.

문제해결능력

문 18

A는 영업팀, B는 총무팀, C는 인사팀, D는 생산팀에 근무하고 있다. 이 중 한 팀의 팀장이 바뀌었다. 아래 진술 중 1명은 진실을, 나머지 3명은 거짓말을 말하고 있다면 이때 진실을 말한 직원과 팀장이 바뀐 팀의 직원을 차례로 나열한 것은?

- A : 영업팀은 팀장이 바뀌지 않았습니다.
- B : 생산팀은 팀장이 바뀌었습니다.
- C : 인사팀은 팀장님이 바뀔 수 없습니다.
- D : 영업팀의 팀장님이 바뀐 거 같습니다.

① 직원 A, A
② 직원 A, C
③ 직원 B, C
④ 직원 D, A
⑤ 직원 D, C

문 19

땡땡 영화제작사는 빠꼼이 감독의 신작 '대박기차'와 관련하여 직원들에게 업무를 배정하려 한다. 제시된 명제가 모두 참이라고 할 때, 다음 중 항상 참인 것은?

- 영화에 맞는 배우들을 캐스팅하는 직원은 영화 촬영장비 준비를 하지 않는다.
- 영화 홍보를 담당하는 직원은 영화 투자자 관련 업무에도 참여한다.
- 영화 투자자 관련 업무에 참여하는 직원은 배우들을 캐스팅하는 과정에 참여하지 않는다.
- 영화 투자자 관련 업무에 참여하는 직원은 영화 촬영장비 준비를 하지 않는다.

① A 직원이 영화 촬영장비 준비하지 않는다면 영화 투자자 관련 업무에 참여한다.
② B 직원이 영화 촬영장비 준비하지 않는다면 영화에 맞는 배우들을 캐스팅한다.
③ C 직원이 영화 홍보를 담당한다면 회의 중 영화 촬영장비 준비하지 않는다.
④ D 직원이 영화에 맞는 배우들을 캐스팅한다면 영화 홍보를 담당한다.
⑤ E 직원이 영화 촬영장비 준비하지 않는다면 영화 홍보를 담당하지 않는다.

문 20

A, B, C, D, E는 편의점, 서점, 커피숍 중 한 가게에서 일한다. 세 가게는 한 건물의 1층과 2층에 배치되어 있는데 한 층에 최대 두 개의 가게가 위치할 수 있어서 세 가게 모두 같은 층에 있을 수 없다. 아래 5명의 진술 중에서 2명의 진술은 참이고 3명의 진술이 거짓이라고 할 때, 〈보기〉에서 참인 진술을 모두 고른 것은?

- A : 편의점는 1층에 있다.
- B : 서점는 1층에 있지 않다.
- C : 커피숍는 2층에 있다.
- D : 나는 1층에서 일한다.
- E : 나는 1층에서 일하지 않는다.

보기

가. 서점와 커피숍가 같은 층에 있다면, E는 편의점에서 일한다.
나. 편의점이 1층에 있다면, D와 E가 같은 가게에서 일하는 경우가 있다.
다. 2층에 두 가게가 위치한다면 D와 E는 같은 층에서 일한다.

① 가 ② 나 ③ 다 ④ 가, 나 ⑤ 가, 다

10

문 21

다음 〈복약설명서〉에 따라 甲이 두 약을 복용할 때 옳은 것은?

복약설명서

1. 약품명 : 가나다정
2. 복용법 및 주의사항
   - 식전 15분에 복용하는 것이 가장 좋으나 식전30분부터 식사 직전까지 복용이 가능합니다.
   - 식사를 거르게 될 경우에 복용을 거릅니다.
   - 식이요법과 운동요법을 계속하고, 정기적으로 혈당(혈액 속에 섞여있는 당분)을 측정해야합니다.
   - 야뇨(夜尿)를 피하기 위해 최종 복용시간은 오후 6시까지로 합니다.
   - 저혈당을 예방하기 위해 사탕 등 혈당을 상승시킬 수 있는 것을 가지고 다닙니다.

1. 약품명 : ABC정
2. 복용법 및 주의사항
   - 매 식사 도중 또는 식사직후에 복용합니다.
   - 복용을 잊은 경우 식사 후 1시간 이내에 생각이 났다면 즉시 약을 복용하도록 합니다. 식사 후 1시간이 초과되었다면 다음 식사에 다음 번 분량만을 복용합니다.
   - 씹지 말고 그대로 삼켜서 복용합니다.
   - 정기적인 혈액검사를 통해서 혈중 칼슘, 인의 농도를 확인해야 합니다.

① 식사를 거르게 될 경우 가나다정만 복용한다.
② 두 약을 복용하는 기간 동안 정기적으로 혈액검사를 할 필요는 없다.
③ 저녁식사 전 가나다정을 복용하려면 저녁식사는 늦어도 오후 6시 30분에는 시작해야 한다.
④ ABC정은 식사 중에 다른 음식과 함께 씹어 복용할 수 있다.
⑤ 식사를 30분 동안 한다고 할 때, 두 약의 복용시간은 최대 1시간 30분 차이가 날 수 있다.

22~23

다음 자료를 읽고 질문에 답하시오.

회의록			
회의명	신제품 브랜드 화장품 로고 개발 프로젝트(1차)		
일시	2019년 7월 20일	장소	대회의실
첨부자료	기존제품 로고 이미지의 소비자 분석자료, 신제품의 샘플과 특성 자료		
참석대상자 명단	화장품 기획팀: A 사원, B 대리 / 디자인팀: C 과장, D 대리, E 사원 마케팅팀: F 팀장(출장으로 불참), G 사원		
회의 내용	1. 목적: 새로 출시하는 화장품 로고의 기존 제품과의 차별화 • 기존 로고 분석 및 소비자 반응 자료 참고 • 새로 개발한 화장품의 특성에 적절한 로고 키워드 제시 • 디자인 용역 외주 예산 확보를 위한 예산안 작성 2. 프로젝트 기간: 2019년 7월 1일~10월 30일 3. 신규 로고의 필요성과 신규 제품 로고의 방향성 • 기존 로고의 특징 : 30년 전통의 로고라는 점에서 기존 소비자층의 인지도가 높음. • 신규 로고의 필요성: 기존 제품과 완전히 차별화된 신규 제품 출시로 인하여 기존 로고의 이미지와 전혀 다른 이미지의 로고가 필요함 • 새로 개발한 화장품은 사용빈도가 높고 휴대가 용이함 • 로고 디자인의 방향성은 항상 붙어 다니는 친근한 이미지와 나에게 실용적인 도움을 주는 센스 있는 친구의 느낌을 강조 4. 각 부서 업무 분담 사항 • 화장품 기획팀은 다음 회의(2차)까지 외주업체에 제공할 신제품 특징 상세 정리 및 키워드 정리 • 디자인팀이 외부 디자인 업체 후보를 추리면 다음 회의(2차)에서 결정 • 디자인팀이 전담하여 신규 로고 제작을 외주하고 최종 회의(3차)까지 신규 로고 후보를 3개까지 제출받을 것 • 이를 바탕으로 향후 최종회의(3차)에서 참석자들의 합의하에 최종 로고 선정 • 디자인 외주 용역 예산안은 마케팅팀이 담당하며 2차 회의에서 보고 • 신규 로고 홍보 방안: 최종 로고를 선정하는 최종 회의(3차)는 홍보팀의 참석을 요청할 것 5. 다음 회의 일정: 2019년 8월 10일(2차) / 3차 회의는 미정		

문 22

F 팀장은 회의 참석대상자 명단에 있었으나 출장으로 인해 회의에 참석하지 못하였다. 이후 회의록을 보고 내용을 파악하고자 한다. 다음 중 회의 내용을 적절하게 파악한 내용으로 묶인 것은?

(ㄱ) 기존과 차별화되는 신규 화장품을 위해 로고를 교체해야 한다. (ㄴ) 다음 회의(2019.8.10.)에서는 기획팀이 예산안 보고를 한다. (ㄷ) 다음 회의(2019.8.10.)에서 회의 참석자들에 의해 신규 로고 후보 3개 안이 결정된다. (ㄹ) 최종 회의에는 총 4개 팀이 참여한다.

① (ㄱ), (ㄴ)
② (ㄱ), (ㄴ)
③ (ㄴ), (ㄹ)
④ (ㄱ), (ㄹ)
⑤ (ㄱ), (ㄷ), (ㄹ)

문 23

제시된 회의록을 바탕으로 할 때, 이후 각 사원들이 해야 할 업무로 적절한 것은?

① B 대리 : 기존 로고의 높은 소비자 인지도를 고려하여 기존 제품들의 특징을 잘 정리하여 키워드화 하겠어.
② C 과장 : 외부 디자인 업체에 외주를 주기 위해 예산을 미리 확보해야 하니까 예산안을 준비해야겠다.
③ D 대리 : 다음 회의까지 일정이 빠듯하니 바로 로고 제작이 가능한 외부 디자인 업체를 찾아야 해.
④ E 사원 : 외부 디자인 업체가 더 좋은 제안을 할 수 있도록 신규 제품의 차별화된 특징을 정확히 이해할 수 있도록 정리하겠어.
⑤ G 사원 : 외부 디자인 업체가 지정되면 최종 회의까지 신규 로고 후보를 3개를 제출받을 수 있도록 업체 직원에게 일정에 대해 강조 해야겠어.

24~25

코레일에 다니는 한과장은 업무상 제주도로 출장을 간다. 아래의 〈표〉에 따라 물음에 답하시오.

〈표 1〉 출장현황

출장지(제주도) 도착시간	출장지(제주도) 출발시간
2월 4일 12시 30분	2월 5일 18시 00분

※ 1) 출장지(제주도) 도착시간 1시간 후 공항을 나올 수 있으며, 출장지(제주도)에서 출발 시에는 탑승 수속을 위해 1시간 전에 공항에 도착한다.
2) 공항과 렌트카 업체간 셔틀버스 이용시간은 30분이 걸린다.

〈표 2〉 차량별 대여요금 및 초과요금

(단위: 원)

구분	1일당 대여요금 (24시간)	초과요금		
		1시간 이하	1시간 초과 4시간 이하	4시간 초과 8시간 이하
가	68,000	10,600	32,500	58,000
나	72,800	11,000	35,000	62,000
다	74,000	11,500	35,800	63,000
라	74,000	11,500	37,200	64,000
마	82,400	12,300	43,800	69,900

※ 8시간을 초과하는 경우에는 1일 요금을 부과한다

〈표 3〉차량별 연비 및 유류비 단가

(단위: 원)

차량	유종	유가	연비
가	휘발유	1,750원/L	12.0km/L
나	LPG	960원/L	8.0km/L
다	경유	1,270원/L	10.0km/L
라	경유	1,270원/L	12.5km/L
마	휘발유	1,750원/L	15.0km/L

문 24

한과장이 '가'차량을 대여한다고 하면 차량대여가격은 얼마인가?

① 98,500원
② 100,600원
③ 100,500원
④ 101,600원
⑤ 110,000원

문 25

출장 기간 동안 한과장은 300km를 이동하려고 한다. 대여비와 유류비를 고려하여 가장 저렴한 차량을 대여하려고 한다면 어느 차량을 선택해야 하는가?

① 가
② 나
③ 다
④ 라
⑤ 마

여기에 필기하세요~^^

11 수자원공사 1회 (40문항 40분)

문제해결능력

문 01

다음 명제의 결론으로 적절한 것을 고르시오.

- 제시는 영어를 잘한다.
- A대학 학생은 열정이 높지 않다.
- 영어를 잘하면 열정이 높다.

① 제시는 열정이 높지 않다.
② 제시는 A대학 학생이 아니다.
③ A대학 학생은 영어를 잘한다.
④ A대학 학생이 아니면 영어를 잘하지 않는다.

문 02

다음 조건을 읽고 옳은 결론을 고르시오.

- 왼쪽 방에 들어가면 하얀 인형이 있다.
- 오른쪽 방에 들어가면 불이 켜지지 않는다.
- 오른쪽 방 또는 왼쪽 방으로 들어간다.
- 들어간 방은 불이 켜져 있다.

① 오른쪽 방으로 들어간다.
② 방에 하얀 인형이 있다.
③ 왼쪽 방은 들어가지 않는다.
④ 불이 켜진 방은 하얀 인형이 없다.

문 03

다음 네 사람은 시험 합격에 대하여 이야기하고 있다. 그 중 한명은 진실을 이야기하고 나머지는 거짓말을 이야기한다. 네 명 중 한명이 합격했을 때 합격한 사람은 누구인가?

A : 나는 합격했다.
B : C는 합격했다.
C : A는 거짓말을 했다.
D : 나는 불합격했다.

① A ② B
③ C ④ D

문 04

A부터 F까지 여섯 명이 차례로 약속장소에 도착했다. 다음 조건을 읽고 마지막으로 도착한 사람을 고르시오.

- A는 B보다 늦게 도착했다.
- E와 F는 연속으로 도착하지는 않았다.
- C는 네 번째로 도착했다.
- A와 E 사이에는 한명이 있다.
- F는 마지막으로 도착하지 않았다.

① A ② B
③ D ④ E

문 05

다섯 개의 섬 A, B, C, D, E의 5개 다리를 연결 하려고 한다. 여기서 A와 B가 연결되고, B와 C가 연결되면 A와 C도 연결된 것으로 간주한다. 표는 두 섬을 직접 연결하는 데 드는 비용을 나타낸 것이다. A, B, C, D, E를 모두 연결하는 데 드는 최소 비용은?

(단원 : 억 원)

	A	B	C	D	E
A		10	8	7	9
B	10		5	7	8
C	8	5		4	6
D	7	7	4		4
E	9	8	6	4	

① 19억 원 ② 20억 원 ③ 21억 원 ④ 22억 원

문 06

다음을 토대로 A의 메인 메뉴를 고르시오.

기숙사 식당에서 A, B, C, D는 메인 메뉴와 서브메뉴를 각각 한 개씩 골라 담는다.
- ㅇ 메인메뉴는 스테이크, 파스타, 치킨, 피자 중 하나이다.
- ㅇ 서브메뉴는 스프, 파절이, 치즈, 피망 중 하나이다.
- ㅇ 메인 메뉴와 서브메뉴의 첫 글자는 같을 수 없다.
- ㅇ B의 메인 메뉴는 치킨이다.
- ㅇ D의 서브 메뉴는 피망이다.
- ㅇ C의 메인메뉴는 메인메뉴가 파스타인 사람의 서브메뉴와 첫 글자가 같다.

① 스테이크 ② 파스타
③ 치킨 ④ 피자

11

07 ~ 08

공공하수처리시설 운영관리 실태 분석 결과이다. 물음에 답하시오.

공공하수처리시설 운영관리 실태 분석

Ⅰ 하수처리시설 현황

□ 총 괄

○ '08년말 기준으로, 전국의 가동 중인 공공하수처리시설은 총 403개소(시설규모 500㎥/일 이상)임

〈시도별 공공하수처리시설 현황〉

시도	서울	부산	대구	인천	광주	대전	울산	경기
시설수	4	11	6	9	2	2	5	88
시도	강원	충북	충남	전북	전남	경북	경남	제주
시설수	32	28	37	40	44	41	46	8

□ 규모별 현황

○ 시설용량별 시설수는 다양하나, 1만톤/일 미만이 다수(228개, 56.6%)

〈시설용량별 공공하수처리시설 현황〉

구분	계	1천톤/일 미만	1 ~ 5 미만	5 ~ 10 미만	10 ~ 50 미만	50 ~ 100 미만	100 ~ 500 미만	500 이상
시설수(개소) (비율, %)	403 (100)	58 (14.4)	112 (27.8)	58 (14.4)	96 (23.8)	29 (7.2)	36 (8.9)	14 (3.5)
용량(천톤/일) (비율, %)	24,430 (100)	38 (0.2)	278 (1.1)	390 (1.6)	2,186 (8.9)	1,940 (7.9)	7,469 (30.6)	12,129 (49.7)

□ 처리공법별 현황

○ 고도처리공법(A2O, SBR 등)이 적용된 시설은 309개소로서 77%임

○ 전통적 공법(표준활성오니, 장기포기 등)은 23%인 94개에 불과하나, 시설확충·개선을 통해 고도처리공법으로 전환 추세

Ⅱ 운영관리실태 조사개요

□ 목 적

○ 지자체가 설치·운영하는 공공하수처리시설의 '08년도 운영관리실태 조사·분석을 통해 운영관리의 적정성과 효율성을 도모

□ 근 거

○ 하수도법시행령 제15조제1항(공공하수도의 유지관리기준 등)

○ 공공하수도시설 운영·관리 업무지침('09.4)

□ 조사·분석 대상

○ '08년말 기준, 시설규모 500㎥/일 이상의 가동시설 총 403개 중에서 6개월 이상 가동 시설 392개(시설용량 24,279천톤/일)

〈조사·분석 대상시설 현황〉

시도	서울	부산	대구	인천	광주	대전	울산	경기
시설수(개소)	4	11	6	8	2	2	5	88
용량(천톤/일)	5,810	2,082	1,862	812	720	901	592	5,260
시도	강원	충북	충남	전북	전남	경북	경남	제주
시설수(개소)	31	28	37	37	43	38	44	8
용량(천톤/일)	608	555	557	966	651	1,303	1,403	197

□ 조사·분석 방법 및 내용

○ 지자체가 제출한 운영결과 조사표를 토대로 내용을 조사·분석

○ 하수처리량, 유입수 및 방류수의 수질, 운영관리비, 하수슬러지 처리, 처리수 재이용, 위탁운영 등 운영관리 전반

문 07

이 자료에서 설명하는 하수처리시설에 대한 설명으로 옳은 것을 고르시오.

① 경기의 시설규모 500㎥/일 이상이며 가동 중인 공공하수처리시설은 총 403개소이다.

② 서울의 하수처리시설수가 전남의 하수처리시설수보다 4배 이상 더 많다.

③ 10만톤/일 이상은 50개(12.4%)에 불과하나, 시설용량(19,598천톤)은 80.3%를 차지한다.

④ 하루에 5 ~ 10 천톤 미만 용량을 처리할 수 있는 하수처리 시설은 총 58개로 15%가 넘는다.

⑤ 전통적 공법은 77%이지만 최근에 고도처리공법으로 전환 추세이다.

문 08

하수처리시설 및 조사·분석 대상에 대한 설명으로 가장 거리가 먼 것을 고르시오.

① 6개월 이상 가동한 392개의 하수처리시설이 조사·분석 대상이다.

② 강원, 전북, 전남, 경남을 제외한 시도에는 6개월 미만 가동한 하수처리 시설이 없다.

③ 조사·분석 대상 시설 중 용량은 서울이 가장 크며 제주가 가장 작다.

④ 조사·분석 대상 시설 중 부산의 용량은 전남의 용량보다 3배 이상 크다.

⑤ 조사·분석 대상은 전체 하수처리시설 중 11개가 빠졌다.

09～10

다음은 B사의 A/S서비스에 관한 규정이다.

서비스요금은 부품비, 출장비의 합계액으로 구성되며 각 요금의 결정은 다음과 같습니다.

*부품비
수리 시 부품 교체를 할 경우 소요되는 부품가격을 말합니다.부품비는 부가세 10 %가 포함된 가격입니다.

NO	부품번호	소비자가		모델명
		신품	재생품	
1	GH82-08478	26,000	13,000	SM-B510K
2	GH82-09085	160,000	80,000	SM-T805K
3	GH82-09476	81,000	41,000	SM-A700K
4	GH82-08445	26,000	13,000	SM-B510S
5	GH82-08493	38,000	19,000	SM-B510S
6	GH82-14334	311,000	155,500	SM-G955N
7	GH82-11067	57,000	29,000	SM-J700K
8	GH82-11147	86,000	43,000	SM-A510K
9	GH82-11898	66,000	33,000	SM-J510K
10	GH82-11292	270,000	135,000	SM-N920K
11	GH82-11291	270,000	135,000	SM-N920S
12	GH82-07667	157,000	79,000	SM-N900K

*출장비
출장비는 출장수리를 요구하는 경우 적용되며 18,000원을 청구합니다.단, 평일 18시 이후, 휴일(토/일/공휴일/대체휴무일) 방문 시 출장비는 22,000원을 청구합니다.

문 09

C사의 SM-A510K 모델의 부품이 고장이 났다. 현재 충분한 예산이 없어 최소한의 비용으로 부품을 교체하고자 할 때 필요한 부품번호와 부품의 비용은 얼마인가?

① GH82-08445, 13,000원
② GH82-11147, 86,000원
③ GH82-08493, 38,000원
④ GH82-11147, 43,000원
⑤ GH82-09085, 80,000원

11

문 10

총무팀의 다음 대화에서 추론할 수 있는 필요한 총비용은 얼마인가?

A사원 : 과장님, SM-N920K과 SM-B510S이 제대로 작동하지 않아서 수리를 해야 할 것 같습니다.
B과장 : SM-B510S는 어떤 부품이 문제인가요?
A사원 : 두가지 부품 모두 문제가 있는 것 같습니다.
B과장 : 그럼 SM-N920K는 신품으로, SM-B510S는 모두 재생품으로 교체하도록 하세요. 최대한 빨리 처리해주세요.
A사원 : 그럼 오늘 출장수리 요청하겠습니다. 평일 오전이라 금방처리 가능할 것 같습니다.

① 167,000　② 321,000　③ 334,000
④ 320,000　⑤ 180,000

의사소통능력

문 11

다음 글에서 추론한 내용으로 적절하지 않은 것은?

범죄 용의자의 용모를 파악하기 위해 눈, 코, 입 등 얼굴 각 부분의 인상을 조립하면 하나의 얼굴 사진이 만들어진다. 이렇게 만들어진 사진을 몽타주 사진이라고 부른다. 몽타주는 '조립'을 의미하는 프랑스어이므로 몽타주 사진을 '조립된 사진'이라고 바꿔 부를 수 있다. 이처럼 몽타주에서는 각각의 이미지들이 결합되어 새로운 인상을 창조한다. 예술가들은 이러한 몽타주의 효과를 다양한 예술적 시도를 위해 사용해왔다. 몽타주 효과는 특히 영화에서 자주 응용되며, 몽타주에 관한 이론은 영화 이론의 하나로 받아들여지곤 한다. 그 이유는 영화 자체가 몽타주에 의해 성립되는 예술이기 때문이다. 대부분의 영화에서는 따로따로 찍은 장면을 이어 붙이는 조립의 과정이 필수적이다. 예를 들어 영화에서 슬픈 장면 뒤에 등장하는 무표정한 얼굴은 슬픔을 억누르고 있는 얼굴처럼 느껴진다. 그런데 같은 무표정한 얼굴이라 해도 앞에 어떤 장면을 배치하는가에 따라 그 얼굴이 드러내는 감정은 얼마든지 다르게 받아들여질 수 있다. 이러한 몽타주를 통해 영화 특유의 시간 감각이 발생한다. 이를테면 우리가 영화를 볼 때 영화 속 침묵이 유난히 더 길게 느껴진다면, 이는 영화의 장면 조립을 통해 창조된 새로운 시간 감각때문이다. 영화 이론가들은 이러한 영화 특유의 세계를 다루는 이론, 즉 조립에 의해 탄생하는 영화의 세계에 관한 이론을 몽타주 이론이라고 부른다.

① 몽타주 효과는 이미지들의 결합으로 생겨나는 인상의 새로움을 의미한다.
② 동일한 장면이라 해도 그 배치에 따라 의미가 다르게 받아들여질 수 있다.
③ 몽타주 이론은 이어 붙인 장면들을 통해 창조되는 영화의 시간감각을 다룬다.
④ 표정 연기의 실감을 극대화하여 영상미를 창출함으로써 몽타주의 효과가 생겨난다.

문 12

다음 글에서 추론할 수 있는 정약용의 생각으로 가장 적절한 것은?

다산 정약용은 목민심서에서 공직자들의 절용(節用), 즉 아껴 쓰기를 강조했다. 다산이 말한 절용은 듣기에는 매우 간단한 것 같지만 실제로는 실천하기 어려운 것이었다. 자기 돈은 절용하기 쉽지만 정부 돈은 함부로 쓰기 십상이다. 또한 정책 과정에서 온갖 비리가 발생하기도 한다. 그렇기에 절용은 공직자가 지켜야 할 가장 중요한 덕목이다. 다산은 유배지에서 아들에게 "내가 오랫동안 귀양 살면서 너희에게 유산으로 남겨 줄 재산이 없다. 다만 너희에게 글자 두 자를 유산으로 남겨 준다. 하나는 근(勤)이요, 하나는 검(儉)이다. 너희가 근검 두 글자를 제대로 실천하려고 하면 논 100마지기 200마지기보다 좋다."는 내용의 편지를 보냈다. 청렴해야 자애로울 수 있고 자애로운 것이야말로 백성을 사랑하는 것이니, 다산은 백성을 통치하려면 먼저 절용에 힘쓰라고 말한 것이다. 다산이 말한 청심(淸心)은 맑은 마음, 깨끗한 마음을 의미하는데 이는 공직자의 기본이다. 공직자는 대가성이 없고 법적 처벌을 면할 수 있다 해서 적은 돈이라도 받아서는 안된다. 다산은 청렴이 천하의 큰 장사라 말했다. 청렴이야말로 가장 큰 이익이 남는 일임을 역설적으로 표현한 것이다. 그래서 다산은 청렴한 사람이 진짜 욕심쟁이라고 했다. 최고의 지위까지 오르려는 공직자는 청렴해야만 그 목표를 이룰 수 있다. 다산은 사람들이 청렴하지 못한 이유를 지혜가 모자란 데서 찾았다. 다산의 청렴 사상은 '청렴한 사람은 청렴함을 편안하게 여기고, 지혜로운 사람은 청렴함을 이롭게 여긴다.'(廉者安廉 知者利廉)는 말로 요약된다. 공자는 목표가 인(仁)인 반면 다산은 목표가 청렴이었다. 인은 너무 높은 성현의 이야기이므로 일반인이 인의 경지에 이르기 힘드니 한 단계 낮추어 청렴을 이야기한 것이다.

① 공직자들은 금품과 선물을 법으로 정한 한도 내에서 주고받아야한다.
② 관리들이 청렴하고 자애로우면 백성들이 인을 이룰 수 있게 된다.
③ 자손에게 물질적 재산을 남겨 주는 공직자는 청렴하다고 할 수 없다.
④ 지혜로운 관리는 청렴함을 통해 자신에게 이익이 되는 결과를 얻을 수 있다.

문 13

다음 글의 내용에 부합하지 않는 것은?

> 검증되지 않은 지식은 인간의 의식 공간에서 믿음의 체계를 구성한다. 믿음의 체계는 허구를 기초로 해서라도 성립될 수 있는 것이라는 점에서 사실의 체계와 구별된다. 물론 이 말은 스스로 허구라고 믿으면서도 그것을 가지고 자신의 의식 공간에서 믿음의 체계를 구성한다고 하는 얘기가 아니다. 어떤 사람이 허구임을 인정한 것이라면 이는 그 사람의 의식 공간에서는 어떠한 영향력도 행사할 수 없을 것이기 때문이다. 따라서 개인의 의식 공간에서 구성된 사실의 체계에 동원된 지식이나 믿음의 체계에 동원된 지식이나 모두 다 그 사람에게 있어서는 사실이 아니면 안 된다. 믿음의 체계를 구성하는 데 사용된 지식이라고 하더라도 그러한 체계를 구성해 갖추고 있는 사람에게 그것은 사실로 받아들여지는 지식이어야 하는 것이다. 일단 사실임이 전제되지 않는 것은 한 사람의 의식 공간에서 일정한 영역을 확보하지 못할 것이기 때문이다.
>
> 하나하나의 지식을 놓고 볼 때는 그것이 믿음의 체계를 구성하는 검증되지 않은 지식인지 아니면 사실의 체계를 구성하는 검증된 지식인지 구별해 볼 수 있다. 그러나 이들이 총체적으로 작용해서 이루어지는 인간의 의식 세계는 저러한 두 가지 체계가 서로 분명하게 구별되지 않고 뒤엉켜 있다. 그러므로 의식 세계에서 사실의 체계와 믿음의 체계를 확실하게 구분해 낼 수는 없을 것이다.

① 믿음의 체계는 검증되지 않은 지식이 인간의 의식 공간에 구성한 것이다.

② 어떤 이가 믿음의 체계에 포함시킨 지식이라면 그 지식은 그가 사실로 수긍한 것이다.

③ 검증된 지식과 검증되지 않은 지식의 변별이 인간의 의식세계에서는 명확하지 않다.

④ 검증되지 않은 지식이라도 한 사람에게 사실로 인정되면 사실의 체계를 구성할 수 있다.

문 14

다음 글의 중심 내용으로 가장 적절한 것은?

> 롤랑 바르트는 기호의 제국에서 "우리 얼굴이 '인용'이 아니라면 또 무엇이란 말인가?"라는 말을 한 적이 있다. 우리의 헤어스타일이나 패션, 감정을 나타내는 얼굴 표정 등은 모두 미디어로부터 '복제'된 것일 가능성이 높다. 작가가 다른 책의 구절들을 씨앗글로 인용하는 일을 계기로 한 편의 글을 완성하듯, 우리는 남의 표정과 스타일을 복사한다. 이렇게 다른 것을 복제하고 인용하는 문화는 확산되고 있다. 그것은 오늘날 성형의 트렌드가 확산되는 현상을 보면 잘 알 수 있다. 성형을 하는 사람은 쇼핑하듯 트렌드가 만든 미인 얼굴을 구매한다.

① 롤랑 바르트는 모방이나 복제 문화의 예찬론자이다.

② 모방이나 복제 문화의 대중화가 사람들의 미의식을 세련되게 했다.

③ 모방이나 복제 문화가 확산되고 있다.

④ 모방이나 복제 문화의 대중화로 인해 성형 수술이 유행하고 있다.

문 15

다음 글을 문맥에 맞게 배열한 것은?

욕은 공격성의 표현이자, 말로 하는 폭력이다. 아이가 욕을 배워 친구 앞에서 욕을 하는 것은 어른 세계에 대한 반항이자 거기서 벗어나고 싶다는 표현이다.

(가) 그들이 집회에서 내뱉는 폭언은 자신들과 기성세대의 차이를 분명하게 구분 짓는 행동 양식이었다. 기성세대와는 다른 그들만의 독자성을 가진 집단을 만들어내기 위한 방법이었다.

(나) 그러나 욕은 특수 용어가 아니다. 특수 용어는 개념을 더 정확하게 나타내고 미묘한 뉘앙스 차이를 분명하게 한다. 언어 그 자체를 약화시키는 것이 아니라 오히려 이해에 도움을 주는 것이다. 하지만 욕과 같은 추한 말은 언어를 저하시키고 못쓰게 만든다.

(다) 1968년 이탈리아에서 학생운동이 시작되었을 당시, 학생들이 귀에 담기에 힘든 폭언을 내뱉은 것도 같은 이유에서였다. 자신들은 규범을 깨뜨릴 것이며 이제 기성세대에, 국가 권력에 따르지 않겠다는 성명이었다. 학생 집회에 참가했던 사람들은 놀라서 그 자리에 못이 박히고 말았다. 입만 열면 욕설이 난무하는 집단 속에서는 말을 할 수가 없었다. 바보나 멍청이로밖에 보이지 않을 것이기 때문이다. 그렇다고 해서 학생들 흉내를 내며 학생들 편에 설 수도 없었다.

(라) 어떤 집단이나 직업에도 특수한 말이 있다. 의사, 변호사, 공증인 등 이들이 외부 사람들이 알아듣기 어려운 전문 용어를 쓰는 것은 동료 간의 의사소통에 편리할 뿐만 아니라 타 분야와 확실히 구별을 짓고 싶기 때문이다. 그래서 화자가 특수 용어를 쓰지 않고 일반적인 말을 쓰면 그 분야 사람들은 화를 낸다. 배신당한 기분이 들기 때문이다.

① (다)－(가)－(나)－(라)
② (다)－(가)－(라)－(나)
③ (라)－(나)－(가)－(다)
④ (라)－(나)－(다)－(가)

문 16

다음 글에 이어질 내용으로 가장 적절한 것은?

페니실린은 약품으로 정제된 이후 인류의 건강을 위협하는 많은 세균과 질병을 치료하는 데 매우 효과적으로 작용했다. 그런데 문제는 항생제 사용이 잦아지자 세균들이 내성을 갖기 시작했다는 점이다. 항생제는 사람에게는 해를 주지 않으면서 세균만 골라 죽이는 아주 유용한 물질인데, 이 물질을 이겨내는 세균들이 계속 등장했다. 플레밍 또한 뉴욕타임스 와의 인터뷰에서 페니실린에 내성인 세균이 등장할 수 있음을 경고했다. 이는 불과 몇 년 지나지 않아 현실화되었다. 페니실린에 내성을 가진 황색 포도상 구균이 곧 등장했고 전 세계적으로 확산되었다.

이후 새로운 항생제를 개발하여 감염증을 치료하려는 인류와, 항생제 내성을 획득하여 생존하려는 세균 간의 전쟁이 지금까지 치열하게 벌어지고 있다. 세균은 인류가 개발한 항생제에 내성을 갖추어 맞서고, 인류는 내성을 가진 세균에 대응하기 위해 또 다른 항생제를 만들어 반격을 하는 식이다.

이를테면 페니실린에 내성을 가진 황색 포도상 구균은 메티실린 제제가 개발되면서 치료의 길이 열렸다. 메티실린은 포도상 구균을 물리치며 맹활약했지만 세균도 가만있지는 않았다. 메티실린의 효과가 듣지 않는 강력한 세균들이 등장했고, 이에 인류는 반코마이신을 개발해 탈출구를 열었다. 이들 치료제로 효과를 볼 수 없었던 그람 음성세균은 카바페넴으로 대응했다. 하지만 최강의 항생제인 카바페넴에 내성을 획득한 다제 내성균(슈퍼 박테리아)도 등장했다.

① 인류는 더 강력한 세균에 의해 멸망할 것이다.
② 항생제 사용은 법으로 엄격히 금지해야 한다.
③ 인류는 다제 내성균을 치료할 항생제를 개발할 것이다.
④ 앞으로 항생제에 내성이 없는 세균이 나타날 것이다.

17～18

다음을 읽고 물음에 답하시오

21세기 지식 문화 사회의 핵심 역량은 디지털 미디어에 기반한 '커뮤니케이션능력'이다. 디지털 기술이 하루가 다르게 진화하는 가운데, 삶의 질을 높이는 콘텐츠는 커뮤니케이션 능력을 바탕으로 창조·교환된다. 이른바 '문화기술'이 지배하는 디지털 미디어 세상에서 우리는 새로운 정보혁명의 중심에 서게 되었다. 20세기 중반만 하더라도 산업화에 뒤져 있던 우리나라가 짧은 기간에 지식사회의 중심 국가로 성장한 힘의 원천은 무엇일까? 바로 한글이다.

한글의 강점은 우선 '배우기 쉬운' 문자 체계라는 점이다. 우리나라가 근대산업국가로 단기간에 진입할 수 있었던 것은 한글보급, 즉 문맹 퇴치에 따라 정보대중화가 빠른 속도로 진행된 덕분이다. 세종대왕이 훈민정음 창제 선언문에서 "모든 백성이 쉽게 배워 날마다 쓰는 데 편안케 하고자 한다."고 밝힌 의도에 걸맞게, 한글은 정보 대중화에 아주 적당한 배우기 쉬운 문자 체계이다. 유네스코가 문맹 퇴치 공로상을 '세종대왕상'으로 정한 것은 우리나라의 비약적인 정보 대중화가 한글에 크게 힘입었다는 것을 인정한 자연스러운 결과이다.

'배우기 쉬운' 문자라는 한글의 첫 번째 강점은 한글이 지니는 두 번째 강점, 즉 '정보화에 유리한' 문자 체계라는 점과 연결된다. 이는 디지털 시대에 한글을 더욱 빛나게 하는 핵심 요인이다. 자국 언어를 정보화하는 일의 중요성은 더 없이 크다. 한자와 가나를 혼용하는 일본이 2차 세계대전에서 미국에 패한 한 원인으로 타자기를 활용한 알파벳과의 정보전에서 뒤졌기 때문이라는 분석이 있을 정도다. 한글은 동아시아에서 유일하게 기계식 타자기에 입력이 용이한 음소 문자 체계로 구성되어 있다. 우리나라가 쉽게 IT 강국으로 도약할 수 있는 기반을 이룰 수 있었던 배경이다. 중국어, 일본어와는 비교할 수 없는 수준의 정보 대중화 능력을 태생적으로 갖추고 있는 것이다.

한글 정보화의 과정에는 어려움도 있었다. 20세기 후반까지 한글 기계화는 몇 가지 숙제를 안고 있었는데, '타자기 표준 자판 논쟁'(2벌식이냐 4벌식이냐 등을 놓고 벌어짐)이나 '한글 풀어쓰기 논쟁'(초성, 중성, 종성을 나란히 늘어쓰자는 것) 등이 이러한 어려움을 잘 대표한다. 그런데 이 같은 타자기의 불편을 해소하기 위해 생긴 문제들은 성능 좋은 컴퓨터가 보급되면서 자연스럽게 해소되었다.

한글 창제 당시부터 이미 표기 원리에 내재되어 있던 '한글 오토마타'(한글의 초성과 종성을 컴퓨터가 자동적으로 인식하는 규칙)의 원리 덕분에 한글 컴퓨터 자판은 지금과 같은 2벌식으로 정착될 수 있었기 때문이다. 특히 발음기관의 모양을 본 딴 기본자 ㄱ, ㄴ, ㅁ, ㅅ, ㅇ에 '가획(加劃, ㄱ에서 획수를 더하면 ㅋ과 ㄲ이 됨)'이나 '천지인'과 같은 한글 창제의 기본 원리는 현재 휴대폰의 자판 입력 방식으로 그대로 계승되었다. 결과적으로 현재와 같은 디지털 환경에서 우리는 일본어, 중국어는 말할 것도 없고, 영어 알파벳 자판보다 더 우수한 원리를 바탕으로 편리하게 정보화 생활을 할 수 있게 된 것이다. 자음과 모음의 자판이 분리되어 심리적으로 접근하기 쉬울 뿐 아니라 10개의 자판만으로도 손쉽게 글자를 조합할 수 있는 한글의 장점은 휴대폰 문자메시지(SMS) 서비스에 기반한 시장 영역을 점점 키우는 데 일익을 담당하고 있다.

현재 모바일 인터넷이나 DMB 기기를 통한 정보의 생산과 교환 활동은 하루가 다르게 증가하고 있다. 게임이나 영상물과 같은 엔터테인먼트 상품을 통한 정보 교환도 혁신에 혁신을 거듭하고 있다. 다중 접속온라인 게임이나 VOD와 같은 커뮤니케이션 서비스 형태가 그 예다.

앞으로는 사람과 거의 비슷한 의사소통 능력을 가진 인공지능 로봇의 등장도 예상된다. 이 모든 발전의 중심에는 언제나 '배우기 쉽고 정보화에 유리한' 한글의 강점이 빛나고 있을 것이다. 한글창제 560돌을 맞는 오늘, 시대를 앞서간 세종의 철학과 언어학적 비범함에 절로 고개가 숙여진다.

문 17

위 글로 미루어 보아 한글 창제의 원리로 맞지 않은 것은?

① 상형(象形)의 원리
② 가획(加劃)의 원리
③ 합용(合用)의 원리
④ 표의(表意)의 원리

문 18

위 글에 제목을 붙이자면 가장 적절한 것은?

① 디지털 시대에 더 빛나는 한글
② 이젠 한글표기법 독립운동할 때
③ 한글의 표기능력 확충을 위해
④ 한글로 세계문명을 바꾸자

11

19～20

다음을 읽고 물음에 답하시오

일본이나 중국에서는 외국인들이 사람을 식별하기 힘들어 괴로움을 겪지만, 한국에서는 그런 문제가 없다. 대부분의 사람들이 몽고족에게서 흔히 볼 수 있듯이 눈 모양이 비스듬하고 피부는 적황색을 띠고 있으나, 얼굴색만은 가무잡잡한 올리브색에서 옅은 갈색에 이르기까지 다양하기 때문이다. 콧등이 넓고 콧구멍이 벌어진 뭉툭한 코를 한 사람은 물론, 반듯한 코와 매부리코를 한 사람도 있다.

입의 모양도 다양하다. 입이 크고 입술이 도톰한 경우도 있고, 작지만 윤곽이 뚜렷하거나 입술이 얇으면서 맵시 있는 경우도 있다. 전자는 평민층에 많은데, 구강이 드러나도록 입을 벌리고 있는 모습을 흔히 볼 수 있다. 후자는 특히 양반들에게서 많이 찾아볼 수 있다. 눈은 검은 편이지만, 암갈색에서 담갈색에 이르기까지 다양하다. 대부분 광대뼈가 나와 있다. ㉠ 이마는 마치 유행이라도 따르듯이 대체로 높이 솟아 있어 이지적으로 보인다. ㉡ 귀는 작고 균형이 잘 잡혀 있다. 사람들의 평상시 표정은 약간 얼뜬 듯하면서도 명랑하다. 사람들의 전반적인 신체 형상은, 특히 잘생긴 사람들의 경우, 힘이나 강인한 의지력보다는 지적 총명함이 더 돋보이는 인상을 준다. 한국 사람들은 분명히 잘생긴 인종이다.

사람들의 ㉢ 체격도 좋다. 남자의 평균 키는 약 164센티미터이다. 여자의 평균 키는 확인할 수 없었으나, 남자에 비해 걸맞지 않게 작다. 사람들의 볼품없는 외양은 대단히 보기 흉한 ㉣ 옷차림 때문에 더욱 그 결함이 과장되어 땅딸막하고 펑퍼짐하게 보인다. 손과 발은 성별과 신분의 고하를 막론하고 매우 작고, 희며, 아주 섬세하다. 끝이 가늘고 아몬드 모양을 한 손톱은 잘 다듬어져 있다. 남자들은 아주 힘이 세어, 짐꾼들은 45킬로그램 정도의 짐도 대수롭지 않게 나른다.

문 19

위 글은 외국인의 눈에 비친 19세기 말의 한국인의 모습을 서술한 글이다. 이 글에 대한 비평으로 적절하지 않은 것은?

① 구체적인 수치를 인용하여 정확성과 신뢰성을 획득하고 있다.

② 일관성의 부족으로 인해 글 전체의 흐름이 유기성을 해치고 있다.

③ 대상에 대해 선입관이나 편견을 버리고 있어서 공정성을 획득하고 있다.

④ 의견에 대해 관찰과 묘사로 적절한 근거를 제시하여 적절성을 획득하고 있다.

문 20

㉠～㉣ 중, 서구인의 미적 기준으로 평가한 것은?

① ㉠ 이마

② ㉡ 귀

③ ㉢ 체격

④ ㉣ 옷차림

수리능력

문 21

다음 숫자들의 배열 규칙을 찾아 "?"에 들어갈 알맞은 숫자를 고르시오.

−4	−1	?	−4	−10

① −2　② −1
③ 0　④ 1

문 22

어느 모니터 공장에서는 불량품일 확률은 20%이다. 품질팀에서 불량품을 불량품이라고 판단할 확률은 90%이고, 불량품이 아닌 제품을 불량품이 아니라고 판단할 확률은 95%이다. 어느 모니터를 판단한 결과 불량품이라고 나올 확률은 얼마인가?

① 17.5%　② 19%　③ 20.5%
④ 21%　⑤ 22%

문 23

희철이네 가게에 재고품이 2000개가 있고 하루에 판매되는 물건의 양이 정해져 있다. 매일 a개씩 물건을 공급 받으면 50일 후에 재고가 소진이 되며, 공급 받는 양을 1/4로 줄이면 20일 후 재고가 소진된다. 이 때 하루 판매량은 얼마인가?

① 60　② 80　③ 100
④ 120　⑤ 140

문 24

J호프에서는 맥주 이벤트를 실시하고 있다. 1000ml를 시키면 서비스로 200ml를 더 준다. 500ml를 하나 시키면 다음 500ml를 50%할인된 가격에 한 번 살 수 있다. 1000ml의 가격이 4000원, 500ml 가격이 2000원, 100ml가격이 1000원 이라면13,000원으로 살 수 있는 맥주의 양은 최대 얼마인가?

① 4000ml　② 4100ml　③ 4200ml
④ 4300ml　⑤ 4400ml

문 25

J기업은 성과에 대한 포상금 2,000만원을 A,B,C 3부서에 나눠주려고 한다. 3부서는 모두 팀장과 팀원 한 명씩으로 이루어져 있다. A부서는 팀장과 팀원이 같은 금액의 포상금을 받았고, B부서는 팀장이 팀원의 3배, C부서는 팀장이 팀원의 4배의 포상금을 받았다. 팀원인 '가'는 다른 팀원인 '나'보다 100만원 더 많이 받았으나, 또 다른 팀원인 '다'보다는 100만원 적게 받게 되었다. 팀원이 받은 총배상금이 600만원이라면, 팀과 팀원이 바르게 연결된 것은?

① A부서 - 가 ② A부서 - 나
③ B부서 - 다 ④ C부서 - 가
⑤ C부서 - 다

문 26

다음 〈보고서〉와 〈표〉는 2014년 A국의 공적개발원조에 대한 자료이다. 이에 대한 〈보기〉의 설명 중 옳은 것 을 모두 고르면?

보고서

2014년 A국이 공여한 전체 공적개발원조액은 19억 1,430만 달러로 GDP 대비 0.13%를 기록하였다. 공적개발원조액의 지역별 배분을 살펴보면 북아프리카 5.4%, 사하라 이남 아프리카 20.0%, 오세아니아·기타 아시아 32.4%, 유럽 0.7%, 중남미 7.5%, 중앙아시아·남아시아 21.1%, 기타 지역 12.9%로 나타났다.

〈표〉 2014년 A국 공적개발원조 수원액 상위 10개국 현황

(단위 : 백만달러)

순위	국가명	수원액
1	베트남	215
2	아프가니스탄	93
3	탄자니아	68
4	캄보디아	68
5	방글라데시	61
6	모잠비크	57
7	필리핀	55
8	스리랑카	52
9	에티오피아	35
10	인도네시아	34
계		738

보기

ㄱ. 수원액 상위 10개국의 수원액 합은 A국 GDP의 0.04% 이상이다.
ㄴ. '사하라 이남 아프리카'에 대한 공적개발원조액은 수원액 상위 10개국의 수원액 합보다 크다.
ㄷ. '오세아니아·기타 아시아'에 대한 공적개발원조액은 '사하라 이남 아프리카', '북아프리카', '중남미'에 대한 공적개발원조액 합보다 크다.
ㄹ. 수원액 상위 10개국을 제외한 국가들의 수원액 합은 베트남 수원액의 5배 이상이다.

① ㄱ, ㄴ ② ㄱ, ㄹ
③ ㄴ, ㄷ ④ ㄷ, ㄹ
⑤ ㄱ, ㄷ, ㄹ

문 27

다음 〈표〉는 근로자 1인당 월평균 근로소득에 대한 자료이다. 이에 대한 〈보기〉의 설명 중 옳은 것을 모두 고르면?

〈표 1〉 근로유형별 월평균 근로소득

(단위: 만원)

		전체	남성	여성
임금근로		186	206	167
	상용	201	222	181
	임시	127	131	124
	일용	111	123	100
비임금근로		187	271	179

〈표 2〉 사업체 규모별 월평균 근로소득

(단위: 만원, %)

		월평균 근로소득			대기업 대비 소득수준		
		전체	남성	여성	전체	남성	여성
사업체 규모	10명 미만	151	172	140	(A)	66	68
	10 ~ 29명	174	194	159			
	30 ~ 99명	181	192	171			
	100 ~ 299명	196	208	180	83	80	88
	300명 이상(대기업)	236	260	205	100	100	100

보기

ㄱ. 상용근로자의 남녀 간 월평균 근로소득격차가 전체 임금근로자의 남녀 간 월평균 근로소득격차보다 크다.
ㄴ. (A)는 67%보다 작다.
ㄷ. 남성 임금근로자 중 상용근로자의 비율은 80% 미만이다.
ㄹ. 월평균 근로소득은 사업체 규모가 커질수록 증가한다.

① ㄱ, ㄴ ② ㄱ, ㄷ ③ ㄴ, ㄷ, ㄹ
④ ㄱ, ㄴ, ㄹ ⑤ ㄷ, ㄹ

문 28

다음 〈표〉는 2008 ~ 2013년 '갑'국 농·임업 생산액과 부가가치 현황에 대한 자료이다. 위에 대한 〈보기〉의 설명 중 옳은 것만을 모두 고르면?

〈표 1〉 농·임업 생산액 현황

(단위 : 10억원, %)

구분 \ 연도		2008	2009	2010	2011	2012	2013
농·임업 생산액		39,663	42,995	43,523	43,214	46,357	46,648
분야별 비중	곡물	23.6	20.2	15.6	18.5	17.5	18.3
	화훼	28.0	27.7	29.4	30.1	31.7	32.1
	과수	34.3	38.3	40.2	34.7	34.6	34.8

※ 1) 분야별 비중은 농·임업 생산액 대비 해당 분야의 생산액 비중임.
2) 곡물, 화훼, 과수는 농·임업의 일부 분야임.

〈표 2〉 농·임업 부가가치 현황

(단위 : 10억원, %)

구분 \ 연도		2008	2009	2010	2011	2012	2013
농·임업 부가가치		22,587	23,540	24,872	26,721	27,359	27,376
GDP 대비 비중	농업	2.1	2.1	2.0	2.1	2.0	2.0
	임업	0.1	0.1	0.2	0.1	0.2	0.2

※ 1) GDP 대비 비중은 GDP 대비 해당 분야의 부가가치 비중임.
2) 농·임업은 농업과 임업으로만 구성됨.

보기

ㄱ. 농·임업 생산액이 전년보다 작은 해에는 농·임업 부가가치도 전년보다 작다.
ㄴ. 화훼 생산액은 매년 증가한다.
ㄷ. 매년 곡물 생산액은 과수 생산액의 50% 이상이다.
ㄹ. 매년 농업 부가가치는 농·임업 부가가치의 85% 이상이다.

① ㄱ, ㄴ ② ㄱ, ㄷ ③ ㄴ, ㄷ
④ ㄴ, ㄹ ⑤ ㄷ, ㄹ

29 ~ 30

다음 〈표〉와 〈그림〉은 2009 ~ 2012년 도시폐기물량 상위 10개국의 도시폐기물량지수와 한국의 도시폐기물량을 나타낸 것이다.

〈표〉 도시폐기물량 상위 10개국의 도시폐기물량지수

순위	2009년		2010년		2011년		2012년	
	국가	지수	국가	지수	국가	지수	국가	지수
1	미국	12.05	미국	11.94	미국	12.72	미국	12.73
2	러시아	3.40	러시아	3.60	러시아	3.87	러시아	4.51
3	독일	2.54	브라질	2.85	브라질	2.97	브라질	3.24
4	일본	2.53	독일	2.61	독일	2.81	독일	2.78
5	멕시코	1.98	일본	2.49	일본	2.54	일본	2.53
6	프랑스	1.83	멕시코	2.06	멕시코	2.30	멕시코	2.35
7	영국	1.76	프랑스	1.86	프랑스	1.96	프랑스	1.91
8	이탈리아	1.71	영국	1.75	이탈리아	1.76	터키	1.72
9	터키	1.50	이탈리아	1.73	영국	1.74	영국	1.70
10	스페인	1.33	터키	1.63	터키	1.73	이탈리아	1.40

※ 도시폐기물량지수 $= \frac{\text{해당년도 해당 국가의 도시폐기물량}}{\text{해당년도 한국의 도시폐기물량}}$

〈그림〉 한국의 도시폐기물량

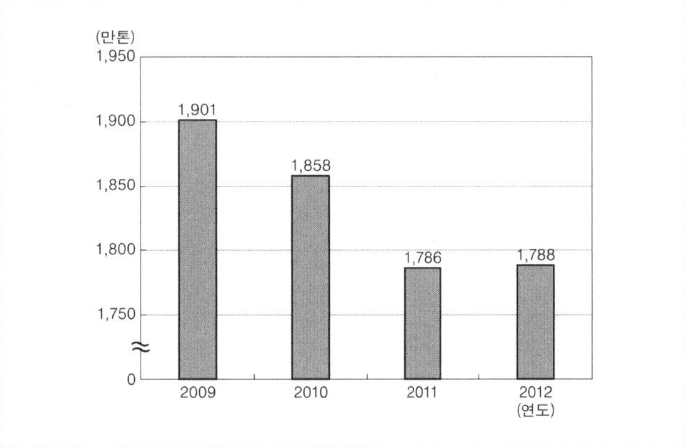

문 29

위에 대한 〈보기〉의 설명 중 옳은 것만을 모두 고르면?

보기

ㄱ. 2012년 도시폐기물량은 미국이 일본의 4배 이상이다.
ㄴ. 2011년 러시아의 도시폐기물량은 8,000만톤 이상이다.
ㄷ. 2012년 스페인의 도시폐기물량은 2009년에 비해 감소하였다.
ㄹ. 영국의 도시폐기물량은 터키의 도시폐기물량보다 매년 많다.

① ㄱ, ㄷ ② ㄱ, ㄹ ③ ㄴ, ㄷ
④ ㄱ, ㄴ, ㄹ ⑤ ㄴ, ㄷ, ㄹ

문 30

2013년도 한국의 도시폐기물량이 40% 증가했고 영국의 지수가 2.00이라면, 영국 도시폐기물량의 전년대비 증가율은?

① 61.5%
② 64.7%
③ 67.4%
④ 70.2%
⑤ 73.4%

자원관리

문 31

K전자회사에서 냉장고와 TV를 13:17의 가격으로 판매한다. 어느 고객이 냉장고와 TV를 단체 구매를 하며 각각 1대당 210,000원씩 할인을 해서 수량을 33:56의 비율로 구매했다. 전체 판매액 중 냉장고의 판매액이 30%라면, 할인 후 TV 1개 판매액은 얼마인가?

① 1,145,000원
② 1,215,000원
③ 1,320,000원
④ 1,425,000원
⑤ 1,498,000원

문 32

다음 〈표〉는 A ~ D지역으로만 이루어진 '갑'국의 2015년 인구 전입·전출과 관련한 자료이다. 위에 대한 〈보고서〉의 내용 중 옳은 것만을 모두 고르면?

〈표 1〉 2015년 인구 전입·전출

(단위 : 명)

전출지 \ 전입지	A	B	C	D
A		190	145	390
B	123		302	260
C	165	185		110
D	310	220	130	

※ 1) 전입·전출은 A ~ D지역 간에서만 이루어짐.
2) 2015년 인구 전입·전출은 2015년 1월 1일부터 12월 31일까지 발생하며, 동일인의 전입·전출은 최대 1회만 가능함.
3) 예시 : 〈표 1〉에서 '190'은 A지역에서 190명이 전출하여 B지역으로 전입하였음을 의미함.

〈표 2〉 2015, 2016년 지역별 인구

(단위 : 명)

지역 \ 연도	2015	2016
A	3,232	3,105
B	3,120	3,030
C	2,931	( )
D	3,080	( )

※ 1) 인구는 매년 1월 1일 0시를 기준으로 함.
2) 인구변화는 전입·전출에 의해서만 가능함.

보고서

'갑'국의 지역간 인구 이동을 파악하기 위해 2015년의 전입·전출을 분석한 결과 총 2,530명이 주소지를 이전한 것으로 파악되었다. '갑'국의 4개 지역 가운데 ㉠ 전출자 수가 가장 큰 지역은 A이다. 반면, ㉡ 전입자 수가 가장 큰 지역은 A, B, D 지역으로부터 총 577명이 전입한 C이다. 지역간 인구 이동은 지역경제 활성화에 따른 일자리 수요와 밀접하게 연관된다. 2015년 인구이동 결과, ㉢ 2016년 인구가 가장 많은 지역은 D이며, ㉣ 2015년과 2016년의 인구 차이가 가장 큰 지역은 A이다.

① ㄱ, ㄴ
② ㄱ, ㄷ
③ ㄴ, ㄹ
④ ㄷ, ㄹ
⑤ ㄱ, ㄷ, ㄹ

33~34

다음 〈표〉는 '갑', '을' 기업의 부가가치세 결의서이다.

〈표 1〉 '갑' 기업의 부가가치세 결의서

(단위 : 천원)

구분 \ 연도	2014	2015	전년대비 증가액
과세표준	150,000	(　　)	20,000
매출세액(a)	15,000	(　　)	2,000
매입세액(b)	7,000	(　　)	0
납부예정세액(c) (= a − b)	8,000	(　　)	(　　)
경감·공제세액(d)	0	(　　)	0
기납부세액(e)	1,500	(　　)	2,000
확정세액 (= c − d − e)	6,500	(　　)	(　　)

〈표 2〉 '을' 기업의 부가가치세 결의서

(단위 : 천원)

구분 \ 연도	2014	2015	전년대비 증가액
과세표준	190,000	130,000	−60,000
매출세액(a)	19,000	13,000	−6,000
매입세액(b)	14,000	16,000	2,000
납부예정세액(c) (= a − b)	5,000	(　　)	−8,000
경감·공제세액(d)	4,000	0	−4,000
기납부세액(e)	0	0	0
확정세액 (= c − d − e)	1,000	(　　)	−4,000

※ 1) 확정세액이 음수이면 환급 받고, 양수이면 납부함.
　2) 매출세액 = 과세표준 × 매출세율

문 33

위에 대한 내용 중 옳지 않은 것을 고르면?

① 2014년과 2015년 매출세율은 10 %이다.
② '갑' 기업의 확정세액은 2014년에 비해 2015년에 증가하였다.
③ 2015년 '을' 기업은 300만원을 환급 받는다.
④ '갑' 기업의 납부예정세액은 2014년에 비해 2015년에 20 % 이상 증가하였다.
⑤ 2015년 매출세율이 15 %라면, 2015년 '갑' 기업의 확정세액은 '을' 기업의 4배 이상이다.

문 34

2015년도 매출세율이 20%라면, 매출세율이 10%일 때보다 갑·을 기업의 확정 세액은 각각 얼마나 증가하겠는가?

① 15000천원, 11000천원　② 16000천원, 12000천원
③ 16000천원, 12000천원　④ 17000천원, 14000천원
⑤ 17000천원, 13000천원

문 35

다음 〈표〉는 학생 A ~ F의 시험점수에 관한 자료이다. 〈표〉와 〈조건〉을 이용하여 학생 A, B, C의 시험점수를 바르게 나열한 것은?

〈표〉 학생 A ~ F의 시험점수

(단위 : 점)

학생	A	B	C	D	E	F
점수	( )	( )	( )	( )	9	9

조건

- ○ 시험점수는 자연수이다.
- ○ 시험점수가 같은 학생은 A, E, F뿐이다.
- ○ 산술평균은 8.5점이다.
- ○ 최댓값은 10점이다.
- ○ 학생 D의 시험점수는 학생 C보다 4점 높다.

	A	B	C
①	8	9	5
②	8	10	4
③	9	8	6
④	9	10	5
⑤	9	10	6

문 36

다음 〈표〉는 A ~ F로만 구성된 '갑'반 학생의 일대일채팅방 참여 현황을 표시한 자료이다. 〈보기〉의 설명 중 〈표〉와 〈규칙〉에 근거하여 옳은 것만을 모두 고르면?

〈표〉 '갑'반의 일대일채팅방 참여 현황

학생	F	E	D	C	B
A	0	1	0	0	1
B	1	1	0	1	
C	1	0	1		
D	0	1			
E	0				

※ 학생들이 참여할 수 있는 모든 일대일채팅방의 참여 여부를 '0'과 '1'로 표시함.

규칙

- ○ 서로 다른 두 학생이 동일한 일대일채팅방에 참여하고 있으면 '1'로, 그 이외의 경우에는 '0'으로 나타내며, 그 값을 각 학생이 속한 행 또는 열이 만나는 곳에 표시한다.
- ○ 학생 수가 n일 때 학생들이 참여할 수 있는 모든 일대일채팅방의 개수는 $\frac{n(n-1)}{2}$이다.
- ○ 일대일채팅방

$$\text{밀도} = \frac{\text{학생들이 참여하고 있는 일대일채팅방의 개수}}{\text{학생들이 참여할 수 있는 모든 일대일채팅방의 개수}}$$

보기

ㄱ. 참여하고 있는 일대일채팅방의 수가 가장 많은 학생은 B이다.
ㄴ. A는 C와 일대일채팅방에 참여하고 있지 않지만, A는 B와, B는 C와 일대일채팅방에 참여하고 있다.
ㄷ. '갑'반의 일대일채팅방 밀도는 0.6 이상이다.
ㄹ. '갑'반으로 전학 온 새로운 학생 G가 C, D와만 각각 일대일채팅방에 참여한다면, '갑'반의 일대일채팅방 밀도는 낮아진다.

① ㄱ, ㄴ　② ㄱ, ㄷ　③ ㄴ, ㄹ
④ ㄷ, ㄹ　⑤ ㄱ, ㄴ, ㄹ

37～38

다음 〈그림〉은 '갑'소독제 소독실험에서 소독제 누적주입량에 따른 병원성미생물 개체수의 변화를 나타낸 것이다.

〈그림〉 소독제 누적주입량에 따른 병원성미생물 개체수 변화

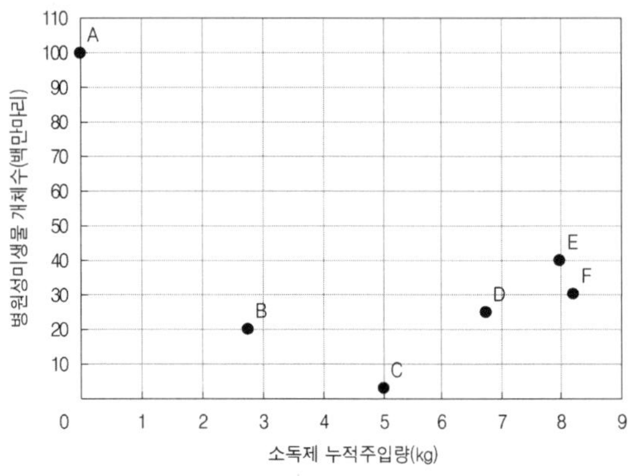

실험정보

○ 이 실험은 1회 시행한 단일 실험임.

○ 실험 시작시점(A)에서 측정한 값과, 이후 5시간 동안 소독제를 주입하면서 매 1시간이 경과하는 시점을 순서대로 B, C, D, E, F라고 하고 각 시점에서 측정한 값을 표시하였음.

○ 소독효율(마리/kg) = $\frac{\text{시작시점(A) 병원성미생물 개체수} - \text{측정시점 병원성미생물 개체수}}{\text{측정시점의 소독제 누적주입량}}$

○ 구간 소독속도(마리/시간) = $\frac{\text{구간의 시작시점 병원성미생물 개체수} - \text{구간의 종료시점 병원성미생물 개체수}}{\text{두 측정시점 사이의 시간}}$

문 37

〈그림〉과 〈실험정보〉에 근거한 〈보기〉의 설명 중 옳은 것만을 모두 고르면?

보기

ㄱ. 실험시작 후 2시간이 경과한 시점의 소독효율이 가장 높다.
ㄴ. 소독효율은 F가 D보다 낮다.
ㄷ. 구간 소독속도는 B～C 구간이 E～F 구간보다 낮다.

① ㄱ　② ㄴ　③ ㄷ
④ ㄴ, ㄷ　⑤ ㄱ, ㄴ, ㄷ

문 38

A를 제외하고 소독제 누적주입량 대비 병원성미생물 개체수가 가장 큰 지점은 언제인가?

① B　② C　③ D
④ E　⑤ F

39 ~ 40

다음은 〈지원계획〉과 〈연구모임 현황 및 평가결과〉에 관한 자료이다.

지원계획

- ○ 지원을 받기 위해서는 한 모임당 6명 이상 9명 미만으로 구성되어야 한다.
- ○ 기본지원금
  한 모임당 1,500천 원을 기본으로 지원한다. 단, 상품개발을 위한 모임의 경우는 2,000천 원을 지원한다.
- ○ 추가지원금
  연구 계획 사전평가결과에 따라,
  '상' 등급을 받은 모임에는 구성원 1인당 120천 원을, '중' 등급을 받은 모임에는 구성원 1인당 100천 원을, '하' 등급을 받은 모임에는 구성원 1인당 70천 원을 추가로 지원한다.
- ○ 협업 장려를 위해 협업이 인정되는 모임에는 위의 두 지원금을 합한 금액의 30 %를 별도로 지원한다.

연구모임 현황 및 평가결과

모임	상품개발 여부	구성원 수	연구 계획 사전평가결과	협업 인정 여부
A	○	5	상	○
B	×	6	중	×
C	×	8	상	○
D	○	7	중	×
E	×	9	하	×

문 39

연구모임 A ~ E 중 두 번째로 많은 총지원금을 받는 모임은?

① A　② B　③ C　④ D　⑤ E

문 40

연구모임 A ~ E 중 가장 많은 총지원금을 받는 모임과 3번째로 많은 총지원금을 받는 모임의 총 지원금 차이는 얼마인가?

① 1,098 천 원
② 1,198 천 원
③ 1,298 천 원
④ 1,398 천 원
⑤ 1,498 천 원

12 수자원공사 2회 (40문항 40분)

문제해결능력

문 01

다음 조건을 읽고 옳은 결론을 고르시오.

- A약을 먹으면 키가 커진다.
- A약을 먹지 않으면 졸리지 않는다.
- 키가 커지면 옷을 산다.
- 절에 가면 졸리다.

① 절에 가지 않으면 A약을 먹지 않는다.
② A약을 먹으면 절에 간다.
③ 절에 가면 옷을 산다.
④ 옷을 사면 A약을 먹는다.

문 02

다음 명제들이 확실하게 참이라고 할 때, 확실하게 말할 수 있는 것은?

- 휴대폰 시장이 성장하면 어떤 모바일 게임 회사는 성장한다.
- 휴대폰 시장이 성장하지 않으면 컴퓨터 시장은 성장하지 않는다.

① 어떤 모바일 게임 회사가 성정하면 휴대폰 시장은 성장한다.
② 컴퓨터 시장이 성장하면 어떤 모바일 게임 회사는 성장하지 않는다.
③ 컴퓨터 시장이 성장하지 않으면 모든 모바일 게임 회사가 성장한다.
④ 모든 모바일 게임 회사가 성장하지 않으면 컴퓨터 시장은 성장하지 않는다.

문 03

두 명제 '조직이 안정적이면 중앙집권 체제가 효과적이다', '조직이 안정적이지 않다면 직원들의 동기는 낮아진다'가 모두 참일 때, 참인 명제를 모두 고르면?

> ㉠ 직원들의 동기가 낮아지면 조직이 안정적이지 않다.
> ㉡ 직원들의 동기가 낮아지지 않으면 조직이 안정적이다.
> ㉢ 중앙집권 체제가 효과적이지 않으면 조직이 불안정하다.
> ㉣ 중앙집권 체제가 효과적이지 않으면 직원들의 동기는 낮아진다.

① ㉡, ㉢　② ㉡, ㉣
③ ㉡, ㉢, ㉣　④ ㉠, ㉡, ㉢, ㉣

문 04

A부터 E까지 다섯 명이 월요일부터 금요일까지 하루 씩 근무를 하기로 했다. 화요일에 근무하는 사람을 고르시오.

> – A가 근무하고 삼일 뒤 B가 근무한다.
> – C와 D는 연이어 근무하지 않는다.
> – E는 수요일에 근무하지 않는다.
> – 금요일 근무는 C가 한다.

① A　② B
③ D　④ E

문 05

한국수자원공사의 인사팀 윤 과장은 A, B, C, D, E 다섯 명의 신입사원 중 점수가 가장 높은 한 명을 대표로 정하려 한다. 채용 시 점수를 100점 만점으로 환산하였으며 다음과 같을 때, 대표로 적합한 한명을 고르면?

> – 5명 중 80점대가 2명, 90점대가 3명이다.
> – C의 점수는 90점이며 이것은 5명의 평균 점수이다.
> – A와 B의 점수의 합은 D와 E의 점수의 합과 같다.
> – B와 E의 점수의 합은 173점이며 그 차는 1점으로 E의 점수가 더 높다.

① A　② B
③ C　④ D

12

06~07

다음은 세탁기, 전자레인지, 노트북 등 여러 종류의 전자제품을 판매하는 A사의 유무상수리에 관한 기준이다. (현재는 2018년 4월이다)

■ 무상수리
- 품질보증 기간 이내에 정상적인 사용상태에서 발생한 성능, 기능상의 고장인 경우
- CS프로(엔지니어)가 수리한 후 정상적으로 제품을 사용하는 과정에서 12개월 이내에 동일한 부품이 재고장 발생 시

■ 유상수리
- 보증기간이 경과된 제품
- 제품의 이동, 이사 등으로 인한 설치 변경 시
- 타사 제품(소프트웨어 포함)으로 인한 고장 설명 시
- 서비스센터 CS프로(엔지니어)가 아닌 사람이 수리하여 고장이 발생한 경우
- 천재 지변(낙뢰, 화재, 지진, 풍수해, 해일 등)으로 인한 고장의 경우
- 소모성 부품의 수명이 다한 경우(배터리, 형광등, 헤드, 필터류, 램프류, 토너, 잉크 등)

■ 제품의 보증기간
1. 제품 보증기간이라 함은 제조사 또는 제품 판매자가 소비자에게 정상적인 상태에서 자연 발생한 품질, 성능, 기능 하자에 대하여 무료수리를 해주겠다고 약속한 기간을 말한다.
2. 제품의 보증기간은 구입일자를 기준으로 산정하며, 구입일자의 확인은 제품보증서(구입영수증포함)에 의해서 한다. 단, 보증서가 없는 경우는 동 제품의 생산당시 회사가 발행한 보증서 내용에 준하여 보증 조건을 결정하며, 생산년월에 3개월 감안(유통기간반영)하여 구입일자를 적용하여 보증기간을 산정한다.
3. 다음의 경우는 보증기간이 정상적인 경우의 절반(1/2)으로 단축 적용한 것이다.
   ① 영업용도나 영업장에서 사용할 경우. (단, 영업용 제품은 제외) 예) 비디오(비디오 SHOP), 세탁기(세탁소) 등
   ② 차량, 선박 등에 탑재하는 등 정상적인 사용환경이 아닌 곳에서 사용할 경우.
   ③ 제품사용 빈도가 극히 많은 공공장소에 설치 사용할 경우. 예) 공장, 기숙사 등.

■ 품목별 보증기간

구분	보증기간	관련제품	참고
일반제품	1년	전제품 공통 단, 복사기는 6개월 또는 1년 적용	복사기의 경우 인쇄매수에 따라 보증기간 단축될 수 있음
계절성제품	2년	에어컨, 선풍기, 온풍기, 로터리히터, 팬히터	

문 06

다음 중 무상수리가 가능한 상황은 무엇인가?

① 2017년 6월 구매하여 기숙사에서 사용한 세탁기
② 2017년 8월 구매하여 2018년 1월 사설 업체에서 수리한 노트북
③ 2016년 3월 구매하여 2017년 5월 서비스센터에서 엔지니어가 부품을 수리한 후 같은 부품이 고장 난 선풍기
④ 2017년 10월 구매하여 잉크가 다 소모된 복사기
⑤ 2018년 2월 구매하여 지진으로 고장난 에어컨

문 07

2016년 5월에 구매한 공장 내 기숙사에 설치한 에어컨이 제대로 작동하지 않는 상황이다. 유무상수리에 관한 기준을 잘못 이해한 사람은?

① 김과장 : 구입영수증을 분실하여서 제품보증서를 찾아보겠습니다.
② 박사원 : 에어컨은 계절성제품이라 보증기간이 2년이지만 기숙사에서 사용한 경우는
1년이라 유상수리해야 할 것 같습니다.
③ 서사원 : 지난 달에 화재로 고장난 것 아니였나요? 그럼 무상수리 기준에 해당하지 않는 것으로 알고 있습니다.
④ 정대리 : 필터류에 문제가 생긴 것 같아 유상 수리 신청하겠습니다.
⑤ 이대리 : 아직 구매한지 2년이 안되서 무상수리가 가능해보입니다.

문 08

다음 글을 근거로 옳은 것을 고르시오.

(가) K부에서는 현재 각종의 민원업무를 처리하는 데 있어서 먼저 접수된 민원을 처리하는 접수순원칙에 의하여 업무를 처리하고 있다. 그러나 국민들은 민원 처리시간이 적게 소요되는 민원을 우선 처리해야 한다는 주장을 펴고 있다.
(나) 민원 접수자 순서는 갑, 을, 병, 정 순이고, 각자의 민원 처리에 소요되는 시간은 20분, 15분, 10분, 5분이다.
(다) 민원처리의 대기시간은 앞에서 처리되는 민원의 처리 소요시간의 합을 의미하며, 민원인 한 사람의 총소요시간은 대기시간과 처리시간을 합한 것이다. 단, 시간의 단위는 분이다.
(라) 갑, 을, 병, 정은 동시에 K부에 도착하였으며, 민원접수에 걸리는 시간 및 기타 이동 시간 등은 고려하지 않는다. 단, 한 번에 한 명의 민원만 처리할 수 있다.

① 4명의 민원을 처리하는 총소요시간의 합은 '처리시간이 가장 적은 순서로 처리하는 경우'보다 '접수순에 의한 처리의 경우'가 더 적다.
② 민원처리 방식을 '접수순에 의한 처리의 경우'에서 '처리시간이 가장 적은 순서로 처리하는 경우'로 변경하면 총소요시간에서 이득을 볼 민원인은 2명이다.
③ 4명의 민원을 처리하는 데 필요한 대기시간은 '접수순에 의한 처리의 경우'가 '처리시간이 가장 적은 순서로 처리하는 경우'보다 3배 길다.
④ 민원처리 방식을 '접수순에 의한 처리의 경우'에서 '처리시간이 가장 적은 순서로 처리하는 경우'로 변경하면 대기시간이 가장 긴 민원인은 '을'이다.
⑤ K부에서는 국민들의 주장을 수용할 경우 4명의 민원을 처리하는 데 총소요시간의 합은 50분 절감된다.

문 09

다음 신문 제작에 대한 글을 읽고 옳지 않은 것을 고르시오.

40페이지 신문은 신문 용지 한 장을 반으로 나눠서 우측 1/2에 인쇄한 면을 1페이지로, 좌측 1/2에 인쇄한 면을 40페이지로, 1페이지 뒷면은 2페이지로, 40페이지 뒷면은 39페이지로 하는 방식으로 신문 용지 10장을 순서에 맞추어 올리고 그 가운데를 한 번에 접어서 만든다.

① 신문 가운데를 펴면 20페이지와 21페이지가 나온다.
② 9페이지는 용지 우측 1/2에 인쇄되어 있다.
③ 14페이지와 28페이지는 같은 용지에 인쇄되어 있다.
④ 16페이지의 같은 면 우측 1/2에 25페이지가 인쇄되어 있다.
⑤ 30페이지가 인쇄된 용지를 분실하면 13페이지도 볼 수 없다.

12

문 10

김씨는 〈표〉의 차량모델별 가격표를 보고 4,400만원의 예산제약 하에 차량을 구입하려고 한다. 예산범위 내에서 동시에 장착될 수 있는 품목들을 골라 모은 것으로 옳지 않은 것은?

〈표〉 차량모델별 가격표

구분		판매가격(원)	기본장착품목	선택장착품목(원)
300X	Value	32,610,000	V6 3.0E−VGT 디젤 엔진, 6단 자동변속기, 가변식듀얼머플러, 공기가열식 보조히터, 17인치 노플랜지 알루미늄휠, 245/65R 17타이어, 오토라이트컨트롤 헤드램프, 세이프티 파워윈도우(운전석), 1열 액티브헤드레스트, EBD−ABS, 풋파킹브레이크, 운전석/동승석 에어백, 가죽커버, 1열 시트 열선	하이패스시스템 220,000
	Deluxe	35,520,000	300X Value 기본장착품목 및 좌우독립식 풀오토에어컨, 가죽시트, 2열 시트 열선	사이드스텝과 루프랙 300,000 세이프티 썬루프 440,000
300VX	Luxury	40,290,000	300X Deluxe 기본장착품목 및 인대쉬 6매 CDC 오디오, HID 헤드램프, TPMS	사이드스텝과 루프랙 300,000 세이프티 썬루프 440,000 버튼시동 스마트키 1,030,000 DMB navigation 1,690,000
	Premier	42,290,000	300VX Luxury 기본장착품목 및 통합메모리시스템, VDC, 세이프티 썬루프, 버튼시동 스마트키	사이드스텝과 루프랙 300,000 DMB navigation + 후방카메라 1,890,000 사운드시스템 1,890,000
300VXL	Premium	43,580,000	300VX Premier 기본장착품목 및 사이드스텝과 루프랙, 셀프레벨라이저, 도어가니쉬	DMB navigation + 후방카메라 + 엔터테인먼트시스템 5,830,000

① 셀프레벨라이저, 가죽시트
② TPMS, 버튼시동 스마트키, DMB navigation
③ 가죽커버, 사운드시스템
④ 245/65R 17타이어, 사이드스텝과 루프랙, 세이프티 썬루프
⑤ VDC, 가죽시트

의사소통능력

문 11

'네거티비즘' 건축에 대한 설명으로 가장 적절한 것은?

생활에 여유를 주는 공간이라면 더 큰 공간일수록 좋으리라는 생각을 할 수도 있다. 그러나 한국적 공간 개념에는 그와 같은 여유를 추구하면서도 그것이 큰 공간일수록 좋다는 생각은 포함되어 있지 않은 것 같다. 왜 여유의 공간을 넓은 공간으로 생각하지 않았을까? 우리의 국토가 너무 좁기 때문이었을까? 넓은 공간을 유지하기에는 너무 가난했기 때문이었을까? 이러한 부정적 해답도 가능할 것이다. 그러나 그것을 긍정적으로 받아들여서 적극적인 가치 부여를 한다면 거기에는 아주 중요한 사상적 근거가 전제되어 있음을 발견할 수 있다. 그것은 한 마디로 말하자면 자연과 인간이 조화를 이루어야 한다는 사상이다. 인간은 결코 자연을 정복할 것이 아니라 자연과의 조화 속에서 궁극적인 가치들을 추구해야 한다는 사상이다. 자연과의 조화를 최대한으로 살리는 공간 개념을 근거로 하고 있음이 중요한 것이다.

이와 같은 우리의 공간 개념을 환경 문제와 결부시켜서 생각하면 어떤 시사점들을 얻을 수 있을까? 건축 행위라는 것은 자연환경을 인간의 생활 환경으로 고쳐 가는 행위라고 할 수도 있다. 물질 문명의 발달은 계속 더 적극적인 건축 행위를 필요로 하는 것도 사실이다. 더 많은 공간을 차지하는, 더 크고 화려한 건축물을 요구해 오는 사람들에게 건축은 아무 거리낌없이 건축 행위를 계속해 왔다. 그러나 이제는 그러한 팽창 위주의 건축 행위가 무제한 계속될 수 없다는 사실에 부딪치게 되었다. 인간의 요구 조건만이 아니라 자연의 필요 조건도 들어 주어야 한다는 것을 인식하게 되었다. 새로운 공간 설계를 원하는 고객도 그것만으로는 충분하지 않다는 생각을 하게 되었다. 우리의 건축 행위가 적극적으로 어떤 가치를 만들어 내느냐도 생각해야 하지만, 그것으로 인해서 어떤 부정적 결과가 야기되는지도 고려해 봐야 한다는 뜻이다. 이를 '네거티비즘'이라고 할 수 있는데, 여기서 네거티비즘이라고 한 것은 이러한 부정적 측면도 고려해 보는 사고 방식을 표현하기 위한 것이다.

네거티비즘은 결코 건축 행위를 하지 말자는 뜻이 아니다. 적극적으로 건축 행위를 하되 긍정적인 면과 밝은 면, 또는 건축주의 요청만을 고려하기 때문에 건축 설계에서 제외되기 쉬운 중요한 측면이나 인간 중심적인 면 등을 신중하게 고려하자는 것이 네거티비즘의 뜻이다. 그러므로 이것은 하나의 건축행위가 전제하고 있는 기본 가치관에 관한 문제가 된다. 네거티비즘은 하나의 건축 사상 내지는 건축 철학적 입장이다.

① 인간과 자연과의 조화를 지향한다.
② 건축주의 요구 조건을 충실히 수행한다.
③ 가능한 한 넓은 여유의 공간을 확보한다.
④ 인간의 요구 조건 충족을 최우선으로 한다.

문 12

다음 글에서 언급된 내용으로 보기에 가장 어려운 것은?

3세기경의 한반도를 중심으로 한 여러 부족의 생활 상태를 기록한 '삼국지 위지 동이전'과 기타 중국 사적의 단편적인 기록들에 의하면, 어느 부족 사회에서나 일년에 한두 차례의 대회를 열고 제천 의식을 거행하면서, 부족 의식을 연마하고 가무 백희를 연행하였다고 하였는데, 여기서 우리는 우리 나라의 원시적 축제를 볼 수 있을 것 같다. 부여의 영고, 고구려의 동맹, 예의 무천, 마한의 춘추제 등을 그 대표적인 고대 제의로 들 수 있는데, 그것은 '연일 음식 가무' 또는 '주야 음주 가무' 하는 축제였으나, 아직 의례에서 분화되지 않은 단계로 보인다.

이러한 제천 의례의 전통은 국가적 행사인 공의와, 민간의 마을굿(도당굿, 별신굿, 단오굿, 동제 등)의 두 갈래로 전승되어 오면서 우리나라 축제의 맥을 이어 왔다고 할 수 있다.

먼저, 신라의 대표적인 공의는 팔관회였는데, 진흥왕 12년(551년)에 전사한 사졸들을 위한 위령제로서 시작하였다고 한다. 이를 계승한 고려조의 팔관회는 국가적 행사로 고구려의 동맹과 신라의 팔관회를 통합한 민족적 수호제로서 중동에 행하여졌는데, 상원(上元)의 연등회와 더불어 양대 국가 축전의 행사였다. 천령(天靈)과 오악 명산(五岳名山), 대천(大川), 용신(龍神) 등 토속신에 대한 제전인 팔관회나 불사의 제전인 연등회에서는 그 대상이 다를 뿐, 양자는 다 같이 소회일(小會日)과 대회일(大會日)이 있어, 궁중의 뜰에 윤등 일좌(輪燈一座)를 놓고, 사방에 향등을 밝히고, 높이 5장이나 되는 채붕(綵棚)을 양쪽에 설치하고, 그 앞에서 가무 백희를 봉정하고, 더불어 주과와 음악으로 대축연을 베풀며, 제불(諸佛)과 천지 신명을 즐겁게하여 국가와 왕실의 태평을 기원하였다. 이 때, 백관이 행례하고, 왕은 위봉루에 출어하여 이를 보았다. 특히, 대회일에는 송의 상인, 여진, 탐라, 일본 등의 외국인이 조하(朝賀)하여 예물과 명마 등을 바치는 국제적 행사의 성격을 띠었다.

① 신라 팔관회의 구성
② 우리 나라 축제의 기원
③ 고대 제천 의례의 목적
④ 고려 팔관회의 특성

12

13~14

다음 글을 읽고 물음에 답하시오.

생명 가치는 너무도 기본적인 것이어서 '이념적 가치'로만 존재하는 것이 아니라 태어날 때부터 이미 살아가려는 의지, 즉 '의지적 가치'의 형태로 모든 생명체들의 본능 속에 깊이 부각되어 있다. 이러한 점은 유정성을 지닌 모든 동물들에게 외형적으로 표출되고 있는데, 특히 인간의 경우에는 이를 명시적으로 의식하고 있으며 이렇게 의식된 내용이 바로 자신의 생명 가치관을 이루는 선천적 기반이 되는 것이다. 그리고 분명한 점은 이러한 생명 가치관은 일차적으로 '자신의 생명'에 대한 것이라는 점이다. 이는 자기 삶의 주체가 일차적으로 자신의 생명을 단위로 하는 바로 자기 자신이기 때문인데, 이점 또한 본능에 각인되어 있다.

그러나 흥미로운 점은 대부분의 사람에게서 생명에 대한 이러한 소중함의 관념이 자기 자신의 생명에만 국한되는 것이 아니라는 사실이다. 누구에게나 자신에게 소중한 사람들이 있게 마련이고 이러한 사람들의 생명은 설혹 자신의 생명만큼 소중하지는 않다 하더라도 여전히 매우 중요한 가치로 인정되는 것이다. 이는 어떠한 합리적 사변에 의해 도달하는 관념이 아니라, 이미 우리의 마음 깊은 곳에서 우러나오는 느낌인 것이다. 그러나 느낌만으로 이야기하자면 모든 사람의 생명 가치를 동등한 가치로 받아들이기는 어려우며 자기를 중심에 두고 자기 주위의 사람들의 생명 가치에 대한 일정한 차별이 나타나게 된다. 자신에게 자기 부모의 생명이 상대적으로 더 소중하게 느껴짐을 아무도 탓할 수는 없는 것이다. 그러나 조금만 더 합리적으로 생각해 보면 이는 온당한 판단이 아니라는 사실을 곧 알 수 있다. 우리 모두가 대등하게 태어난 인간이라 할 때 내 생명 또는 내게 가까운 사람의 생명만 소중하고 남의 생명이 덜 중요하다고 생각해야 할 어떤 이유도 찾아볼 수 없는 것이다.

사실 모든 사람의 생명은 다 같은 정도로 소중하다는 이대원칙이 보편적으로 인정되기까지는 오랜 역사적 과정이 소요되었다. 이는 우리의 느낌 속에 부각된 인간 생명 가치의 차별성과 합리적 사고가 말해 주는 동등성 사이의 간극을 좁혀 나가는 과정이었다고도 말할 수 있다. 그리고 이러한 어려움을 극복하기 위해서는 이를 이겨 내려는 의식적 노력이 요구되며 이를 반영하는 사회적 장치가 바로 윤리 형태로 나타나게 된다.

특히, 남의 생명의 소중함이 자기 생명의 소중함과 원칙적으로 같다고 하는 것은 이러한 윤리의 바탕에 깔린 기본 윤리가 되지 않을 수 없으므로 이를 일러 '황금률'이라 부르기도 한다. 그런데 여기서 '원칙적으로' 같다고 하는 점이 중요하다. 현실적으로 이들의 소중함에 대한 상대적 차이를 심정적인 면에서까지 완전히 제거할 방법이 없기 때문이다. 그러나 내가 그의 입장에 서면 그가 느끼는 바와 같은 느낌을 가지게 될 것이라는 '이해'를 지니고 이 이해가 공유되는 바탕 위에 모든 사회의 행위 규범을 마련하는 것이 바로 이 윤리의 기본 정신이라고 할 수 있다.

그런데 인간의 생명 가치에 대한 이러한 고찰이 인간이 아닌 여타의 생물이 지닌 생명에까지 확장되어야 하는지에 대해서는 아직까지 합의가 이루어지지 않고 있다. 동물과 식물, 박테리아의 생명까지를 모두 인간의 생명과 대등한 위치에 놓고 생각할 것인지 혹은 이들의 생명 가치를 상대적으로 낮은 것으로 보아야 할 것인지, 그리고 낮다면 얼마나 낮은 것으로 보아야 할 것인지 하는 데에 이르면 문제가 그리 간단하지 않다. 사실 이러한 문제들은 지금까지 윤리학자들의 한가한 이론적 과제로만 치부되어 온 측면이 없지 않았다. 우리에게 인간 사회 안에 발생하는 윤리 문제를 다루는 것만으로도 벅찬 일이었기 때문이다.

그러나 이제 상황은 크게 달라졌다. [가]

문 13

위 글에서 알 수 있는 내용으로 적절한 것은?

① 모든 생명체는 후천적으로 생명에 대한 의지적 가치를 갖게 된다.

② 나에게 가까운 생명을 더 소중하게 여기는 것은 합리적 판단이다.

③ 모든 사람의 생명 가치가 같다는 생각은 고대부터 보편적으로 인정되었다.

④ 모든 인간의 생명이 동등하다는 가치를 갖기 위해서는 의식적인 노력이 필요하다.

문 14

글의 흐름상 [가]에 올 수 있는 내용으로 적절한 것은?

① 인간 이외의 생물이 지닌 생명 가치가 현실의 문제로 대두되고 있는 이유
② 모든 사람이 갖는 천부 인권이 침해받는 현실을 개선하기 위한 방안
③ 인간의 생명과 동등하게 생명의 가치를 인정해야 할 생물들을 보호하는 방법
④ 인류의 번영을 위해 인간에게 해가 되는 생명체들을 없애는 방법

문 15

'정보의 파편화 현상으로 정보에서 소외되는 개인'을 주제로 글을 쓰려고 한다. 글의 논지와 응집성을 고려하여 (가) ~ (바)를 순서대로 나열한 것으로 가장 적절한 것은?

(가) 지식과 정보는 넘쳐나는데 소외는 극심해지고, 제도는 비약적으로 발전되는데 개인은 한없이 왜소해지는 건 그 때문이다.
(나) 네티즌들의 글쓰기나 블로그의 글들이 그 점을 잘 보여준다.
(다) 요즘처럼 지식 검색과 프리젠테이션이 횡행하는 시대에는 정보와 정보 사이를 연결하는 능력이 현저하게 부족하다.
(라) 그런 한에선 아무리 지식이 많다 한들 그저 파편적인 정보에 불과할 뿐 어떤 의미나 맥락 속으로 들어가지 못한다.
(마) 이를테면, 소통보다는 독백에 더 가까운 글쓰기 방식이라 할 수 있다.
(바) 거기서는 전체적인 맥락을 짚기보다는 일면에 대한 과도한 집착, 감정의 적나라한 노출이 일반적인 패턴이다.

① (가) – (마) – (나) – (다) – (라) – (바)
② (가) – (라) – (바) – (다) – (나) – (마)
③ (다) – (나) – (바) – (마) – (라) – (가)
④ (다) – (가) – (나) – (라) – (바) – (마)

16～18

다음 글을 읽고 물음에 답하시오.

현대 사회는 대다수의 사람들이 재화를 생산하고 이를 판매 소비하는 자본주의 경제 체제에 깊숙이 통합되어 있고, 사회의 복잡성이 비교할 수 없을 정도로 증가함에 따라 위험과 불확실성이 커졌다. 다양한 정보 통신 기술이 정보와 지식의 생산, 유통, 소비를 혁신적으로 바꾸면서 사람들 사이의 새로운 상호 의존 관계를 만들어 낸다는 점에서 과거와는 커다란 차별성을 지니고 있다. 인문학은 이러한 세상을 살아가는 데에 실질적인 지침을 제공해야 한다. 그 실질적인 지침이란 과연 무엇일까? 그 핵심은 비판적이고 창조적인 사유의 능력을 키우는 것이라고 할 수 있다.

(가) 인문학적 사유가 지향하는 것은 궁극적으로는 새로운 문제를 찾아내고 그 문제를 해결하는 능력을 배양하는 것이다. 이는 복잡한 수학 문제를 푸는 것과 같은 치밀하고도 분석적인 정신노동이며, 훈련과 교육을 통해 개발된다. 인문학 교육은 이러한 습관을 학생들이 체득하도록 도와주는 식으로 진행되어야 한다. 이를 위해 수업 과정에서 질문을 던지고 이를 해결할 수 있도록 해야 한다. 수업이 독서와 토론으로 이루어져야 함은 물론이다. 학생들은 독서와 토론을 통해 글을 읽고, 질문을 던지고, 이에 답을 제시해 보고, 자신의 견해에 대한 다른 사람의 견해를 청취할 소중한 기회를 가질 수 있다. 인문학적 사유의 훈련을 위해서 다양한 보고서를 작성해 보고 그에 대한 전문가의 비판과 평가를 받아 보는 경험도 무척 중요하다. 추상적인 인문학의 주제와 실제 세상에서의 중요한 문제들 사이에 관련을 맺어 줌으로써 인문학 수업은 더욱더 흥미로워질 수 있다.

(나) 제너럴 모터스의 회장이었던 로저 스미스(Roger Smith)는 인문학 교육의 예찬론자였다. 그는 인문학 교육이 전체를 조망할 수 있는 다양한 시각을 제공하고, 혁신의 기본 요소인 창조성을 높이 평가하는 안목을 키워 주며, 인간을 폭넓게 이해하게 함으로써 대인 관계에 도움이 되고, 질적으로 우수한 것에 대한 존경심을 키워 준다고 했다. 특히 그는 "전혀 다른 것들 사이의 관계를 볼 줄 알고, 이렇게 서로 연관성 없어 보이는 것들을 결합해 새로운 배열을 만들어 낼 수 있는 능력이 예술과 문학, 역사와 같은 인문학에서 배양하는 능력이며, 바로 이것이 '성공의 공식'이 존재하지 않는 요즘과 같은 기업 경영에 결정적으로 중요한 능력"이라고 역설했다.

(다) 그런데 많은 인문 학자들은 현대 기술이나 기업 활동에 대해 비판적이다. 이들은 기술이 시장 지향적이며 몰가치적이고 피상적임에 비해, 인문학은 인간적이고 가치 지향적이며 근본적이라는 식으로 기술과 인문학을 (㉠)하곤 한다. 그러나 인문학이 응용 학문에서 추구하는 '실용'과 무관한 '순수'학문이라고 주장하는 것은 인문학을 위해서 별로 도움이 되지 않는다. 모든 지식이 직 간접적으로 연관되어 있고, 지식과 문화가 산업의 핵심으로 자리 잡은 지금, 순수와 응용의 경직된 구분은 불필요할 뿐만 아니라 잘못된 것이고 학문의 건강을 해치기 때문이다.

(라) 인문학자들은 인문학적 사유의 '실용성'(확장된 의미로서의)에 대해 적극적으로 생각하고 연구할 필요가 있다. 이는 인문학이 자본 앞에 굴복하는 것도, 신자유주의(新自由主義)에 항복하는 것도 아니다. 인문학의 '실용성'을 밝히고 이를 교육에 적극 도입하는 것은 사실 우리의 복잡한 세상을 조금 더 깊게 이해하는 과정이고, 이는 바로 인문학의 본령(本領)과 직결된다. 인문학이 해석하는 세상은 바로 지금 우리가 살고 있는 이 불확실하고 급변하는 세상이기 때문이다.

문 16

(가)～(라)에 대한 설명으로 가장 적절하지 않은 것은?

① (가)－중심 화제의 특성을 구체화하여 진술하고 있다.
② (나)－전술한 논지를 인용을 통해 뒷받침하고 있다.
③ (다)－화제를 전환하여 새로운 관점을 소개하고 있다.
④ (라)－논지를 정리하여 글을 쓴 의도를 드러내고 있다.

문 17

면접시험에서 '인문학의 위기를 어떻게 극복할 것인가?'에 대한 질문을 받고 답변을 한 것이다. 위 글의 논지와 가장 잘 어울리는 것은?

① 인문학 고유의 전통을 정비하고 이를 계승해 나가야 합니다.
② 인문학 연구자들에 대한 고용 및 지원책을 마련해야 합니다.
③ 인문학 이외의 분야와 교류하여 경제적 가치를 창출해야 합니다.
④ 인문학 스스로 삶과 현실의 문제에 대해 적극적인 관심을 가져야 합니다.

문 18

㉠에 들어갈 말로 가장 적절한 것은?

① 분류(分類)
② 분석(分析)
③ 세분(細分)
④ 양분(兩分)

19～20

다음을 읽고 물음에 답하시오

우리 나라는 단일한 언어와 문자를 사용하는 나라이다. 불행한 역사로 말미암아 지금은 비록 양쪽으로 갈라져 있기는 하지만, 남과 북에서는 갈라지기 이전과 마찬가지로 여전히 같은 언어를 사용하고 있다. 한글 맞춤법과 같은 언어 규범도 그 뿌리가 동일하며, 고유어를 중심으로 한국어를 가꾸어야 한다는 생각에도 공통점이 있다. 그러나 이처럼 중요한 언어적 기반에 공통되는 점이 많음에도 불구하고, 남북간의 언어 생활의 현실은 점점 더 이질화의 길을 걸어가고 있는 실정이다. 이러한 이질화는 주로 체제와 이념에 따른 언어관과 언어 정책 등의 차이로 인하여 발생하게 된 것인데, 이는 같은 언어 유산을 물려받은 하나의 민족이라는 시각에서 볼 때에 매우 심각한 문제이다.

북한은 언어를 혁명과 건설의 힘있는 무기라고 생각하는 유물론적(唯物論的) 언어관에 근거하여 언어 정책을 수립하였으며, 이렇게 수립된 정책을 당의 통제하에 획일적으로 강력하게 시행하여 왔다. 이에 따라, 북한의 언어는 특히 1966년에 시작된 이른바 문화어 운동 이후부터, 일반적인 언어 변화의 속도를 훨씬 앞질러 급격하게 변하게 되었다. 같은 기간 동안에 남한에서도 사회의 변화와 더불어 언어가 상당히 변화하였기 때문에, 결국 남북한의 언어는 이질화의 길을 걸어가지 않을 수 없었다. 나라의 통일이라는 과제를 앞둔 상황에서, 그리고 통일된 뒤에 등장할 문제들을 조망해 보기 위해서도 우선 북한말의 실상을 있는 그대로 파악하는 일은 매우 중요하다.

북한말에는 남한에서 사용하는 말과 형태는 같은데 의미가 다르게 사용되는 단어가 많다. '동무, 인민'등의 단어가 남한에서와는 다른 의미로 사용된다는 사실은 널리 알려져 있는 일이거니와, 가령 '아가씨'같은 말도 좋은 의미로는 사용되지 않고 봉건사상이 담긴 부정적인 의미가 첨가되어 사용된다. '예술'이라는 말도 본래의 의미 외에 '기술과 수련'이라는 뜻으로 확대 사용된다. 이러한 현상은 사회 제도의 차이에 따른 언어관 및 언어 정책의 차이로 말미암아 나타난 현상으로서, 문화어 정책 수립 이후 더욱 심해지고 있는 실정이다.

북한에서는 문체를 혁명과 건설의 힘있는 무기로서 언어의 사회적 기능을 수행하기 위한 중요한 요소의 하나로 본다. 언어의 표현면에 관련된 모든 문제들이 문체를 통해서 반영된다고 생각하는 것이다. 이에 따라, 북한에서는 문화어의 문체는 간결성, 정확성, 명료성을 보장하고, 말과 글을 통한 전투성과 호소성을 높이는 것이어야 한다고 본다. 북한에서는 말을 다듬는다고 하여 한자어를 몰아 내고 눈에 <u>㉠선</u> 고유어를 많이 만들어 오히려 언어 생활에 혼란을 일으켰다는 평가도 없지 않으나, 그 정신만은 존중할 필요가 있다. 정도의 차이는 없지 않으나 남한에서도 비슷한 아픔을 겪어 가며 우리말과 글을 가꾸어 왔다. 또, 남북의 언어가 많이 달라졌다고는 하더라도 아직은 이질적인 면보다는 공통적인 면이 더 많다. 특히, 글말의 경우, 약간의 차이점을 제외한다면 거의 비슷한 모습을 하고 있다. 이는 남북한 맞춤법이 모두 1933년에 제정된 한글 맞춤법 통일안에 뿌리를 두고 있기 때문이다. 이런 점들은 장차 남북한의 언어 통일을 위해서 매우 긍정적인 면이기도 하다. 이제 남북한의 언어 통일을 이룩할 수 있는 구체적인 방안들에 대해서도 진지하게 생각해 볼 때가 되었다.

문 19

위 글의 내용과 일치하지 않는 것은?

① 남북한의 언어적 기반에는 공통되는 점이 많다.
② 남북한의 언어 통일을 이룩할 수 있는 가능성이 열려 있다.
③ 남한은 사회의 변화로 인해 북한은 정책의 변화로 인해 언어가 변화했다.
④ 남한어와 북한어에는 의미는 같은데 형태는 다르게 사용되는 단어가 많다.

12

문 20

단어의 쓰임이 ㉠과 같은 것은?

① 그의 행동은 선 수박의 꼭지를 도린 것이다.
② 너의 생각은 합리적이기보다는 다분히 설다.
③ 어제 잠이 설었던 탓인지 하루 내내 힘이 없다.
④ 오랜만에 찾아온 집이라서 대문부터 설게 느껴진다.

수리능력

문 21

다음 숫자들의 배열 규칙을 찾아 "?"에 들어갈 알맞은 숫자를 고르시오.

8	5	5	8	?

① 10 ② 12 ③ 14
④ 16 ⑤ 18

문 22

제품 하나를 만드는 데 A기계와 B기계가 사용된다. A기계만을 사용하면 15일이 걸리고, B기계만을 사용하면 25일이 걸린다. 두 기계 모두 일정한 속도로 일을 진행한다고 할 때, A와 B기계를 동시에 사용하면 하루에 제품이 약 몇 % 만들어지는가?

① 9.8% ② 10.7% ③ 11.2%
④ 11.8% ⑤ 12.0%

문 23

시험관에 미생물의 수가 4시간마다 3배씩 증가한다고 한다. 지금부터 4시간 후의 미생물 수가 270,000이라고 할 때, 지금부터 8시간 전의 미생물 수는 얼마인가?

① 10,000 ② 30,000 ③ 60,000
④ 90,000 ⑤ 12,000

문 24

P공사는 신년행사에 방문하는 방문객에 줄 선물을 포장해야 한다. A사원은 150개, B대리는 270개를 포장해야 한다. A사원은 3분에 5개를 포장할 수 있다. B과장이 A대리와 같은 시간에 포장을 끝내려면 B과장은 5분에 몇 개의 선물을 포장해야 하는가?

① 10개 ② 11개 ③ 12개
④ 13개 ⑤ 15개

문 25

영광이와 금선이는 서로의 집을 향해 출발했다. 영광이는 8m/s, 금선이는 4m/s의 속도로 갔다. 둘의 집간의 거리는 2400M이고 금선이가 2분 먼저 출발 했다면, 영광이가 출발할 후 얼마 후에 금선이와 만나는가?

① 2분 ② 2분 20초 ③ 2분 40초
④ 3분 ⑤ 3분 20초

26 ~ 27

다음 〈표〉는 성별·연령대별 대중매체 선호비율을 나타낸 자료이다.

〈표〉 성별·연령대별 대중매체 선호비율

(단위 : %)

성별	대중매체	연령대		
		30대 이하	40 ~ 50대	60대 이상
여성	신문	10	25	50
	TV	30	35	40
	온라인	60	40	10
남성	신문	10	20	35
	TV	20	30	35
	온라인	70	50	30

문 26

위에 대한 〈보기〉의 설명 중 옳은 것을 모두 고르면?

보기

ㄱ. 남녀 모두 TV 선호비율은 연령대가 높은 집단일수록 높다.
ㄴ. 40 ~ 50대에서 대중매체 선호비율 순위는 여성과 남성이 같다.
ㄷ. 연령대가 높은 집단일수록 신문 선호비율은 남성보다 여성에서 더 큰 폭으로 증가한다.
ㄹ. 30대 이하에서는 온라인을 선호하는 남성의 수가 여성의 수보다 많다.

① ㄱ, ㄷ ② ㄴ, ㄹ ③ ㄱ, ㄴ, ㄷ
④ ㄱ, ㄴ, ㄹ ⑤ ㄴ, ㄷ, ㄹ

문 27

여성의 경우 온라인을 선호하는 비율이 40%이고 60대 이상 여성의 수가 1,000명이라면, 30대 이하 여성의 수는 얼마인가?

① 800명 ② 1,000명
③ 1,200명 ④ 1,500명
⑤ 1,800명

문 28

다음 〈표〉는 2013년 복지부정 신고센터의 분야별 신고 현황과 처리결과에 관한 자료이다. 위에 대한 〈보기〉의 설명 중 옳은 것만을 모두 고르면?

〈표 1〉 복지부정 신고센터의 분야별 신고상담 및 신고접수 현황

(단위 : 건)

구분 \ 분야	보건복지	고용노동	여성가족	교육	보훈	산업	기타	합
신고상담	605	81	5	6	11	12	1,838	2,558
신고접수	239	61	7	6	5	2	409	729

〈표 2〉 복지부정 신고센터에 신고접수된 건의 분야별 처리결과

(단위 : 건)

처리결과 \ 분야	보건복지	고용노동	여성가족	교육	보훈	산업	기타	합
이첩	58	18	2	3	0	1	123	205
송부	64	16	3	1	4	0	79	167
내부처리	117	27	2	2	1	1	207	357
전체	239	61	7	6	5	2	409	729

보기

ㄱ. 전체 신고상담 건수는 전체 신고접수 건수의 3배 이상이다.
ㄴ. 전체 신고접수 건수 대비 분야별 신고접수 건수의 비율이 가장 높은 분야는 기타를 제외하면 보건복지 분야이다.
ㄷ. 분야별 전체 신고접수 건수 중 '이첩' 건수의 비중이 가장 큰 분야는 여성가족 분야이다.
ㄹ. '내부처리' 건수는 전체 신고상담 건수의 15 % 이상이다.

① ㄱ, ㄴ ② ㄱ, ㄷ
③ ㄴ, ㄷ ④ ㄱ, ㄴ, ㄹ
⑤ ㄴ, ㄷ, ㄹ

29 ~ 30

다음 〈표〉는 2012년 국내개봉 영화의 등급별 시장점유율 및 개봉편수, 연도별 극장 및 스크린 현황에 관한 자료이다.

〈표 1〉 2012년 국내개봉 영화의 등급별 시장점유율 및 개봉편수

(단위 : %, 편)

등급	한국영화		외국영화	
	시장점유율	개봉편수	시장점유율	개봉편수
A	7.6	8	27.0	35
B	25.1	24	27.7	47
C	47.8	33	38.3	95
D	18.5	15	4.1	40
E	1.0	2	2.9	8
계	100.0	82	100.0	225

〈표 2〉 연도별 극장 및 스크린 현황

(단위 : 개)

연도	극장수	스크린수
2003	280	1,132
2004	302	1,451
2005	301	1,648
2006	321	1,880
2007	314	1,975
2008	309	2,004
2009	305	2,055
2010	301	2,003
2011	292	1,974
2012	314	2,081

문 29

이에 대한 〈보기〉의 설명 중 옳은 것을 모두 고르면?

보기

ㄱ. 2004 ~ 2006년 동안 극장 1개당 스크린수는 매년 증가하였다.

ㄴ. 2012년 전년대비 극장수 증가율은 스크린수 증가율보다 크다.

ㄷ. 2012년 한국영화의 시장점유율 등급별 순위와 외국영화의 시장점유율 등급별 순위는 동일하다.

ㄹ. 2012년 외국영화 개봉편수가 한국영화 개봉편수의 3배 이상인 등급은 3개이다.

① ㄱ, ㄴ ② ㄴ, ㄷ ③ ㄴ, ㄹ
④ ㄱ, ㄴ, ㄷ ⑤ ㄱ, ㄷ, ㄹ

문 30

2007 ~ 2012년의 스크린수의 평균은 얼마인가?(소수점 첫째자리에서 반올림 하시오)

① 2,011 ② 2,012 ③ 2,013
④ 2,014 ⑤ 2,015

자원관리

31～32

아래의 제시 상황을 보고 이어지는 질문에 답하시오.

A 식음료 기업 직영점의 점장이 된 B는 새로운 아르바이트생을 모집하고 있으며, 아래의 채용공고를 보고 지원한 사람들의 명단을 정리하였다.

아르바이트 모집공고 안내

- 채용 인원: 미정
- 시급: 6,000원
- 근무 시작: 8월～9일
- 근무 요일: 월～금 매일(면접 시 협의)
- 근무 시간: 8:00～12:00 / 12:00～16:00 / 16:00～20:00 중 4시간 이상(면접 시 협의)
- 우대 조건: 동종업계 경력자, 바리스타 자격증 보유자, 6개월 이상 근무 가능자

※ 지원자들은 이메일(jumjangB@ncs.com)로 이력서를 보내주시기 바랍니다.

※ 희망 근무 요일과 희망 근무 시간대를 이력서에 반드시 기입해 주세요.

지원자 명단

이름	희망 근무 요일	희망 근무 시간	우대 조건
강한결	월, 화, 수 목, 금	8:00 ~ 16:00	
금나래	화, 목	8:00 ~ 20:00	
김샛별	월, 수, 금	8:00 ~ 16:00	6개월 이상 근무 가능
송민국	월, 화, 수 목, 금	16:00 ~ 20:00	타사 카페 6개월 경력
은빛나	화, 목	16:00 ~ 20:00	바리스타 자격증 보유
이초롱	월, 수, 금	8:00 ~ 16:00	
한마음	월, 화, 수 목, 금	12:00 ~ 20:00	
현명한	월, 화, 수 목, 금	16:00 ~ 20:00	

문 31

B점장은 효율적인 직원 관리를 위해 최소 비용으로 최소 인원을 채용하기로 하였다. 평일 오전 8시부터 오후 8시까지 계속 1명 이상의 아르바이트생이 점포 내에 있어야 한다고 할 때 채용에 포함될 지원자는?

① 김샛별　　② 송민국
③ 한마음　　④ 현명한

문 32

직원 채용 후 한 달 뒤, 오전 8시에서 오후 4시 사이에 일했던 직원이 그만두어 그 시간대에 일할 직원을 다시 채용하게 되었다. 미채용되었던 인원들에게 연락할 때, B점장이 먼저 연락하게 될 지원자들을 묶은 것으로 적절한 것은?

① 강한결, 금나래　　② 금나래, 김샛별
③ 금나래, 이초롱　　④ 김샛별, 은빛나

문 33

다음 글을 읽고, 〈보기〉의 A, B, C에 해당하는 금액은?

카지노를 경영하는 사업자는 아래의 징수비율에 해당하는 금액(납부금)을 '관광진흥개발기금'에 내야 한다. 만일 납부기한까지 납부금을 내지 않으면, 체납된 납부금에 대해서 100분의 3에 해당하는 가산금이 1회에 한하여 부과된다(다만 가산금에 대한 연체료는 없다).

〈납부금 징수비율〉

○ 연간 총매출액이 10억 원 이하인 경우 : 총매출액의 100분의 1
○ 연간 총매출액이 10억 원을 초과하고 100억 원 이하인 경우 : 1천만 원 + (총매출액 중 10억 원을 초과하는 금액의 100분의 5)
○ 연간 총매출액이 100억 원을 초과하는 경우 : 4억 6천만 원 + (총매출액 중 100억 원을 초과하는 금액의 100분의 10)

보기

카지노 사업자 甲의 연간 총매출액은 10억 원, 사업자 乙의 경우는 90억 원, 사업자 丙의 경우는 200억 원이다.
○ 甲이 납부금 전액을 체납했을 때, 체납된 납부금에 대한 가산금은 (A)만 원이다.
○ 乙이 기한 내 납부금으로 4억 원만을 낸 때, 체납된 납부금에 대한 가산금은 (B)만 원이다.
○ 丙이 기한 내 납부금으로 14억 원만을 낸 때, 체납된 납부금에 대한 가산금은 (C)만 원이다.

	A	B	C
①	30	30	180
②	30	30	3,180
③	30	180	180
④	180	30	3,180
⑤	180	180	3,180

문 34

다음 규정에 근거하여 장애수당을 신청한 장애인 중 2009년 5월분으로 가장 많은 금액(장애수당과 노령기초연금의 합산액)을 받은 사람은?

제00조(장애수당) 국가와 지방자치단체는 장애인의 장애 정도와 경제적 수준을 고려하여 장애인의 소득 보전을 위한 장애수당을 지급할 수 있다.
제00조(장애수당 등의 지급대상자) 장애수당을 지급받을 수 있는 자는 18세 이상으로서 장애인으로 등록한 자 중 '국민기초생활 보장법'에 따른 수급자 또는 차상위계층으로서 장애로 인한 추가적 비용 보전(補塡)이 필요한 자로 한다. 다만 노령기초연금을 받고 있는 자에게는 해당 월분에 대한 장애수당의 100분의 50을 지급한다.
제00조(장애수당 등의 지급 시기 및 방법) 장애수당 등은 그 신청일을 수당지급 개시일로 하여 수당지급 개시일이 그 달의 15일 이전이면 해당 월분에 대한 수당의 전부를 지급하고, 16일 이후이면 해당 월분에 대한 수당의 100분의 50을 지급한다.

〈매월 장애수당 지급기준〉

(단위 : 원)

분류	수급자	차상위계층
1급 및 2급 장애인	130,000	120,000
3급 및 4급 장애인	100,000	80,000
5급 및 6급 장애인	80,000	60,000

※ 노령기초연금은 매월 다음 기준에 따라 지급한다.

(단위 : 원)

분류	수급자	차상위계층
65세 이상 80세 미만	80,000	60,000
80세 이상	100,000	80,000

① 갑 : 65세, 차상위계층, 2급 장애인, 2009년 5월 26일 신청
② 을 : 18세, 수급자, 3급 장애인, 2009년 5월 16일 신청
③ 병 : 45세, 차상위계층, 3급 장애인, 2009년 5월 18일 신청
④ 정 : 19세, 수급자, 4급 장애인, 2009년 5월 8일 신청
⑤ 무 : 80세, 차상위계층, 6급 장애인, 2009년 5월 18일 신청

문 35

甲위원회는 개방형직위 충원을 위해 인사담당부서에 후보자 명부를 요청하여 아래의 〈현황표〉를 작성하였다. 이 〈현황표〉를 보면, 홍보, 감사, 인사 등 모든 분야에서 다음 〈구성기준〉을 만족시키지 못하고 있다. 각 분야에 후보자를 추가하여 해당 분야의 〈구성기준〉을 충족시키는 것은?

〈현황표〉

(단위 : 명)

구분		홍보	감사	인사
분야별 인원		17	14	34
연령	40대	7	4	12
	50대	10	10	22
성별	남자	12	10	24
	여자	5	4	10
직업(직위)	공무원	10	8	14
	민간기업임원	7	6	20

구성기준

ㄱ. 분야별로 40대 후보자 수는 50대 후보자 수의 50 % 이상이 되도록 한다.
ㄴ. 분야별로 여성비율은 분야별 인원의 30 % 이상이 되도록 한다.
ㄷ. 분야별로 공무원과 민간기업임원 중 어느 한 직업(직위)도 분야별 인원의 60 %를 넘지 않아야 한다.

① 감사분야에 40대 여성 민간기업임원 1명을 추가한다.
② 인사분야에 50대 여성 민간기업임원 2명을 추가한다.
③ 홍보분야에 40대 여성 공무원 2명과 50대 남성 공무원 1명을 추가한다.
④ 인사분야에 50대 여성 공무원 2명과 50대 남성 공무원 2명을 추가한다.
⑤ 감사분야에 40대 여성 민간기업임원 1명과 50대 남성 공무원 2명을 추가한다.

12

36~37

다음은 2017학년도 대학수학능력시험 과목별 등급-원점수 커트라인 및 지원자 원점수 성적에 관한 자료이다.

○ 2017학년도 대학수학능력시험 과목별 등급-원점수 커트라인

(단위 : 점)

과목＼등급	1	2	3	4	5	6	7	8
국어	96	93	88	79	67	51	40	26
수학	89	80	71	54	42	33	22	14
영어	94	89	85	77	69	54	41	28

※ 예를 들어, 국어 1등급은 100~96점, 국어 2등급은 95~93점

○ 2017학년도 지원자 원점수 성적

(단위 : 점)

지원자	국어	수학	영어
甲	90	96	88
乙	89	89	89
丙	93	84	89
丁	79	93	92
戊	98	60	100

문 36

다음 글을 근거로 판단할 때, 2017학년도 A대학교 ○○학과 입학 전형 합격자는?

○ A대학교 ○○학과 입학 전형
- 2017학년도 대학수학능력시험의 국어, 수학, 영어 3개 과목을 반영하여 지원자 중 1명을 선발한다.
- 3개 과목 평균등급이 2등급(3개 과목 등급의 합이 6) 이내인 자를 선발한다. 이 조건을 만족하는 지원자가 여러 명일 경우, 3개 과목 원점수의 합산 점수가 가장 높은 자를 선발한다.

① 甲 ② 乙 ③ 丙
④ 丁 ⑤ 戊

문 37

다음 글을 근거로 판단할 때, 2017학년도 A대학교 △△학과 입학 전형 합격자는?

○ A대학교 ○○학과 입학 전형
- 2017학년도 대학수학능력시험의 국어, 수학, 영어 3개 과목을 반영하여 지원자 중 1명을 선발한다.
- 3개 과목 평균점수가 87점 이상인 자를 선발한다. 이 조건을 만족하는 지원자가 여러 명일 경우, 3개 과목 평균등급이 가장 우수한 자를 선발한다. 이 조건을 만족하는 지원자가 여러 명일 경우, 국어점수가 가장 높은 자를 선발한다.

① 甲 ② 乙 ③ 丙
④ 丁 ⑤ 戊

문 38

M 공사 인사혁신팀에 근무 중인 김 과장은 아래와 같이 해외출장을 가려고 한다. 시차는 시드니가 인천보다 1시간이 빠르고, 스톡홀름은 시드니보다 8시간이 늦다. 김 과장이 도착한 스톡홀름의 현지 시각은 언제인가?

구 분	인천 → 시드니	시드니 → 스톡홀름
출발 시간	11월 12일 오전 9시30분	( )
비행 시간	10시간 15분	6시간 40분
경유지 대기시간	4시간	( )

① 12일 오후 9시 25분
② 12일 오후 11시 25분
③ 13일 오전 1시 25분
④ 13일 오전 2시 25분
⑤ 13일 오전 3시 25분

39～40

다음 〈표〉는 '가' 골프장의 요일별, 시간대별 이용요금에 관한 정보이다.

〈표〉 '가' 골프장의 요일별, 시간대별 이용요금

(단위 : 천원)

경기시작 시간대	1인당 그린피				1대당 카트 대여료
	월～목요일	금요일	토요일	일요일	
06:00 ~ 06:59	60	70	120	100	80
07:00 ~ 08:29	85	90	140	120	
11:00 ~13:29	105	110	150	140	
16:00 ~18:29	60	80	120	100	
19:30 ~ 20:59	40	60	80	75	

※ 1) 골프장 이용요금은 골프모임 구성원 전체의 그린피(경기시작 시각 기준)와 카트대여료의 합임.
2) 동일 골프모임 구성원의 경기시작 시각은 동일함.
3) 골프모임 모든 구성원은 해당 모임이 대여한 카트에 탑승해야 함.
4) 카트 1대당 골프모임 구성원 4인까지 탑승할 수 있으며, 모든 골프모임은 카트대여료를 최소화한다고 가정함.

보기

골프모임의 구성원 수, 이용 요일 및 경기시작 시각

골프모임	구성원 수(명)	이용 요일	경기시작 시각
A	4	금요일	12:00
B	3	토요일	13:15
C	6	수요일	16:30
D	8	월요일	20:10
E	4	일요일	08:05

문 39

〈보기〉의 A～E 골프모임 중 '가' 골프장에 가장 많은 이용요금과 가장 적은 이용요금을 낸 골프모임을 바르게 나열한 것은?

	가장 많은 이용요금을 낸 골프모임	가장 적은 이용요금을 낸 골프모임
①	C	B
②	D	C
③	D	E
④	E	A
⑤	E	D

12

문 40

D 골프 모임의 구성원 두 명이 E 골프모임으로 옮겼다면 D, E 골프모임의 이용요금 차이는 얼마가 되겠는가?

① 420천원
② 440천원
③ 460천원
④ 480천원
⑤ 500천원

한국전력공사 1회 (50문항 60분)

문 01

배출권 거래제는 기업들끼리 오염물질 배출 권한을 사고파는 제도를 의미한다. 이 글을 바탕으로 사람들의 발언 중 옳은 것은?

> 유럽 배출권거래제의 경우, 우리나라와 차이가 있는 시장구성상의 특징으로 배출권거래제 대응을 위한 전담조직의 구성과 역할에 있어서도 차이가 있다. EU의 경우 배출권의 할당대상이 온실가스를 실제 배출하는 배출시설(사업장:Installation) 단위로 이루어지므로 배출권의 할당 신청, 배출량의 MRV, 배출권의 제출과 같은 행정대응 업무의 책임은 개별 사업장에 있다. 반면, 우리나라는 배출권의 할당대상이 개별 사업장이 아닌 사업체(할당대상업체:Corporation) 단위로 이루어지므로 배출권의 할당신청, 배출권 제출과 같은 행정 대응 업무의 책임을 본사에서 수행한다.
>
> 또한 EU의 경우 에너지시장의 자유화로 인하여 대부분의 전력공급 업체는 자체적인 에너지거래(Trading) 부서를 두고 있다. 전력, 석탄, LNG 등의 에너지를 개별 기업차원에서 직접 거래를 하고 있으며, 이러한 전문 Trading 조직에서 배출권이라는 또 다른 신규상품을 추가하여 거래하고 있는 상황이다. 반면, 우리나라의 경우 발전에너지 업종을 포함한 대부분의 할당대상업체가 거래(Trading)의 경험과 전문성을 확보하지 못하고 있는 실정이다.

① "우리나라의의 경우 배출권의 할당대상이 온실가스를 실제 배출하는 배출시설단위로 이루어지므로 행정대응 업무의 책임은 개별 사업장에 있다."
② "EU의 경우 배출권의 할당대상이 사업체 단위로 이루어지므로 배출권의 할당신청, 배출권 제출과 같은 행정 대응 업무의 책임을 본사에서 수행한다."
③ "EU의 경우 대부분의 전력 공급 업체는 전문 Trading 조직에서 전력, 석탄, LNG뿐 만 아니라 배출권이라는 신규상품을 추가하여 거래하고 있다."
④ "우리나라의 경우 발전에너지 업종을 포함한 대부분의 할당대상업체가 거래의 경험과 전문성을 확보하고 있다."
⑤ "우리나라의 경우 대부분의 전력공급 업체는 자체적인 에너지거래 부서를 두고 있다."

문 02

에너지를 절약하기 위한 방법에 대한 글이다. 이 글을 읽고 옳지 못한 것은?

> 전기흡혈귀는 실제 사용하지 않는 기기가 계속 전기를 빨아먹는다는 뜻에서 붙은 말이다. 이 전기흡혈귀는 다름 아닌 '대기전력'을 일컫는 말이다. 실제 사용하지 않으면서 콘센트에 플러그를 꽂아둠으로써 낭비되는 전기를 말하며 가정 소비전력의 약 11%를 차지한다. 대기전력만 효과적으로 줄여도 1년에 한 달은 전기를 공짜로 쓸 수 있다.
>
> 대기전력을 줄이는 최선의 방법은 플러그를 뽑는 것이지만 사용하지 않을 때마다 일일이 전원을 끄고 플러그를 제거하는 것이 쉽지 않으므로 멀티탭을 사용하는 것도 한 방법이다. 스위치 달린 멀티탭은 스위치 조작만으로 여러 개의 플러그를 동시에 뽑은 것과 같은 효과를 얻을 수 있다. 또한 에너지 절약마크는 대기전력을 최소화한 제품에 붙여지는 만큼 가전제품을 구입할 때에는 에너지 절약마크가 있는지 확인해야 한다.
>
> 또 다른 방법으로는 에너지 효율 등급을 확인하는 것이다. 에너지 효율등급은 1 ~ 5등급으로 구성되며 1등급이 가장 좋다. 1등급 제품을 구입하면 5등급 제품에 비하여 30 ~ 45%의 에너지가 절약되므로 반드시 효율등급을 확인해야 한다. 냉장고, 에어컨, 보일러 등은 2005년부터 표시하고 있는 최저 소비효율 달성률 라벨을 확인하고 소비효율 달성률이 높은 제품을 사용하여야 한다.

① 전기흡혈귀라 불리는 대기전력은 가정 소비 전력의 약 11%를 차지한다.
② 대기전력을 줄이기 위해 스위치 달린 멀티탭을 사용한다.
③ 가전 제품 구매 시 에너지 효율등급을 확인 할 수 있는 에너지 절약마크가 있는지 확인한다.
④ 냉장고 구매 시 에너지 효율등급이 1등급인 제품을 구매하는 것이 좋다.
⑤ 에어컨 구매 시 최저 소비효율 달성률 라벨을 확인하고 소비효율 달성률이 높은 제품을구매한다.

문 03

다음은 해외 출장 계획서이다. 이 글을 바탕으로 알 수 없는 것은?

신재생에너지 전력망 통합 및
스마트그리드 선진구축사례 파악을 위한
공무 해외 출장 계획서

1. 출장목적
   - ㅁ[신재생에너지 전력망 통합 및 스마트그리드] Information Trip Program 참가
     - ㅇ문서번호 상생(기획) – 95(2019.2.19.), "독일 신재생에너지~ Trip 안내"
   - ㅁ신재생에너지 확충에 따른 전력망 구축과 관련 ICT인프라 현황 파악
2. 출장개요
   - ㅁ출장기간 : '19. 4. 8(월) ~ 4. 14(일) / 5박7일
   - ㅁ출장내용 : 「신재생에너지 전력망 통합 및 스마트그리드」 프로그램 참관
     - ㅇ[독일] 킥오프 행사 및 전문주제 발표/강연 참가, 기업인 간 교류
     - ㅇ[독일] 신재생 산업 관련 연구기관 및 공공기관 방문, 시범모델 견학
     - ㅇ독일 연방경제에너지부 행사 주관 / 국내 한독상공회의소 운영 및 인솔
   - ㅁ출장자 및 담당업무

소 속	성명	직급	담 당 업 무
ICT 인프라처	빠꼼이	3	■전사 ICT설비 운영관리 총괄 - SCADA시스템, 계통보호전송장치 등

3. 출장세부일정

장소	일 시	주 요 내 용
독일	4. 8(월)	■인천공항 출국 (12:00) → 독일 프랑크푸르트 공항 입국(16:30)
	4. 8(월)	■(이 동) 프랑크푸르트 → 슈투트가르트
	4. 8(월)	■호텔 체크인 및 휴식 - Best Western Lorfstyle Hotel Stuttgart-Zuffenhausen
	4. 9(화)	■Kiff-Off Event 참가 및 등록, 강연 및 발표 - Haus der Wirtschaft, Studio B ■EnBW 스마트그리드 역량센터 방문 - Ostfildern Stuttgart
	4. 10(수)	■바덴 뷔르템베르크의 태양 및 수소에너지 연구센터 방문 - 네트 안전화와 유연화를 위한 Power-to-gas방법 등 ■바덴 뷔르템베르크 주 정부 환경부 방문 - 에너지전환 내의 연방정부와 주정부의 역할
	4. 11(목)	■ 슈투트가르트 공항 방문 – Consulting GmgH - 스마트 데이터 시스템을 통한 에너지 수요 예측 개선
		■ Siemems의 마이크로그리드 연구소 방문 - 네트 컨트롤, 관리 및 계획을 위한 디지털IT 기술
	4. 12(금)	■하스푸르트 시립 발전 사업장 방문 - 가상(Virtual) 발전소 마케팅 메카니즘 ■독일 업체 Venios GmbH 방문 – 프랑크푸르트 - 전력망 설계/관리 분야 IoT, Big Data, AI 적용사례
	4. 13(토)	■프랑크푸르트 공항 출발(18:30)
	4. 14(일)	■인천공항 도착(11:50)

4. 소요예산 : 3,020,525원 (예산과목 : 여비교통비/해외여비)

붙임 : 출장 세부 일정 및 예산산출 상세 내역

① 신재생 산업 관련 기관 방문 첫날에 EnBW 스마트그리드 역량센터를 방문한다.

② 빠꼼이 주임은 킥오프 행사에서 발표를 한다.

③ 4월 10일부터 12일까지 매일 업무 차 2곳 이상의 기관 및 업체를 방문한다.

④ 프랑크푸르트에서 전력망 설계관리 분야의 IoT, Big Data, AI 적용사례 등을 견학한다.

⑤ 슈투트가르트 공항은 총 두 번 방문한다.

13

문 04

다음은 안전,재난 관리를 위한 Fool Proof 시스템 개발 사전 연구에 관한 글이다. 알 수 없는 것은?

Fool Proof 시스템에 적용이 가능한 최신 기술로 알려져 있는 스마트웨어러블, 3D 스캐닝 증강현실, 실시간 인터렉션 기술 등을 이용하여 총 4가지 분야에 최신 Fool Proof 기술을 적용하기 위한 연구 로드맵 수립을 목표로 한다.

작업 적합도 평가 분야는 스마트 웨어러블의 기능 중 하나인 헬스 모니터링을 활용하여 작업자가 현장 업무에 투입이 가능한 상태인지를 알코올, 스트레스지수, 심박수 등을 이용해 확인하는 시스템이다. 본 과제 수립 시 적용을 위해 웨어러블 센서의 현 기술수준과 앞으로의 기술동향, 기술적용 가능성 등을 확인하는 것이 목표이다. 다중보호 및 상황인지 분야는 3D 스캐닝기술과 센서들을 활용하여 주위상황 인식, 접촉 감지 등 협소하거나 시야가 협소한 장소에서 작업자의 안전을 확보하기 위한 시스템이다. 작업자의 편리성을 위해 일체형 디바이스 개발이 가능한지를 분석하며 예상 시나리오 작성을 통해 현재 센서 수준에서 이를 구현할 수 있는지를 분석하고 향후 개발 방안을 수립하는 것을 목표로 한다. 실시간 재해안전 예측/대응 분야는 날씨, 온도 등 외부 데이터를 이용해 전력시설물에 발생할 수 있는 자연재해인 홍수로 인한 침수, 태풍에 의한 파손 등을 미리 예측하여 보다 안전하고 빠른 예방 및 복구 작업을 가능케 하는 시스템이다. 여러 상황들 중 대표적인 케이스를 추출하여 시나리오를 작성하여 화면 구성, 필요기술 및 정보를 분석하는 것이 본 연구에서의 목표이다. 작업 훈련 분야는 AR기술을 활용하여 실시간 작업 정보를 제공하는 시스템이다. VR과 달리 AR을 이용할 경우 현장 작업자에게 관련 정보를 바로 제공할 수 있다는 장점이 있다. 이러한 AR관련 기기의 현재수준과 기술동향을 분석하여 향후 어떠한 형태로 작업자를 위한 훈련시스템을 개발할 것인지 계획을 수립하도록 한다.

따라서, 이번 사전연구를 통해서 달성하고자 하는 바는 아래와 같다. 우선, 예상 적용분야들에 필요한 기술들의 현재 수준과 앞으로의 기술동향을 분석함으로써 개발형태, 적용디바이스, 일체화 가능성, 착용위치 등 하드웨어적인 목표와 함께 재난 예측방안 수립, 통합 플랫폼 구축, 실시간 인터렉션 방안 구축 등 구성 소프트웨어에 대한 연구 방향을 수립한다. 또한 적용분야들의 예상 시나리오 작성을 통해 개발을 통해 달성해야할 기술 수준과 목표를 설정한다. 이와 같은 기술 분석과 시나리오 작성을 통해 효율적인 본 과제 추진을 위한 로드맵 도출함이 본 사전연구의 목표이다.

① 작업 적합도 평가 분야는 스마트 웨어러블의 기능 중 하나인 헬스 모니터링을 활용하여 작업자가 현장 업무에 투입이 가능한 상태인지를 확인하는 시스템이다.
② 3D 스캐닝기술과 센서들을 활용하여 시야가 협소한 장소에서 작업자의 안전을 확보하기 위한 시스템은 다중보호 및 상황인지 분야이다.
③ 실시간 재해안전 예측/대응 분야는 향후 작업자를 위한 훈련시스템을 개발할 것인지 계획을 수립하도록 한다.
④ 작업 훈련 분야는 AR기술을 이용하여 현장 작업자에게 관련 정보를 바로 제공할 수 있다.
⑤ 재난 예측방안 수립, 통합 플랫폼 구축, 실시간 인터렉션 방안 구축 등 구성 소프트웨어에 대한 연구 방향을 수립하고자 한다.

문 05

㉠에 대한 설명으로 적절하지 않은 것은?

> 전기 에너지를 사용하는 조명 기구는 백열전구의 발명 이후로 발광 효율을 높이고 기구의 수명을 늘리는 방향으로 개선되어 왔다. ㉠ 발광 효율은 소비 전력이 빛으로 변환되는 비율을 말한다. 여기서 빛이란 전자기파의 일종으로 적외선과 자외선 사이에 있는 가시광선을 의미한다.
>
> 백열전구는 둥근 유리구 안에 필라멘트를 넣고 불활성 기체를 넣은 단순한 구조이다. 필라멘트에 전압을 가하면 뜨거워진 필라멘트에서 일부 에너지가 전자기파의 형태로 방출된다. 이 전자기파의 파장은 연속 스펙트럼을 갖는데 이 중 빛은 10 % 정도이고 나머지는 열의 형태인 적외선이다. 전구에 투입되는 전력의 대부분이 열로 방출되므로 발광 효율이 아주 낮고, 필라멘트가 고온으로 가열되므로 끊어지기 쉬워 백열전구의 수명도 짧다. 전구에 가해지는 전압을 높여 필라멘트의 온도를 높이면 빛의 비율은 높아지지만 수명은 짧아진다.
>
> 형광등은 원통형 유리관 내에 수은과 불활성 기체가 들어 있고 양 끝에 필라멘트가 붙어 있는 구조이다. 필라멘트에서 방출된 열전자가 수은 입자에 충돌하면 자외선이 발생한다. 이 자외선이 형광등 안쪽에 발라진 형광 물질에 닿으면 빛으로 바뀐다. 이때 형광 물질의 종류에 따라 빛의 색이 달라지기도 하고 자외선을 빛으로 바꾸는 변환 효율이 다르므로 형광등의 발광 효율에도 영향을 준다. 형광등은 필라멘트에서 직접 빛을 얻는 것이 아니므로 가열 온도를 낮출 수 있어서 백열전구에 비해 30 % 정도의 전력 소비로 같은 밝기의 빛을 낼 수 있다. 또한 백열전구에 비해 적외선 방출도 적고 수명도 5～6배 정도 길다.
>
> 발광 다이오드(LED)는 p형, n형 두 종류의 반도체를 접합하여 만드는데 전압을 가하면 두 반도체 사이에는 일정한 전압의 차이가 발생한다. 이때 이 사이를 움직이는 전자는 그 전압 차만큼의 에너지를 빛으로 방출한다. 접합된 두 반도체를 구성 하는 화합물에 따라 필요한 전압의 크기나 방출되는 에너지의 크기가 다르다. 이 에너지의 크기에 따라 방출되는 빛의 파장 이 정해지면서 발광 다이오드에서 나오는 빛은 하나의 색을 띠게 된다. 발광 다이오드를 조명용 발광 소자로 사용하려면 가시광선의 전 영역에 해당하는 빛이 방출될 수 있도록 해야 한다. 그래서 단색 빛을 내는 발광체에 형광 물질을 입혀 형광등처럼 빛이 방출되도록 만든다. 하지만 발광 다이오드는 필라멘트와 같은 가열체가 없으므로 형광등에 비해 수명이 길고 에너지 손실이 작다.

① 백열전구는 형광등보다 적외선 방출이 많으므로 형광등에 비해 발광 효율이 낮겠군.

② 백열전구의 수명을 늘리기 위해 필라멘트의 가열 온도를 낮추면 발광 효율은 낮아지겠군.

③ 형광등에서 빛 변환 효율이 높은 형광 물질을 사용하면 형광등의 발광 효율을 높일 수 있겠군.

④ 두 조명 기구에서 같은 양의 빛 에너지가 나온다면 소비 전력이 작은 쪽이 발광 효율이 높은 것이군.

⑤ 조명용 발광 다이오드는 형광 물질을 통해 빛을 생산하지만 필라멘트가 없기 때문에 형광등보다 발광 효율이 낮겠군.

문 06

다음 글에 대한 이해로 적절한 것은?

과거에는 물질이 더 이상 쪼개지지 않는 작은 원자들로 구성되어 있다고 생각되었지만, 오늘날에는 원자가 전자, 양성자, 중성자로 구성된 복잡한 구조라는 것이 밝혀졌다.

음전기를 띠고 있는 전자는 세 입자 중 가장 작고 가볍다. 1897년에 톰슨이 기체 방전관 실험에서 음전기의 흐름을 확인하여 전자를 발견하였다. 같은 음전기를 띠고 있는 전자들은 서로 반발하므로 원자 안에 모여 있기 어렵다. 이에 전자끼리 흩어지지 않고 원자의 형태를 유지하는 이유를 설명하기 위해 톰슨은 '건포도빵 모형'을 제안하였다. 양전기가 빵 반죽처럼 원자에 고르게 퍼져 있고, 전자는 건포도처럼 점점이 박혀 있어서 원자가 평소에 전기적으로 중성이라고 생각한 것이다.

양전기를 띠고 있는 양성자는 전자보다 대략 2,000배 정도 무거워서 작은 에너지로 전자처럼 분리해 내거나 가속시키기 쉽지 않다. 그러나 1898년 마리 퀴리가 천연 광물에서 라듐을 발견한 이후 새로운 실험이 가능해졌다. 라듐은 강한 방사성 물질이어서 양전기를 띤 알파 입자를 큰 에너지로 방출한다. 1911년에 러더퍼드는 라듐에서 방출되는 알파 입자를 얇은 금박에 충돌시키는 실험을 하였다. 그 결과 알파 입자는 금박의 대부분을 통과했지만 일부 지점들은 통과하지 못하고 튕겨 나갔다. 이 실험을 통해 러더퍼드는 양전기가 빵 반죽처럼 원자 전체에 퍼져 있는 것이 아니라 아주 좁은 구역에만 모여 있다는 것을 알게 되었고, 이 구역을 '원자핵'이라고 하였다. 그는 실험 결과를 바탕으로 태양이 행성들을 당겨 공전시키는 것처럼 양전기를 띤 원자핵도 전자를 잡아당겨 공전시킨다는 '태양계 모형'을 제안하여 톰슨의 모형을 수정하였다.

그런데 러더퍼드의 모형은 각각의 원자에서 나타나는 고유한 스펙트럼을 설명하지 못했다. 1913년에 닐스 보어는 전자가 핵 주위의 특정한 궤도만을 돌 수 있다는 '에너지 양자화 가설'이라는 것을 제안하였다. 이를 통해 양성자 1개와 전자 1개로 이루어져 구조가 단순한 수소 원자의 스펙트럼을 설명할 수 있었다. 1919년에 러더퍼드는 질소 원자에 대한 충돌 실험을 통하여 핵에서 떨어져 나오는 양성자를 확인하였다. 그는 또한 핵 속에 전기를 띠지 않는 입자인 중성자가 있다는 것을 예측하였다. 1932년에 채드윅은 전기적으로 중성이며 질량이 양성자와 비슷한 입자인 중성자를 발견하였다. 1935년에 일본의 유카와 히데키는 중성자가 중간자라는 입자를 통해 핵력이 작용하게 하여 양성자를 잡아당긴다는 가설을 제안하였다. 여러 개의 양성자를 가진 원자에서는 같은 양전기를 띠고 있는 양성자들이 서로 밀어내려 하는데, 이러한 반발력보다 더 큰 힘이 있어야만 여러 개의 양성자가 핵에 속박될 수 있다. 그의 제안을 이용하면 양성자들이 흩어지지 않고 핵 안에 모여 있음을 설명할 수 있었다.

① 라듐이 발견됨으로써 러더퍼드는 원자핵을 발견하게 된 실험을 할 수 있었다.
② 질소 충돌 실험에서 양성자가 발견됨으로써 유카와 히데키의 가설이 입증되었다.
③ 채드윅은 양성자가 핵 안에서 흩어지지 않는 이유를 설명하는 가설을 제안했다.
④ 원자모형은 19세기 말에 전자가 발견됨으로써 '태양계 모형'에서 '건포도빵 모형'으로 수정되었다.
⑤ 알파 입자가 금박의 일부분에서 튕겨 나간다는 사실을 통해 양전기가 원자 전체에 퍼져 있음이 입증되었다.

07～08

다음 글을 읽고 물음에 답하시오.

휴리스틱(heuristic)은, 문제를 해결하거나 불확실한 사항에 대해 판단을 내릴 필요가 있지만 명확한 실마리가 없을 경우에 사용하는 편의적·발견적인 방법이다. 우리말로는 쉬운 방법, 간편법, 발견법, 어림셈 또는 지름길 등으로 표현할 수 있다.

1905년 알베르트 아인슈타인은 노벨 물리학상 수상 논문에서 휴리스틱을 '불완전하지만 도움이 되는 방법'이라는 의미로 사용했다. 수학자인 폴리아는 휴리스틱을 '발견에 도움이 된다'는 의미로 사용했고, 수학적인 문제 해결에도 휴리스틱 방법이 매우 유효하다고 했다.

휴리스틱에 반대되는 것이 알고리즘(algorism)이다. 알고리즘은 일정한 순서대로 풀어나가면 정확한 해답을 얻을 수 있는 방법이다. 삼각형의 면적을 구하는 공식이 알고리즘의 좋은 예이다.

휴리스틱을 이용하는 방법은 거의 모든 경우에 어느 정도 만족스럽고, 경우에 따라서는 완전한 답을 재빨리, 그것도 큰 노력 없이 얻을 수 있다는 점에서 사이먼의 '만족화'원리와 일치하는 사고방식인데, 가장 전형적인 양상이 '이용 가능성 휴리스틱(availability heuristic)'이다. 이용 가능성이란 어떤 사상(事象)이 출현할 빈도나 확률을 판단할 때, 그 사상과 관련해서 쉽게 알 수 있는 사례를 생각해 내고 그것을 기초로 판단하는 것을 뜻한다.

그러나 휴리스틱은 완전한 답이 아니므로 때로는 터무니없는 실수를 자아내는 원인이 되기도 한다. 불확실한 의사결정을 이론화하기 위해서는 확률이 필요하기 때문에 사람들이 확률을 어떻게 다루는지가 중요하다. 확률은, 이를테면 어떤 사람이 선거에 당선될지, 경기가 좋아질지, 시합에서 어느 편이 우승할지 따위를 '전망'할 때 이용된다. 대개 그러한 확률은 어떤 근거를 기초로 객관적인 판단을 내리기도 하지만, 대부분은 직감적으로 판단을 내리게 된다. 그런데 직감적인 판단에서 오는 주관적인 확률은 과연 정확한 것일까?

카너먼과 트버스키는 일련의 연구를 통해 인간이 확률이나 빈도를 판단할 때 몇 가지 휴리스틱을 이용하지만, 그에 따라 얻어지는 판단은 객관적이며 올바른 평가와 상당한 차이가 있다는 의미로 종종 '바이어스'가 동반되는 것을 확인했다.

이용 가능성 휴리스틱이 일으키는 바이어스 가운데 하나가 '사후 판단 바이어스'이다. 우리는 어떤 일이 벌어진 뒤에 '그렇게 될 줄 알았어.' '그렇게 될 거라고 처음부터 알고 있었어.'와 같은 말을 자주 한다. 이렇게 결과를 알고 나서 마치 사전에 그것을 예견하고 있었던 것처럼 생각하는 바이어스를 '사후 판단 바이어스'라고 한다.

문 07

윗글의 논지 전개 방식에 대한 설명으로 가장 적절한 것은?

① 분석 대상과 관련되는 개념들을 연쇄적으로 제시하며 정보의 확대를 꾀하고 있다.
② 인과 관계를 중심으로 분석 대상에 대한 논리적 접근을 시도하고 있다.
③ 핵심 개념을 설명하면서 그와 유사한 개념들과 비교함으로써 이해를 돕고 있다.
④ 전달하고자 하는 정보를 다양한 맥락에서 재구성하여 반복적으로 제시하고 있다.
⑤ 핵심 개념의 속성을 잘 보여주는 사례들을 통해 구체적인 설명을 시도하고 있다.

13

문 08

윗글에서 설명하고 있는 '휴리스틱'과 '바이어스'의 관계를 보여주기에 가장 적절한 것은?

① 평소에 30분 정도 걸리기에 느긋하게 출발했는데 갑자기 교통사고가 나는 바람에 늦어졌다.
② 그녀는 살을 빼려고 운동을 시작했는데 밥맛이 좋아지면서 오히려 몸무게가 늘었다.
③ 최근 한 달 동안 가장 높은 타율을 기록한 선수를 4번 타자에 기용했는데 4타수 무(無)안타를 기록하였다.
④ 동네 마트에서 추첨 세일을 한다기에 식구들이 다 나섰는데 한집에 한 명만 참여할 수 있다고 한다.
⑤ 작년에 텃밭에서 제일 재미를 본 채소를 집중적으로 심었는데 유례없이 병충해가 돌아 몽땅 망치고 말았다.

문 09

다음 단락을 논리적으로 의미가 잘 통하도록 바르게 배열한 것은?

(가) 일반적으로 도서는 인류의 가장 우수한 지성인, 예지자들의 두뇌의 총화를 축적한 저장고라 하겠다. 그 속에는 인문 과학, 사회 과학, 자연 과학, 문학, 미술, 음악 등 학술과 예술에 관한 것은 물론, 기타 취미와 오락 등 인간 생활에 관계된 것으로 없는 것이 거의 없다.
(나) 모든 일은 첫술에 배부를 수가 없다. 그 방면의 서적 중에서 우선 적당하다고 생각되는 것을 내용과 차례 등에 의하여 선택해서 읽어 볼 일이다. 이와 같이 하기를 수삼 권 하면, 자연히 그 양부(良否)를 판단하여 가려 낼 수 있게 될 것이다.
(다) 이러한 경우에는 자기가 요구하는 분야에 능통한 선배나 전문가에게 문의하는 편이 가장 손쉽고 편리하지만, 이것은 어느 경우나 가능한 일은 아니요, 또 타당한 일도 아니다. 때로는 자기 자신이 선택하지 않으면 안 될 경우가 많다.
(라) 학문의 연구는 이와 같이 하여 점점 깊이 들어가고 폭이 넓어지게 되는 것이니, 그러기 위해서는 물론 노력이 든다. 그리고 이러한 노력은 결코 아낄 것이 아니다. 매사가 정성과 노력을 안 들이고 공(空)으로 이루어지는 것은 하나도 없다. 또 노력을 들이면 그 노력은 결코 허사로 돌아가는 것도 아니다. 그 노력의 효과는 언젠가는 어떠한 형식으로든지 거두어지게 마련이다.
(마) 요는 이와 같이 많은 도서 중에서 어떻게 하면 자기가 요구하는 서적을 찾아내며, 또 어떻게 하면 그 종류 중에서 가장 우량한 것을 찾아낼 수 있겠는가가 문제 된다. 사람도 많으면 그중에는 선인도 있고 악인도 있듯이, 서적도 워낙 많으니까 그중에는 양서도 있고 악서도 있다. 그리하여 그 많은 도서 중에서 양서를 골라내는 것은 수월한 일이 아니다.

① (가) – (다) – (라) – (마) – (나)
② (가) – (마) – (나) – (다) – (라)
③ (가) – (마) – (다) – (나) – (라)
④ (나) – (다) – (가) – (마) – (라)
⑤ (나) – (라) – (마) – (다) – (가)

문 10

다음 글에서 비판하고 있는 핵심 내용으로 맞는 것은?

한 경향이나 한 시대와 같은 몇 개 되지 않은, 그것도 대부분 직관적으로 파악된 특징으로부터 일반적인 종합 개념을 만들어 내서는, 이러한 일반화로부터 연역적으로 개별 현상에 접근하여 설득력 있는 종합에 도달했다고 생각하는 것이 당시에는 유행이 되다시피 했다. 필자의 '소설의 이론'의 방법론도 이와 다를 바가 없었다. 현실을 대하는 주인공의 유형이 너무 협소한가 아니면 너무 넓은가 하는 양자택일적인 사고가 결정적인 역할을 하고 있는데, 이러한 방법은 '돈키호테'의 경우 이 한 편의 소설이 갖는 역사적 미학적 풍부함을 파악하는 것조차도 힘들 정도로 너무 일반화되어 있으며, 이러한 소설의 유형에 속하는 다른 작가들, 예컨대 발자크나 폰토피탄을 두고 볼 때, 이러한 방법은 이들에게 일종의 개념이라는 외투를 억지로 입힘으로써 큰 문제가 되었다.

① 귀납적 사고의 위험성
② 다른 이론을 배척하는 태도
③ 개념의 왜곡
④ 이론의 독재
⑤ 비이성적인 것에 대한 비난

문 11

공공기관 에너지담당자 교육에 관한 글이다. 이 글의 내용 중 옳은 것은?

새로운 에너지 세상, 행복한 미래를 위한 공공부문 교육과정

◇2019년 교육일정

1차 3월 13 ~ 15일
2차 4월 3 ~ 5일
3차 5월 30 ~ 31일
4차 6월 20 ~ 21일
5차 7월 8 ~ 9일
6차 8월 28 ~ 30일
7차 10월 23 ~ 25일

◇교육목적

- 공공기관의 에너지관리업무 담당자들을 대상으로 에너지사용설비 효율 향상을 위한 신기술 · 사례 중심의 체계적인 교육과 기후변화관련교육을 통한 에너지전문가 양성
- 에너지사용설비 효율향상을 위한 신기술 등 실용적인 정보 제공을 통해 공공기관의 에너지 이용 합리화 도모

◇교육근거

: 산업통상자원부 고시 제 2017-203호 (공공기관 에너지이용 합리화 추진에 관한 규정)

◇교육대상 및 교육인원

- 교육대상 : 공공기관 및 지자체 에너지관리 담당자
- 교육인원 : 각 차수 별 80명 내외

◇교육내용(커리큘럼): 총 18시간

구 분	교 육 내 용	시 간
정책·제도	공공기관 에너지이용합리화 추진방향	1
	에너지전환정책에 따른 공공분야 대응방안	2
이론 · 실무	신재생 설치의무화 등 보급제도 활용방안	1
	에너지설비 투자비 확보 및 활용사례	2
	A.I.C.B.M을 통한 에너지혁명	2
	공공기관 태양광 설비 설치·운영사례	2
	공공기관 ESS설비 설치 및 운영사례	2
	공공기관 BEMS설비 설치 및 운영사례	2
현장견학	현장견학(공공분야 에너지효율 및 절약관련 시설)	3
특강	공공부문 에너지 사업 활성화를 통한 일자리 창출사례	1
계		18

◇교육비

- 2박 3일 기준 : 500,000원(숙박) / 350,000원(비숙박)
- 2일 기준 : 300,000원(비숙박)

◇교육기간

- 1,2,6,7차 : 18시간, 2박3일(숙박, 비숙박 중 선택)
- 3,4,5차 : 15시간(현장견학 생략), 2일(비숙박)

◇교육장소

- 대전 인터시티 (1,7차) 2박 3일
- 대전 인터불고 (2차) 2박 3일
- 서울 더케이 (3,5차) 2일
- 전주 라마다 (4차) 2일
- 부산 아르피나 (6차) 2박 3일

① 공공부문 교육과정은 2019년에 총 18번이 있다.
② 교육과정에 따르면 이론 · 실무과정은 총 12시간이다.
③ 15시간짜리 교육의 장소는 서울, 부산, 대전이다.
④ 서울에서 교육을 받고자 하는 사람은 현장견학을 받지 않는다.
⑤ 대전에서 교육을 받고자 하는 사람은 교육비로 350,000원을 내야 한다.

13

문 12

다음은 글을 읽고 파악한 내용으로 옳지 않은 것은?

제4차 산업혁명 시대를 맞이하여 물리적 도시공간과 인터넷 가상공간의 연결이 용이해지면서, 다양한 도시문제를 해결하고 도시발전과 시민들에게 편리성 제공을 위하여 스마트도시 조성 산업이 활성화 되고 있다. 특히 오늘날처럼 급격한 기후변화, 환경오염, 산업화로 인한 도시 기능의 비효율적인 측면을 개선시키기 위해서 스마트도시의 역할이 중요해지고, 국내·외의 관심이 증대되고 있다.

4차 산업혁명'이라는 용어는 2016년 세계 경제 포럼(WEF: World Economic Forum)에서 언급되었으며, 인공지능(AI), 사물인터넷(IoT), 빅데이터, 모바일 등 첨단 정보통신기술이 경제 · 사회 전반에 융합되어 혁신적인 변화가 나타나는 차세대 산업혁명을 의미한다. 제4차 산업혁명은 초연결 (hyperconnectivity)과 초지능(superintelligence)을 특징으로 하여 기존 산업혁명에 비해 더 넓은 범위에 더 빠른 속도로 크게 영향을 준다.

스마트도시는 사물인터넷(IoT), 인공지능(AI), 전력, 석탄, LNG 빅데이터 등 최신 ICT 기술을 도시 기능에 적용하여 지속가능한 도시환경을 제공하는 것이다. 스마트 도시 서비스는 교통, 안전(방범, 방재 등), 에너지, 물관리 등 다양한 분야에 포괄적으로 적용된다. 해당 분야별 적용되는 대표적인 기술로는 교통 분야에는 지능형교통시스템(ITS), 안전 분야에는 CCTV와 연계된 통합감시시스템, 에너지 분야에는 스마트그리드(Smart-Grid) 및 에너지저장장치시스템(ESS), 물관리 분야에는 지능형물관리시스템(SWC) 등이 있다.

① 제4차 산업혁명 시대에는 물리적 도시공간과 인터넷 가상공간의 연결이 용이해진다.
② 스마트도시는 급격한 기후변화, 환경오염, 산업화로 인한 도시 기능의 비효율적인 측면을 개선시킬 수 있다.
③ 기존의 산업혁명은 초연결(hyperconnectivity)과 초지능(superintelligence)이 특징이다.
④ 스마트도시는 사물인터넷(IoT), 인공지능(AI), 빅데이터 등 최신 ICT 기술을 도시 기능에 적용하여 지속가능한 도시환경을 제공한다.
⑤ 스마트도시에 적용되는 기술의 예로 지능형교통시스템(ITS), CCTV와 연계된 통합감시시스템, 스마트그리드(Smart-Grid) 및 에너지저장장치시스템(ESS), 지능형물관리시스템(SWC) 등이 있다.

문 13

다음 글을 읽고 번개와 벼락에 관련된 설명으로 옳지 않은 것은?

번개는 구름이 머금은 전자(電子)들이 다른 구름이나 땅으로 빠져 나가는 순간적인 방전현상이다. 강한 상승 기류 등으로 높게는 수km에 이르는 적란운(위는 산 모양으로 솟고 아래는 비를 머금은 구름)이 빠르게 형성되면 구름 안에서 온도차가 생긴다. 이로 인해 구름 안의 물방울이나 얼음 알갱이가 움직이면서 양(+)전하와 음(−)전하가 분리된다. 분리된 양전하는 주로 구름 위쪽으로, 음전하는 구름 아래쪽으로 몰린다. 구름 아래쪽에 쌓인 음전하의 양이 많아지면(전압이 높아지면), 전자들이 성질이 다른 구름이나 땅으로 이동해 순간적으로 전류가 통하게 된다. 이것이 바로 번개현상(방전현상)이다.

벼락이 칠 때는 온도가 낮은= 물방울이나 얼음 알갱이 등에 모여 있는 음전하가 땅 아래로 움직이기 시작한다. 이를 선도낙뢰라고 한다. 이 벼락은 땅을 향해 계단모양으로 떨어지는 것이 특징이다. 그런데 번개가 구름에서 땅으로만 치는 것은 아니다. 선도낙뢰가 떨어질 지면에는 양전하가 집중적으로 유도된 상태다. 지면 가까이 내려온 음전하들은 땅에서 높이 솟은 뾰족한 물질로부터 양전하를 끌어올린다. 음전하와 양전하가 만나는 순간 구름은 땅과 합선돼 강력한 전기가 흐르기 시작하며, 많은 양의 양전하가 위로 솟구쳐 엄청난 소리와 밝은 불꽃을 일으킨다. 이를 귀환낙뢰(지면에서 구름으로 올라가는 번개)라고 한다. 선도낙뢰가 땅에 닿는 시간은 약 0.02초, 귀환낙뢰가 구름에 도달하는 시간은 10만분의 7초이다.

한편, 벼락의 전압은 10억V가 넘고, 순간 전류는 2만～3만A(암페어)에 이른다. 이때 벼락은 60W 전구 약 17,000개를 8시간 동안 켤 수 있는 에너지를 낸다고 한다.

① 강한 상승 기류 등으로 적란운이 빠르게 형성되면 구름 안에서 온도차가 생긴다.
② 번개현상은 구름 아래쪽에 쌓인 음전하의 양이 많아지면 전자들이 성질이 다른 구름이나 땅으로 이동해 순간적으로 전류가 통하는 것이다.
③ 벼락이 칠 때는 온도가 낮은 물방울이나 얼음 알갱이 등에 모여 있는 음전하가 땅 아래로 움직이기 시작하고 이를 선도낙뢰라고 한다.
④ 지면에서 구름으로 올라가는 번개가 땅에 닿는 시간은 약 0.02초이다.
⑤ 벼락은 60W 전구 약 17,000개를 8시간 동안 켤 수 있는 에너지를 낸다.

문 14

다음 글의 내용과 부합하지 않는 것은?

자아지각이 우리 자신의 모습을 바라보는 방식이라면, 지각은 우리 주변의 세상과 타인을 어떻게 바라보는가에 대한 것이다. 베렐슨과 스타이너(Berelson & Steiner)는 지각에 대해 "사람들이 감각적 자극을 선택하고, 조직하고, 해석하여 의미있고 일관된 세계상으로 바꾸는 복잡한 과정"이라고 정의한 바 있다. 인간 커뮤니케이션에 있어 지각은 매우 중요하다. 지각은 우리가 주변의 모든 사람이나 정보에 대응하는 방식에 영향을 미친다. 그리고 이러한 지각은 '내가 나를 어떻게 생각하며, 어떻게 세상을 보고자 하는가'라는 것과 매우 밀접한 관련이 있다. 곧 자아지각이 지각에 영향을 미친다는 얘기다.

지각은 매우 단순하게, 그리고 거의 자동적으로 일어난다. 어떤 일이 일어났을 때 어떻게 해야 한다는 일종의 기대와 준비가 있기 때문이다. 예컨대 어떤 대상을 처음 접했을 때, 우리는 거의 무의식적으로 오감을 동원한 감각에 따른 분류–물론 이 과정에서 왜곡의 가능성이 발생할 수도 있다–를 하게 된다. 이는 기존에 습득된 무엇인가가 바탕이 되어 일종의 기대를 형성했기 때문이다(만약 이러한 기대가 없다면 우리는 새로운 일이 펼쳐질 때마다 수없이 많은 혼란을 겪을 것이다). 이때 자아지각은 감각에 따른 분류 작업을 돕게 됨으로써 결과적으로 지각에 큰 영향을 미친다. 커뮤니케이션 과정을 한번 살펴보자. '내가 나를 어떻게 보는가'라는 자아지각 외에, '상대방을 어떻게 보는가', '상대방이 나를 어떻게 본다고 믿는가'와 같은 여러 가지 형태의 지각이 일어나고, 상대방의 다양한 지각 또한 동시에 작용하기 때문에 매우 복잡한 전개 양상을 띤다. 이 가운데 자아지각은 매우 중요해서, 결과적으로 타인과 세상을 바라보고 커뮤니케이션하는 방식인 지각에 커다란 영향을 미치게 되는 것이다.

지각은 대체로 세 단계를 거쳐 일어난다. 정보 수집, 조직화, 그리고 해석 과정이 그것이다. 그러나 여기서 흥미로운 사실은 사람마다 이 과정이 동일하지 않다는 것이다. 같은 정보에 노출되었더라도 사람마다 정보를 지각하는 방식이 각각 다르기 때문이다. 우리는 단지 몇몇 사람만 모여도 정보를 수집하고, 조직화하고, 해석하는 방식이 다양하게 나타난다는 것을 쉽게 발견할 수 있다.

지각은 수많은 심리적 요인의 영향을 받는다. 예컨대 사람들은 자신의 과거 경험에 기초해 먼저 '이러이러할 것'이라고 가정하기 쉽다. 주로 무의식 수준에서 작용하는 이러한 심리는 지각에 영향을 미친다. 또 자신의 문화에 익숙한 것을 받아들이려는 심리도 지각에 영향을 준다. 쌍안경을 통해 양쪽 눈에 서로 다른 그림을 보여주었을 때 사람들은 그 가운데 자신에게 익숙한 문화와 관련된 그림을 지각한다는 연구는 이를 잘 보여준다. 각자가 지닌 동기 또는 욕구, 기분, 태도 등도 마찬가지다. 사람들이 배가 고플수록 물체를 객관적으로 판단하지 않고 음식과 관련된 물체로 판단한다는 연구는 동기와 욕구, 기분이 지각에 미치는 영향에 대해 설명하고 있다.

① 사람의 심리에 따라 지각도 달라진다.
② 상대방에 대한 관점은 지각에 해당한다.
③ 사람은 지각하는 방식을 동일하게 가진다.
④ 지각은 어떤 일에 거의 자동적으로 생긴다.
⑤ 지각은 모든 사람에 대응하는 방식과 관련된다.

문 15

다음 글의 내용에 비추어 옳지 않은 것은?

백남준이 한국에 본격적으로 소개된 것은 1980년대 중반이다. 1960년대 독일에서 '동양에서 온 문화 테러리스트'라는 별명을 얻었고, 이후 미국을 중심으로 '비디오 아트의 창시자'로 활동해 온 것을 고려하면 한참 늦은 편이다. 국내의 미술 평론가들은 1980년대 말까지도 "백남준의 작품은 어린애 장난이지 예술작품이 아니다"는 식의 혹평을 공공연히 퍼부었다.

그러나 백남준은 세계 예술사에 한국인의 이름을 등재시킨 최초의 인물이다. 그는 한 명의 예술가가 아니라 비디오 아트라는 한 장르의 창시자다. 세계 유수의 미술관들이 빠짐없이 그를 초청했으며, 베니스 비엔날레는 그에게 대상을 수여했다. 백남준의 유작 'US 맵'과 '메가트론 매트릭스'는 미국을 대표하는 스미소니언 박물관에 영구 전시된다. 당분간 백남준을 능가하는 예술적 부피와 경력을 가진 한국 예술가가 나오기 어렵다는 말이 나오는 것도 그 때문이다.

파리와 뉴욕을 연결한 인공위성 프로젝트 '굿모닝 미스터 오웰'은 백남준의 출세작으로 꼽힌다. 인류가 매스미디어에 종속되어 1984년에 멸망할 것이라는 소설가 조지 오웰의 예언에 대해 바로 1984년 첫 아침에, 아직도 우리는 건재하며 매스미디어는 우리에게 엄청난 정보와 연대 의식을 선사하고 있다는, (㉠)이/(가) 섞인 문안 인사를 올린 것이다.

독일에서 그는 1960년대를 뒤흔든 플럭서스 운동에 동참, 피아노와 바이올린을 부수는 행위, 관객의 넥타이를 자르는 행위, 객석에 소변을 보는 행위, 소머리를 전시장에 걸어 놓은 행위 등 충격적이고 자극적인 퍼포먼스를 잇달아 선보였다. 그는 서구 문화에 도취하거나 모방하기에 급급한 대다수 동양 유학생들과 전혀 다른 길을 선택했다. 충격적인 퍼포먼스를 통해 기성 예술을 공격했으며, 예술가들이 대중문화의 첨병이라며 외면하는 TV를 주목했다.

① 플럭서스 운동은 비디오 아트의 정신적 자양분이라고 할 수 있다.
② 비디오 아트의 철학적 이념은 '인간화된 기술', '인간화된 예술'이라고 할 수 있다.
③ 백남준의 충격적 퍼포먼스에는 예술적 권위주의를 비판하려는 의도가 담겨 있다고 할 수 있다.
④ 백남준의 예술 세계는 예술과 관객의 소통을 지향하고 있다.
⑤ ㉠에는 '경외', '경탄' 등의 단어를 넣을 수 있다.

16～17

다음 〈표〉와 〈그림〉은 복무기관별 공익근무요원 현황에 대한 자료이다. 이에 대한 〈보기〉의 설명 중 옳은 것을 모두 고르면?

〈표〉 복무기관별 공익근무요원 수 추이

(단위 : 명)

연도 / 복무기관	2004	2005	2006	2007	2008	2009
중앙정부 기관	6,536	5,283	4,275	4,679	2,962	5,872
지방자치 단체	19,514	14,861	10,935	12,335	11,404	12,837
정부산하 단체	6,135	4,875	4,074	4,969	4,829	4,194
기타 기관	808	827	1,290	1,513	4,134	4,719
계	32,993	25,846	20,574	23,496	23,329	27,622

〈그림〉 공익근무요원의 복무기관별 비중

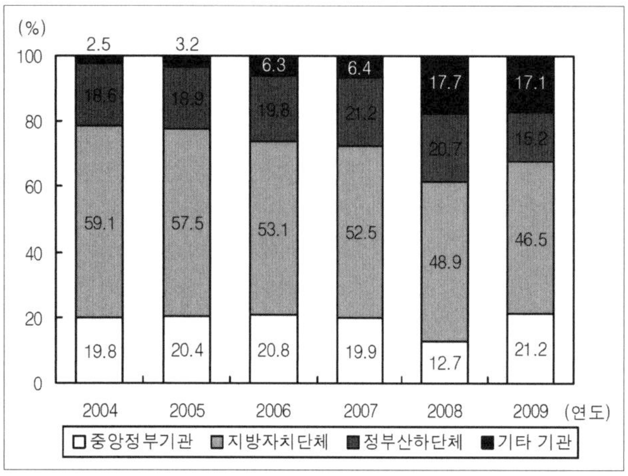

문 16

이에 대한 〈보기〉의 설명 중 옳은 것을 모두 고르면?

보기

ㄱ. 전체 공익근무요원 수 중 기타 기관에 복무하는 공익근무요원 수가 차지하는 비중은 매년 증가하였다.

ㄴ. 2005년부터 2009년까지 중앙정부기관에 복무하는 공익근무요원 수의 증감방향은 전체 공익근무요원 수의 증감방향과 일치한다.

ㄷ. 정부산하단체에 복무하는 공익근무요원 수는 2004년 대비 2009년에 30 % 이상 감소하였다.

ㄹ. 기타 기관을 제외하고, 2005년 공익근무요원 수의 전년대비 감소율이 가장 큰 복무기관은 지방자치단체이다.

① ㄱ, ㄴ ② ㄱ, ㄹ ③ ㄴ, ㄷ
④ ㄷ, ㄹ ⑤ ㄴ, ㄷ, ㄹ

문 17

2009년도 복무기관 중 기타기관을 제외하고 공익근무요원 수의 전년대비 증가율이 큰 순서대로 나열한 것은?

① 정부산하단체 - 지방자치단체 - 중앙정보기관
② 지방자치단체 - 중앙정보기관 - 정부산하단체
③ 지방자치단체 - 정부산하단체 - 중앙정보기관
④ 중앙정보기관 - 지방자치단체 - 정부산하단체
⑤ 중앙정보기관 - 정부산하단체 - 지방자치단체

문 18

다음 〈표〉는 2010년 지역별 외국인 소유 토지면적에 대한 자료이다. 이에 대한 〈보기〉의 설명 중 옳은 것을 모두 고르면?

〈표〉 2010년 지역별 외국인 소유 토지면적

(단위 : 천m^2)

지 역	면 적	전년대비 증감면적
서 울	3,918	332
부 산	4,894	−23
대 구	1,492	−4
인 천	5,462	−22
광 주	3,315	4
대 전	1,509	36
울 산	6,832	37
경 기	38,999	1,144
강 원	21,747	623
충 북	10,215	340
충 남	20,848	1,142
전 북	11,700	289
전 남	38,044	128
경 북	29,756	603
경 남	13,173	530
제 주	11,813	103
계	223,717	5,262

보기

ㄱ. 2009년 외국인 소유 토지면적이 가장 큰 지역은 경기이다.
ㄴ. 2010년 외국인 소유 토지면적의 전년대비 증가율이 가장 큰 지역은 서울이다.
ㄷ. 2010년에 외국인 소유 토지면적이 가장 작은 지역이 2009년에도 외국인 소유 토지면적이 가장 작다.
ㄹ. 2009년 외국인 소유 토지면적이 세 번째로 큰 지역은 경북이다.

① ㄱ, ㄷ ② ㄴ, ㄷ ③ ㄴ, ㄹ
④ ㄱ, ㄴ, ㄹ ⑤ ㄱ, ㄷ, ㄹ

문 19

다음 〈표〉는 2017 ~ 2021년 '갑'국의 청구인과 피청구인에 따른 특허심판 청구건수에 관한 자료이다. 이에 대한 〈보기〉의 설명 중 옳은 것만을 모두 고르면?

〈표〉 청구인과 피청구인에 따른 특허심판 청구건수

(단위: 건)

청구인 / 연도 \ 피청구인	내국인		외국인	
	내국인	외국인	내국인	외국인
2017	765	270	204	172
2018	889	1,970	156	119
2019	795	359	191	72
2020	771	401	93	230
2021	741	213	152	46

보기

ㄱ. 2019년 청구인이 내국인인 특허심판 청구건수의 전년 대비 감소율은 50% 이상이다.

ㄴ. 2021년 피청구인이 내국인인 특허심판 청구건수는 피청구인이 외국인인 특허심판 청구건수의 3배 이상이다.

ㄷ. 2017년 내국인이 외국인에게 청구한 특허심판 청구건수는 2020년 외국인이 외국인에게 청구한 특허심판 청구건수보다 많다.

① ㄱ
② ㄷ
③ ㄱ, ㄴ
④ ㄴ, ㄷ
⑤ ㄱ, ㄴ, ㄷ

문 20

다음 〈표〉는 A·B공사의 예산과 사업 수에 관한 자료이다. A공사의 사업당 평균예산이 B공사의 사업당 평균 예산의 3배 이상이 되기 위한 A·B공사의 사업 수 최대 격차는?

〈표〉 A·B공사의 예산과 사업 수

구분	A공사	B공사	합
예산(억원)	4,200	1,200	5,400
사업 수(개)	( )	( )	1,000

※ 사업 수는 A공사가 B공사보다 많다

① 74개
② 76개
③ 78개
④ 84개
⑤ 86개

21 ~ 22

다음 〈표〉와 〈그림〉은 2011 ~ 2015년 국가공무원 및 지방자치단체공무원 현황에 관한 자료이다.

〈표〉 국가공무원 및 지방자치단체공무원 현황

(단위 : 명)

구분 \ 연도	2011	2012	2013	2014	2015
국가 공무원	621,313	622,424	621,823	634,051	637,654
지방자치단체 공무원	280,958	284,273	287,220	289,837	296,193

〈그림〉 국가공무원 및 지방자치단체공무원 중 여성 비율

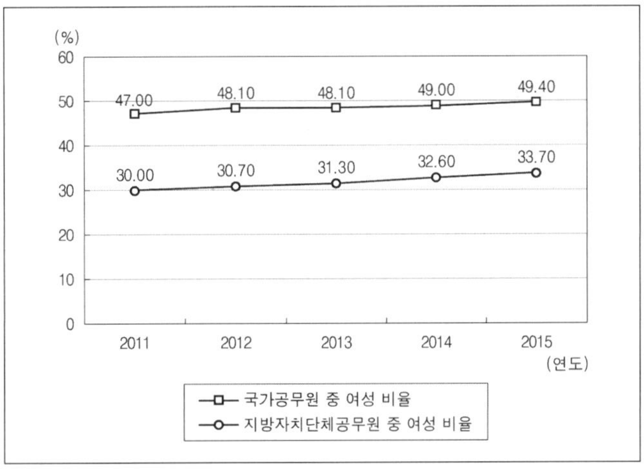

문 21

위에 대한 설명으로 옳지 않은 것은?

① 매년 국가공무원 중 여성 수는 지방자치단체공무원 중 여성 수의 3배 이상이다.
② 지방자치단체공무원 중 여성 수는 매년 증가하였다.
③ 매년 국가공무원 중 여성 수는 지방자치단체공무원 수보다 많다.
④ 국가공무원 중 남성 수는 2013년이 2012년보다 적다.
⑤ 국가공무원 중 여성 비율과 지방자치단체공무원 중 여성 비율의 차이는 매년 감소한다.

13

문 22

2015년도 여성 국가공무원의 전년대비 증가인원은 얼마인가? (소수점 첫째자리에서 반올림 하시오.)

① 3,822명
② 4,012명
③ 4,125명
④ 4,316명
⑤ 4,715명

23~24

다음은 에너지바우처와 관련한 글이다. 아래의 질문에 답하시오.

에너지바우처 카드 종류

1. 실물카드(플라스틱 재질)

ㅇ 국가바우처 이용권인 '국민행복카드'에 에너지바우처 기능을 추가

* '15.5월에 국가바우처(국민행복카드) 제도가 실시되면서 기존 복지 바우처 제도인 '임신·출산진료비 지원사업(舊 고운맘카드)'와 '청소년 임신·출산의료비 지원사업 (舊맘편한카드)' 등이 국민행복카드로 통합

> ※ 국민행복카드사 : BC카드 / 삼성카드 / 롯데카드
> – 단, BC카드는 NH농협, IBK기업은행, 우리카드(우리은행), 대구은행, 부산은행, 경남은행, SC제일은행, 우체국, 수협은행, 제주은행, 전북은행, 광주은행서 발급가능

ㅇ 실물카드는 전기, 도시가스, 등유, 연탄, LPG 등 에너지바우처 사용이 가능한 가맹점(판매소)에서 사용 가능

ㅇ 체크카드, 신용카드, 전용카드*)의 형태로 발급되며, 체크카드의 경우, 각 국민행복카드사별 체크카드 연결을 위한 계좌가 필요

* 바우처 결제만 가능한 정부 보조금 인증 전용 카드로써 체크·신용카드발급이 불가한 경우만 발급 가능

※ 카드사별 체크카드와 연결 가능한 계좌

카드사	은행명
BC카드	발급을 원하는 은행의 계좌를 반드시 보유해야 함
롯데카드	신한은행, KB국민은행, 우리은행, KEB하나은행, SC(제일)은행, IBK기업은행, NH농협, 수협은행, 부산은행, 대구은행, 경남은행, 광주은행, 전북은행
삼성카드	경남은행, KB국민은행, 기업은행, 농협중앙회, 농협(지역), 대구은행, 부산은행, 새마을금고, 신한은행, 우리은행, 전북은행, SC제일은행, KEB하나은행(구.하나/구.외환은행 통합), 삼성증권

ㅇ (체크·신용카드) 아래의 "발급처"에 방문하거나 직접 전화 문의(기존 거래 은행 및 삼성·롯데카드의 경우)를 통해 신청·발급

* 단, 전화로 카드발급을 신청하는 경우, 해당 금융기관(은행·카드사 등)의 사정에 따라 발급이 제한될 수 있음

※ 카드사별 발급처(방문발급 또는 전화발급)

카드사명	구분	발급처	문의(안내)
BC카드	방문발급	우체국, NH농협, IBK기업은행, 대구은행, 부산은행, 경남은행, 우리은행, 수협은행, SC(제일)은행, 제주은행, 전북은행, 광주은행	각 은행(카드사)별 콜센터 *일반이용 문의 1899-4651
	전화발급	NH농협, IBK기업은행, 대구은행, 부산은행, 경남은행, 우리은행, 수협은행, SC(제일)은행 *단, 대구, 부산, 경남, 수협은행은 신용카드의 경우에도 전화발급을 위해서는 해당은행 계좌가 필요	
삼성카드	방문/전화	백화점(신세계, 세이) 고객서비스센터 및 지역단 가입센터	1566-3336
롯데카드	방문/전화	롯데백화점 카드센터, 롯데카드 지점 롯데카드 홈페이지(www.lottecard.co.kr), 롯데카드 앱	1899-4282

ㅇ (전용카드) 체크·신용카드 발급이 사실상 불가능*한 경우, 바우처 금액만을 사용할 수 있도록 지원되는 카드(계좌가 연결되지 않는 기명식 선불카드와 유사한 방식)로

* 계좌압류, 신용불량, 고령, 장애로 인하여 체크·신용카드를 이용한 금융활동이 곤란하거나 타인으로 인해 악용될 가능성이 높다고 인정되는자

2. 가상카드(요금차감)

ㅇ 가상카드는 실물카드 사용이 어려운 거동이 불편한 사람, 아파트 거주자, 실물카드가 불편하여 차감을 원하는 대상자 등의 편의를 고려하여 요금을 차감하는 방식(전기, 도시가스, 지역난방)

ㅇ 가상카드는 1개의 에너지원만을 선택할 수 있으며, 공급사로부터 청구되는 고지서(아파트의 경우는 관리비고지서)의 요금을 자동으로 차감

* 가상카드 신청시 대상자는 에너지공급사 고객번호가 기재된 고지서(영수증)를 반드시 지참해야 함

ㅇ 가상카드 신청자는 별도의 실물카드(국민행복카드)를 발급받을 필요가 없으며, 요금차감내역은 에너지바우처 업무포탈(담당공무원 로그인 필요), 해당 에너지공급사, 에너지바우처 콜센터에서 확인 가능

문 23

에너지바우처카드에 대한 설명으로 옳은 것은?

① 체크카드 발급 시 해당 은행의 계좌가 반드시 있어야 한다.
② 전화로 신용카드나 체크카드 발급을 신청하면 당일 발급이 된다.
③ 전용카드는 계좌가 연결되지 않는 기명식 선불카드와 유사한 방식이다.
④ 가상카드는 단 2개의 에너지원만을 선택할 수 있으며 공급사로부터 청구되는 고지서의요금이 자동으로 차감된다.
⑤ 가상카드 신청자는 별도의 국민행복카드를 발급받아야 한다.

문 24

다음 조건의 에너지 바우처 카드를 사용 대상자들의 발언으로 옳은 것의 개수는? (단, 제시된 조건 외에는 모두 충족한 것으로 가정한다.)

이△△ : "현재 신용불량자 상태라 전용카드를 발급 받을 수 없다."
서◇◇ : "전용카드를 발급 받기 위해 선택할 수 있는 카드사는 세 곳이다."
문▫▫ : "전용카드를 신청하고자 에너지공급사 고객번호가 기재된 고지서를 가져간다."
최☆☆ : "가상카드를 만들어 수도세를 차감 받는다."

① 0명　② 1명　③ 2명
④ 3명　⑤ 4명

13

문 25

다음 글을 근거로 판단할 때 A국의 다이버 카드에 삽입할 사진으로 선정될 수 있는 것을 고르면?

A국에서는 다이버 카드(자격증)에 삽입할 사진을 선정하기 위해 해양생물 사진을 공모 중이다. 사진에 촬영된 해양생물의 수, 희귀도, 사진의 선명도를 평가기준으로 하며 각 평가요소별 점수를 합산한 값이 가장 높은 사진을 선정한다.
→ 총 점수 = 해양생물의 수 점수 + 희귀도 점수 + 선명도 점수

다만 A국에서 지정한 해양생물의 사진 중에서 선정하며, 사진에는 한 종류의 해양생물만 있어야 한다. (A국 지정 해양생물: 돌돔, 병어, 줄가자미, 농어, 오징어, 가오리, 참다랑어, 멸치, 방어, 옥돔, 밍크고래, 청상아리)

1. 해양생물의 수 점수: 1개체 당 1점 부여. 단, 10개체 이상 무리를 이룬 경우 가산점 5점 부여

2. 희귀도 점수: 개체 수에 관계없이 아래의 표에 따라 점수부여

(단위: 점)

해양생물	점수	해양생물	점수	해양생물	점수
돌돔	30	농어	30	참다랑어	40
병어	20	오징어	10	멸치	10
줄가자미	20	가오리	20	방어	20

※ A국 지정 해양생물 중 위의 표에 없는 해양생물의 경우 매우 희귀한 생물로서 50점 부여

3. 선명도 점수: 아래의 표에 따라 배점

(단위: 점)

매우 좋음	좋음	보통	나쁨	매우 나쁨
20	15	10	5	0

① 돌돔 1개체와 밍크고래 1개체, 선명도 매우 좋음
② 청상아리 1개체, 선명도 좋음
③ 백상아리 3개체, 선명도 좋음
④ 오징어 30개체, 선명도 매우 좋음
⑤ 참다랑어 1개체, 선명도 매우 좋음

문 26

다음 글을 근거로 판단할 때 옳은 것은?

사회통합프로그램이란 국내 이민자가 법무부장관이 정하는 소정의 교육과정을 이수하도록 하여 건전한 사회구성원으로 적응·자립할 수 있도록 지원하고 국적취득, 체류허가 등에 있어서 편의를 주는 제도이다. 프로그램의 참여대상은 대한민국에 체류하고 있는 결혼이민자 및 일반이민자(동포, 외국인근로자, 유학생, 난민 등)이다.

사회통합프로그램의 교육과정은 '한국어과정'과 '한국사회이해과정'으로 구성된다. 신청자는 우선 한국어능력에 대한 사전평가를 받고, 그 평가점수에 따라 한국어과정 또는 한국사회이해과정에 배정된다.

일반이민자로서 참여를 신청한 자는 사전평가 점수에 의해 배정된 단계로부터 6단계까지 순차적으로 교육과정을 이수하여야 한다. 한편 결혼이민자로서 참여를 신청한 자는 4～5단계를 면제받는다. 예를 들어 한국어과정 2단계를 배정받은 결혼이민자는 3단계까지 완료한 후 바로 6단계로 진입한다. 다만 결혼이민자의 한국어능력 강화를 위하여 2013년 1월 1일부터 신청한 결혼이민자에 대해서는 한국어과정 면제제도를 폐지하여 일반이민자와 동일하게 프로그램을 운영한다.

〈과정 및 이수시간〉

(2012년 12월 현재)

구분 \ 단계		1	2	3	4	5	6
과정		한국어					한국사회이해
		기초	초급 1	초급 2	중급 1	중급 2	
이수시간		15시간	100시간	100시간	100시간	100시간	50시간
사전평가점수	일반이민자	0점 ~ 10점	11점 ~ 29점	30점 ~ 49점	50점 ~ 69점	70점 ~ 89점	90점 ~ 100점
	결혼이민자	0점 ~ 10점	11점 ~ 29점	30점 ~ 49점	면제		50점 ~ 100점

① 2012년 12월에 사회통합프로그램을 신청한 결혼이민자 A는 한국어과정을 최소 200시간 이수하여야 한다.
② 2013년 1월에 사회통합프로그램을 신청하여 사전평가에서 95점을 받은 외국인근로자 B는 한국어과정을 이수하여야 한다.
③ 난민 인정을 받은 후 2012년 11월에 사회통합프로그램을 신청한 C는 한국어과정과 한국사회이해과정을 동시에 이수할 수 있다.
④ 2013년 2월에 사회통합프로그램 참여를 신청한 결혼이민자 D는 한국어과정 3단계를 완료한 직후 한국사회이해과정을 이수하면 된다.
⑤ 2012년 12월에 사회통합프로그램을 신청하여 사전평가에서 77점을 받은 유학생 E는 사회통합프로그램 교육과정을 총 150시간 이수하여야 한다.

27～28

인사팀 장우혁은 이번 진급 대상자 11명에 대한 항목을 코드화하여 작성하려한다. 아래와 같이 대상자들의 정보가 정리되어 있을 때 물음에 답하시오.

대상자	사업부	부서	직책	진급교육 이수여부	3년인사 고과
강한타	고기능	영업팀	대리	이수	ABA
토운희	창호	개발팀	사원	미이수	BBA
무니준	HR	교육팀	과장	이수	AAB
장후역	HR	인사팀	사원	이수	BBA
이재원	장식재	지원팀	차장	이수	CAA
김재덕	인테리어	영업팀	대리	미이수	BBB
장수원	고기능	인사팀	과장	이수	BBA
고지용	창호	개발팀	대리	미이수	ABA
은지원	창호	영업팀	과장	이수	CAA
강성훈	장식재	영업팀	차장	미이수	CCA
이재진	창호	개발팀	사원	미이수	BAA

사업부 코드		부서 코드		직책코드	
HR	24	영업팀	030	부장	C1
장식재	21	개발팀	020	차장	B4
인테리어	28	교육팀	070	과장	B3
고기능	90	인사팀	060	대리	B2
창호	77	지원팀	010	사원	B1

* 진급 교육 이수 코드는 A1, 미이수 코드는 A2
* 3년 인사고과는 A는 3점, B는 2점, C는 1점이며 평균 2.5점 이상이면 PA, 평균 2.5 미만 2 이상이면 CO, 평균 2점 미만이면 HI로 코드를 부여한다.
* 코드는 사업부－부서－직책－진급교육－인사고과 순으로 나열하여 부여된다.

문 27

다음 중 옳은 것을 고르시오

① 토운희의 코드는 77020B2A2PA이다.
② 인사고과 코드가 PA인 사람은 총 4명이다.
③ 77020B1A2PA는 고지용의 코드이다.
④ 장식재사업부 영업팀 차장인 강성훈의 코드는 21030B4 이다.
⑤ 인사고과 코드가 HI인 사람은 총 두명이다.

문 28

각 대상자들의 진급대상 코드가 옳지 않은 것을 고르시오.

① 장후역 － 24060B1A1CO
② 이재원 － 21010B4A1CO
③ 김재덕 － 28010B2A2CO
④ 장수원 － 90060B3A1CO
⑤ 고지용 － 77020B2A2PA

문 29

다음 글을 근거로 판단할 때, 〈보기〉에서 옳은 것을 모두 고르면?

- 첫차는 06 : 00에 출발하며, 24 : 00 이내에 모든 버스가 운행을 마치고 종착지에 들어온다.
- 버스의 출발지와 종착지는 같고 한 방향으로만 운행되며, 한 대의 버스가 1회 운행하는 데 소요되는 총 시간은 2시간이다. 이 때 교통체증 등의 도로사정은 고려하지 않는다.
- 출발지를 기준으로 시간대별 배차 간격은 아래와 같다. 예를 들면 평일의 경우 버스 출발지를 기준으로 한 버스 출발 시간은 …, 11 : 40, 12 : 00, 12 : 30, … 순이다.

구분	A시간대 (06 : 00 ~ 12 : 00)	B시간대 (12 : 00 ~ 14 : 00)	C시간대 (14 : 00 ~ 24 : 00)
평일	20분	30분	40분
토요일	30분	40분	60분
일요일 (공휴일)	40분	60분	75분

보기

ㄱ. 공휴일인 어린이날에는 출발지에서 13 : 00에 버스가 출발한다.
ㄴ. 막차는 출발지에서 반드시 22 : 00 이전에 출발한다.
ㄷ. 일요일에 막차가 종착지에 도착하는 시간은 23 : 20이다.
ㄹ. 출발지에서 09 : 30에 버스가 출발한다면, 이 날은 토요일이다.

① ㄱ, ㄴ　② ㄱ, ㄷ　③ ㄷ, ㄹ
④ ㄱ, ㄴ, ㄹ　⑤ ㄴ, ㄷ, ㄹ

문 30

다음 글을 근거로 판단할 때 옳지 않은 것은?

T주식회사의 주차장에는 임원들을 위한 별도의 주차 구역을 운영 중이다. 임원들인 사장, 상임이사, 전무, 기획실장, 감사는 1, 2, 3, 4, 5번 주차 구역에 순서대로 주차를 하도록 되어 있다. 임원들의 이름은 김대한, 나한국, 최고봉, 홍길동, 장민국이다. 임원용 차량들은 모두 동일한 검은색 세단이지만, 번호판 맨 앞자리는 1, 4, 5, 7, 9로 서로 다르다.

〈임원 전용 주차장 구조〉

1구역	2구역	3구역	4구역	5구역

(가) 기획실장의 차량번호는 1XXX이다.
(나) 장민국의 차량번호는 4XXX이다.
(다) 김대한의 차량은 홍길동의 차량 옆에 주차되어 있다.
(라) 홍길동의 차량은 5구역에 주차되어 있다.
(마) 나한국의 차량은 최고봉과 장민국의 차량 사이에 주차되어 있다.
(바) 9XXX 번호 차량은 7XXX와 4XXX 번호 차량 사이에 주차되어 있다.
(사) 5구역에는 5XXX 번호 차량이 주차되어 있다.
(아) 1구역에는 7XXX 번호 차량이 주차되어 있다.

① 전무의 차량번호는 4XXX이다.
② 사장의 이름은 최고봉이다.
③ 감사의 차량번호는 5XXX이다.
④ 상임이사의 이름은 장민국이다.
⑤ 김대한의 차량번호는 1XXX이다.

문 31

법안 X에 대하여 사무관 A～H 8명은 찬성이나 반대 중 한 의견을 제시하였다. 이들의 찬반 의견이 다음 조건과 같다고 할 때, 반대 의견을 제시한 최소 인원 수는?

조건

- A나 B가 반대하면, C와 D는 찬성하고 E는 반대한다.
- B나 C가 찬성하면, F 또는 G 중 적어도 한 명이 찬성한다.
- D와 H 중 한 명만이 찬성한다.
- B나 D 중 적어도 한 명이 반대하면, E가 반대하거나 H가 찬성한다.
- E가 반대하면, H는 찬성한다.
- D는 찬성한다.

① 1명　② 2명　③ 3명
④ 4명　⑤ 5명

문 32

다음 조건에 따를 때, 반드시 참인 것을 고르시오.

조건

- 나희는 크리스마스 선물로 신발을 원하지 않는다.
- 가희, 나희, 다희, 라희 중 크리스마스 선물로 장갑을 원하는 사람은 3명이다.
- 가희, 나희, 다희, 라희 중 크리스마스 선물로 신발을 원하는 사람은 2명이다.
- 가희가 원하는 크리스마스 선물은 나희도 원한다.
- 크리스마스 선물로 신발을 원하는 사람은 크리스마스 선물로 장갑도 원한다.
- 가희, 나희, 다희, 라희 중 2명은 두 종류의 크리스마스 선물을 원하고, 다른 2명은 세 종류의 크리스마스 선물을 원한다.
- 가희, 나희, 다희, 라희는 크리스마스 선물로 목도리, 장갑, 모자, 신발 외에는 원하지 않는다.

① 나희는 크리스마스 선물로 모자를 원한다.
② 다희가 크리스마스 선물로 목도리를 원하면, 라희는 모자를 원한다.
③ 라희는 크리스마스 선물로 모자를 원한다.
④ 목도리를 원하는 사람은 두 명이다.
⑤ 모자를 원하는 사람은 세 명이다.

문 33

다음 〈조건〉에 따를 때, 식당에서 동일한 메뉴가 제공될 수도 있는 두 개의 요일의 조합으로 옳은 것은?

조건

어느 식당이 월요일부터 토요일까지 영업을 하고 일요일은 쉬는데, 일주일에 다섯 가지의 메뉴를 매주 다음과 같은 원칙대로만 제공한다.

- 된장찌개는 일주일에 3일 제공하는데, 목요일은 제공하지 않음
- 순두부찌개는 일주일에 하루 제공함
- 꽁치찌개는 일주일에 3일 제공하는데, 2일을 연속해서 제공하지 않음
- 된장찌개와 김치찌개는 금요일과 토요일에 반드시 제공함
- 참치찌개는 일주일에 5일 제공함
- 하루에 제공하는 메뉴는 세 가지를 초과하지 않음

① 목요일과 토요일
② 월요일과 화요일
③ 금요일과 토요일
④ 수요일과 목요일
⑤ 화요일과 목요일

문 34

다음 〈표〉는 골프선수 A, B, C의 18개 홀에 대한 경기 결과를 기록한 자료이다. 이에 대한 〈보기〉의 설명 중 옳은 것을 모두 고르면?

〈표〉 홀별 골프선수의 타수

홀번호	1	2	3	4	5	6	7	8	9	타수 소계
기준 타수	4	4	4	3	4	4	4	4	5	36
A선수	–	–	–	○	–	○	–	–	–	34
B선수	–	–	○	–	○	–	□	–	–	( )
C선수	○	–	–	–	–	–	–	□	–	36

홀번호	10	11	12	13	14	15	16	17	18	타수 소계
기준 타수	4	3	5	3	4	( )	4	3	4	( )
A선수	○	–	–	–	–	–	□	–	–	35
B선수	–	–	○	–	○	–	–	□	–	34
C선수	–	–	–	□	–	□	–	–	–	( )

※ 1) 기준타수는 각 홀마다 기준으로 정해져 있는 타수를 의미함.
2) '○', '–', '□'는 개인타수에서 기준타수를 뺀 값을 나타낸 기호임.
3) 기호 '–'는 해당 홀에서의 개인타수가 기준타수와 동일함을 의미함.

보기

ㄱ. 18개 홀의 기준타수를 합하면 72이다.
ㄴ. 기호 '○'는 기준타수보다 1타를 적게 친 것을 의미한다.
ㄷ. 18개 홀에 대한 타수의 합은 A선수와 B선수가 동일하다.
ㄹ. 1 ~ 9번 홀에 대한 타수의 합보다 10 ~ 18번 홀에 대한 타수의 합이 큰 선수는 1명이다.

① ㄱ, ㄴ
② ㄱ, ㄷ
③ ㄴ, ㄷ
④ ㄴ, ㄹ
⑤ ㄷ, ㄹ

문 35

A씨는 30% 할인 행사 중인 백화점에 갔다. 매장에 도착하니 당일 구매물품의 정가 총액에 따라 아래의 <혜택> 중 하나를 택할 수 있다고 한다. A씨는 정가 10만원짜리 상의와 15만원짜리 하의를 구입하고자 한다. 오늘 옷을 하나 이상 구입하여 일정 혜택을 받고 교통비를 포함해 총비용을 계산할 때, 가장 저렴하게 구입할 수 있는 경우와 그 때 들어가는 비용으로 적합한 것은?(단, 1회 왕복교통비는 5천원이고, 소요시간 등 기타사항은 금액으로 환산하지 않는다)

혜택

가. 추가 할인 : 정가 총액이 20만원 이상이면, 할인된 가격의 5%를 추가로 할인

나. 할인 쿠폰 : 정가 총액이 10만원 이상이면, 세일 기간이 아닌 기간에 사용할 수 있는 40% 할인권 제공

① 오늘 상의만 구매, 170,000원
② 오늘 상의만 구매, 175,000원
③ 오늘 상·하의 구매, 171,250원
④ 오늘 상·하의 구매, 175,000원
⑤ 오늘 하의만 구매, 175,000원

문 36

다음 <그림>과 <조건>을 이용하여 도시 사이의 통행량이 가장 많을 것으로 예측되는 구간을 고르면?

<그림> 각 도시의 인구수 및 도시 간 거리

(단위 : 만명, km)

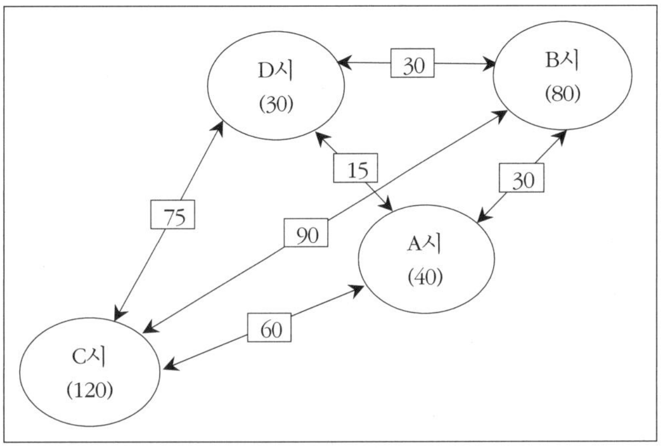

※ 1) 괄호 안은 해당 도시의 인구수, 네모 안은 도시 간 최단거리를 나타냄.
2) 두 도시 간 이동 시 다른 도시를 경유하는 경우는 없음.

조건

○ 도시1과 도시2 사이의 통행량 예측치

$$= K(\text{도시1} \leftrightarrow \text{도시2}) \times \frac{\text{도시1의 인구수} \times \text{도시2의 인구수}}{\text{도시1과 도시2 간 최단거리}}$$

○ K(도시1 ↔ 도시2)는 도시1과 도시2 사이의 교통효율성지수이다.
- K(A ↔ B) : 1.5
- K(A ↔ C) : 3
- K(B ↔ C) : 1
- K(B ↔ D) : 0.5
- K(C ↔ D) : 3
- K(A ↔ D) : 2

① A ↔ B
② A ↔ C
③ B ↔ C
④ B ↔ D
⑤ C ↔ D

문 37

다음 〈표〉는 1905 ~ 2004년 동안 사우디아라비아와 이라크의 석유 시추에 대한 자료이다. 이에 대한 〈보기〉의 설명 중 옳지 않은 것을 모두 고르면?

〈표〉 사우디아라비아와 이라크의 석유 시추 현황

(단위 : 회)

구분 \ 국가	사우디아라비아	이라크
시추 횟수	110	50
상업화 성공 횟수	44	15

※ 성공률 = $\frac{\text{상업화 성공 횟수}}{\text{시추 횟수}}$

보기

ㄱ. 사우디아라비아의 성공률은 0.4이고 사우디아라비아와 이라크를 합한 전체 성공률은 0.35이다.
ㄴ. 2005년 이라크에서 석유 시추 횟수가 10회이고 상업화 성공 횟수가 6회라면, 해당연도 이라크의 성공률은 1905 ~ 2004년 성공률의 2배이다.
ㄷ. 석유 시추 횟수와 상업화 성공 횟수는 사우디아라비아가 이라크에 비해 각각 2배, 3배 이상이다.

① ㄱ ② ㄴ ③ ㄷ
④ ㄱ, ㄴ ⑤ ㄱ, ㄷ

38 ~ 39

다음 〈표〉는 A기업의 신입사원 면접 참가자들의 점수별 인원과 백분위수를 나타낸 자료의 일부이다.

〈표〉 A기업 신입사원 면접 결과

면접 점수(점)	인원(명)	백분위수
30	1	100.00
29	2	98.75
28	( )	96.25
27	( )	91.25
26	3	87.50
25	0	( )
…	…	…
5	0	8.75
4	4	( )
3	( )	3.75
2	0	1.25
1	( )	1.25

※ 1) 면접 점수가 26점 이상이면 합격함.
2) 백분위수는 해당 면접 점수 이하에 전체 면접 참가자의 몇 %가 분포되어 있는가를 나타내는 수치임.

문 38

이에 대한 〈보기〉의 설명 중 옳지 않은 것을 모두 고르면?

보기

ㄱ. 면접 점수가 27점인 참가자는 3명이다.
ㄴ. 면접 점수가 4점인 참가자의 백분위수는 6.25이다.
ㄷ. 면접 점수가 5 ~ 25점인 참가자는 59명이다.
ㄹ. 면접 불합격자는 67명이다.

① ㄱ, ㄴ ② ㄴ, ㄷ
③ ㄷ, ㄹ ④ ㄱ, ㄴ, ㄷ
⑤ ㄱ, ㄴ, ㄹ

문 39

면접 합격한 신입사원의 평균점수는 얼마인가?(소수점 둘째자리에서 반올림 하시오)

① 26.5 ② 26.8
③ 27.3 ④ 27.6
⑤ 28.0

문 40

다음 〈그림〉과 〈표〉는 2005년 초에 조사한 한국의 애니메이션 산업에 대한 자료이다. 2004년 ∽ 2009년 동안 매년 아동용 애니메이션 매출액은 한국의 애니메이션 산업 매출액의 30%의 비중을 차지하고 있다. 2004년 수입 애니메이션의 매출액이 1200억 원이었고 매년 50억 원씩 감소하는 것으로 가정한다. 이러한 가정 하에, 아동용 애니메이션 매출액이 수입 애니메이션 매출액보다 처음으로 커지는 해는?

〈그림〉 한국의 애니메이션 산업 매출액의 추이 및 예상액

그림

① 2005년
② 2006년
③ 2007년
④ 2008년
⑤ 2009년

문 41

어느 기업에서 5명의 지원자(종훈, 광연, 용식, 현진, 기윤)에게 5명의 면접위원(A, B, C, D, E)이 평가점수와 순위를 부여하였다. 최종점수가 가장 높은 지원자와 낮은 지원자를 바르게 나열한 것은?

〈표 1〉 비율점수법 적용 결과

(단위 : 점)

면접위원 지원자	A	B	C	D	E	비율점수
종훈	7	8	6	6	1	
광연	9	7	6	3	8	
용식	5	8	7	2	6	
현진	6	7	8	9	4	
기윤	8	7	4	6	3	

※ 비율점수는 5명의 면접위원이 부여한 점수 중 최곳값과 최젓값을 제외한 3명의 점수를 합한 값임.

〈표 2〉 순위점수법 적용 결과

(단위 : 순위, 점)

면접위원 지원자	A	B	C	D	E	순위점수합
종훈	1	2	5	5	4	
광연	3	4	1	4	5	
용식	2	3	4	2	1	
현진	5	5	2	1	3	
기윤	4	1	3	3	2	

※ 1) 순위점수는 1순위에 5점, 2순위에 4점, 3순위에 3점, 4순위에 2점, 5순위에 1점을 부여함.
2) 최종점수 = 비율점수 + 순위점수

	가장 높은 지원자	가장 낮은 지원자
①	용식	기윤
②	현진	기윤
③	용식	종훈
④	현진	종훈
⑤	용식	광연

13

문 42

다음 〈표〉와 〈그림〉은 연필 생산 공장의 입지 결정을 위한 자료이다. 이 자료를 이용하여 총운송비를 최소로 할 수 있는 연필공장의 입지 지점을 고르면?

〈표〉 연필 생산을 위한 원재료량과 공급에 필요한 운송비

구분	나무	흑연	연필
연필 1톤 생산에 필요한 양(톤)	3	2	–
1톤당 운송비 (천원/km·톤)	2	5	2

〈그림〉 공장 입지 후보지 간 거리(단위 : km)

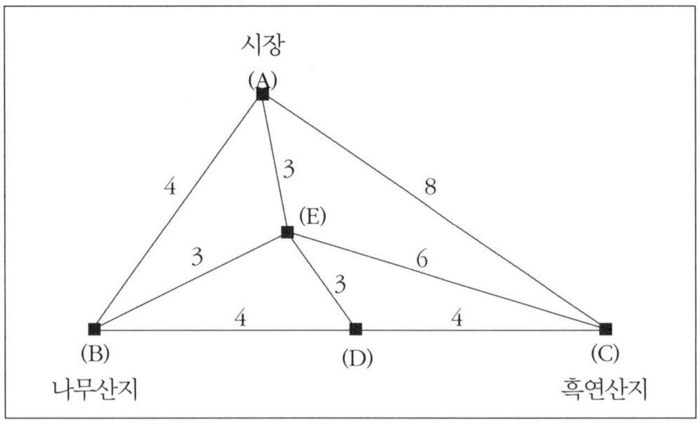

※ 1) 연필을 만드는 데는 나무와 흑연이 모두 필요함.
2) 원재료 운송비는 산지에서 공장으로 공급하는 운송비만을 고려함.
3) 최종제품인 연필의 운송비는 공장에서 시장으로 공급하는 운송비만을 고려함.
4) 총운송비 = 원재료 운송비 + 연필 운송비

① A ② B
③ C ④ D
⑤ E

43~44

다음 〈표〉는 한국전력공사 입사시험에 응시한 학생들에 관한 자료이다.

〈표〉 한국전력공사 입사시험 성적 자료

구분 / 응시생	정답 문항수	오답 문항수	풀지않은 문항수	점수(점)
A	43	5	2	81
B	42	4	3	80
C	( )	6	4	( )
D	( )	6	6	( )
E	38	5	7	71
F	39	( )	( )	70
G	36	( )	( )	65
H	33	( )	( )	59
I	31	8	11	54
J	30	( )	( )	54

※ 1) 총 50 문항으로 100점 만점임.
2) 정답인 문항에 대해서는 각 2점의 득점, 오답인 문항에 대해서는 각 1점의 감점이 있고, 풀지않은 문항에 대해서는 득점과 감점이 없음.

문 43

이에 대한 설명 중 옳은 것만을 모두 고르면?

보기

ㄱ. 응시생 F의 '풀지않은 문항수'는 3이다.
ㄴ. J의 '오답 문항수'는 7이다.
ㄷ. 75점 이상인 응시생은 3명이다.
ㄹ. 응시생 G의 '오답 문항수'와 '풀지않은 문항수'는 동일하다.

① ㄱ, ㄴ ② ㄱ, ㄷ ③ ㄱ, ㄹ
④ ㄴ, ㄷ ⑤ ㄴ, ㄹ

문 44

'풀지 않은 문항수'의 합은 얼마인가?

① 67개 ② 68개 ③ 69개
④ 70개 ⑤ 71개

문 45

다음 〈표〉는 축구팀 '가' ~ '다' 사이의 경기 결과이다. 이에 대한 〈보기〉의 설명 중 옳은 것만을 모두 고르면?

〈표〉 경기 결과

기록 / 팀	승리 경기수	패배 경기수	무승부 경기수	총득점	총실점
가	2	( )	( )	( )	1
나	( )	( )	1	2	7
다	( )	( )	( )	3	4

※ 각 팀이 나머지 두 팀과 각각 한 번씩만 경기를 한 결과임.

보기

ㄱ. '가'의 총득점은 8점이다.
ㄴ. '나'와 '다'의 경기 결과는 무승부이다.
ㄷ. '가'는 '다'와의 경기에서 2 : 1로 승리했다.
ㄹ. '가'는 '나'와의 경기에서 6 : 0으로 승리했다.

① ㄱ, ㄷ ② ㄱ, ㄹ
③ ㄴ, ㄷ ④ ㄴ, ㄹ
⑤ ㄴ, ㄷ, ㄹ

문 46

다음 〈표〉는 각 가정의 에너지 기준사용량과 당월사용량에 관한 자료이다. A도시에서는 환경보호를 위한 이산화탄소 감축활동의 장려를 위해 〈정보〉와 같은 기준으로 포인트를 지급하기로 하였다. 탄소포인트를 가장 많이 지급받은 가정은 누구인가?

〈표1〉 기준사용량

구 분	윤경이네	여름이네	명진이네	지혜네
수도(m^3)	50	20	30	40
전기(kwh)	200	300	100	400
도시가스(m^3)	30	20	30	10

〈표2〉 당월사용량

구 분	윤경이네	여름이네	명진이네	지혜네
수도(m^3)	40	25	40	30
전기(kwh)	150	200	200	300
도시가스(m^3)	20	30	10	20

정보

o 수도: 1㎥ 절약할 때마다 이산화탄소 300g 감소
o 전기: 1kwh 절약할 때마다 이산화탄소 400g 감소
o 도시가스: 1㎥ 절약할 때마다 이산화탄소 300g 감소
o 이산화탄소: 10g 감소시킬 때마다 1포인트 지급
o 각 가정에서 사용하는 에너지 사용량이 기준사용량보다 적을 경우에만 포인트를 지급함
o 에너지 사용량 초과에 따른 포인트 차감은 없음

① 윤경이네 ② 여름이네
③ 명진이네 ④ 지혜네
⑤ 명진이네, 지혜네

13

문 47

다음 중 엑셀의 화면 구성 요소를 설명한 것으로 옳지 않은 것은?

① 엑셀에서 열 수 있는 통합 문서 개수는 사용 가능한 메모리와 시스템 리소스에 의해 제한된다.
② 워크시트란 숫자, 문자와 같은 데이터를 입력하고 입력된 결과가 표시되는 작업공간이다.
③ 각 셀에는 행 번호와 열 번호가 있으며, [A1] 셀은 A행과 1열이 만나는 셀로 그 셀의 주소가 된다.
④ 하나의 통합 문서에는 최대 255개의 워크시트를 포함할 수 있다.

문 48

다음 중 아래 그림에서 [E2] 셀의 함수식이 =CHOOSE(RANK(D2,$D$2:$D$5),"대상","금상,"은상","동상")일 때, 결과 값으로 옳은 것은?

	A	B	C	D	E
1	성명	이론	실기	합계	순위
2	갈나래	47	45	92	
3	이석주	38	47	85	
4	박명권	46	48	94	
5	장영주	49	48	97	

① 대상
② 금상
③ 은상
④ 동상

49～50

다음 글을 읽고 물음에 답하시오

인간의 신경 조직을 수학적으로 모델링하여 컴퓨터가 인간처럼 기억·학습·판단할 수 있도록 구현한 것이 인공 신경망 기술이다. 신경 조직의 기본 단위는 뉴런인데, ⓐ 인공 신경망에서는 뉴런의 기능을 수학적으로 모델링한 퍼셉트론을 기본 단위로 사용한다.

ⓑ 퍼셉트론은 입력값들을 받아들이는 여러 개의 ⓒ 입력 단자와 이 값을 처리하는 부분, 처리된 값을 내보내는 한 개의 출력 단자로 구성되어 있다. 퍼셉트론은 각각의 입력 단자에 할당된 ⓓ 가중치를 입력값에 곱한 값들을 모두 합하여 가중합을 구한 후, 고정된 ⓔ 임계치보다 가중합이 작으면 0, 그렇지 않으면 1과 같은 방식으로 ⓕ 출력값을 내보낸다.

이러한 퍼셉트론은 출력값에 따라 두 가지로만 구분하여 입력값들을 판정할 수 있을 뿐이다. 이에 비해 복잡한 판정을 할 수 있는 인공 신경망은 다수의 퍼셉트론을 여러 계층으로 배열하여 한 계층에서 출력된 신호가 다음 계층에 있는 모든 퍼셉트론의 입력 단자에 입력값으로 입력되는 구조로 이루어진다. 이러한 인공 신경망에서 가장 처음에 입력값을 받아들이는 퍼셉트론들을 입력층, 가장 마지막에 있는 퍼셉트론들을 출력층 이라고 한다.

㉠ 어떤 사진 속 물체의 색깔과 형태로부터 그 물체가 사과 인지 아닌지를 구별할 수 있도록 인공 신경망을 학습시키는 경우를 생각해 보자. 먼저 학습을 위한 입력값들 즉 학습 데이터를 만들어야 한다. 학습 데이터를 만들기 위해서는 사과 사진을 준비하고 사진에 나타난 특징인 색깔과 형태를 수치화해야 한다. 이 경우 색깔과 형태라는 두 범주를 수치화하여 하나의 학습 데이터로 묶은 다음, '정답'에 해당하는 값과 함께 학습 데이터를 인공 신경망에 제공한다. 이때 같은 범주에 속하는 입력값은 동일한 입력 단자를 통해 들어가도록 해야 한다. 그리고 사과 사진에 대한 학습 데이터를 만들 때에 정답인 '사과이다'에 해당하는 값을 '1'로 설정하였다면 출력값 '0'은 '사과가 아니다'를 의미하게 된다.

인공 신경망의 작동은 크게 학습 단계와 판정 단계로 나뉜다. 학습 단계는 학습 데이터를 입력층의 입력 단자에 넣어 주고 출력층의 출력값을 구한 후, 이 출력값과 정답에 해당하는 값의 차이가 줄어들도록 가중치를 갱신하는 과정이다. 어떤 학습 데이터가 주어지면 이때의 출력값을 구하고 학습 데이터와 함께 제공된 정답에 해당하는 값에서 출력값을 뺀 값 즉 오차 값을 구한다. 이 오차 값의 일부가 출력층의 출력 단자에서 입력층의 입력 단자 방향으로 되돌아가면서 각 계층의 퍼셉트론별로 출력 신호를 만드는 데 관여한 모든 가중치들에 더해지는 방식으로 가중치들이 갱신된다. 이러한 과정을 다양한 학습 데이터에 대하여 반복하면 출력값들이 각각의 정답 값에 수렴하게 되고 판정 성능이 좋아진다. 오차 값이 0에 근접하게 되거나 가중치 의 갱신이 더 이상 이루어지지 않게 되면 학습 단계를 마치고 판정 단계로 전환한다. 이때 판정의 오류를 줄이기 위해서는 학습 단계에서 대상들의 변별적 특징이 잘 반영되어 있는 서로 다른 학습 데이터를 사용하는 것이 좋다.

문 49

윗글에 따를 때, ⓐ～ⓕ에 대한 설명으로 적절하지 않은 것은?

① ⓑ는 ⓐ의 기본 단위이다.
② ⓒ는 ⓑ를 구성하는 요소 중 하나이다.
③ ⓓ가 변하면 ⓔ도 따라서 변한다.
④ ⓔ는 ⓕ를 결정하는 기준이 된다.
⑤ ⓐ가 학습하는 과정에서 ⓕ는 ⓓ의 변화에 영향을 미친다.

문 50

윗글에 대한 이해로 적절하지 않은 것은?

① 퍼셉트론의 출력 단자는 하나이다.
② 출력층의 출력값이 정답에 해당하는 값과 같으면 오차 값은 0이다.
③ 입력층 퍼셉트론에서 출력된 신호는 다음 계층 퍼셉트론의 입력값이 된다.
④ 퍼셉트론은 인간의 신경 조직의 기본 단위의 기능을 수학적으로 모델링한 것이다.
⑤ 가중치의 갱신은 입력층의 입력 단자에서 출력층의 출력 단자 방향으로 진행된다.

13

문 01

다음은 에너지 프로슈머를 담당하는 팀에서 민원인들에게 배포할 Q&A를 작성한 것이다. 이 글을 바탕으로 이 팀에 속한 A대리의 에너지 프로슈머에 대한 발언으로 옳지 않은 것은?

Q1. 에너지 프로슈머 이웃간 전력거래란?
□ 프로슈머와 전기소비자의 이웃간 거래는 프로슈머가 스스로 생산하고 남는 전기를 누진제로 전기요금 부담이 큰 이웃에게 판매하는 것을 말합니다.
ㅇ 프로슈머는 남는 전기를 판매하여 수익을 창출하고,
ㅇ 전기소비자는 전기의 일부를 프로슈머로부터 직접구입하여 전기요금 부담을 완화할 수 있습니다.
※ 태양광으로 생산된 전기를 팔아서 얻는 판매수익과 구매비용을 현금으로 주고 받지 않고, 프로슈머와 소비자의 한전 전기요금에 각각 반영하여 정산하게 됩니다.

Q2. 현재 한전과 주택용 상계거래를 하고 있는데, 한전 전기보다 발전전기가 많아 발전량을 다음달로 이월해서 쌓아 두고 있는 경우, 미정산 잉여발전량을 이웃에 팔 수 있나요?
□ 프로슈머 거래로 미정산 잉여발전량을 이웃에 팔 수는 없습니다. 상계거래는 태양광으로 생산된 전기 중 직접사용하고 남는 전기를 한전으로부터 공급받는 전기에서 차감한 후 전기요금을 계산하는 제도입니다.
상계고객의 미정산 잉여발전량은 현금으로 정산해 주지 않고 계속 이월해서 쌓아 두고, 일조량이 적은 겨울철 등에 가져와서 한전 수전량과 상계처리하고 있습니다.
태양광 발전량이 한전 소비량보다 많은 고객의 경우, 전기요금이 없기 때문(최저요금 1,000원 이하)에 조정(감액)해줄 전기요금이 없어서 거래가 불가능합니다.

Q3. 프로슈머 거래 시 거래가격은 어떻게 정해지나요?
□ 현재 실증사업에서 거래가격을 실증하고 있으며, 프로슈머와 소비자 어느 한쪽이 손실이 발생할 경우 거래는 이루어지지 않고, 모두 이익이 발생할 수 있는 최적의 거래가격을 산정할 예정입니다.
□ 현재 실증단계에서는 태양광 발전사업자의 수익(전기판매수익 + 공인인증서 판매수익)수준으로 거래가격을 정하는 방안을 검토 중입니다

① "프로슈머와 전기소비자의 이웃간 거래는 프로슈머가 스스로 생산하고 남는 전기를 누진제로 전기요금 부담이 큰 이웃에게 판매하는 것입니다."
② "태양광으로 생산된 전기를 팔아서 얻는 판매수익과 구매비용을 현금으로 주고 받는 것은 아닙니다"
③ "상계고객의 미정산 잉여발전량은 계속 이월해서 쌓아두고, 일조량이 적은 겨울철 등에 가져와서 한전 수전량과 상계처리하고 있습니다."
④ "태양광 발전량이 한전 소비량보다 많은 고객의 경우, 전기요금이 없기 때문(최저요금 1,000원 이하)에 조정(감액)해줄 전기요금이 없지만 거래가 가능합니다."
⑤ "아직 거래 가격은 정해지지 않았지만 태양광 발전사업자의 수익 수준으로 정하는 방안을 검토 중입니다."

문 02

다음은 국외 출장 계획서이다. 계획서를 통해 알 수 있는 것으로 옳은 것은?

재생에너지 분야 기술협력을 위한 국외출장 계획

1. 출장예정자

소속	성명	외국어 성적	담당업무
신재생에너지 연구소 재생에너지 연구실	박홍희	955	▪ EPRI 재생에너지 분야 기술 회의 참석 ▪ 미국내 관련기관 협력 협의, 협조요청

2. 출장지 및 출장기간
- ㅁ 출장지 : 미국 (투산, 뉴욕)
- ㅁ 출장기간 : 2019. 2.24(일) ~ 3.03(일) (6박 8일)

3. 목적 및 필요성
- ㅁ EPRI 발전/재생 Advisory Meeting 참석(2.25(월) ~ 27(수), 미국 투산)
  - ○ 태양광, 풍력 등 재생에너지 기술개발 동향 조사 및 연구협력방안 협의
  - ○ EPRI 재생에너지 분과長 요청, KEPRI와의 기술협력회의 참석 및 협의
  - ○ 재생에너지 및 재생연계 ESS 등 KEPRI 개발기술의 활용방안 협의 등
- ㅁ 미국내 재생에너지 관련기관과의 협력방안 협의 (3.01(금), 미국 뉴욕)
  - ○ 미국내 기관과 협력추진 현황 설명 및 협력추진 지원 요청 등 (북미지사)
  - ○ 재생에너지, 에너지저장 관련 주요 기관/기술정보 협조 요청 등

4. 세부업무 일정

일 정	업무명	업 무 내 용
2.24(일)	출국	○ 인천(한국) → (LA/피닉스 경유) → 투산(미국)
2.25(월) ~ 27(수)	회의 참석	○ EPRI 발전/신재생 분야 Advisory Meeting 참석 ○ 재생E 분야 기술조사, 협력방안/기술활용 협의
2.27(수) ~ 28(목)	이동	○ 투산(아리조나州) → (피닉스(아리조나州) 경유) → 뉴욕 (뉴욕州)
3.01(금)	회의 참석	○ 북미지사 방문, 미국 기관과 협력추진계획 설명 ○ 협력추진 지원 요청 및 기술협력방안 협의
3.02(토) ~ 03(일)	귀국	○ 뉴욕 (미국) → 인천 (한국)

5. 출장결과 활용계획
- ㅁ 재생에너지연구실에서 수행 중 및 수행예정인 영농형태양광 및 해상풍력 등 재생에너지 연구의 원활한 수행에 활용
- ㅁ 점차 중요도가 증가하고 있는 재생에너지 연계 ESS 관련, 소내의 연구과제 수행에 활용
- ㅁ 재생에너지연구실 및 연구원 내 재생에너지 연구수행 부서의 연구수행 방향 설정 및 개발기술의 사업화 추진에 활용

① 전체 일정 중 회의에 참석하는 날은 총 5일이다.
② 3월 1일은 북미지사와 KEPRI 개발기술의 활용방안을 협의한다.
③ 2월 28일은 회의 일정이 있다.
④ 3월 1일은 뉴욕에서 회의에 참석한다.
⑤ 출장결과로 태양에너지과 원자력에너지에 대한 보고서를 작성한다.

14

문 03

다음 글을 읽고 마이크로그리드(Microgrid)에 대한 설명으로 옳지 않은 것은?

> 마이크로그리드(Microgrid) 분산전원, 다양한 전력부하 및 계측기기로 구성되어 전력회사의 전력망과 독립적 혹은 연계 운영되는 통합에너지 시스템이다. 이는 상시에 전력회사의 망(대규모 망 : Power Grid)과 연계하여 운전하고 비상시에는 마이크로그리드 영역의 전부 또는 일부를 독립적으로 운영하는 연계형과 상시 독립운전을 수행하는 형태로 구분할 수 있다. 연계형의 경우 그 운영 범위 및 목적에 따라 전력회사형(Utility) 마이크로그리드와 수용가형(Commercial) 마이크로그리드로 구분한다. 전력회사형의 경우 그 범위는 일반 배전계통의 전체 또는 일부로 확장할 수 있으며 수용가형의 경우 그 범위는 수용가 내부 망으로 국한된다. 상시 독립형의 경우 도서지역 또는 육지 내 고립지역(산간오지 등)에 설치되어 상시 독립적으로 운전되는 형태이다. 상시 독립형의 경우를 에너지 자립형 마이크로그리드(이하 MG로 병행 표기)와 하이브리드(hybrid)형으로 구분한다. 이 두개의 차이점은 에너지자립형은 하이브리드 형에 비해 신재생 에너지 도입율이 높고 이에 따른 신재생에너지의 심한 출력변동을 감내하며, ESS/PCS로 대변 되는 인버터를 통해 계통 주파수 및 전압을 제어함으로써 계통을 안정적으로 유지한다. 다시 말해서, 독립계통 내의 지배적인(dominant) 발전원이 인버터 기반의 장비(ESS)라는 의미이며 따라서 설비 구성에 상대적으로 고비용이 소요되나 전력품질 등은 매우 안정적이라는 장점이 있다. 반면에, 하이브리드형 MG의 경우는 에너지자립형에 비해 신재생 도입율이 낮으며 디젤발 전기로 대변되는 전통적인 발전원이 상시 운전되는 구조로 ESS의 설치용량이 적어지며 상대적으로 저비용이 소요된다.

① 마이크로그리드는 분산전원, 다양한 전력부하 및 계측기기로 구성되어 전력회사의 전력망과 독립적 혹은 연계 운영되는 통합에너지 시스템이다.
② 마이크로그리드는 전력회사형(Utility) 마이크로그리드와 수용가형(Commercial) 마이크로그리드로 구분한다.
③ 상시 독립형의 경우를 에너지 자립형 마이크로그리드와 하이브리드(hybrid)형으로 구분한다.
④ 에너지자립형은 설비 구성에 상대적으로 고비용이 소요되나 전력품질 등은 매우 안정적이라는 장점이 있다.
⑤ 하이브리드형 MG의 경우는 상대적으로 신재생 도입율이 낮다.

문 04

다음 글은 송전 설비에 대한 글이다. 이 글의 내용 중 옳은 것은?

> 발전소에서 변전소까지 전력을 보내는 송전설비는 가공(架空)송전선로 및 지중(地中)송전선로로 구분되어지는 송전선로와 가공송전선로 지지물, 철탑, 애자, 기타 부속설비 등과 지중송전선로를 위한 전력구, 맨홀, 케이블, 지지애자 등으로 구성되어 있다. 1960년대 초 송변전 계통은 154kV 송전선을 주축으로 주요 발전소와 변전소들을 연결하고 있었으며, 전력수요 중심지인 대도시, 광산지역의 변전소 등에서 66kV, 22kV 송전선이 이용되었으나, 본격적인 산업화 추진에 따른 지역간 전력융통 규모 증대에 대처하기 위하여 기간 송전계통을 종전 154kV에서 354kV로 격상하였다.
>
> 66 kV 송전계통은 증설 억제와 철거가 지속적으로 이루어져 점차 감소 추세이며, 이후 기존 기간 송전망인 345kV와 지역송전망인 154kV로만 구성되어 있었던 송전계통 전압을 765kV 대전력 송전망으로 대체하고자 1990년도 후반부터 단계적으로 구축해 오고 있다.
>
> 그리고 도시미관 개선을 위한 전력설비의 지중화 요구 및 빌딩의 고층화와 인텔리전트 빌딩의 확산 등으로 도심지 부하가 고밀도화 함에 따라 다음 표와 같이 광역시를 중심으로 송전설비의 지중화율은 꾸준히 증가하고 있다.
>
> 표 11. 행정구역별 송전 설비 지중화율(%)
>
> | 행정구역 | 가공[C-km] | 지중[C-km] | 합계[C-km] | 지중화율 |
> |---|---|---|---|---|
> | 서울 | 108 | 913 | 1,021 | 89.4% |
> | 부산 | 479 | 391 | 870 | 44.9% |
> | 대구 | 464 | 181 | 645 | 28.1% |
> | 인천 | 251 | 503 | 754 | 66.7% |
> | 광주 | 202 | 127 | 329 | 38.6% |
> | 대전 | 294 | 119 | 413 | 28.8% |
> | 울산 | 790 | 34 | 824 | 4.1% |
> | 세종 | 191 | 20 | 211 | 9.5% |
> | 경기 | 4,891 | 719 | 5,610 | 12.8% |
> | 강원 | 3,433 | 31 | 3,464 | 0.9% |
> | 충북 | 1,976 | 51 | 2,027 | 2.5% |
> | 충남 | 3,042 | 39 | 3,081 | 1.3% |
> | 전북 | 2,023 | 127 | 2,150 | 5.9% |
> | 전남 | 3,159 | 160 | 3,319 | 4.8% |
> | 경북 | 4,573 | 39 | 4,612 | 0.8% |
> | 경남 | 3,413 | 95 | 3,508 | 2.7% |
> | 제주 | 371 | 208 | 579 | 35.9% |
> | 합계 | 29,660 | 3,757 | 33,417 | 11.2% |
>
> *지중화: 땅 속으로 송전선로를 묻는 지중화

① 1990년도 후반부터 송전계통 전압을 154kV 대전력 송전망으로 구축하고 있다.
② 도시미관 개선을 위한 전력설비의 지중화 요구가 있다.
③ 가장 지중화율이 낮은 곳은 강원이다.
④ 서울이 부산보다 지중화율이 두 배 이상 크다.
⑤ 전남과 전북의 지중화율 합이 경북과 경남의 지중화율 합보다 작다.

문 05

다음 글의 내용과 일치하지 않는 것은?

> 적외선 열화상 카메라는 피사체로부터 방출되는 적외선 복사 에너지를 검출해서 피사체의 표면 온도를 측정하고, 그 온도에 따라 다른 색상으로 화면에 구현해 주는 장치이다. 이것은 절대 영도, 즉 -273 ℃보다 높은 온도를 갖는 모든 물체는 적외선을 방출하고 있으며 물체의 온도가 높을수록 방출량이 많다는 사실에 착안하여 제작되었다. 적외선 열화상 카메라는 크게 렌즈, 검출기, 신호처리장치, 모니터 등으로 구성되어 있다.
>
> 적외선의 파장은 가시광선의 파장보다 길기 때문에 일반 카메라 렌즈는 적외선이 잘 통과하지 못한다. 따라서 적외선은 잘 통과하고 가시광선은 잘 통과하지 않는 물질인 게르마늄과 규소를 사용하여 적외선 열화상 카메라 렌즈를 만든다. 렌즈를 통과한 적외선은 검출기에 도달한다.
>
> 검출기는 적외선 복사 에너지를 전기적 신호로 바꾸어 주는 역할을 하며, 주로 볼로미터 방식을 많이 사용하고 있다. 이 방식은 마이크로볼로미터를 규칙적으로 배열하여 적외선 복사에너지를 측정하는 방식이다. 마이크로볼로미터는 〈그림〉에서 보듯이 신호처리회로(ROIC)기판 위에 적외선 복사 에너지를 감지하는 사각형 모양의 구조체와 이를 받치는 두 개의 지지대로 이루어져 있다. 구조체속에는 적외선 감지 재료가 있으며 각 지지대속에는 금속 전극이 하나씩 들어 있는데, 금속전극 중 하나는 감지 재료와 Y - 금속층에 연결되어 있고, 다른 하나는 감지 재료와 ROIC기판에 연결되어 있다.
>
> 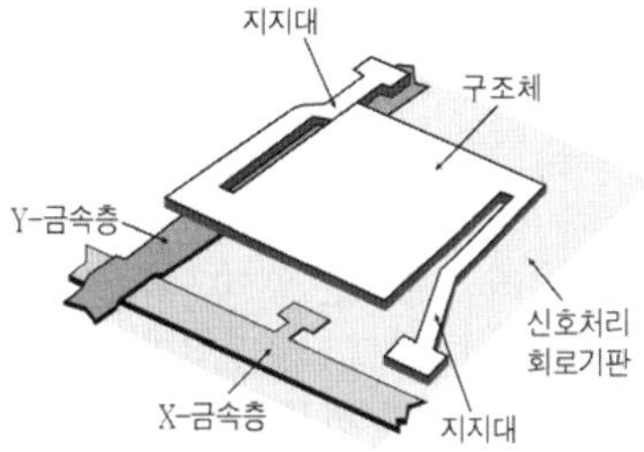
>
>
> 검출기의 구조체는 적외선 복사 에너지를 잘 흡수하고 그에 반응하여 온도도 상승해야 한다. 하지만 구조체가 적외선 복사에너지를 흡수해서 발생하는 열은 수 나노와트(nW) 정도로 매우 작기 때문에 이 열이 효과적으로 전기적 신호로 변환되기 위해서는 외부로 빠져나가는 열 손실을 최대한 억제해야한다. 따라서 지지대는 단면적이 작고, 열전도율이 작은 물질로 이루어져 있으며, 구조체와 ROIC기판 사이는 진공 상태로 되어 있다. 구조체의 감지 재료는 미세한 온도 증가에도 예민하게 반응하는 반도체를 사용하며, 그중 음(-)의 저항 온도 계수가 높은 산화 바나듐을 많이 쓴다. 저항 온도 계수란 온도 상승에 따라 저항 값이 변화하는 비율을 말하며, 온도가 상승함에 따라 전기 저항이 감소하는 물질은 음의 저항 온도 계수를, 전기 저항이 증가하는 물질은 양(+)의 저항 온도 계수를 가진다. 결국 적외선 복사 에너지를 흡수한 구조체는 온도가 올라가며, 구조체 속 감지 재료의 온도도 상승한다. 이로 인한 감지 재료의 전기 저항 감소는 출력 전압의 증가로 이어지고, 증가된 전압은 지지대의 금속 전극을 통해 ROIC기판에 전류를 흐르게 한다.
>
> ROIC기판과 연결된 신호처리장치는 전류의 세기에 따라 물체의 표면 온도를 판별한다. 그런데 물체에서 방출된 적외선 복사 에너지는 렌즈에 도달하기도 전에 대기 중 입자에 흡수되거나 산란되어 손실될 수 있으며, 거리가 멀수록 손실 정도가 더 커진다. 따라서 피사체와의 거리, 대기 상태 등을 고려하여 온도 값을 프로그램을 통해 다시 보정하고, 그 온도 값에 따라 각각 다른 색상으로 모니터 화면에 피사체의 열화상을 구현한다. 마이크로볼로미터 하나가 모니터 화면의 한 픽셀에 해당하도록 설계되어 있기 때문에 검출기의 마이크로볼로미터 개수가 많을수록 화면에 나타나는 화질은 그만큼 향상된다.

① 마이크로볼로미터의 적외선 감지 재료에는 두 개의 금속 전극이 연결되어 있다.

② 적외선 열화상 카메라에 열화상이 나타난 사물은 절대 영도보다 높은 온도를 지닌다.

③ 마이크로볼로미터의 지지대는 열 손실을 막기 위해 열전도율이 낮은 물질로 만들어져 있다.

④ 적외선 열화상 카메라의 렌즈에 도달한 적외선 복사 에너지의 강도는 피사체와의 거리에 비례한다.

⑤ 적외선 열화상 카메라 렌즈는 적외선을 더 잘 통과시키기 위해 게르마늄과 규소를 사용하여 제작한다.

문 06

'다이내믹 스피커'에 대한 설명으로 적절하지 않은 것은?

북을 치면 소리가 난다. 북을 쳤을 때 북의 가죽에서 진동이 일어나고 이로 인해 공기가 진동하여 소리를 내는 것이다. 이때 공기가 가죽의 진동을 받아 생기는 진동수가 크면 높은 음이, 작으면 낮은 음이 난다. 그리고 공기의 진폭이 크면 강한 소리가, 작으면 약한 소리가 난다. 스피커도 이와 같은 원리로 전류의 진동수나 진폭에 따라 다양한 소리를 재생한다. 일반적으로 널리 사용되는 스피커로는 다이내믹 스피커가 있다. 다이내믹 스피커는 영구 자석에 의해 형성되는 자기장이 보이스 코일에 흐르는 전류와 수직 방향을 이루도록 하여 진동판을 움직이는 힘이 위아래로 작용하게 함으로써 소리를 재생하는 메커니즘을 갖는다. 이러한 메커니즘은 왼쪽의 〈그림〉에서와 같이 자기장과 전류의 방향이 수직을 이룰 때 생성되는 힘이 자기장과 전류의 수직 방향으로 작용한다는 플레밍의 왼손 법칙으로 설명할 수 있다.

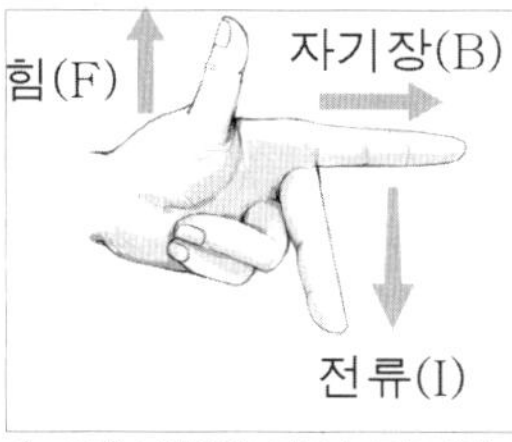

다이내믹 스피커의 주요 부품으로는 영구 자석, 탑 플레이트, 보이스 코일, 보빈, 진동판, 댐퍼, 폴피스 등이 있다. 영구자석은 자기장을 형성하고, 탑 플레이트는 이 자기장을 보이스코일 방향으로 제어하는 역할을 한다. 보이스 코일은 보빈에 감겨 있는 도선으로, 이 코일에 전류가 흐르면 영구 자석이 형성하는 자기장과 상호 작용을 하여 생성되는 힘이 보이스 코일을 위아래로 움직이게 한다. 보이스 코일에 고정되어 있는 보빈은 보이스 코일이 받는 힘을 진동판에 그대로 전달하여 소리를 재생하게 한다. 댐퍼는 스피커의 외형을 이루는 단단한 프레임에 보빈을 지지시켜 보빈에 감겨 있는 보이스 코일이 위아래로 원활하게 움직일 수 있도록 보이스 코일의 중심을 잡아 준다. 그리고 폴피스는 전류가 흐르면서 보이스 코일에서 발생하는 열을 영구 자석과 탑 플레이트로 분산시켜 식혀주는 역할을 한다.

다이내믹 스피커에서 소리를 재생하기 위해서는 보이스 코일이 위아래로 반복하여 움직이면서 진동판을 진동시켜야 한다. 진동판의 반복 운동은 전류의 방향이 계속해서 바뀌는 교류 전류를 보이스 코일에 흘려줌으로써 이루어진다. 영구 자석에서 나오는 자기장의 방향은 동일하지만 보이스 코일에 흐르는 교류 전류의 방향이 전환됨에 따라 보이스 코일이 받는 힘이 이전과 반대 방향으로 작용하게 된다. 그렇게 되면 진동판이 위아래로 반복 운동을 하며 소리가 재생된다.

한편 자기장(B)과 전류(I)의 세기가 커짐에 따라 보이스 코일에 작용하여 진동판을 진동시키는 힘(F)은 커진다. 그런데 영구 자석에서 형성되는 자기장의 세기는 항상 일정하기 때문에 스피커에서 재생되는 소리의 크기는 보이스 코일에 흐르는 전류의 변화에 따라 달라진다.

① 전류는 보이스 코일에서 열을 발생시킨다.
② 보이스 코일과 보빈이 움직이는 방향은 동일하다.
③ 전류의 방향이 변하지 않으면 소리를 재생하지 못한다.
④ 보이스 코일에 전류를 흘려주면 보이스 코일이 힘을 받는다.
⑤ 보이스 코일이 받은 힘은 전류와 자기장의 상호 작용을 유도한다.

07～08

다음 글을 읽고 물음에 답하시오.

(가) 본성 대 양육 논쟁은 앞으로 치열하게 전개될 소지가 많다. 하지만 유전과 환경이 인간의 행동에 어느 정도 영향을 미치는가를 따지는 일은 멀리서 들려오는 북소리가 북에 의한 것인지, 아니면 연주자에 의한 것인지를 분석하는 것처럼 부질없는 것인지 모른다. 본성과 양육 다 인간행동에 필수적인 요인이므로.

(나) 20세기 들어 공산주의와 나치주의의 출현으로 본성 대 양육 논쟁이 극단으로 치달았다. 공산주의의 사회개조론은 양육을, 나치즘의 생물학적 결정론은 본성을 옹호하는 이데올로기이기 때문이다. 히틀러의 유대인 대량학살에 충격을 받은 과학자들은 환경 결정론에 손을 들어 줄 수밖에 없었다. 본성과 양육 논쟁에서 양육 쪽이 일방적인 승리를 거두게 된 것이다.

(다) 이러한 추세는 1958년 미국 언어학자 노엄 촘스키(1928-)에 의해 극적으로 반전되기 시작한다. 촘스키가 치켜든 선천론의 깃발은 진화심리학들이 승계했다. 진화심리학은 사람의 마음을 생물학적 적응의 산물로 간주한다. 1992년 심리학자인 레다 코스미데스와 인류학자인 존 투비 부부가 함께 편집한 〈적응하는 마음〉이 출간된 것을 계기로 진화심리학은 하나의 독립된 연구 분야가 된다. 말하자면 윌리엄 제임스의 본능에 대한 개념이 1세기 만에 새 모습으로 부활한 셈이다.

(라) 더욱이 1990년부터 인간 게놈 프로젝트가 시작됨에 따라 본성과 양육 논쟁에서 저울추가 본성 쪽으로 기울면서 생물학적 결정론이 더욱 강화되었다. 그러나 2001년 유전자 수가 예상보다 적은 3만여 개로 밝혀지면서 본성보다는 양육이 중요하다는 목소리가 커지기 시작했다. 이를 계기로 본성 대 양육 논쟁이 재연되기에 이르렀다

문 07

위 글을 순서대로 올바르게 연결한 것은?

① (가) - (나) - (다) - (라)
② (가) - (나) - (라) - (다)
③ (가) - (다) - (나) - (라)
④ (나) - (다) - (라) - (가)
⑤ (나) - (라) - (다) - (가)

문 08

위 글에서 말하고자 하는 내용으로 적절하지 않은 것은?

① 본성과 양육의 관계는 유전과 환경의 관계와 일맥 상통한다.
② 본성과 양육에 대한 논쟁은 더 이상 별다른 의미가 없다.
③ 본성과 양육의 논쟁은 21세기 들어서 새롭게 전개될 것이다.
④ 본성과 양육에 대한 논쟁에는 진화심리학이 바탕에 있다.
⑤ 본성과 양육은 성격에 있어서 서로 상보적인 존재이다.

문 09

( ) 안에 들어갈 표현으로 가장 적절한 것은?

> 서양인들은 동양인들에 비해 세상을 '덜 복잡한 곳'으로 파악하기 때문에 적은 수의 요인들만으로도 세상을 이해할 수 있다고 믿는다. 연구팀은 미국과 한국의 대학생들에게 어떤 사건을 간단히 요약하여 기술하고, 총 100여 개에 달하는 요인들을 제시해 준 다음 각 요인이 그 사건과 관련이 있는지 없는지 선택하게 했다. 그 결과, 한국 대학생들은 약 37%의 요인들만 그 사건과 관계없는 요인으로 판단했으나, 미국 대학생들은 55%에 이르는 요인들이 그 사건과 관계없다고 판단했다. 동양계 미국인 참가자들은 한국인과 미국인의 중간 정도에 해당하는 반응을 보였다. 연구팀은 '어떤 요인이 어떤 사건과 관계없다고 판단 내리기를 꺼리는 경향', 다시 말해 '( )'이 종합주의적사고와 관련이 있음을 발견했다.

① 무수히 많은 요인들이 어떤 사건에 관련되어 있다고 믿는 경향
② 인과론적으로 사건을 파악하려고 하는 경향
③ 세상을 덜 복잡한 곳으로 파악하고 관계를 판단하는 경향
④ 발생한 결과를 요인들로 미리 예측할 수 없다고 믿는 경향
⑤ 맥락이 중시되는 상황에서 맥락을 무시하려는 경향

문 10

다음 글에 이어질 내용으로 부적합한 것은?

> 인간은 흔히 자기 뇌의 10%도 쓰지 못하고 죽는다고 한다. 또 사람들은 천재 과학자인 아인슈타인조차 자기 뇌의 15% 이상을 쓰지 못했다는 말을 덧붙임으로써 이 말에 신빙성을 더한다. 이 주장을 처음 제기한 사람은 19세기 심리학자인 윌리암 제임스로 추정된다. 그는 보통 사람은 뇌의 10%를 사용하는데 천재는 15~20%를 사용한다. 라고 말한 바 있다. 인류학자 마가렛 미드는 한발 더 나아가 그 비율이 10%가 아니라 6%라고 수정했다. 그러던 것이 1990년대에 와서는 인간이 두뇌를 단지 1% 이하로 활용하고 있다고 했다. 최근에는 인간의 두뇌 활용도가 단지 0.1%에 불과해서 자신의 재능을 사장시키고 있다는 연구 결과도 제기됐다.

① 인간의 두뇌가 가진 능력을 제대로 발휘하지 못하도록 하는 요소가 무엇인지 연구해야 한다.
② 어른들도 계속적인 연구와 노력을 통하여 자신의 능력을 충분히 발휘할 수 있도록 해야 한다.
③ 학교는 자라나는 학생이 재능을 발휘할 수 있도록 여건을 조성해 주어야 한다.
④ 인간의 두뇌 개발을 촉진시킬 수 있는 프로그램을 개발해야 한다.
⑤ 어린 시절부터 개성적인 인간으로 성장할 수 있도록 조기교육을 실시해야 한다.

문 11

다음은 스마트그리드확산 사업을 위해 경진대회 공고문이다. 이 글을 바탕으로 대회에 참가하고자 하는 사람들의 발언 중 옳지 않은 것은?

2018년 SG확산사업 에너지절감 경진대회 공고

한국전력공사는 스마트그리드 확산사업 참여 아파트단지의 효율적인 에너지관리와 파워플래너 앱 가입을 확산시키기 위해 아래와 같이 에너지절감 경진대회를 개최하오니 많은 관심과 참여를 바랍니다.

2018. 7. 24. 한국전력공사사장

☐ 경진대회 개요

○ 참여대상 : 1차년도 스마트그리드 확산사업 참여 아파트단지

○ 평가기간 : '18. 8월 ~ 9월 (기준 : '17년 8월 ~ 9월)

○ 평가기준

– 에너지절감 우수아파트 평가 부문

항 목	배 점	평가항목
정량 평가	90점	전력사용 절감, 피크전력 감축, 파워플래너 가입
정성 평가	10점	SMS 발송, 온라인 커뮤티니 홍보 등 우수사례 평가

– "Smart Grid APT" 인증 부문

구 분	인증기준	가입률 산정기준
750세대 이상	APP 가입률 30% 이상	• 기존 가입자 포함 산정 • 1 가구 1 가입 실적 인정
750세대 미만	APP 가입률 50% 이상	

○ 시상규모 : 1,505만원

– 에너지절감 우수아파트 부문 : 7개 단지(포상금 지급 385만원)

– "Smart Grid APT" 인증* 부문 : 12개 단지(현판 설치 420만원)

* 최초 인증고객 ESS 설치 지원(약 700만원)

☐ 참여방법

○ 참여대상 : 1차년도 SG확산사업 참여 아파트 자동신청(붙임3 참조)

※ 1차년도 기간 : '16년 3월 ~ '17년 8월

○ 제출서류 (서류 미 제출 시 평가제외) : "붙임1, 2" 참조

– 스마트그리드 확산사업 에너지절감 경진대회 종합평가표 1부

– 스마트그리드 확산사업 에너지절감 경진대회 평가산정표 1부

– 관련 증빙자료(전기요금고지서 사본, 파워플래너 가입승인 화면 등)

※ 입주자 대표 또는 관리사무소 직인 필수

○ 제출기간 : '18.10.1. ~ 10.20.

※ "Smart Grid APT" 인증 부문은 인증기준 달성 즉시 공문으로 제출

① "우리 아파트 단지는 1차년도 스마트그리드 확산사업 참여하였으니 참여할 수 있다"

② "우리 아파트는 780세대이니 Smart Grid APT" 인증을 받으려면 APP 가입을 30% 이상해야 한다"

③ "에너지절감 우수아파트가 되면 현판 설치 385만원을 받는다"

④ "가장 빨리 인증을 받으면 ESS를 설치하는데 비용 지원을 받는다."

⑤ "제출서류 중 관련 증빙자료는 입주자 대표 또는 관리사무소 직인이 꼭 필요하다"

문 12

아래는 사물인터넷을 기반으로 전력서비스 및 솔루션을 제공하기 위한 연구보고서의 일부이다. 이를 읽고 제시한 의견 중 글의 내용을 제대로 파악하지 못한 것은?

> 2020년 14조원의 시장성장(국내기준)이 예상되는 사물인터넷(Internet of Things, IoT) 분야는 많은 사물들이 인터넷과 연결되어 데이터를 생성하고 제어되면서 새로운 사용가치를 만드는 ICT 환경구축을 목표로 한다. 이에 반해 폐쇄망으로 운영되던 전력시스템은 스마트 그리드를 통해 진화하고 있으나 정형화된 서비스 중심의 인프라 구축 및 운영으로 인해 현재 정체되어 있는 상황이다. 에너지신산업으로 일컫어지는 전력산업의 환경변화를 이끌어가기 위해 IoT 기술을 이용, 다양한 서비스 및 아이디어가 도출되고 이를 토대로 각 서비스별 시스템 구축을 하려는 노력이 진행되고 있다. 다양한 노력에도 불구하고 전력 · 에너지 분야에 적용하기 위한 기본적인 프레임 및 표준이 제정되고 있지 않아 중복투자, 상호운용성 결여 등의 문제가 야기되고 있다.
> 상기 언급된 문제를 해결하기 위해 본 과제에서는 IoT를 기반으로 전력서비스 및 솔루션을 제공하기 위해 '센서–게이트웨이–네트워크–플랫폼–서비스'를 하나로 연결하는 표준 프레임워크를 제정하고자 한다. 프레임워크는 크게 '센서–게이트웨이–플랫폼'을 연계하는 정보모델링 및 연동규약을 다루는 표준과 이를 토대로 다양한 센서를 수용할 수 있는 게이트웨이, 실시간 데이터 수집·분석·제공 역할을 수행하는 플랫폼으로 구분하고 관련 기술을 확보하고자 한다. 본 과제를 통해 확보된 표준 프레임워크는 IoT 환경구축에 있어 공통기술로서 중복투자를 회피하고 다양한 제조사가 참여할 수 있는 생태계 조성에 활용될 수 있을 것으로 사료되며, 더 나아가 에너지신산업을 이끌 성장 동력으로서 역할을 수행할 수 있을 것으로 기대한다.

① 사물인터넷(Internet of Things, IoT) 분야는 ICT 환경구축을 목표로 한다.
② 폐쇄망으로 운영되던 전력시스템은 정형화된 서비스 중심의 인프라 구축 및 운영으로 인해 현재 정체되어 있다.
③ 표준 프레임워크 제정을 통해 중복투자, 상호운용성 결여 등의 문제 등을 해결하고자 한다.
④ 프레임워크는 크게 '센서–게이트웨이–플랫폼'을 연계하는 정보모델링 및 연동규약을 다루는 표준과 네트워크, 서비스로 구분하고 관련 기술을 확보하고자 한다.
⑤ 확보된 표준 프레임워크는 에너지신산업을 이끌 성장 동력으로서 역할을 수행할 수 있을 것이다.

문 13

다음은 일본의 마이크로그리드 관련 글이다. 지문을 바르게 이해한 것을 고르시오.

> 아시아의 경우 일본이 대표적인 마이크로그리드 선도국가라 할 수 있다. Kyotango 프로젝트(일본, NDEO)는 Gas Engine(400kW), MCFC(250kW), Lead–acid전지(10kW), 소규모 WT(50kW),PV로 구성된 계통연계형 MG 사이트를 구축하였다. 제어 시스템을 통하여 정전, 전압 불평형, 주파수 불평형 등의 계통 운영지수 감시 및 5분 주기의 수요 예측을 통한 수요 – 공급 균형을 3% 이내로 유지하는 것을 목표로 실증을 수행 중에 있다. Hachinohe 프로젝트(일본)는 GasEngine(510kW), PV(50kW), 소규모 WT로 구성된 MG 사이트로, 본 프로젝트의 구조적인 특징은 MG 사이트 내 사설 전력망이 포함되어 있고 사이트 중간의 학교 시설에 소규모 신재생 자원들이 설치되어 있다는 것이다. 사이트 내 주간 공급–수요 계획 및 economic dispatch가 매3분마다 제어되며, 3% 이내의 공급–수요 차이를 목표로 삼고 있으며 테스트 결과, 테스트 기간 중 99.99%에 이르는 시간 동안 3% 이내로 오차가 유지되었다고 보고된다. 본 과제와 유사한 것은 SatconTM (Satcon Technology Corporation) 프로젝트로 태양광발전의 무효전력 및 배전계통전압을 전력회사 제어센터에서 실시간으로 제어할 수 있도록 기술이 구현되어 있으며 20%의 무효전력을 제어할 경우에도 유효전력의 변동이 2% 미만으로 태양광발전 사업자의 경제성에 영향이 최소화되도록 설계되었다.

① Kyotango 프로젝트와 Hachinohe 프로젝트는 모두 MCFC가 구성되어 있다.
② Kyotango 프로젝트는 수요–공급 균형을 3% 이내로 유지하기 위해 3분마다 수요예측을 한다.
③ Hachinohe 프로젝트는 사이트 내 사설 전력망을 운영하여 신재생 자원을 대규모로 설치하였다.
④ Hachinohe 프로젝트는 3% 이내의 공급–수요 차이를 목표하고 있으나 목표에 다소 부족한 테스트 결과를 내고 있다고 보고된다.
⑤ SatconTM 프로젝트는 태양광발전의 무효전력 및 배전계통전압의 실시간으로 제어를 하며 태양광발전 사업자의 경제성을 안정적으로 유지하도록 설계되었다.

14

문 14

다음 글에서 말하는 '발전 기술'의 효과를 전망한 것으로 적절하지 않은 것은?

> 현재 수소 이용 기술 중 가장 유망한 분야로 꼽히고 있는 것이 수소와 산소를 반응시켜 전기를 생산하는 연료전지 발전(發電)이다. 연료전지는 전기를 생산하는 데 연소과정이나 구동장치가 필요 없으며 에너지 생산의 효율성이 높아 경제적이다. 연료전지 발전 외에 핵융합 발전도 수소를 이용한 대표적 발전 기술이다. 수소와 같이 가벼운 원소들이 서로 충돌하면서 무거운 원소로 융합하는 것을 응용한 핵융합 발전은 핵분열 반응을 응용한 원자력 발전과 달리 방사능 유출의 위험이 거의 없다. 핵융합 발전은 아직은 실험 단계이지만 머지않아 실용화될 것으로 기대된다. 핵융합 발전과 연료전지 발전 기술은 모두 화석 연료의 고갈이란 위기에 직면해 있는 인류의 미래를 짊어질 매우 중요한 기술이다.

① 현재보다 환경오염이 감소될 것이다.

② 에너지 부족에 따른 문제들이 감소하게 될 것이다.

③ 적은 비용으로 많은 에너지를 생산할 수 있게 될 것이다.

④ 실용화 단계에 이르면 보다 안전한 삶이 가능하게 될 것이다.

⑤ 수소 생산 비용을 절감시켜 이와 관련된 산업이 활성화 될 것이다.

문 15

△△공단에서 열사용기자재 해외 제조검사 도입에 관한 보도 자료를 만들었다. 옳지 않은 것은?

> △△ 공단 소식
>
> 국민 안전을 위해 열사용기자재 해외 제조검사 도입
> – 해외 제조·수입 열사용기자재 검사 실시를 통한 안전품질 확보 –
>
> △△공단은 정부 20대 국정전략 중 '국민 안전과 생명을 지키는 안심사회'이행에 발맞추기 위해 지난 5일(목) 인도 압력용기 제조업체, 11일(수) 미국 열교환기 제조업체에 대한 열사용기자재 검사를 시작으로 열사용기자재 「해외 제조검사」 제도 본격 추진에 나섰다.
>
> 「해외 제조검사」는 지난해 12월 에너지이용합리화법 개정 시행을 통해 △△공단이 신규 추진하는 제도이다. 본 제도의 실시로 국외에서 제조·수입되는 열사용기자재는 국내 검사 규격에 맞춘 제조검사를 완료해야 국내사용이 가능해진다. 이를 통해 일상생활에 밀접한 관련이 있는 열사용기자재에 대한 안전 관리가 한층 강화된다.
>
> 과거에는 수입 열사용기자재에 대한 검사가 국내 제조검사 대신 해외 제조국의 검사 서류로 대체됐기 때문에 국내 안전기준에 따른 품질 확인이 어려웠다. 또한, 가격 우위에 있는 국외 저가형 제품 수입 증대로 안전사고가 우려됐다.
>
> 해당 제도의 시행으로 수입기기에도 국내 제조검사와 동일한 기준을 적용하게 되어 안전규격 이하의 기기에 대한 수입이 금지된다. 아울러 최소한의 안전품질을 확보할 수 있도록 제조단계 안전품질 검사를 공단이 생산지에서 직접 수행함으로써 국민 안전사고 및 재산피해 예방에 크게 기여할 것으로 예상된다.
>
> △△공단 관계자는 "본 제도의 시행으로 미국, 중국 등 11개의 해외 열사용기자재 제조업체에서 공단의 해외 제조검사 신청을 준비하고 있다"며, "공단은 누리집·블로그 및 설명회를 통한 고지와 더불어 방문자 대상 지속적인 안내를 통해 해외 제조검사 제도의 안착을 위해 노력하고 있다"고 밝혔다.

① 에너지이용합리화법 개정 시행을 통해 △△공단이 신규 추진하는 제도이다.

② 국외에서 제조·수입되는 열사용기자재는 국내 검사 규격에 맞춘 제조검사를 완료해야 국내 사용이 가능해진다.

③ 미국, 중국 등 11개의 해외 열사용기자재 제조업체에서 공단의 해외 제조검사 신청을 준비하고 있다.

④ 수입기기에도 국내 제조검사 보다 엄격한 기준을 적용하게 되어 안전규격 이하의 기기에 대한 수입이 금지된다.

⑤ 제조단계 안전품질 검사를 공단이 생산지에서 직접 수행함으로써 국민 안전사고 및 재산피해 예방에 크게 기여할 것으로 예상된다.

문 16

다음 〈표〉는 국가별 주택용 전기요금과 월간 전기사용량에 관한 자료이다. 이에 대한 설명으로 옳지 않은 것은?

〈표1〉 국가별 주택용 전기요금

(단위: 원/kWh)

구분	2016년	2017년	2018년
한국	300	288	280
중국	207	198	192
미국	372	369	375
일본	402	417	415

〈표2〉 국가별 월간 주택용 전기사용량

(단위 : kWh/가구)

구분	2016년	2017년	2018년
한국	448	472	516
중국	509	529	555
미국	497	512	511
일본	506	477	500

※ 가구당 월간 전기요금 = 주택용 전기요금 × 월간 주택용 전기사용량

① 2018년도 주택용 전기요금이 가장 높은 국가의 주택용 월간 전기사용량은 가장 적다.
② 조사기간 동안 미국의 주택용 전기요금과 월간 주택용 전기사용량의 증감방향은 서로 반대이다.
③ 2016년도 주택용 전기요금이 가장 낮은 국가의 월간 주택용 전기사용량은 가장 많다.
④ 한국의 2017년 가구당 월간 전기요금은 전년대비 감소했다.
⑤ 2018년도 한국의 주택용 전기요금은 미국의 주택용 전기요금 대비 65% 이상이다.

문 17

다음 〈표〉는 저탄소 녹색성장 기술분야의 에너지원별 사용 비중을 나타낸 자료이다. 이에 대한 설명으로 옳지 않은 것은?

〈표〉 저탄소 녹색성장 기술분야의 에너지원별 사용 비중

(단위: %)

구분	2018	2019	2020 (예상)	2021 (예상)	연평균 증가율
태양광	30.4	23.9	31.4	35.8	12.9
태양열	25.8	23.4	26.0	21.0	3.3
연료전지	11.9	10.8	8.7	11.1	17.2
수소 바이오	9.1	14.5	15.7	16.8	11.0
전력IT	9.0	9.9	6.9	6.9	8.9
풍력	8.2	8.1	7.5	5.1	-0.6
수력 및 해양	2.8	3.3	2.0	2.3	13.2
지열	2.8	6.1	1.8	1.1	-2.8

① 2018 ~ 2021년 동안 '수소바이오' 에너지원 사용 비중은 매년 증가할 것으로 보인다.
② 2021년에 저탄소 녹색성장 기술분야 사용량의 전년대비 감소율이 가장 클 것으로 보이는 에너지원은 지열이다.
③ 2018 ~ 2021년 동안 저탄소 녹색성장 기술분야의 사용량이 가장 많은 에너지원은 매년 태양광일 것으로 보인다.
④ 2019년에 저탄소 녹색성장 기술분야 사용 비중의 전년대비 증가폭이 가장 큰 에너지원은 '수소바이오'이다.
⑤ 2021년에 '태양광' 에너지원 사용 비중은 2018년 대비 증가율은 20%이하일 것으로 보인다.

14

문 18

다음 〈표〉는 견습직원 50명의 판매결과와 제품별 가격에 관한 자료이다. 견습직원 전체의 총 판매액이 1,900만원이라 할 때, y는 얼마인가?

〈표1〉 견습직원 50명의 판매결과

판매액	견습직원 수
0원	2
150,000원	3
200,000원	9
350,000원	(x)
500,000원	(y)
550,000원	8
700,000원	3

① 8명 ② 9명 ③ 10명
④ 11명 ⑤ 12명

문 19

다음 〈표〉는 스마트폰에 대한 특성별 평가 자료이다. 스마트폰에 대한 특성별 평가의 중앙값, 최빈값, 평균을 각각 올바르게 짝지은 것은? (평균은 소수점 이하 세 번째 자리에서 반올림한다.)

〈표〉 스마트폰에 대한 특성별 평가 결과

(단위 : 년, 개)

연도	A	B	C	D	E	F	G	H	I	J	K
태풍 개수	6.7	7.6	6.7	6.0	7.2	9.1	6.5	7.2	5.4	8.0	6.7

	중앙값	최빈값	평균
①	6.7	6.7	7.01
②	6.7	7.2	6.88
③	6.7	6.7	6.88
④	7.2	7.2	7.01
⑤	7.2	7.6	7.24

문 20

다음 〈표〉는 한국전력공사에서 공지한 전기요금표이다. 영우는 교육용, 선희는 일반용으로 전기사용계약을 체결했고, 영우는 여름철에 7,300kW, 선희는 겨울철에 8,500kW를 사용하였다. 영우와 선희가 지불해야 하는 초과납부금액은 얼마인가?

계약전력은 한국전력공사와 고객간의 전기사용계약에 의하여 고객이 사용할 수 있는 최대범위를 설정하는 것이다. 계약전력을 초과한 사용량에 대해서는 초과납부를 해야 하며 초과납부금액은 초과전력요금의 1.5배에 해당되는 금액을 납부해야 한다.

〈표 2〉 교육용·산업용·일반용 전력요금

구 분	계약전력 (kW)	기본요금	전력량요금(원/kWh)		
			여름철	봄·가을철	겨울철
교육용	6,000	5,000	110	60	80
산업용	7,000	6,000	90	60	90
일반용	7,000	7,000	110	70	85

※ 1) 여름철 : 6 ~ 8월 / 봄·가을철: 3월 ~ 5월, 9월 ~ 10월 / 겨울철 : 11월 ~ 익년 2월
2) 초과전력요금 = 기본요금 + (전력량요금 × 초과전력사용량)

	영우	선희
①	148,000	134,500
②	148,000	201,750
③	222,000	201,750
④	222,000	224,000
⑤	222,000	224,000

21～22

〈표 1〉 2014～2018년 학교급별 학생 1인당 월평균 사교육비

(단위 : 만원/인)

연도 학교급	2014	2015	2016	2017	2018
초등학교	24.5	24.1	21.9	23.2	23.2
중학교	25.5	26.2	27.6	26.7	27.0
고등학교	21.8	21.8	22.4	22.3	23.0

※ 학생 1인당 월평균 사교육비(만원/인)

$= \frac{\text{(학교급별)연간 사교육비}}{\text{(학교급별)전체 학생수}} \div 12\text{(개월)}$

〈표 2〉 2014～2018년 학교급별 사교육 참여율

(단위 : %)

연도 학교급	2014	2015	2016	2017	2018
초등학교	86.8	84.6	80.9	81.8	81.1
중학교	72.2	71.0	70.6	69.5	69.1
고등학교	52.8	51.6	50.7	49.2	49.5

※사교육 참여율(%) $= \frac{\text{(학교급별)사교육 참여 학생수}}{\text{(학교급별)전체 학생수}} \times 100$

문 21

위 〈그림〉과 〈표〉에 대한 〈보기〉의 설명 중 옳은 것만을 모두 고르면?

보기

ㄱ. 2015～2018년 동안 중학교 학생 1인당 월평균 사교육비는 전년대비 매년 증가한다.
ㄴ. 2015～2018년 동안 초등학교 학생 1인당 월평균 사교육비의 전년대비 증감률은 고등학교 학생 1인당 월평균 사교육비의 전년대비 증감률보다 매년 크다.
ㄷ. 2015～2018년 동안 초등학교 학생 1인당 월평균 사교육비의 전년대비 증감률이 가장 큰 해에는 초등학교 사교육 참여율도 가장 낮다.
ㄹ. 2015～2018년 동안 사교육 참여율이 전년대비 매년 감소한 학교급은 중학교 뿐이다.

① ㄱ, ㄴ　② ㄱ, ㄷ　③ ㄴ, ㄷ
④ ㄴ, ㄹ　⑤ ㄷ, ㄹ

문 22

2016～2018년 사교육 참여 학생 1인당 월평균 사교육비가 가장 큰 학교급을 바르게 나열한 것은?

	2016년	2017년	2018년
①	고등학교	고등학교	고등학교
②	고등학교	중학교	고등학교
③	중학교	중학교	중학교
④	중학교	고등학교	초등학교
⑤	초등학교	고등학교	초등학교

14

23 ~ 24

다음은 에너지바우처에 대한 설명자료이다. 물음에 답하시오.

에너지바우처란?

국민 모두 따뜻한 겨울을 보낼 수 있도록 에너지 취약계층을 위해 에너지바우처(이용권)을 지급하여 전기, 도시가스, 지역난방, 등유, LPG, 연탄을 구입할 수 있도록 지원하는 제도

1. 신청대상 : 소득기준과 가구원 특성기준을 모두 충족하는 가구

구분	내용
소득기준	「국민기초생활보장법」에 따른 생계급여 또는 의료급여 수급자
가구원 특성기준	수급자(본인) 또는 세대원이 다음 어느 하나에 해당
	(노 인) 주민등록기준 1953. 12. 31 이전 출생자 (영유아) 주민등록기준 2013. 01. 01 이후 출생자 (장애인) 「장애인복지법」에 따라 등록한 장애인 (임산부) 임신 중이거나 분만 후 6개월 미만인 여성

※ 지원 제외 대상
- 보장시설 수급자
- 가구원 모두가 3개월 이상 장기입원 중인 것이 확인된 수급자
- 한국에너지재단의 '18년 등유나눔카드를 발급 받은 자(가구)
- 한국광해관리공단의 '18년 연탄쿠폰을 발급 받은 자(가구)
- '18년 9월 이후, 동절기 연료비를 지급받은 긴급복지지원 대상자

2. 바우처 지원금

구분	1인 가구	2인 가구	3인 이상 가구
총 지원금액	86,000원	120,000원	145,000원

※ 본 지원금은 현금지급이 아니며, 요금차감과 국민행복카드중 한 가지를 선택하여 사용.

3. 신청 및 사용기간
- 신청장소 : 주민등록상 거주지 읍 · 면사무소 및 동 주민센터
- 신청기간 : '18년 10월 17일 부터 ~ '19년 1월 31일 까지 (총 4개월)
- 사용기간 : '18년 11월 08일 부터 ~ '19년 5월 31일 까지 (총 7개월)

4. 에너지바우처 프로세스

신청단계	- 에너지바우처 수급대상자가 읍면동 주민센터에 신청 - 거동이 불편한 대상자는 가족,친척,법정대리인 또는 공무원이 대리신청가능
선정단계	- 시군구는 복지부의 행복e음(사회보장정보시스템)을 통해 대상가구 선정, 가구원수에 따라 지원금액을 산정하여 지급결정 사실을 통보
지급단계	- 시군구는 대상가구/지원액 정보를 바우처 발급기관에 전달 - 카드사에서 바우처 카드 발급 및 배송
사용/정산 단계	- 전담기관은 바우처 사용률 제고를 위해 에너지공급자와 협업체계 구축 - 바우처 발급기관을 통해 정산
사후관리	- 시군구/전담기관(한국에너지공단)/에너지공급자 간의 협업을 통해 이의신청 처리 - 부정적사용 모니터링 등 사후관리 실시

문 23

에너지바우처 설명 중 옳지 않은 것을 고르시오.

① 복지부의 행복e음(사회보장정보시스템)을 통해 대상가구 선정하고 가구원수와 소득 수준에 따라 지원금액을 산정한다.

② 바우처 지원 대상 5인 가구의 전기요금이 17만원일 때 요금을 2만 5천원으로 차감하여 낼 수 있다.

③ 에너지바우처 프로세스는 신청, 선정, 지급, 사용/정산, 사후관리 순서로 이루어진다.

④ 신청기간은 총 4개월이며 거주지역의 주민센터에서 신청을 하되 거동이 불편한 대상자 등은 공무원이 대리신청 할 수 있다.

⑤ 한국에너지공단은 에너지공급자와 바우처 관련 협업체계를 구축하고 바우처 발급기관을 통해 정산한다.

문 24

다음 중 신청대상자는 누구인가? (단, 모두 소득기준은 만족한다.)

구분	가구원 나이	가구원 특성
①	부 1961 년생 모 1967 년생 자 1990 년생 녀 1992 년생	부:'3개월 이상 장기 입원중
②	부 1965 년생 모 1966 년생 자 1994 년생	부:'18년 등유나눔카드 발급 자:장애인복지법 기준 3급 장애인
③	부 1953 년생 모 1957 년생	부:18년 11월 동절기 연료비 지급받은 긴급복지지원자
④	부 1988 년생 모 1987 년생 녀 2013 년생	부:'16, '17년 연탄쿠폰 발급 모:임신 8개월
⑤	부 1970 년생 모 1970 년생	

문 25

다음은 R전자회사의 공기청정기 코드이다. 2016년 생산에 생산된 제품등급이 가장 높고, 미세먼지와 초미세먼지 농도가 각각 숫자로 표기되는 제품이 검은색상인 공기 청정기는 무엇인가?

AX 80 M 7 5 8 0 W F D
① | ② | ③ | ④ | ⑤ | ⑥ | | ⑦ | ⑧ | ⑨

① 제품군: 모델명의 첫 번째 자리 'AX'는 공기청정기를 의미하는 표시
② 청정면적 : 공기를 청정할 수 있는 최대 넓이를 뜻한다. 아래 예시의 숫자 '80'은 80m2를 의미하며, 최소 20부터 최대 90까지 넓이에 따라 다양하다.
③ 출시년도 : H(2014), J(2015), K(2016) M(2017)
④ 제품 등급 :
청정 : 홀수(7·5·3)
청정+가습 : 짝수(8·6·4)
* 숫자가 높아질수록 높은 등급
예시에서 언급한 숫자 '7'은 중형 청정 모델이다.
⑤ 5번째 자리는 필터의 종류
5(기본필터+필터세이버)
0(기본필터)
⑥ 디스플레이의 성능
5～9 시리즈 : 미세먼지 농도와 초미세먼지가 각각 숫자로 표시
3～4 시리즈 : 공기 청정도를 나타내는 4가지 색상(△매우 나쁨 △나쁨 △보통 △좋음)으로만 표현한다.
⑦ 제품색상 : W(흰색), B(검은색), S(파란색)
⑧ 디스플레이색상 : F(흰색), G(검은색)
⑨ 내수제품 : D

① AX55K 7540 BGD
② AX30K 8580 BFD
③ AX30K 8570 WFD
④ AX25K 8050 WGD
⑤ AX25K 7540 BFD

문 26

유통업체 고객서비스센터에서 일하고 있는 A는 아래 질문들을 분류하여 정리하려고 한다. ㉠~㉣에 들어갈 수 있는 질문으로 적절한 것은?

자주 하시는 질문과 답
Q1. 주문한 상품을 취소하고 싶어요. 어떻게 하면 되나요?
Q2. 내 주문내역 확인은 어디에서 가능한가요?
Q3. 주문완료 후 배송지를 변경할 수 있나요?
Q4. 발송완료 상태인데 아직 상품을 받지 못했어요!
Q5. 현금영수증 발급 내역은 어디에서 확인 하나요?
Q6. 전자세금계산서는 신청 후 바로 발급이 가능한가요?
Q7. 이미 결제한 주문건의 결제 수단을 변경할 수 있나요?
Q8. 취소 요청한 상품의 취소 여부는 언제 어디를 통해 확인해 볼 수 있나요?
Q9. 반품하기로 한 상품을 아직도 회수해 가지 않았어요!
Q10. 발송완료 SMS를 받았는데 언제쯤 상품을 받을 수 있는 건가요?
Q11. 결제하는데 오류가 나는데 어떻게 하나요?
Q12. 당일날 주문하면 받을 수 있는 상품이 있나요?

BEST FAQ			
주문 / 결제	반품 / 교환	배송	영수증
㉠	㉡	㉢	㉣

① ㉠ : Q1, Q5
② ㉡ : Q3, Q9
③ ㉢ : Q4, Q10
④ ㉢ : Q4, Q11
⑤ ㉣ : Q5, Q7

27~28

아래의 제시 상황을 보고 이어지는 질문에 답하시오.

자원 회사 인사팀에서 근무하는 N은 20X5년도에 새롭게 변경된 사내 복지 제도에 따라 경조사 지원 내역을 정리하고 공시하는 업무를 담당하게 되었다.

〈20X5년도 변경된 사내 복지 제도〉

구분	세부사항
주택 지원	사택지원 (A~G 총 7동 175가구) 최소 1년 최장 3년 지원 대상 : – 입사 3년 차 이하 1인 가구 사원 중 무주택자(A~C동 지원) – 입사 4년 차 이상 본인 포함 가구원이 3인 이상인 사원 중 무주택자 (D~G동 지원)
경조사 지원	본인/가족 결혼, 회갑 등 각종 경조사 시 경조금, 화환 및 경조휴가 제공
학자금 지원	대학생 자녀의 학자금 지원
기타	상병 휴가, 휴직, 4대 보험 지원

〈20X5년도 1/4분기 지원 내역〉

이름	부서	직위	내역	변경전	변경후	금액(천원)
김재식	인사팀	부장	자녀 대학진학	지원 불가	지원 가능	2,000
박가현	총무팀	차장	장모상	변경 내역 없음		100
정희진	연구 A	차장	병가	실비 지급	금액 지원 추가	50(실비 제외)
윤병국	홍보팀	사원	사택 제공 (A-102)	변경 내역 없음		-
유현영	연구 B	대리	결혼	변경 내역 없음		100
김희훈	영업 1 팀	차장	부친상	변경 내역 없음		100
이민지	인사팀	사원	사택 제공 (F-305)	변경 내역 없음		-
김도윤	보안팀	대리	모친 회갑	변경 내역 없음		100
하정열	기획팀	차장	결혼	변경 내역 없음		100
이동식	영업3팀	과장	생일	상품권	기프트 카드	50
최제민	전략팀	사원	생일	상품권	기프트 카드	50

문 27

N은 상사의 지시를 받고 지원구분에 따라 20X5년도 1/4분기 복지제도 지원을 받은 사원을 정리했다. 다음 중 잘못 구분된 사원은?

지원	이름
주택 지원	윤병국, 이민지
경조사 지원	김도윤, 박가현, 유현영, 김희훈, 최제민, 하정열
학자금 지원	김재식
기타	정희진, 이동식

① 김희훈 ② 박가현 ③ 이동식
④ 정희진 ⑤ 김재식

문 28

N은 20X5년도 1/4분기 지원 내역 중 변경 사례를 참고하여 새로운 사내 복지 제도를 정리해 추가로 공시하려 한다. 다음 중 N이 정리한 내용으로 옳은 것은?

① 복지 제도 변경 전후 모두 생일에 기프트 카드를 지급합니다.
② 복지 제도 변경 전후 모두 대학생 자녀에 대한 학자금을 지원해드립니다
③ 변경 전과 달리 미혼 사원의 경우 입주 가능한 사택동 제한이 없어집니다
④ 변경 전과 같이 경조사 지원금은 직위와 관계없이 동일한 금액으로 지원됩니다
⑤ 병가의 경우 복지 제도 변경 후 금액을 추가 지원하며 금액은 실비 포함 5만원입니다.

문 29

건강에 대한 관심 및 최근 미세먼지의 증가로 실내 운동에 대한 관심이 높아지면서 헬스기구 중 하나인 고정식 자전거(헬스사이클)의 수요가 증가하고 있어 이에 대한 자료를 작성했다. 아래는 시중에 나와 있는 제품들을 비교한 비교표이다. 비교표에 대해 설명으로 옳은 것은?

■ 고정식 자전거 비교표

유형 1)	판매자명	모델명	안전	품질	표시사항	제원			
			차체강도	소음 [dB(A)]		보유기능	운동단수 [단]	무게 [kg]	가격 [천원]
입식	A	YA-250	○	35 5)	○	㉠㉡㉢㉨㉩	16	27.8	236
입식	B	395 2)	○	34	○	㉠㉡㉢㉨㉩	8	25.9	224
입식	C	EX621	○	34	○	㉠㉡㉢㉣㉨㉩㉬	8	24.5	209
입식	D	SP-730	○	34	○	㉠㉡㉢㉣㉨㉩㉪㉬㉭	30	31.4	251
입식	E	K-6U	○	34	○	㉠㉡㉢㉨	8	26.1	273
접이식	A	YA-150	○	33	○	㉡㉤㉥㉩㉪	16	16.6	125
접이식	B	E104 2)	○	34	○	㉡㉩	8	15.3	110
접이식	C	EX900	○	34	○	㉡㉤㉥㉧㉩㉪	8	17.8	139
접이식	F	BK8068	× 3)	33	× 4)	㉡㉢㉤㉥㉪	8	18.2	111
접이식	G	SL 4	○	34	○	㉡㉢㉤㉥㉦㉧㉩㉫	8	19.5	151
접이식	H	EXHY2	○	33	○	㉡㉤㉥㉧㉩㉪	8	17.5	159

기호의 표시	○ : 안전기준 적합 × : 안전기준 부적합 ㉠ 핸들 각도 조절, ㉡ 안장 높이 조절, ㉢ 안장 전·후진 조절, ㉣ 안장 각도 조절, ㉤ 안장 손잡이 보유, ㉥ 등받이 보유, ㉦ 등받이 높이 조절, ㉧ 입식·좌식 조절, ㉨ 심박수 표시, ㉩ 스마트폰 받침, ㉪ 리모컨 받침, ㉫ 물통 받침, ㉬ 체지방측정, ㉭ 리커버리

1) 입식 : 일반 자전거처럼 페달을 아래 방향으로 굴리며 운동하는 유형의 제품
접이식 : 기능은 입식과 유사하나 접어서 보관할 수 있는 제품
2) 해당 모델은 단종됨을 알려옴
3) 안전기준에 따른 무게(250 kg)를 견디지 못하고 파손됨
4) 제품 및 설명서에 안전기준에 따른 안전확인표시, 제조년월, 판매자명 등 없음
5) 도서관, 주간의 조용한 주택의 소음(40 dB(A))보다 낮은 수준

① 체지방측정이 가능한 제품은 EX621, SP-730, BK8068이다.
② 입식 자전거는 접이식 자전거보다 가격이 저렴하다.
③ 등받이 높이 조절과 안장 높이 조절이 동시에 가능한 제품은 SL 4가 유일하다.
④ A사가 생산한 제품은 운동 단수가 가장 많다.
⑤ B, F사 제품은 현재는 생산을 하지 않는다.

문 30

올해 ○○ 여자고등학교 교내 백일장 수상자들은 모두 세 명이고, 이들에 대해 다음의 사실이 알려져 있다. 아래와 같은 조건을 만족할 때 서현의 성과 나이로 바르게 짝지어진 것은?

- 이들의 성(姓)은 김, 박, 배이다.
- 이름은 윤아, 서현, 수영이다.
- 나이는 15, 17, 18세이다.
- 김 양은 수영보다 세 살 위이다.
- 박 양의 이름은 서현이거나 수영이고, 나이는 중간이다.

① 박, 15　② 박, 17　③ 김, 18
④ 배, 17　⑤ 배, 18

문 31

다음과 같은 조건에 맞추어 패스워드를 만들어야 할 때, 조건에 부합하는 패스워드는 무엇인가?

조건

- 패스워드는 7자리이다.
- 영어 대문자와 소문자, 숫자, 특수기호를 적어도 하나씩 포함해야 한다.
- 숫자 0은 다른 숫자와 연속해서 나열할 수 없다.
- 영어 대문자는 다른 영어 대문자와 연속해서 나열할 수 없다.
- 특수기호를 마지막으로 사용할 수 없다.

① Da1313%　② 58351@a　③ !GKm808
④ k3#18MM　⑤ 1K2$P3c

32 ~ 33

경기도 지역을 담당할 새로운 순찰팀을 만들려고 구상 중이다. 새로운 순찰팀은 모두 4명으로 구성될 예정인데, 그 중 2명은 경찰서 직원에서 충당하고 나머지 2명은 신임 순경에서 충당한다고 한다. 그리고 아래와 같은 조건이 더 주어졌을 때 다음 물음에 답하라.

- 김경장, 이경사, 박경사, 최경장은 경찰서 직원이다.
- 정순경, 강순경, 윤순경은 신임 순경이다.
- 김경장과 이경사는 함께 일하지 않는다.
- 김경장과 강순경은 함께 일하지 않는다.
- 박경사와 윤순경은 함께 일하지 않는다.

문 32

만약 김경장이 새로운 순찰팀이 된다면, 다음 중 반드시 함께 순찰팀이 되어야 하는 사람들은 누구인가?

① 정순경, 강순경, 윤순경
② 정순경, 윤순경, 최경장
③ 강순경, 박경사, 최경장
④ 윤순경, 정순경, 이경사
⑤ 윤순경, 강순경, 박경사

문 33

만약 윤순경은 새로운 순찰팀에 배속되고 정순경은 새로운 순찰팀에 배속되지 않는다면, 새로운 순찰팀에 배속되는 나머지 세 명은 누구인가?

① 이경사, 강순경, 박경사
② 이경사, 강순경, 최경장
③ 박경사, 정순경, 강순경
④ 강순경, 윤순경, 최경장
⑤ 강순경, 정순경, 강순경

문 34

다음 〈표〉는 철수 친구 3명의 자산규모에 관한 자료이다. 이에 대한 설명으로 옳지 않은 것을 고르면?(단, 3명의 자산규모는 아래의 항목외에는 없다고 가정한다.)

〈표〉 철수 친구 3명의 자산 규모

(단위 : 만원)

이름	주식	부동산	예금	채권	기타
가	1,000	1,160	4,500	540	1,230
나	2,000	0	1,000	820	2,700
다	2,500	5,000	2,000	0	1,350

① '다'의 자산규모 중 부동산의 비중이 가장 크다.
② '가'가 보유하고 있는 주식액은 '나'가 보유하고 있는 예금액과 같다.
③ '다'가 보유한 주식액의 일부를 '가'와 '나'에게 나눠주어도 3명이 보유하고 있는 주식액수는 같아질 수 없다.
④ 철수 친구 3명 중 자산규모의 합이 가장 큰 친구는 '다'이다.
⑤ 자산규모 중 주식의 비중은 '다'가 가장 크다.

문 35

아래의 조건을 할 때, 성민이의 '통상시급'은 얼마인가? (소수점 이하 첫 번째 자리에서 반올림한다.)

조건

통상임금은 근로자에게 정기적, 일률적, 고정적으로 소정근로 또는 총근로에 대하여 지급하기로 정하여진 금액으로, 초과근무수당, 연차휴가수당 등을 계산할 때 사용한다.

통상임금의 산입범위 내에 있는 급여 항목은 기본급과 정근수당, 추석상여금, 정액급식비, 직급보조비가 포함이 된다. 매월 받지 않는 급여항목은 월평균으로 계산하여 산입한다.

※ 통상시급 = $\frac{\text{월통상임금}}{\text{209시간}}$

〈표 1〉 성민이의 급여 지급 기준

구분	지급 기준	비고
기본급	200만원	매월 지급
정근수당	기본급의 60%	매년 1, 7월 지급
추석상여금	기본급의 60%	일년에 두 번 지급
성과급	기본급의 40%	매년 4, 5, 8, 10, 11월 지급
정액급식비	100,000원	매월 지급
교통보조비	150,000원	매월 지급
직급보조비	200,000원	매월 지급

① 12,705원　② 12,812원　③ 12,919원
④ 13,015원　⑤ 13,122원

문 36

기획팀 나래는 송년회 자리를 예약하려 한다. 예약하려고 하는 연회장의 현황이 아래와 같다면, 나래가 예약할 날짜와 연회장으로 옳은 것을 고르시오.

〈12월 예약 일정표〉

* 예약 : 연회장이름(시작시간)

MON	TUE	WED	THU	FRI	SAT	SUN
1 화이트(13) 블루(14)	2 레드(16)	3 블루(13) 블랙(14)	4 블랙(14) 블루(17)	5 블루(12) 화이트(17)	6 화이트(13) 블랙(15)	7 레드(10) 블루(16)
8 블랙(14) 블루(17)	9 화이트(13) 블루(16)	10 레드(16)	11 블랙(14) 블루(17)	12 레드(14) 블랙(17)	13 블랙(12)	14 화이트(10) 레드(15)

〈호텔 연회장 현황〉

연회장 구분	수용가능 인원	대여비용	연회장 이용시간
레드	200명	450,000원	3시간
블루	300명	400,000원	2시간
화이트	250명	500,000원	3시간
블랙	300명	450,000원	3시간

※ 오후 9시에 모든 업무를 종료함
연회시작 전, 후 1시간씩 연회장 세팅 및 정리
동시에 2개 연회장까지 운영이 가능하다(세팅 및 정리 포함)
주말에 이용을 할 경우 20%의 비용이 추가됩니다.

(총무팀) 12월 첫째 주 또는 둘째 주에 회사 송년의 밤 행사를 위해서 저녁에 연회장을 예약하려 합니다. 총 인원은 220명이고 화, 수요일은 피하고 싶습니다. 총 3시간 이상 이용을 하려고 하며 위 조건을 충족한 연회장 중에서 가장 저렴한 연회장으로 예약을 하려고 합니다.

① 12월 5일, 블랙
② 12월 13일, 블랙
③ 12월 5일, 화이트
④ 12월 1일, 화이트
⑤ 12월 13일, 블루

문 37

아래는 영업팀 직원에 대한 업무 평가결과와 성과급 지급 기준에 대한 자료이다. 영업팀 직원 4명의 성과급 금액 총합은 얼마인가?

〈2018년 평가결과〉

	김부장	최차장	성과장	임대리
청렴도	8	7	8	8
동료평가	7	8	9	6
실적	9	8	10	8

※ 성과평가는 청렴도, 동료평가, 실적 총합으로 평가함. 단, 청렴도, 동료평가, 실적의 가중치를 각각 0.3, 0.4, 0.3로 부여함.

〈성과급 지급 기준〉

업무평가 득점	등급	등급별 성과급 지급액
9.0 이상	A	50만 원
8.0 이상~9.0 미만	B	45만 원
7.0 이상~8.0 미만	C	40만 원
7.0 미만	D	35만 원

① 150만 원 ② 150만 원 ③ 160만 원
④ 170만 원 ⑤ 175만 원

문 38

경북지사 신입사원인 경희, 태호, 유연, 동학 4명의 출근 시 소요되는 시간은 아래과 같다. 9시까지가 출근시간 일 때, 8시 30분에 출발하면 지각을 하는 사람은 누구인가?

	8시 출발	8시 30분에 출발할 경우
경희	유희보다 15분 일찍 도착	동학보다 5분 일찍 도착
태호	경희보다 2배의 시간이 소요	유희보다 3분 늦게 도착
유희	8시 35분 도착	8시 출발보다 소요시간 2분 단축
동학	태호보다 10분 일찍 도착	8시 출발보다 소요시간 3분 단축

① 태호, 경희　② 동학, 유희　③ 태호, 유희
④ 경희, 동학　⑤ 경희, 유희

문 39

아래 〈표〉는 부서별 역량평가 가중치와 평가점수에 관한 자료이다. 아래 점수를 바탕으로 부서배치를 하려고 할 때, 적절한 것은?

〈표 1〉 부서별 역량평가 가중치

구 분	근무실적	상사평가	동료평가	청렴도	근속연수
인사팀	3	2	5	4	2
총무팀	2	2	4	2	5
영업팀	5	4	2	1	2

〈표 2〉 직원별 평가점수

(단위: 점)

구 분	근무실적	상사평가	동료평가	청렴도	근속연수
A	10	9	7	7	7
B	8	7	7	5	8
C	6	7	9	8	10
D	8	9	6	9	7
E	6	8	9	10	7

	인사팀	총무팀	영업팀
①	A	C	D
②	C	E	A
③	C	E	D
④	E	C	A
⑤	E	A	C

14

문 40

한국전력공사 기술개발부서에서 근무하는 김과장은 김해현장에 출장을 가야하는 상황이 발생했다. 아래의 조건에 의해 출장코스를 정해야 한다면, 어느 코스가 가장 적절한가?

〈표 1〉 교통비 및 소요시간별 평가점수

평가항목 / 평가점수	교통비	소요시간
5	5만원 미만	3시간 미만
4	5만원 이상 ~ 10만원 미만	3시간 이상 ~ 4시간 미만
3	10만원 이상 ~ 15만원 미만	4시간 이상 ~ 5시간 미만
2	15만원 이상 ~ 20만원 미만	5시간 이상 ~ 6시간 미만
1	20만원 이상	6시간

〈표 2〉 이동가능한 출장 코스

	교통수단	소요 시간	비용(환승 포함)
'가' 코스	기차-버스	5시간 40분	50,000원
'나' 코스	기차-택시	5시간 10분	76,000원
'다' 코스	비행기-택시	3시간 20분	220,000원
'라' 코스	비행시-버스	4시간 45분	180,000원
'마' 코스	자동차	4시간 20분	185,000원

※ 1) 김과장은 5시간 30분 이내의 소요시간과 출장비 한도(20만원)를 넘지 않는 교통비용을 원한다.
2) 위의 조건을 충족하면서 교통비와 소요시간 평가점수의 합이 가장 높은 코스를 선택한다.

① '가' 코스　② '나' 코스　③ '다' 코스
④ '라' 코스　⑤ '마' 코스

문 41

다음 〈그림〉은 대학생 5,000명을 대상으로 졸업연령에 관한 설문조사를 실시한 자료이다. 이에 대한 설명으로 옳은 것을 〈보기〉에서 모두 고르시오.

〈그림 1〉 예상 졸업연령

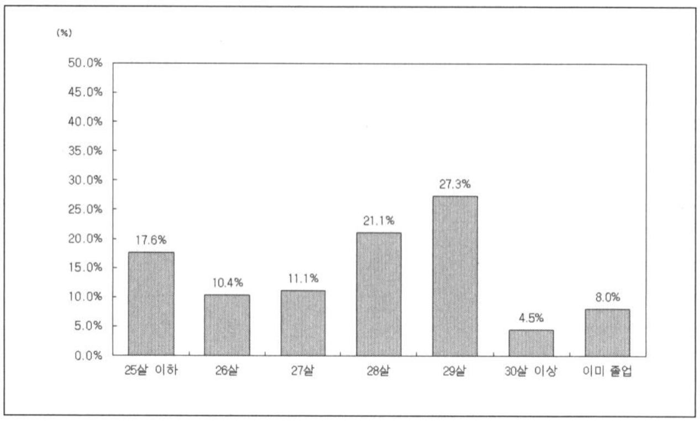

〈그림 2〉 이미 졸업한 학생의 실제 졸업 연령

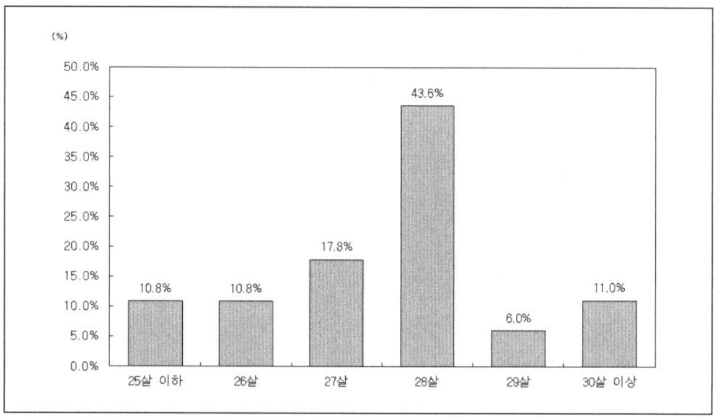

보기

ㄱ. 졸업연령을 28세 이상으로 예상한 학생은 절반 이상이다.
ㄴ. 25살 이하에 졸업을 할 것으로 예상한 학생의 절반 이상이 실제로 25살 이하에 졸업하였다.
ㄷ. 이미 졸업한 사람 중 27살에 졸업한 학생은 26살에 졸업한 학생보다 30명이상 더 많았다.

① ㄱ　② ㄷ　③ ㄱ, ㄴ
④ ㄱ, ㄷ　⑤ ㄱ, ㄴ, ㄷ

문 42

다음 〈그림〉은 2011년 영업팀 A～D의 분기별 매출액과 분기별 매출액에서 영업팀 A～D의 매출액이 차지하는 비중에 대한 자료이다. 이를 근거로 A～D 중 2011년 연매출액이 가장 많은 영업팀과 가장 적은 영업팀을 바르게 짝지은 것은?

〈그림 1〉 영업팀 A～D의 분기별 매출액

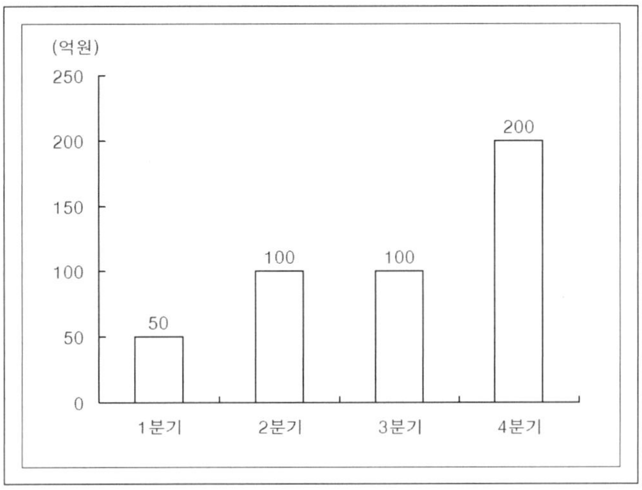

〈그림 2〉 분기별 매출액의 영업팀별 비중

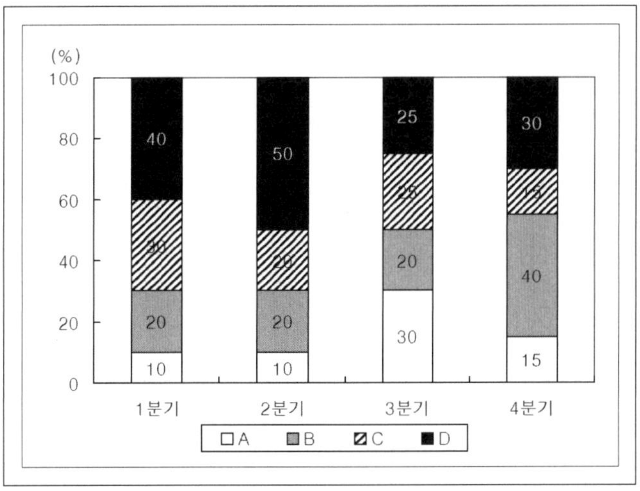

① C, A ② B, C ③ B, A
④ D, A ⑤ D, C

문 43

다음 〈그림〉은 음식점 선택의 5개 속성별 중요도 및 이들 속성에 대한 A와 B 음식점의 성과도에 관한 자료이다. 이에 대한 〈보기〉의 설명 중 옳은 것을 모두 고르면?

〈그림〉 음식점 선택의 속성별 중요도 및 음식점별 성과도

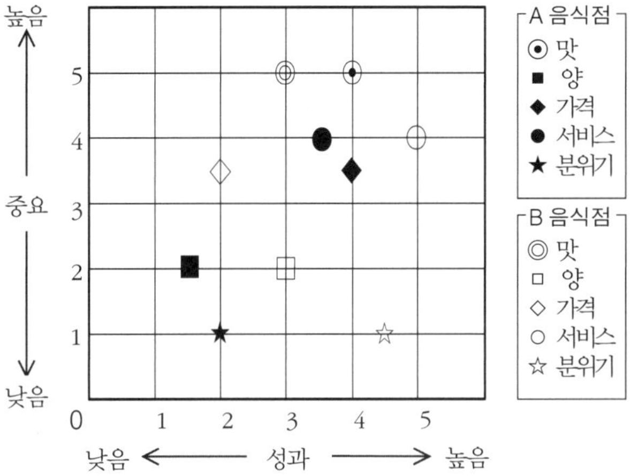

※ 만족도 = 성과도 − 중요도

보기

ㄱ. A 음식점은 3개 속성에서 B 음식점보다 성과도가 높다.
ㄴ. 만족도가 가장 높은 속성은 B 음식점의 분위기 속성이다.
ㄷ. A 음식점과 B 음식점 사이의 성과도 차이가 가장 큰 속성은 가격이다.
ㄹ. 중요도가 가장 높은 속성에서 A 음식점이 B 음식점 보다 성과도가 높다.

① ㄱ, ㄴ ② ㄱ, ㄹ ③ ㄴ, ㄷ
④ ㄴ, ㄹ ⑤ ㄷ, ㄹ

문 44

다음 〈표〉는 루마니아, 불가리아, 세르비아, 체코, 헝가리 등 5개국의 GDP 대비 산업 생산액 비중에 관한 자료이다. 〈보기〉의 설명을 참고하여 B, E에 해당하는 국가를 바르게 나열한 것은?

〈표〉 국가별 GDP 대비 산업 생산액 비중

(단위 : %)

국가 \ 산업	농업	제조업	서비스업	합
A	14	54	32	100
B	5	35	60	100
C	4	36	60	100
D	3	29	68	100
E	1	25	74	100

보기

○ 세르비아와 루마니아 각국의 GDP 대비 제조업 생산액 비중을 합하면 헝가리의 GDP 대비 제조업 생산액 비중과 같다.
○ 세르비아와 불가리아 각국의 GDP 대비 농업 생산액 비중을 합하면 체코의 GDP 대비 농업 생산액 비중과 같다.

	B	E
①	체코	세르비아
②	세르비아	불가리아
③	불가리아	세르비아
④	불가리아	루마니아
⑤	체코	루마니아

문 45

다음 〈표〉는 A사의 주택용전력 요금제도에 관한 자료이다. k는 전력 사용량이 400 kWh이고, 공동주택에 거주하는 기초생활수급자 가구이다. k가 내야하는 전기요금은 얼마인가?

〈표 1〉 주택용전력 요금제도

구분	전력 사용량	기본요금(원/가구)		사용량요금(원/kWh)	
		단독주택	공동주택	단독주택	공동주택
1단계	150 kWh 이하	400	300	60	50
2단계	150 kWh 초과 300 kWh 이하	600	450	90	75
3단계	300 kWh 초과	1,200	750	180	150

〈표 2〉 전기요금 복지할인제도

구분	대상	할인율
장애인	장애인 복지법에 의한 1~3급 장애인	20 %
국가유공자	국가유공자 등 예우 및 지원에 관한 법률에 의한 1~3급 상이자	30 %
독립유공자	독립유공자 예우에 관한 법률에 의한 독립유공자 및 그 유족 또는 가족	40 %
기초생활수급자	국민기초생활보장법에 의한 수급자	20 %

※ 1) 전기요금 = 기본요금 + 사용량 요금
2) 할인혜택을 받지 못하는 공동주택에 거주하는 가구가 250 kWh를 사용할 경우
기본요금은 1단계 및 2단계 기본요금의 합(300원 + 450원)이며, 사용량 요금은 1단계(150 kWh × 50원/kWh)와 2단계(100 kWh × 75원/kWh) 사용량 요금의 합임.
3) 할인율은 요금제도에 따라 계산한 전기요금에 적용함.

① 26,800
② 28,200
③ 28,800
④ 29,200
⑤ 30,300

문 46

다음 〈표〉는 연료별 탄소배출량을 나타낸다. 다음 〈조건〉에서 푸르미네 가족의 월간 탄소배출량은 얼마인가?

조건

- ㅇ 푸르미네 전기 소비량은 420 kWh/월이다.
- ㅇ 푸르미네 상수도 사용량은 40 m3/월이다.
- ㅇ 푸르미네 주방용 도시가스 사용량은 60 m3/월이다.
- ㅇ 푸르미네 자동차 가솔린 소비량은 160 ℓ/월이다.

〈표〉 연료별 탄소배출량

연료	탄소배출량
전기	0.1 kg/kWh
상수도	0.2 kg/m3
주방용 도시가스	0.3 kg/m3
가솔린	0.5 kg/ℓ

① 138kg ② 148kg ③ 158kg
④ 168kg ⑤ 178kg

문 47

다음 중 아래 시트에서 [A7] 셀에 수식 =$A$1+$A2를 입력한 후 [A7] 셀을 복사하여 [C8] 셀에 붙여넣기 했을 때, [C8] 셀에 표시되는 결과로 옳은 것은?

	A	B	C
1	1	2	3
2	2	4	6
3	3	6	9
4	4	8	12
5	5	10	15
6			
7			
8			

① 3 ② 4 ③ 7
④ 10 ⑤ 12

14

문 48

다음 중 하이퍼링크에 대한 설명으로 옳지 않은 것은?

① 단추에는 하이퍼링크를 지정할 수 있지만 도형에는 하이퍼링크를 지정할 수 없다.
② 다른 통합 문서에 있는 특정 시트의 특정 셀로 하이퍼링크를 지정할 수 있다.
③ 특정 웹 사이트로 하이퍼링크를 지정할 수 있다.
④ 현재 사용 중인 통합 문서의 다른 시트로 하이퍼링크를 지정할 수 있다.
⑤ 여러 하이퍼링크를 동시에 삭제할 수 있다.

문 49

다음 글의 내용과 일치하는 것은?

기계나 설비 등이 목적에 맞게 작동하도록 온도, 압력, 유량, 회전 속도 등의 물리량을 조절하는 기술을 제어 기술이라고 한다. 제어 대상의 현재 물리량의 크기를 잰 측정값을 원하는 목표인 설정 값에 일치시키기 위해, 출력되는 조작량을 조절하는 제어 기술에는 여러 방식이 있다. 그중 가장 간단한 방식은'on / off 스위치 방식'으로, 물의 온도를 맞출 때 사용되는 보일러의 온도 조절 장치에 흔히 활용된다. 이 장치에서는 현재 온도가 원하는 온도보다 낮으면 스위치가 on되어 가열기에 전원이 공급되며, 원하는 온도보다 높으면 스위치가 off되어 가열기에 공급되는 전원이 차단된다. 스위치가 on일 때에는100%에 해당하는 조작량이 출력되고, 스위치가 off일 때에는 조작량이 0%가 된다. 가열기가 처음 작동될 때 수온을 올리기 위해 on 상태를 유지하는데, 어느 순간 수온이 설정값을 넘는'오버슈트'가 발생한다. 오버슈트가 발생하면 시스템에 무리를 줄 수 있으므로 스위치를 반복적으로 on과 off하여 현재 온도를 설정값에 이르도록 한다. 수온은 압력이나 유량처럼 물리량의 변화가 연속적인 아날로그적 속성을 지니므로 수온이 상승하여 스위치를 off로 바꾸었다고 해서 금세 낮아지지는 않는다. 따라서 스위치를 반복적으로 on과 off하면 설정값을 기준으로 수온이 위아래로 일정하게 오르내리는 '헌팅'이 발생한다.

on / off 스위치 방식은 오버슈트와 헌팅이 발생하여 제어 대상의 물리량을 정밀하게 제어하기 어렵다. 이런 on / off 스위치 방식의 결점을 보완하기 위해 'PID 제어 방식'이 활용된다.PID 제어 방식은 P(비례) 제어, I(적분) 제어, D(미분) 제어를 모두 활용하여 제어 대상의 물리량을 정밀하게 제어한다. 그런데 목적에 따라 P 제어 방식, PI 제어 방식, PD 제어 방식이 활용되는 경우도 있다.

P 제어는 설정값의 위아래에 일정한 비례대를 설정하여, 비례대 안에서 설정값과 측정값의 편차에 비례하는 조작량을 출력한다. 예컨대 P 제어가 활용된 보일러의 온도 조절 장치에서 현재의 온도가 비례대 하한선 아래에 있을 경우 현재 온도가 비례대 하한선에 이를 때까지는 100%의 조작량이 출력되어 스위치를 on 상태로 유지한다. 그러다 현재 온도가 비례대하한선보다 높아지면 비례 주기를 갖게 되는데, 각 주기에서는 스위치의 on과 off 동작이 반복된다. 즉, 비례대 하한선을넘은 현재 온도가 설정값에 이르기 전까지는 on 시간이 off시간보다 긴 동작이 주기적으로 반복되는 것이다. 현재 온도가 설정값에 도달하면 50%의 조작량이 출력되어 on과 off 시간이 1 : 1인 동작이 반복된다. 현재 온도가 설정값보다 오르면 off 시간이 on 시간보다 긴 동작이 주기적으로 반복되고, 현재온도가 비례대 상한선을 넘으면 off 상태를 유지한다. 이처럼P 제어를 활용하면 측정값을 설정값에 정밀하게 근접시킬 수 있으므로 on / off 스위치 방식만 활용할 때보다 헌팅이 크게 줄어든다. 그러나 P 제어에서는 ㉣ 측정값이 일정하게 유지되는 안정 상태가 되어도 설정값에 대하여 일정한 오차가 설정값의 위 또는 아래에 필연적으로 발생하는데, 이를 '잔류편차'라 한다. 보일러의 온도 조절 장치에 P 제어가 활용될 때, 비례대를 넓게 설정할수록 가열을 위한 on과 off의 반복 동작이 시작되는 온도가 낮아지므로 현재 온도가 설정값에 근접하는 시간이 길어지고 잔류편차가 커지지만 헌팅은 거의 발생하지 않는다. 반면에 비례대를 좁게 설정할수록 현재 온도가 설정값에 근접하는 시간은 짧아지고 잔류편차가 작아지지만 헌팅이 발생하기 쉽다.

I 제어를 P 제어와 같이 활용하면 잔류편차를 없앨 수 있어 측정값이 설정값에 거의 근접하게 된다. PI 제어의 적분 동작은 측정값과 설정값 사이의 편차의 적분값에 비례하는 조작량을 출력하는 것으로, 적분 동작의 강도를 나타내는 적분 시간을 통해 동작의 세기를 조절한다. 적분 시간을 짧게 하면 제어대상의 상태 변화를 수정하는 동작이 강해져 잔류편차를 짧은 시간에 없앨 수 있지만 헌팅이 발생하는 원인이 될 수 있다.반대로 적분 시간을 길게 하면 수정 동작이 약해져 헌팅은 발생하지 않지만, 잔류편차를 없애는 데 긴 시간이 걸린다.

그런데 P 제어나 PI 제어만 활용할 경우에는 외부 충격이나 진동 등이 발생하여 제어 대상의 상태가 급격히 변화할 때 측정값이 설정값으로 돌아가는 데 긴 시간이 걸린다. 이때 D 제어를 활용하면 빠르게 설정값으로 돌아갈 수 있다. 외부 충격이나 진동 등이 발생하면 측정값과 설정값 사이에 편차가 커지는데, PD 제어나 PID 제어의 미분 동작은 측정값과 설정값 사이의 편차가 변화하는 속도에 비례하여 조작량을 출력하는 것이다. 미분 동작의 세기는 미분 시간을 통해 조절하는데, 미분 시간을 짧게 하면 제어 대상의 상태 변화를 수정하는 동작이 약해져 측정값이 설정값까지 도달하는 시간은 길어지지만 오버슈트는 발생하지 않는다. 반면, 미분 시간을 길게 하면 수정 동작이 강해져 측정값이 설정값에 도달하는 시간은 짧아지지만 오버슈트가 발생하기 쉽다.

① 미분 동작은 측정값과 설정값 사이의 편차가 일정할 때 수행된다.

② 헌팅 현상이 지속되면 측정값과 설정값이 일치하는 상태가 안정적으로 유지된다.

③ PI 제어에서 조작량은 측정값과 설정값의 편차가 변화하는 속도에 비례하여 출력된다.

④ on / off 스위치 방식이 활용된 온도 조절 장치로 물을 데울 때, 조작량은 데울 물의 양이다.

⑤ P 제어는 단독으로 활용되기도 하지만, I 제어와 함께 활용되기도 하고 D 제어와 함께 활용되기도 한다.

문 50

정보보안이 이슈가 되고 있는 상황에서 정보보안팀이 정보보안에 관련된 교육자료를 만들어서 배포하려고 한다. 아래는 교육자료 중 문서 암호 설정에 관한 내용이다. B주임은 정보보안팀에서 배포한 교육자료를 참고하여 문서의 암호를 설정하려고 하였으나 실패했다. 암호가 설정되지 않은 원인을 파악하기 위해서 확인해야 할 사항으로 틀린 것은?

문서암호설정

■ 문서 암호 설정하기

1. [보안 – 문서 암호 설정]를 실행합니다.
2. [문서 암호 설정] 대화 상자의 [문서 암호]에 원하는 암호를 5글자 이상 입력합니다.
3. 암호를 정확하게 기록하기 위하여 [암호 확인]에 같은 내용을 한 번 더 입력합니다.
4. [설정] 단추를 누릅니다. 현재 문서에 암호가 지정되었습니다.
5. [파일 – 저장하기]를 실행하면 지정한 암호가 문서 내용과 함께 파일로 기록됩니다.

■ 암호가 설정된 문서 불러오기

1. [파일–불러오기]를 실행하여 암호가 설정된 문서를 선택합니다.
2. [문서 암호] 대화 상자가 나타나면 [현재 암호]에 암호를 정확하게 입력한 다음 [확인] 단추를 누릅니다.
3. 입력한 암호가 맞으면 문서가 열리고, 틀리면 암호가 틀렸다는 메시지와 함께 문서가 열리지 않습니다.

※ 참고, 암호 유의 사항

ㅁ 입력 내용 확인 불가

문서 암호를 지정할 때에는 보다 철저한 보안을 위하여 화면에 입력한 내용이 '*****'과 같이 표시됩니다. 따라서 입력하는 본인만 정확한 암호를 기억할 수 있습니다.

ㅁ 암호 글자 수 제한

문서 암호는 최소 5글자 이상, 최대 44글자까지 기억됩니다. 한글이나 영문 글자 수가 아닌 글자판을 누르는 타수입니다.

ㅁ 글자판 구분

문서 암호는 현재 글자판의 종류에 상관없이 눌리는 글자판을 기억합니다. 따라서 글자판에 있는 영문자, 숫자, 〈Spacebar〉 등을 모두 섞어 쓸 수 있습니다.

ㅁ 파일 저장

- 문서 암호는 [파일–저장하기]를 실행하는 순간 파일에 기록됩니다. 문서 암호를 지정한 뒤에는 반드시 문서를 저장하십시오.
- [문서 암호]는 [파일 형식 – 한글 문서(*.hwp)] 또는 [파일 형식–한글 서식(*.hwt]으로 지정하여 문서를 저장할 때에만 설정되며, [다른 이름으로 저장하기]를 실행하여 다른 파일 형식으로 저장할 때에는 문서 암호가 지정되지 않습니다.

ㅁ 암호 해독 불가능

암호가 지정된 문서의 암호를 잊어버리면 암호 변경, 해제는 물론 그 누구도 사용자가 지정한 암호를 해독할 수 없습니다.

① [암호 확인]에 같은 내용을 정확히 입력했는지 여부
② 한글이나 영문의 글자 수가 아닌 글자판을 누르는 타수를 확인했는지 여부
③ [문서 암호] 대화 상자가 나타나면 [현재 암호]에 암호를 정확하게 입력했는지 여부
④ 문서 암호를 지정한 뒤에는 문서를 저장했는지 여부
⑤ [다른 이름으로 저장하기]를 실행하여 다른 파일 형식으로 저장했는지 여부

15 건강보험공단 (60문항 60분)

의사소통능력

문 01

다음 글에서 알 수 없는 것은?

의사는 치료를 시작하기 전에 환자의 동의를 얻어야 한다. 다른 말로 환자의 동의 없이 환자의 복지에 영향을 끼치는 처방을 하는 것은 의사에게 허용되지 않는다. 그런데 단순히 동의를 얻는 것만으로는 충분하지 않다. 환자가 결정하기에 충분한 정보, 즉 치료에 따르는 위험과 다른 치료법에 관한 정보가 제공되어야 한다. 치료를 허락한 환자의 결정은 무지로 인한 것이어서는 안 된다. 동의의 의무는 의사가 환자를 기만해서는 안 된다는 기만 금지 의무의 연장선에 있다. 둘 다, 자신에게 영향을 끼칠 치료에 관해 스스로가 결정할 기회를 환자에게 제공해야 한다는 자율성 존중 원리에 기반을 두고 있다.

그러나 수 세기 동안, 심지어 20세기 초까지도 의사가 때로는 환자를 속여도 된다고 여겼다. 환자의 복지에 해가 될 수 있는 것을 행하면 안 된다는 악행 금지의 원리에 근거해서, 환자에게 진실을 말하는 것이 환자의 복지에 해가 될 수 있다는 생각으로 기만이 정당화되었다. 오늘날에는 더 이상 이러한 생각을 받아들이지 않는다. 실제로 '의사와 환자 상호교류 규제법'은 의사의 기만 사례를 금지하고 있다.

오늘날 사람들은 환자가 진실 때문에 자신의 자율성이 침해되거나 해를 입게 될 것이라고는 생각하지 않는다. 따라서 사람들은 진실 말하기에 관한 한, 악행 금지의 원리가 자율성 존중 원리와 서로 충돌하지 않는다고 생각한다. 그런데 자율성 존중 원리를 지키기 위해서는 단순히 기만을 삼가는 것만으로는 부족하다. 예컨대 의사가 환자를 실제로 속이지는 않지만 환자가 특정 결정을 하도록 유도하기 위해 관련 정보 제공을 보류하거나 직접적 관련성이 작은 정보를 필요 이상으로 제공하는 경우를 상상할 수 있다. 이처럼 의사가 정보 제공을 조종하는 것은 환자의 자율성을 존중하지 않는 것이다. 한편 의사가 관련된 정보를 환자에게 모두 밝히면 환자는 조종된 결정이 아닌 자신의 결정을 하게 될 것이고, 환자의 자율성은 존중될 것이다.

① 환자의 동의는 치료를 하기 위한 필요조건 중 하나이다.
② 악행 금지의 원리가 환자의 자율성을 침해한 때가 있었다.
③ 기만 금지 의무와 동의의 의무는 동일한 원리에 기반을 둔다.
④ 의사가 환자에게 제공하는 정보의 양이 많을수록 환자의 자율성은 더 존중된다.
⑤ 의사가 복지를 위해 환자를 기만하는 행위는 오늘날에는 윤리적으로 정당화되지 않는다.

02 ~ 03

다음은 건강관련 발표를 한 글이다. 아래의 물음에 답하시오.

안녕하세요? 오늘 강연을 맡은 ○○ 보건소의 △△△입니다. 여러분, 건강을 위해 골고루 먹는 것이 중요한 건 다 알고 있지요? (청중의 대답을 듣고) 그렇다면 함께 먹으면 더 좋은 식재료 조합이 있다는 것도 알고 있나요? '찰떡궁합 식재료'라는 강연 제목에서 짐작하셨을 텐데, 유용한 식재료 조합에 대해 이제부터 알려 드리겠습니다.

(자료 1을 손으로 가리키며) 화면을 보면서, 함께 섭취하면 좋은 식재료 조합에 대해 알아봅시다. 육류와 마늘을 같이 먹으면 육류에 풍부한 비타민 B1의 흡수를 마늘의 알리신 성분이 도와줍니다. 육류와 표고버섯을 함께 먹는 것도 좋습니다. 표고버섯에는 생리 작용을 활성화시키는 성분들이 많은데 육류의 콜레스테롤이 체내에 쌓이지 않도록 해 주기 때문이죠. 또한, 우유와 딸기를 같이 먹으면 우유에 풍부한 칼슘의 흡수를 딸기의 유기산과 비타민 C가 도와줍니다. 된장과 부추도 함께 먹으면 좋은 식재료 조합인데요, 부추에는 나트륨 배출을 도와주는 칼륨이 풍부하여 된장의 나트륨이 체내에 쌓이지 않도록 해 줍니다.

방금 말씀 드린 내용은 건강 상태에 따라 식이 요법이 필요한 분들에게 더욱 유용합니다. (자료 2의 상단을 가리키며) 위쪽은 영양소 흡수에 도움을 주는 식재료 조합입니다. 비타민 B의 결핍으로 쉽게 피로를 느끼는 분들은 육류와 마늘을 함께1드시는 것이 좋습니다. 또한 골감소증을 겪는 어르신께는 우유와 딸기를 함께 드실 것을 권해 보세요. (자료 2의 하단을 가리키며) 아래쪽은 특정 성분이 체내에 쌓이지 않도록 도움을 주는 식재료 조합입니다. 동맥 경화와 같은 혈관 질환으로 콜레스테롤 수치를 낮춰야 하는 분이라면 육류를 먹을 때 표고버섯과 함께 드세요. 또한 고혈압이나 당뇨로 저염식을 해야 하는 분이라면 된장처럼 나트륨 함량이 높은 식재료는 부추와 같이 드실 것을 권합니다.

함께 먹으면 유용한 식재료 조합에 대해 지금까지 알아봤는데요, 혹시 궁금한 점이 있다면 질문해 주시기 바랍니다. (청중의 질문을 듣고) 네, 좋은 질문 감사합니다. 말씀하신 것처럼 함께 먹으면 좋지 않은 식재료 조합도 있습니다. 보통은 칼슘섭취를 위해 멸치를 많이 먹는데요, 시금치에 풍부한 옥살산은칼슘과 결합하여 칼슘의 흡수를 방해하기 때문에 가급적 멸치와 시금치는 함께 먹지 않는 것이 좋습니다. 만약 함께 먹어야한다면 시금치를 데쳐서 옥살산을 일부 제거하고 드세요.

문 02

위 강연에 대한 설명으로 적절하지 않은 것은?

① 식이 요법이 필요한 질환을 언급하며 식재료 조합을 권유하고 있다.
② 영양소의 개념을 정의하고 다양한 식재료 조합에 적용해 설명하고 있다.
③ 식재료의 성분을 언급하며 유용한 식재료 조합의 근거를 제시하고 있다.
④ 청중의 질문을 듣고 함께 먹으면 좋지 않은 식재료 조합을 소개하고 있다.
⑤ 비언어적 표현을 활용하여 식재료 조합의 여러 가지 사례를 안내하고 있다.

문 03

다음은 강연을 들은 학생이 작성한 메모이다. 학생의 듣기 활동에 대해 이해한 내용으로 적절하지 않은 것은?

〈듣기 전〉
○ 강연 제목을 보니 궁합이 좋은 식재료 조합을 소개하겠군. · · · ⓐ
○ 예전에 식재료 조합에 대한 책을 읽은 적이 있어. · · · ⓑ

〈듣기 후〉
○ 건강에 도움이 되는 식재료 조합들을 알게 되어 유익했어. · · · ⓒ
○ 팽이버섯도 표고버섯과 같은 효과를 낼 수 있을까? · · · ⓓ
○ 우유와 함께 먹으면 좋은 다른 식재료를 더 찾아봐야겠어. · · · ⓔ

① ⓐ에서는 강연 제목을 보고 강연 내용을 예측하고 있다.
② ⓑ에서는 강연 제목과 관련된 자신의 경험을 떠올리고 있다.
③ ⓒ에서는 강연 내용에 대한 자신의 긍정적 평가를 드러내고 있다.
④ ⓓ에서는 강연에서 언급되지 않은 내용에 대해 궁금해하고 있다.
⑤ ⓔ에서는 강연과 관련된 추가 학습으로 알게 된 점을 제시하고 있다.

04~05

건강검진기관 공모에 관한 글이다. 아래의 물음에 답하시오.

2022년도 ㅇㅇ교통공단 건강검진기관 공모

2020년도 ㅇㅇ교통공단 건강검진 기관을 아래와 같이 공모합니다.

2018. 01. 02.

ㅇㅇ교통공단 본부장

1. 건강검진 개요
   가. 검진기간 : 2022. 1. 1. ~ 10. 31.(예정)
   나. 검진비용 : 175,000원/1인(국민건강보험공단 청구액 별도)
   * 기본검진(필수) + 추가검진(필수) + 부대비용(자율) + 부가서비스(자율)
   * 「철도안전법」에 의한 '신체검사' 병행 시 해당 비용은 포함
   * 「산업안전보건법」에 의한 특수건강진단 시행 시 해당비용 별도 산정
   * 직원가족 검진 시 동일한 검진항목 및 비용 적용(비용 본인부담)
   다 : 대상인원 : 약 3,400명(기간 중 내원 검진)
2. 신청자격
   가. 건강검진기본법 제14조에 의한 일반건강검진기관, 5대 암 검진 가능 기관
   나. 철도안전법에 의한 신체검사 수검이 가능한 검진기관
   다. 건강검진항목 모두 당해 검진기관에서 진단 가능한 의료기관
   라. 서울특별시(동대문,성북,중랑,성동,광진,강북,도봉,노원,서초,강남,송파,강동구), 의정부시, 춘천시, 원주시, 양평군 소재 검진기관
   * 신청자격 미달 시 검진기관 선정 평가 대상에서 제외
3. 신청방법
   가. 제출서류
   - 사업자 등록증 사본 1부
   - 2022년 ㅇㅇ교통공단 직원 건강검진 제안서 1부
   * 제안서 작성 시 2022년 ㅇㅇ교통공단 임직원 선택건강검진 설계서(붙임) 참고
   - 2022년 ㅇㅇ교통공단 직원 신체검사 제안서 1부
   - 2022년 ㅇㅇ교통공단 직원 특수건강진단 제안서 1부
   * 「산업안전보건법」에 의한 특수건강진단 신청 검진기관에 한함
   - 2021년 ㅇㅇ교통공단 직원 부담 건강검진항목 제안서 1부
   * 한국철도공사 직원이 추가 비용을 부담하는 경우 검진가능한 항목 및 수가
   나. 제출서식
   - 붙임 서식에 따라 작성 후 검진기관장 직인 날인 후 제출
   다. 제출방법
   - (전자우편) abcd@rail.go.kr, 담당자 : 차장 ㅇㅇㅇ ☏ 02-3200-7000
   라. 접수기간 : '22.01.02.(수) ~ '22.01.11.(금)18:00까지 도착분에 한함
4. 선정 심사
   가. 선정결과 발표 : 최종 선정 검진기관에 한해 개별 통보
   나. 선정 시 고려사항
   - 2022년 ㅇㅇ교통공단 임직원 선택건강검진 설계서(붙임) 충족 정도
   - 검진기관 의료진 및 의료설비 수준
   - 건강진단결과 질환의심자에 대한 협진의료체계
   - 검진결과 설명 및 관리 등 사후관리체계 등
5. 기타사항
   가. 제출서류는 반환하지 않으며, 제출서류 및 증빙자료가 허위로 판명될 경우 선정 취소
   나. 기타 궁금한 사항은 담당자 차장 차장 ㅇㅇㅇ ☏ 02-3200-7000

붙임 : 검진항목별 견적서(제출양식)

붙임1 | 2022년 ㅇㅇ교통공단 임직원 선택건강검진 표준설계서

구분				검사항목	비고
기본검진	일반건강진단(공통항목)	건강검진상담 및 이학적검사		문진과 진찰 및 상담, 신장, 체중, 비만도, 시력, 청력, 혈압, 색신, 결과통보 및 입력 등	
		흉부방사선촬영		직접촬영(14"*17")	
		요검사		요4종(요당, 요단백, 잠혈, PH)	
				요4종+요비중, 케톤, 빌리루빈, 유로빌리루빈, 아질산염, 백혈구	
		구강검진		구강	
		혈액검사	당뇨신장	공복혈당, 혈청크레아티닌	
			고지혈증	Triglyceride, 총콜레스테롤, HDL·LDL콜레스테롤	
			간기능	혈색소, SGOT, SGPT, r-GTP, 신사구체여과율	
				총단백, 알부민, 알카리포스타제, 빌리루빈, 유산탈수효소(LDH)	
			간염	HBs-Ag, Anti-HBs(B형검사)	
				HCV Antibody(일반)(C형검사)	
			심장기능	CPK	
			빈혈증	헤마토크릿, 백혈구수, 적혈구수	
			관절질환	뇨산, RA-factor	
		심전도검사		E.K.G	
		고혈압성질환		안저검사(양측), 안압	
	일반건강진단(성·연령항목)	골밀도검사		골다공증 유무	54세 이상
		생활습관평가			40세 이상
		정신건강검사		우울증	40세 이상
	암검진항목 기타항목	암검진			
		• 위암		내시경 또는 조영촬영	
		• 간암		간초음파 및 혈청알파태아단백검사	
		• 유방암(女)		유방단순촬영(양측)	
		• 대장암		분변잠혈반응검사	

		• 자궁경부암(女)	PAP·SMEAR	
추가검진	필수	초음파검사	복부초음파, 갑상선초음파, 하복부초음파, 경동맥초음파	
		PTF폐기능검사	폐기능검사	
		동맥경화검사	동맥경화협착검사	
		뇌졸중 검사	뇌졸중, 중풍 유해인자 검사	
		뇌심혈관 발병도 평가	뇌심혈관 발병도 평가	
	선택1	① 혈액정밀 4종	췌장암, 대장암, 간암, 전립선암(男)/난소암(女)	①~② 1개 선택
		② 갑상선검사 등	갑상선 호르몬검사, A형간염검사, 당화혈색소 검사	
	선택2	초음파검사	심장초음파, 뇌혈류초음파, 유방초음파	검사항목중 1개 이상 선택
		CT촬영	폐CT, 뇌CT, 요추CT, 경추CT, 복부CT, 심장CT	
		특수장비	대장내시경(또는 조영촬영), 적외선 채열진단, 암유전인자 등	

* 선택1은 혈액정밀4종, 갑상선 검사 등 구분에서 1개 선택, 선택2는 검사항목 중 1개 이상 선택

문 04

이 글을 바탕으로 옳은 것은?

① 건강검진은 1인당 175,000원이며 국민건강보험공단 청구액이 포함된다.
② 기본검진 및 추가검진, 부대비용은 필수이다.
③ 직원가족 검진 시 동일한 검진항목 및 비용을 공사에서 지급한다.
④ 서울특별시 외에는 의정부시, 춘천시, 원주시, 양평군 소재의 검진기관이 대상이다.
⑤ 19년 1월 11일 우편 소인까지 접수가 가능하다.

문 05

아래의 발언 중 옳은 것은 개수는?

이△△ : "혈액검사와 심전도 검사는 필수이다."
서◇◇ : "혈액정밀검사와 갑상선 검사를 모두 받을 수 있다"
문□□ : "40세 이상이면 골다공증 유무와 우울증 검사를 받을 수 있다."
최☆☆ : "폐, 요추, 경추CT를 모두 찍을 수 있다."

① 0개
② 1개
③ 2개
④ 3개
⑤ 4개

문 06

다음 중 (A)가 들어갈 위치로 가장 적절한 것은?

> (A) 일어난 일에 대한 묘사는 본 사람이 무엇을 중요하게 판단하고, 무엇에 흥미를 가졌느냐에 따라 크게 다르다.
>
> 기억이 착오를 일으키는 프로세스는 인상적인 사물을 받아들이는 단계부터 이미 시작된다. (가) 감각적인 지각의 대부분은 무의식 중에 기록되고 오래 유지되지 않는다. (나) 대개는 수 시간 안에 사라져 버리며, 약간의 본질만이 남아 장기 기억이 된다. 무엇이 남을지는 선택에 의해서이기도 하고, 그 사람의 견해에 따라서도 달라진다. (다) 분주하고 정신이 없는 장면을 보여 주고, 나중에 그 모습에 대해서 이야기하게 해보자. (라) 어느 부분에 주목하고, 또 어떻게 그것을 해석했는지에 따라 즐겁기도 하고 무섭기도 하다. (마) 단순히 정신 사나운 장면으로만 보이는 경우도 있다. 기억이란 원래 일어난 일을 단순하게 기록하는 것이 아니다.

① (가)
② (나)
③ (다)
④ (라)
⑤ (마)

문 07

다음 글의 내용과 일치하지 않는 것은?

> 우리는 도구를 사용하고, 다양한 종류의 음식을 먹는 본능과 소화력을 갖췄다. 어떤 동물은 한 가지 음식만 먹는다. 이렇게 음식 하나에 모든 것을 거는 '단일 식품 식생활'은 도박이다. 그 음식의 공급이 끊기면 그 동물도 끝이기 때문이다.
>
> 400만 년 전, 우리 인류의 전 주자였던 오스트랄로피테쿠스는 고기를 먹었다. 한때 오스트랄로피테쿠스가 과일만 먹었을 것이라고 믿은 적도 있었다. 따라서 오스트랄로피테쿠스 속과 사람 속을 가르는 선을 고기를 먹는지 여부로 정했었다. 그러나 남아프리카공화국의 한 동굴에서 발견된 200만 년 된 유골 4구의 치아에서는 이와 다른 증거가 발견됐다. 인류학자 맷 스폰하이머와 줄리아 리소프는 이 유골의 치아 사기질의 탄소 동위 원소 구성 중 13C의 비율이 과일만 먹은 치아보다 열대 목초를 먹은 치아와 훨씬 더 가깝다는 것을 발견했다. 식생활 동위 원소는 체내 조직에 기록되기 때문에 이 발견은 오스트랄로피테쿠스가 상당히 많은 양의 풀을 먹었거나 이 풀을 먹은 동물을 먹었다는 추측을 가능케 한다. 그런데 같은 치아에서 풀을 씹어 먹을 때 생기는 마모는 전혀 보이지 않았기 때문에 오스트랄로피테쿠스 식단에서 풀을 먹는 동물이 큰 부분을 차지했다는 결론을 내릴 수 있다.
>
> 오래전에 멸종되어 260만 년이라는 긴 시간을 땅속에 묻혀 있던 동물의 뼈 옆에서는 석기들이 함께 발견되기도 한다. 이 뼈와 석기가 들려주는 이야기는 곧 우리의 이야기다. 어떤 뼈에는 이로 씹은 흔적 위에 도구로 자른 흔적이 겹쳐있다. 그 반대의 흔적이 남은 뼈들도 있다. 도구로 자른 흔적 다음에 날카로운 이빨 자국이 남은 경우다. 이런 것은 무기를 가진 인간이 먼저 먹고 동물이 이빨로 뜯어 먹은 것이다. 우리의 사냥 역사는 정말 먼 옛날까지 거슬러 올라간다. 15만 세대 정도다.

① 한 가지 음식만 먹고 사는 동물은 멸종될 위험이 있다.
② 육식 여부는 현재도 오스트랄로피테쿠스 속과 사람 속을 구분하는 중요한 기준이다.
③ 석기와 함께 발굴된 동물 뼈의 흔적을 통해 인간이 오래전부터 사냥을 했음을 알 수 있다.
④ 발굴된 유골의 치아 상태 조사를 통해 오스트랄로피테쿠스가 초식 동물을 먹었을 것이라 추측할 수 있다.

문 08

다음 글에 이어질 내용으로 가장 적절한 것은?

> 페니실린은 약품으로 정제된 이후 인류의 건강을 위협하는 많은 세균과 질병을 치료하는 데 매우 효과적으로 작용했다. 그런데 문제는 항생제 사용이 잦아지자 세균들이 내성을 갖기 시작했다는 점이다. 항생제는 사람에게는 해를 주지 않으면서 세균만 골라 죽이는 아주 유용한 물질인데, 이 물질을 이겨내는 세균들이 계속 등장했다. 플레밍 또한 뉴욕타임스 와의 인터뷰에서 페니실린에 내성인 세균이 등장할 수 있음을 경고했다. 이는 불과 몇 년 지나지 않아 현실화되었다. 페니실린에 내성을 가진 황색 포도상 구균이 곧 등장했고 전 세계적으로 확산되었다.
>
> 이후 새로운 항생제를 개발하여 감염증을 치료하려는 인류와, 항생제 내성을 획득하여 생존하려는 세균 간의 전쟁이 지금까지 치열하게 벌어지고 있다. 세균은 인류가 개발한 항생제에 내성을 갖추어 맞서고, 인류는 내성을 가진 세균에 대응하기 위해 또 다른 항생제를 만들어 반격을 하는 식이다.
>
> 이를테면 페니실린에 내성을 가진 황색 포도상 구균은 메티실린 제제가 개발되면서 치료의 길이 열렸다. 메티실린은 포도상 구균을 물리치며 맹활약했지만 세균도 가만있지는 않았다. 메티실린의 효과가 듣지 않는 강력한 세균들이 등장했고, 이에 인류는 반코마이신을 개발해 탈출구를 열었다. 이들 치료제로 효과를 볼 수 없었던 그람 음성세균은 카바페넴으로 대응했다. 하지만 최강의 항생제인 카바페넴에 내성을 획득한 다제 내성균(슈퍼 박테리아)도 등장했다.

① 인류는 더 강력한 세균에 의해 멸망할 것이다.
② 항생제 사용은 법으로 엄격히 금지해야 한다.
③ 인류는 다제 내성균을 치료할 항생제를 개발할 것이다.
④ 앞으로 항생제에 내성이 없는 세균이 나타날 것이다.

09 ~ 10

다음 글을 읽고 물음에 답하시오.

대부분의 물질은 온도가 올라갈수록 밀도가 작아진다. 구리 동전을 예로 들어 보자. 동전에 열을 가하면 구리 원자들이 더 빨리 움직이면서 널리 퍼진다. 그리하여 구리 동전은 부피가 좀 더 늘어난다. 즉 밀도가 줄어드는 것이다. 계속 동전을 가열하면, 결국 동전은 녹을 것이다. 액체 상태가 된 구리 동전의 밀도는 고체 상태 때보다 더 작다. 액체 상태가 된 구리를 계속 가열하면 그 분자들은 계속 퍼져 나가려 하고, 그 결과 밀도는 점점 작아진다. 이러한 현상은 순수한 거의 모든 물질에서 볼 수 있다.

그러나 물만은 다르다. 10℃의 물이 있다고 하자. 이 온도에서 물은 액체 상태이다. 구리의 경우와는 반대로, 이번에는 물을 냉각시켜 보자. 물을 냉각시키면 물 분자들은 움직임이 점점 느려지고 서로 간의 거리가 가까워진다. 기대한 바대로 밀도가 증가하는 것이다. (㉠) 4℃에 이르면 이상한 일이 일어난다. 그리고 그 이하로 온도가 내려갈수록 물 분자들이 서로 멀리 떨어지기 시작한다. 0℃에서 물이 얼 때에는 물 분자들은 더욱 멀리 떨어진다.

다시 말해서, 4℃의 물은 0℃의 물보다 밀도가 더 크다. 실제로 4℃일 때의 물은 다른 어떠한 온도의 물(액체 상태)보다 밀도가 크다. 그리고 어떤 온도의 물(액체 상태)도 고체 상태의 얼음보다 밀도가 더 크다. 얼음 덩어리가 유리컵 위에 떠다니거나 빙산이 바다 위를 떠다니는 것은 바로 이 때문이다. 이러한 기이한 현상은 얼음이 될 때 물 분자들이 속이 빈 결정 구조를 이루기 때문에 일어난다. 얼음이 녹으면 이 결정 구조가 무너져 물 분자들이 서로 접근하기 때문에, 밀도가 높아지는 것이다. 속이 빈 결정구조는 물의 온도가 4℃에 이를 때까지 완전히 없어지지는 않는다.

물의 이러한 기이한 행동 때문에 우리 주변의 세계에는 재미있는 일들이 벌어진다. 계절이 변할 때 호수나 연못에 일어나는 변화를 한번 살펴보자. 겨울이 다가오면 기온은 내려간다. 호수 표면의 물도 온도가 내려가 밀도가 높아지므로 호수 아래로 가라앉고, 그 대신 아래쪽에 있던 물들이 호수 표면으로 올라간다. 그런데 4℃이하로 온도가 더 내려가게 되면, 냉각된 물은 아래로 내려가지 않고 호수 표면에 머문다. 그리하여 호수의 물은 위에서부터 얼기 시작한다. 다른 액체 물질들은 거의 아래쪽에서부터 얼기 시작하여 위로 올라가는 것과는 대조적이다.

이렇게 호수나 연못의 물은 위에서부터 얼기 시작하기 때문에, 그 아래에 있는 물들은 기온이 0℃아래로 내려가더라도 계속 액체 상태로 남아 있을 수 있다. 표면의 얼음 층이 차가운 기온을 차단하는 벽의 역할을 해주기 때문이다. 아주 얕은 연못을 제외하고 호수나 강에 있는 대부분의 물은 얼음 층 아래에서 액체 상태로 남아 있다. 덕분에 물속에 사는 생물들은 추운 겨울에도 살아남을 수 있다.

문 09

위 글에서 취하고 있는 논지 전개 방식과 가장 가까운 것은?

① 이론과 실제의 대립 현상과 그 문제점을 서술하고 있다.
② 현상과 가설의 차이점을 구체적으로 부각시키고 있다.
③ 어떤 원리를 보여주고 그와 관련된 현상을 설명하고 있다.
④ 표면적 현상으로 인해서 일어나는 내면적 의미의 결과를 분석하고 있다.
⑤ 시간에 흐름에 따라 대상의 변화를 서술하고 있다.

문 10

위 글의 흐름을 고려할 때 (㉠)에 들어갈 접속어로 가장 적절한 것은?

① 그러나　② 그리고　③ 그러므로
④ 따라서　⑤ 그래서

11 ~ 12

다음 글을 읽고 물음에 답하시오

사회 복지 서비스의 분석 틀은 사회 복지 서비스 정책의 구도를 잡을 때 유용하게 활용할 수 있다. 분석 틀은 두 가지 축을 근간으로 구성된다. 한 축은 서비스 목적에 의해, 또 다른 축은 서비스 유형에 의해 분류하는 축이다.

한센펠드는 사회 복지 조직이 사용하는 기술에 따라 사회 복지 서비스의 목적을 인간 식별 서비스, 인간 유지 서비스, 인간 변화 서비스로 나누어 제시한 바 있다. '인간 식별 서비스'는 서비스 체계에서 사정(査定) 기능에 해당하는 서비스이다. 이는 클라이언트*를 분류하고 사회적 명칭을 부여하는 기능을 담당하는 것으로, 실제 서비스의 제공은 다른 서비스 체계가 맡도록 유도한다. 예를 들면 학교에서 결식아동으로 선정되면 보건복지부에서 급식비를 제공하게 된다. 이때 학교에서 결식아동으로 선정하는 그 자체가 인간 식별을 목적으로 한 서비스의 한 유형이 된다. 이 서비스는 서비스의 직접적인 제공을 목적으로 하고 있다고 볼 수 없기 때문에 분석 틀에서는 제외한다. '인간 유지 서비스'는 클라이언트의 저하된 복지 상태가 더 나빠지지 않도록 예방하고 일정 수준에서 유지하도록 하는 것을 주목적으로 하는 서비스이다. 아동 복지 시설을 통해 아동 양육 서비스를 제공하는 것과 기초 생활 보장 제도를 통해 일정 수준의 경제 상태를 유지하게 해 주는 공공 부조 서비스가 대표적 예이다. '인간 변화 서비스'는 서비스의 유형 중 가장 적극적 개념으로, 클라이언트의 변화를 통하여 복지 상태의 개선을 추구하고 사회적 기능을 향상시키는 것을 목적으로 하는 서비스이다. 그래서 이 서비스는 인간 유지 서비스에 비해 생산적이다. 빈곤의 대물림을 차단하기 위하여 저소득층 가정의 아동들에게 교육 복지 서비스를 제공하는 것이 그 대표적인 예이다.

서비스 유형에 따라서는 크게 문제 해결 중심의 사후 치료적 서비스와 문제 발생의 원인에 대해 개입하는 예방적 서비스로 구분할 수 있다. 이때 서비스의 유형이 보다 예방적이 될수록 전 국민을 대상으로 한 보편적 서비스의 형태를 띠게 되고, 사후 치료적일 수록 서비스는 선별적으로 제공된다. 가령 영유아가 있는 모든 가정에 방문 서비스를 제공하여 아동 학대를 예방하는 서비스는 아동 학대에 대한 보편적 예방 서비스 유형에 해당한다. 그리고 아동 학대 신고의 접수와 신고된 아동에 대한 치료 서비스는 문제 해결 중심의 사후 치료적 서비스 유형에 해당한다.

흔히 성장을 우선시하는 사람들은 지나친 사회 복지의 증가는 성장의 걸림돌이 될 수 있다는 우려를 표명한다. 반대로, 분배를 우선시하는 사람들은 상부상조를 통한 분배가 없이는 사회적 통합을 이룰 수 없고, 사회적 통합이 없는 각박한 사회는 결코 살기 좋은 사회라고 할 수 없다고 주장한다. 사회 복지 서비스의 분석 틀은 이러한 성장이냐 분배냐 하는 식의 이분법적 질문의 틀에서 벗어나 21세기형 사회 복지 서비스의 패러다임을 모색하는 데 실마리를 제공할 수 있을 것이다.

* 클라이언트 : 변호사나 사회사업가 등 전문가에게 도움을 요청해 전문가와 상담을 시작한 사람.

문 11

윗글의 전개 방식에 대한 설명으로 가장 적절한 것은?

① 개념의 변화 과정을 통해 주장을 강화하고 있다.
② 비유적 진술을 활용하여 화제의 이해를 돕고 있다.
③ 현상의 원인을 다양한 측면에서 심층적으로 분석하고 있다.
④ 다양한 관점들을 소개하고 이를 변증법적으로 절충하고 있다.
⑤ 대상을 기준에 따라 구분하여 설명하고 중심 화제의 의의를 제시하고 있다.

문 12

윗글에서 서술한 사회 복지 서비스의 종류와 〈보기〉의 사례를 바르게 연결한 것은?

보기

(가) 실업자의 재취업을 돕기 위해 직업 훈련을 해 주는 서비스
(나) 보호가 필요한 노인을 대상으로 한 방문 목욕 서비스

	(가)	(나)
①	인간 유지 서비스 – 예방적 서비스	인간 유지 서비스 – 예방적 서비스
②	인간 변화 서비스 – 예방적 서비스	인간 유지 서비스 – 사후 치료적 서비스
③	인간 유지 서비스 – 사후 치료적 서비스	인간 변화 서비스 – 예방적 서비스
④	인간 변화 서비스 – 사후 치료적 서비스	인간 변화 서비스 – 사후 치료적 서비스
⑤	인간 변화 서비스 – 사후 치료적 서비스	인간 유지 서비스 – 사후 치료적 서비스

15

13～14

다음 글을 읽고 물음에 답하시오

우리 몸에는 외부의 환경이나 미생물로부터 스스로를 지키기 위한 자기 방어 시스템이 있는데, 이를 자연치유력이라고 한다. 우리 몸은 이상이 생겼을 때 자기 진단과 자기 수정을 통해 이를 정상적으로 회복하기 위해 노력한다. 인체의 자연치유력 중 하나인 ㉠ '오토파지'는 세포 안에 쌓인 불필요한단백질과 망가진 세포 소기관*을 분해해 세포의 에너지원으로 사용하는 현상이다.

평소에는 우리 몸이 항상성*을 유지할 정도로 오토파지가 최소한으로 일어나는데, 인체가 오랫동안 영양소를 섭취하지 못하거나 해로운 균에 감염되는 등 스트레스를 받으면 활성화된다. 예를 들어 밥을 제때에 먹지 않아 영양분이 충분히 공급되지 않으면 우리 몸은 오토파지를 통해 생존에 필요한아미노산과 에너지를 얻는다. 이외에도 몸속에 침투한 세균이나 바이러스를 오토파지를 통해 제거하기도 한다.

그렇다면 오토파지는 어떤 과정을 거쳐 일어날까? 세포 안에 불필요한 단백질과 망가진 세포 소기관이 쌓이면 세포는 세포막을 이루는 구성 성분을 이용해 이를 이중막으로 둘러싸 작은 주머니를 만든다. 이 주머니를 '오토파고솜'이라고 부른다. 오토파고솜은 세포 안을 둥둥 떠다니다가 리소좀을 만나서 합쳐진다. '리소좀'은 단일막으로 둘러싸인 구형의구조물로 그 속에 가수분해효소를 가지고 있어 오토파지 현상을 주도하는 역할을 한다. 오토파고솜과 리소좀이 합쳐지면 '오토파고리소좀'이 되는데 리소좀 안에 있는 가수분해효소가 오토파고솜 안에 있던 쓰레기들을 잘게 부수기 시작한다. 분해가 끝나면 막이 터지면서 막 안에 들어 있던 잘린 조각들이 쏟아져 나온다. 그리고 이 조각들은 에너지원으로 쓰이거나 다른 세포 소기관을 만드는 재료로 재활용된다.

이러한 오토파지가 정상적으로 작동하지 않으면 불필요한단백질과 망가진 세포 소기관이 세포 안에 쌓이면서 세포 내항상성이 무너져 노화나 질병을 초래한다. 그래서 과학자들은 여러 가지 실험을 통해 오토파지를 활성화시키는 방법을 연구하거나 오토파지를 이용해 병을 치료하는 방법을 찾고 있다. 자연치유력에는 오토파지 이외에도 '면역력', '아포토시스' 등이 있다. '면역력'은 질병으로부터 우리 몸을 지키는 방어 시스템이다. ㉡ '아포토시스'는 개체를 보호하기 위해 비정상 세포, 손상된 세포, 노화된 세포가 스스로 사멸하는 과정으로 우리 몸을 건강한 상태로 유지하게 한다. 이러한 현상들을 통해 우리는 우리 몸을 지킬 수 있는 것이다.

* 세포 소기관 : 세포핵, 골지체, 소포체, 리보솜, 리소좀 등의 세포 안에 들어 있는 작은 기관들.
* 항상성 : 생체가 여러 가지 환경 변화에 대응하여 생명 현상이 제대로 일어날 수 있도록 일정한 상태를 유지하는 성질. 또는 그런 현상.

문 13

윗글의 표제와 부제로 가장 적절한 것은?

① 세포의 재생 능력– 리소좀의 구조와 기능을 중심으로
② 인체의 자연치유력 – 오토파지의 원리를 중심으로
③ 질병을 예방하는 방법 – 세포의 면역력을 중심으로
④ 노화를 막기 위한 방법 – 아포토시스의 원리를 중심으로
⑤ 우리 몸의 자기 면역 방어 – 오토파지를 활성화시키는 방법을 중심으로

문 14

㉠과 ㉡에 대한 설명으로 가장 적절한 것은?

① ㉠은 ㉡과 달리 세포 소기관보다는 개체를 보호하기 위해 일어난다.
② ㉡은 ㉠과 달리 손상된 세포가 스스로 사멸함으로써 우리 몸의 항상성을 유지한다.
③ ㉡은 ㉠과 달리 우리 몸에 영양 공급이 부족하거나 바이러스가 침투했을 때 발생한다.
④ ㉠과 ㉡은 모두 생존에 필요한 아미노산과 에너지를 다량으로 얻기 위해 작동한다.
⑤ ㉠과 ㉡은 모두 작동 과정에서 세포가 분해되어 다른 세포소기관을 만드는 데 활용된다.

문 15

다음 글에서 알 수 없는 것은?

> 연금 제도의 금융 논리와 관련하여 결정적으로 중요한 원리는 중세에서 비롯된 신탁 원리다. 12세기 영국에서는 미성년 유족(遺族)에게 토지에 대한 권리를 합법적으로 이전할 수 없었다. 그럼에도 불구하고 영국인들은 유언을 통해 자식에게 토지 재산을 물려주고 싶어 했다. 이런 상황에서 귀족들이 자신의 재산을 미성년 유족이 아닌, 친구나 지인 등 제3자에게 맡기기 시작하면서 신탁 제도가 형성되기 시작했다. 여기서 재산을 맡긴 성인 귀족, 재산을 물려받은 미성년 유족, 그리고 미성년 유족을 대신해 그 재산을 관리·운용하는 제3자로 구성되는 관계, 즉 위탁자, 수익자, 그리고 수탁자로 구성되는 관계가 등장했다.
> 이 관계에서 주목해야 할 것은 미성년 유족은 성인이 될 때까지 재산권을 온전히 인정받지는 못 했다는 점이다. 즉 신탁 원리 하에서 수익자는 재산에 대한 운용 권리를 모두 수탁자인 제3자에게 맡기도록 되어 있었기 때문에 수익자의 지위는 불안정했다.
> 연금 제도가 이 신탁 원리에 기초해 있는 이상, 연금가입자는 연기금 재산의 운용에 대해 영향력을 행사하기 어렵게 된다. 왜냐하면 신탁의 본질상 공·사 연금을 막론하고 신탁 원리에 기반을 둔 연금 제도에서는 수익자인 연금가입자의 적극적인 권리 행사가 허용되지 않기 때문이다.
> 결국 신탁 원리는 수익자의 연금 운용 권리를 현저히 약화시키는 것을 기본으로 한다. 그 대신 연금 운용을 수탁자에게 맡기면서 '수탁자 책임'이라는, 논란이 분분하고 불분명한 책임이 부과된다. 수탁자 책임 이행의 적절성을 어떻게 판단할 수 있는가에 대해 많은 논의가 있었지만, 수탁자 책임의 내용에 대해서 실질적인 합의가 이루어지지는 못했다.
> 중세에서 기원한 신탁 원리가 연금 제도와 연금 산업에 미치는 효과는 현재까지도 여전히 유효하고 강력하다. 신탁 원리의 영향으로 인해 연금 가입자의 자율적이고 적극적인 권리 행사가 철저하게 제한되어 왔다. 그 결과 연금 가입자는 자본 시장의 최고 원리인 유동성을 마음껏 누릴 수 없었으며, 결국 연기금 운용자인 수탁자의 재량에 종속되는 존재가 되고 말았다.

① 사적 연금 제도의 가입자는 자본 시장의 유동성을 충분히 누릴 수 없었다.
② 위탁자 또는 수익자와 직접적인 혈연 관계에 있지 않아도 수탁자로 지정될 수 있었다.
③ 연금 수익자의 지위가 불안정하기 때문에 연기금 재산에 대한 적극적인 권리 행사가 제한되었다.
④ 신탁 제도는 미성년 유족에게 토지 재산권이 합법적으로 이전될 수 없었던 중세 영국의 상황 속에서 생겨났다.
⑤ 연금 제도가 신탁 원리에 기반을 두었기 때문에 수탁자가 수익자보다 재산 운용에 대해 더 많은 재량권을 갖게 되었다.

15

16～17

다음 글을 읽고 물음에 답하시오

인체는 끊임없이 세균과 바이러스, 기생충과 같은 외부 물질의 공격을 받는다. 이들은 주로 감염이나 질병의 원인이 되므로 인체는 이와 같은 외부 물질의 침입에 저항하고 방어하는 작용을 하게 되는데, 이를 면역 반응이라 한다. 따라서 건강하다는 것은 면역 반응이 활발하여 외부 물질들을 완벽하게 제거하는 상태를 의미하는 것으로 이해하기 쉽다.

그러나 면역 반응이 과도해지면 오히려 인체에 해를 끼치기도 한다. 최근 급증하는 알레르기나 천식, 자가면역질환은 불필요한 면역 반응으로 인해 발생한다. 면역계가 일반적으로는 해가 되지 않는 물질들인 꽃가루나 먼지뿐만 아니라 자신의 조직까지 제거해야 할 대상으로 인식하여 공격하는 것이다. 그런데 이와 같은 면역계 과민 반응으로 인한 질병들은 의료 환경이발달한 선진국에서 점점 더 증가하는 추세이다. 그렇다면 이와같은 면역계 과민 반응이 나타나는 이유는 무엇일까?

과학자들은 그 이유를 인체가 수백만 년 동안 진화해 온 환경에서 찾았다. 인체는 무균 지대나 청정 지대가 아니라 세균과 바이러스, 기생충 등과 함께 진화해 왔다. 즉 이들 침입자는 인체의 면역계로부터 자신을 보호하기 위해 면역 반응을 억제하도록 진화했고, 인체는 면역 반응을 억제하는 외부 물질의 침입에 대비하여 면역 반응을 일으키도록 진화했다. 그런데 현대 의학의 발달과 환경 개선으로 바이러스 등이 줄어들게 되자 면역 반응이 지나치게 된 것이다. 이를 위생가설이라고 한다. 위생가설에 따르면 바이러스에 접할 기회가 줄어든 깨끗한 환경이 오히려 질병의 원인이 된다.

위생가설은 인체가 외부 물질과의 공존 속에서 면역 반응의 균형을 찾는다는 시사점을 주었다. 모든 외부 물질들이 배척되기만 한다면 면역 반응에 제동을 걸어줄 존재가 사라지므로 균형이 깨어지는 것이다. 그렇다면 면역계는 어떻게 외부 물질과공존할 수 있을까? 장(腸)에 존재하는 미생물을 통해 이를 설명할 수 있다. 우리 장 안에는 몸 전체의 세포 수보다 10여 배나 더 많은 장내미생물이 살고 있는데, 이는 면역계가 이들의 존재를 인정하고 받아들였기 때문이다.

면역계를 구성하는 면역세포들은 인체에 유입된 외부 물질을 인지하고 이를 제거하는 면역 반응을 일으킨다. 중추적 역할을 하는 면역세포는 수지상세포와 T세포이다. 수지상세포는 말 그대로 세포막이 나뭇가지처럼 기다랗게 뻗어 나와 있는 모양의 세포이다. 수지상세포는 인체에 침입한 외부 물질을 인지하고, 소장과 대장 주변에 분포한 림프절에서 미성숙T세포를 조력T세포와 세포독성T세포로 분화시킨다. 이 두 종류의 T세포가 몸 안에 침입한 이물질을 없애는 역할을 한다.

그런데 장내미생물은 조력T세포나 세포독성T세포의 공격을 피하기 위해 수지상세포에 영향을 미쳐 그 성격을 바꿔놓는다. 즉 수지상세포가 면역 반응을 일으키지 못하게 만드는 것이다. 이렇게 성격이 변한 수지상세포를 조절수지상세포라고 부른다. 조절수지상세포는 림프절에서 미성숙T세포를 조절T세포로 성숙시키는데, 조절T세포는 조력T세포나 세포독성T세포와는 달리 면역 반응을 억제하는 역할을 한다. 그 결과 장내미생물은 외부 물질이면서도 면역계와 공존할 수 있게 된 것이다.

장내미생물은 조절T세포를 통해 자신의 생존을 꾀하지만 그 결과 인체의 면역계는 면역 반응의 강약을 조절하게 된다. 조을 담당하게 된 것이다. 실제로 알레르기 환자의 몸에 조절T세포가 작용하면 과민 면역 반응으로 인해 발생한 염증이 억제되면서 증상이 완화된다. 이처럼 조절T세포를 만들게 하는 데 외부 물질인 장내미생물이 중요한 역할을 한다는 사실이 밝혀지면서 면역계와 공존하는 외부 물질에 대한 인식의 전환이 일어나게 되었다.

문 16

윗글에 대한 설명으로 가장 적절한 것은?

① 면역 반응이 일어나는 과정을 분석하여 가설의 수정이 필요함을 제안하고 있다.
② 면역계 과민 반응의 원인을 설명하여 면역 반응에 대한 통념에 변화를 주고 있다.
③ 면역 반응에 대한 상반된 관점을 소개하고 각각의 관점이 지닌 한계를 설명하고 있다.
④ 면역계 과민 반응의 해결 방안을 제시하고 예상되는 반론을 반박하면서 주장을 강화하고 있다.
⑤ 면역 반응에 주도적 역할을 하는 면역세포를 생성 위치에 따라 분류한 뒤 각각의 역할을 구체화하고 있다.

문 17

윗글을 이해한 내용으로 적절하지 않은 것은?

① 인체의 면역계는 과도한 면역 반응을 스스로 조절하는 능력이 있다.
② 인체가 건강하다는 것은 면역 반응의 강약이 조절되는 것을 의미한다.
③ 외부 물질이 인체에 유해한 경우도 있지만 유해하지 않은 경우도 있다.
④ 현대 의학의 발달과 환경 개선은 면역 반응이 지나치게 된 원인에 해당한다.
⑤ 장내미생물은 자신을 공격 대상으로 인식하지 못하도록 면역계에 영향을 미친다.

18～20

다음 글을 읽고 물음에 답하시오

비타민C는 과연 감기 예방에 효과가 있는가? 이것을 알기 위해서는 비타민C가 감기 예방에 효과가 '있다'와 '없다'의 두 가지 가능성 중 하나를 판단해야 한다. 그러기 위해서는 통계적으로 의미가 있는 실험을 시행하고 실험 결과에 의해 결론을 내려야 하는데, 이를 통계적 가설 검정이라 한다. 통계적 가설 검정은 모집단에 대하여 어떤 가설을 세우고, 이 가설의 성립 여부를 샘플 자료로 판단하고 통계적 결정을 내리는 것이다.

[A] 비타민C가 감기 예방에 효과가 있는지를 판단하기 위해 240명의 지원자를 임의로 두 집단으로 나눈 후, '집단1'에는 하루 추천 섭취량 이상의 비타민C 알약을, '집단 2'에는 '집단 1'에 제공한 비타민C 알약과 모양은 동일하지만 비타민C가 들어 있지 않은 위약(僞藥)을 3개월간 매일 먹였다고 하자. 이 실험에서 '집단1'을 '실험 집단', '집단2'를 '대조 집단'이라 한다. 이때 실험자는 두 집단의 실험 대상자들 모두 비타민C를 먹고 있다고 생각하게 해야 한다. 또한 이 실험을 실제로 시행하기 전 감기에 영향을 주는 요인인 연령(年齡), 직업, 흡연 습관 등에서 구성원들이 비슷한 형태의 분포가 이루어지도록 집단을 짜야 한다.

3개월간의 실험이 끝난 후 비타민C를 먹은 집단의 감염률은 먹지 않은 집단에 비해 15% 낮은 것으로 나타났다. 이 결과로부터 비타민C가 감기 예방에 효과가 있다고 결론을 내릴 수 있을까? 아직은 이르다. 대조 집단과 15%의 차이가 나는 것이 우연에 의해 일어났을 수도 있으므로 그 가능성을 따져 보아야 한다. 즉 위의 예에서 실험 집단과 대조 집단의 감염률을 각각 P1, P2라 할 때, P1이 P2보다 작다고 확신할 수 있는지 알아야 한다. 이에 대한 통계적 가설은 'H0 : P1=P2(H0은 P1은 P2와 같다.)', 'H1 : P1 〈 P2(H1은 P1은 P2보다 작다.)'로 세우는데, 이때 H0을 '귀무가설'이라 부르고 H1을 '대립가설'이라 부른다. 여기서 귀무가설은 가설을 검증할 때 표본에 의해 그 진위가 검증되어야 할 가설을 말한다. 이것은 '같다', '차이가 없다', '변화가 안 생겼다', '영향을 안 미친다', '유의(有意)하지 않다' 등의 의미를 포함하며, 수학 기호로는 통상 '='로 표시한다. 한편 대립가설은 귀무가설이 기각될 때 받아들여지는 가설이다. 귀무가설과 달리 대립가설은 가설의 검증을 직접 수행하기는 불가능하며, 귀무가설을 기각함으로써 반증의 과정을 거쳐 받아들여질 수 있다. 이것은 '다르다', '차이가 있다', '변화가 생겼다', '영향을 미친다', '유의(有意)하다' 등의 의미를 포함하며, 수학 기호로는 '〉, ≠, 〈'로 표시한다.

우리는 관측이나 실험값에 기초하여 두 가설 가운데 하나를 채택해야 하지만, 그 뜻에 유의해야 한다. H0을 채택하거나 H1을 채택할 때, 그 통계적 결정에는 항상 오류의 가능성이 있기 때문이다. H0이 참임에도 불구하고 H1을 채택하는 오류를 제1종의 오류라 하고, 제1종의 오류를 범할 확률의 최대 허용 범위를 '유의 수준'이라 한다. 가설 검정에서는 흔히 유의 수준을 미리 정하고 검정을 시행한다. 사람의 생명을 다루는 등 큰 위험부담이 따르는 연구를 제외하고는 통상 유의 수준으로 0.05를 삼고 이 값보다 우연히 일어날 수 있는 확률이 작으면 귀무가설을 기각한다. 유의 수준이 0.05라는 것은 100번의 검정 시행 중 5번은 귀무가설이 옳음에도 불구하고 이를 기각하는 오류를 저지르는 것을 허용하는 최대 범위를 0.05(5%)로 설정한다는 의미이다. 이를 달리 말하면 0.95(95%)의 확신을 가지고 대립가설이 옳다는 것이다.

통계적 처리를 통하여 관측된 사건이 우연히 일어날 수 있는 확률을 구할 수 있는데, 앞서 제시한 실험에서 실험 집단의 감염률이 대조 집단의 감염률보다 15%가 낮은 것이 우연히 일어날 확률은 0.004인 값을 갖는다고 한다. 이때 이 값은 0.05인 유의 수준을 고려할 때 기각되는 영역에 속하므로, 귀무가설인 H0을 기각하고 대립가설인 H1을 채택할 수 있다. 즉 실험 집단의 감기 감염률이 대조 집단에 비해 15% 낮은 것은 우연에 의해 일어난 것이 아니라고 할 수 있는 것이다.

문 18

윗글의 내용과 일치하지 않는 것은?

① '귀무가설'은 통상 수학 기호 '='를 사용하여 가설을 표시한다.
② '대립가설'은 '귀무가설'과 달리 검증을 직접 수행할 수 있는 가설이다.
③ '귀무가설'은 '대립가설'과 달리 '유의(有意)하지 않다'는 의미를 포함한다.
④ '통계적 가설 검정'에서는 대개 샘플 자료를 바탕으로 모집단에 대해 판단한다.
⑤ '제1종의 오류'는 귀무가설이 참임에도 불구하고 대립가설을 채택하는 오류이다.

문 19

윗글을 바탕으로 〈보기〉를 이해한 내용으로 적절하지 않은 것은?

> **보기**
>
> 어느 백열전구 생산 회사에서는 ㉮ 원료로 만든 필라멘트를 사용하여 필라멘트가 끊어질 때까지 평균 수명이 1,200시간이 되도록 품질 관리를 해 왔다. 그런데 ㉯ 원료로 새로운 필라멘트를 개발하여 실험해 보았더니 1,200시간 이내에 필라멘트가 끊어지는 불량률이 기존의 전구에서는 20%였던 것이 10%로 줄었다. 이러한 결과에 대해 유의 수준을 0.05로 하여 통계적 가설 검정을 수행하기로 하고 실험 결과가 우연히 이렇게 일어날 수 있는 확률을 구해 보았더니 0.03이었다.

① '㉮ 원료로 만든 필라멘트'는 대조 집단, '㉯ 원료로 만든 필라멘트'는 실험 집단이겠군.
② 실험 집단과 대조 집단의 불량률을 각각 P1, P2라 할 때, 귀무가설은 'H0: P1=P2'로 세웠겠군.
③ 대립가설은 '㉮원료로 만든 필라멘트'와 '㉯원료로 만든 필라멘트'의 불량률 차이가 우연에 의해 일어난 것이 아니라는 것이겠군.
④ 95%의 확신을 가지고 귀무가설을 기각하고 대립가설을 채택했겠군.
⑤ 유의 수준을 0.01로 낮추면 보다 엄격한 기준으로 대립가설을 채택할 수 있겠군.

문 20

[A]에서 〈보기〉의 '눈가림법'과 관련 깊은 것은?

> **보기**
>
> 임상 시험은 특정 처치에 의해 기대되는 결과를 객관적으로 관측하는 것이다. 이때 평가 항목이 임상 증상의 완화 또는 호전 정도나 삶의 질 개선 등 주관적인 요소가 강한 것일 때, 연구 대상자나 치료 효과 평가자가 치료 내용을 알게 되면 치료 효과 판정에 정보 비뚤림을 유발할 수 있다. 이러한 비뚤림 때문에 결과의 신뢰성이 낮아지는 것을 막기 위해 사용하는 것이 '눈가림법'이다.

① 240명의 지원자를 임의로 두 집단으로 나눈다.
② 실험 대상자는 두 집단 모두 비타민C를 먹고 있다고 생각하게 해야 한다.
③ 연령, 직업, 흡연 습관 등이 비슷한, 같은 수의 두 집단을 형성한다.
④ 실험 집단과 대조 집단의 감염률을 파악하여 비교한다.
⑤ 실험 결과가 우연에 의해 일어날 가능성을 따져 본다.

15

21 ~ 22

다음 〈표〉는 2003 ~ 2009년 주요 국가의 연도별 이산화탄소 배출량을 나타낸 자료

〈표 1〉 한국의 연도별 배출원별 이산화탄소 배출량

국가 \ 연도		2012	2013	2014	2015	2016	2017	2018
이산화탄소 배출량 (십만 TC)		2,023	2,236	2,652	2,819	2,944	3,365	3,513
	원자력	9	9	11	13	12	11	12
	석유	689	803	934	970	1,008	1,153	1,146
	석탄	860	968	1,096	1,129	1,170	1,341	1,309
	LNG	460	440	527	571	599	686	744
	수력	5	16	84	136	155	174	302
연료연소로 인한 배출량 (100만톤)		76.5	63.3	70.4	52.9	49.3	34.7	36.0
GDP 단위당 배출량(kg)		0.694	0.580	0.660	0.479	0.490	0.363	0.368

〈표 2〉 주요 국가의 연도별 이산화탄소 배출량

(단위 : 백만TC)

국가 \ 연도	2012	2013	2014	2015	2016	2017	2018
중국	2,118	2,914	2,983	5,057	6,113	6,573	7,102
미국	4,745	5,034	5,624	5,711	5,765	5,556	5,299
인도	621	820	1,023	1,217	1,433	1,502	1,705
러시아	2,315	1,708	1,644	1,658	1,739	1,746	1,727
일본	1,015	1,103	1,144	1,184	1,220	1,122	1,091
독일	1,005	925	886	872	869	869	834
이란	173	247	314	427	508	528	554
캐나다	468	503	574	602	617	597	580
한국	202	224	265	282	294	337	351
영국	575	543	553	563	557	545	510
전세계	13,279	14,174	15,202	17,779	19,338	19,563	19,958

※ 1) 주요 국가는 2009년 이산화탄소 배출량 상위 10개국을 의미함.
2) TC(탄소톤)는 이산화탄소 배출량 측정단위임.

문 21

위의 〈표 1〉에 대한 설명으로 옳지 않은 것은?

① 2018년 연료연소로 인한 배출량은 2012년에 비해 절반 이하로 줄어들었다.

② 한국의 이산화탄소 배출원 중 석탄의 비중이 매년 가장 크다.

③ 2012 ~ 2018년 동안 이산화탄소 배출량은 지속적으로 증가하고 있고, 2018년 이산화탄소 배출량은 2012년 대비 1.5배 이상이다.

④ 2017년 GDP 단위당 이산화탄소 배출량이 전년대비 감소한 것은 이산화탄소 배출량의 증가률보다 GDP 증가율이 더 컸기 때문이다.

⑤ 2016년 이산화탄소 배출량 중 석유를 제외한 나머지 배출원의 비중의 합은 이산화탄소 배출량의 60% 이하이다.

문 22

위의 〈표 1〉 및 〈표 2〉의 이산화탄소 배출량에 대한 설명으로 옳은 것은?

① 2015년 이후 10개국 중 이산화탄소 배출량이 지속적으로 증가하고 있는 국가는 중국, 인도, 이란 밖에 없다.

② 2012년에 비해 2018년 이산화탄소 배출량의 변화량이 가장 작은 국가는 일본이다.

③ 2017년 이산화탄소 배출량의 전년대비 증가율이 가장 큰 국가는 중국이다.

④ 2018년 이산화탄소 배출량이 전년보다 가장 크게 증가한 국가는 중국이며, 이산화탄소 배출량 또한 중국이 가장 많다.

⑤ 〈표2〉에 나오는 10개국의 2014년 이산화탄소 배출량 평균은 같은 년도 한국의 이산화탄소 배출량의 5배 이하이다.

23 ~ 24

다음 자료를 참고하여 아래 질문에 답하시오.

〈표 1〉 한국의 비정규직 근로자 현황

(단위: 천 명)

구분	2014년	2015년	2016년	2017년	2018년
남자	4,514	4,596	4,590	4,561	4,595
여자	1,609	1,712	1,891	2,017	2,019

〈표 2〉 주요국 비정규직 근로자 중 여성 비정규직 근로자 비율

(단위: %)

국가별	2012년	2013년	2014년	2015년	2016년	2017년	2018년
일본	34.8	34.5	36.2	37.2	36.9	37.1	36.7
캐나다	27.0	26.7	26.7	27.0	26.4	26.4	26.2
크로아티아	8.9	6.7	5.7	6.3	7.0	6.0	4.7
프랑스	22.3	22.6	22.5	22.5	22.3	22.0	22.2
독일	38.3	38.0	38.1	37.5	37.4	36.9	36.8
이탈리아	31.2	32.2	32.8	32.9	32.8	32.6	32.4
네덜란드	60.6	60.9	61.1	60.6	60.7	59.8	58.7
포르투갈	14.5	14.9	14.1	12.9	12.6	11.5	11.0
루마니아	5.4	5.6	5.8	5.3	5.5	4.6	5.0
스웨덴	19.0	18.6	18.4	18.3	18.0	17.8	17.5

문 23

2014 ~ 2018년 동안 한국의 비정규직 근로자 중 여성 비정규직 근로자 비율이 가장 높은 해는?

① 2014년　② 2015년　③ 2016년
④ 2017년　⑤ 2018년

문 24

위의 〈표 1〉 및 〈표 2〉에 대한 설명으로 옳은 것은?

① 〈표2〉의 주요 10개국 중 루마니아를 제외한 모든 국가는 비정규직 근로자 중 여성 비정규직 근로자 비율이 매년 10% 이상이다.
② 2014 ~ 2018년 동안 한국의 비정규직 근로자 중 여자는 지속적으로 증가하지만, 남자는 지속적으로 감소한다.
③ 2012년 대비 2018년 비정규직 근로자 중 여성 비정규직 근로자 비율이 가장 많이 감소한 국가는 크로아티아이다.
④ 2012년 대비 2018년 비정규직 근로자 중 여성 비정규직 근로자 비율이 가장 많이 증가한 나라는 이탈리아이다.
⑤ 〈표2〉의 주요 10개국 중 비정규직 근로자 중 여성 비정규직 근로자 비율은 독일이 매년 두 번째로 높다.

15

25~26

다음 〈표〉 및 〈그림〉을 보고 질문에 답하시오.

〈표〉 2018년 주요국가의 국가별 ICT산업 생산액

(단위 : 십억US$)

구 분	중국	미국	영국	일본	러시아	한국	프랑스
생산액	3,201	1,023	510	254	226	207	186

※ ICT산업의 세계 총 생산액은 8,543십억US$ 이다.

〈그림 1〉 국내 ICT산업 연도별 생산액 및 재고액

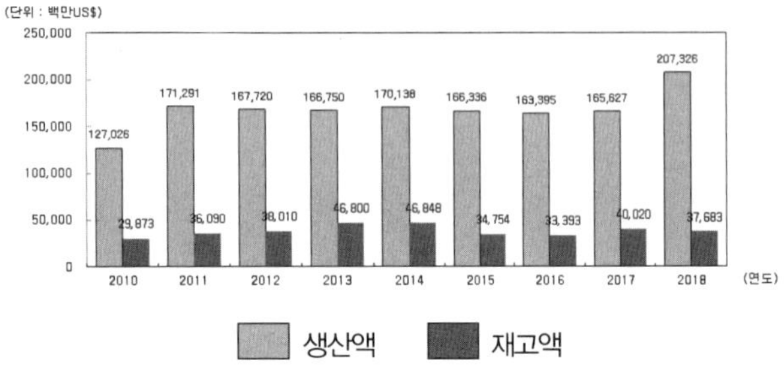

〈그림 2〉 국내 ICT산업 연도별 수출액 및 수입액

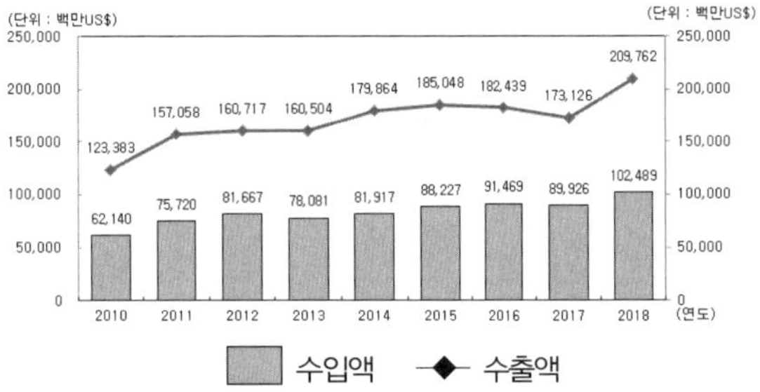

※ 무역수지 = 수출액 - 수입액

문 25

위의 〈표〉와 〈그림〉에 근거한 〈보기〉의 설명 중 옳은 것만을 모두 고르면?

보기

ㄱ. 국내 ICT산업의 재고액이 가장 높았던 해에 생산액은 전년대비 30억 US$ 이상 증가하였다.

ㄴ. 2018년 중국은 세계 ICT산업 생산액의 40%이상의 ICT산업 생산액을 기록했다.

ㄷ. 2010~2018년 동안 국내 ICT산업의 무역수지는 항상 흑자였고, 흑자폭이 가장 컸던 해는 2018년이다.

① ㄱ　② ㄴ　③ ㄱ, ㄷ
④ ㄴ, ㄷ　⑤ ㄱ, ㄴ, ㄷ

문 26

2018년 ICT산업 생산액의 전년대비 증가율이 한국과 영국이 같다면, 영국의 2017년도 ICT산업 생산액은 얼마인가?

① 4074억 US$
② 4198억 US$
③ 4308억 US$
④ 4425억 US$
⑤ 4535억 US$

문 27

제시된 자료에 대한 내용으로 옳지 않은 것은?

〈표〉 2018년 산업별 수익현황

(단위: 백억, %, 명)

구분	매출액	영업이익	이익률	회사수	회사당 매출액
6개 산업 평균	6,968	445	6.4%	48	144
음식료품	3,186	126	4.0%	34	94
화학	12,633	1,146	9.1%	87	145
기계	1,975	109	5.5%	39	51
운수장비	15,681	432	2.8%	53	296
통신업	4,209	349	8.3%	4	1,052
서비스업	4,121	511	12.4%	73	56

* 영업이익률 = $\frac{영업이익}{매출액}$

* 회사당 매출액= $\frac{매출액}{회사수}$

① 회사수가 가장 많은 산업이 영업이익도 가장 많다.
② 회사당 매출액이 가장 큰 산업은 통신업이다.
③ 6개 산업의 영업이익 평균에 미치지 못한 산업은 4개이다.
④ 회사당 영업이익은 기계가 음식료품보다 더 많다.
⑤ 운수장비와 기계의 매출액의 합은 화학과 통신업의 매출액의 합보다 많다.

문 28

다음은 청년들의 주택 점유형태를 나타내는 자료이다. 자료에 대한 이해로 옳은 것은?

〈표〉 근로자 1인당 월 평균소득 및 근로현황

(단위: 천원, %)

항목	2013	2014	2015	2016	2017	2018
월 평균소득	2,412	2,568	2,621	2,618	2,754	2,923
월 평균 근로일수 (일)	22.1	21.8	21.3	21.3	21.2	21.3
주당 평균 근로시간 (h)	49.1	48.5	46.9	46.6	46.6	46.7

① 2018년 1인당 월 평균소득은 2013년 1인당 월 평균소득의 1.2배 이상이다.
② 2013 ~ 2018년 동안 1인당 월 평균소득은 꾸준히 증가하였다.
③ 2013 ~ 2018년 동안 1인당 월 평균 근로일수와 1인당 주당 평균 근로시간의 증감방향은 일치한다.
④ 2013 ~ 2018년 동안 전년대비 1인당 주당 평균 근로시간이 감소한 해에는 1인당 월 평균소득은 증가했다.
⑤ 2014년 이후 1인당 주당 평균 근로시간은 48시간 이하이다.

29 ~ 30

다음 〈표〉는 국내 인구이동에 관한 자료이다. 표를 보고 물음에 답하시오.

〈표 1〉 국내 인구이동건수 및 인구이동률

(단위 : 천 건, %)

구분		2,013	2,014	2,015	2,016	2,017	2,018
이동건수		9,009	9,313	9,521	9,272	9,216	9,456
	시도간 이동건수	1,733	1,807	1,845	1,852	1,892	1,931
	시도내 이동건수	7,275	7,506	7,675	7,419	7,247	7,524
국내 인구 이동률		18.4%	19.6%	16.8%	20.2%	18%	17.6%

〈표 2〉 지역별 국내 순 이동건수

(단위 :)

구분	2,013	2,014	2,015	2,016	2,017	2,018
수도권	15,163	6,566	526	23,667	31,918	64,484
대구 경북	-12,533	-14,825	-13,110	-14,438	-16,736	-20,135
부산 경남	-14,774	-11,306	-11,352	-17,868	-22,136	-29,392
광주 전라	-10,988	-10,366	-12,485	-17,916	-18,369	-25,294
대전 충청	14,737	20,395	23,273	22,017	23,288	18,930
기타	8,395	9,536	13,148	4,538	2,035	-8,593

※ 1) 국내 인구이동률 = $\frac{\text{국내 이동건수}}{\text{국내 전체인구}}$

2) 순이동 = 전입 - 전출

문 29

위 〈표〉에 관해 옳지 않은 분석을 고르시오.

① 2013 ~ 2018년 동안 국내 시도간 인구이동건수는 꾸준히 증가하고 있다.

② 2013 ~ 2018년 동안 국내 인구이동률은 2016년에 가장 높다.

③ 수도권의 순이동건수가 가장 많은 년도는 2018년이다.

④ 2018년 국내 이동건수는 약 946만 건으로 전년대비 약 2.6% 증가하였다.

⑤ 2013 ~ 2018년 동안 수도권 지역과 대전 · 충청지역은 모두 전출건수가 전입건수보다 많다.

문 30

2017년 국내 전체인구는 몇 명인가?

① 51,200,000

② 51,230,000

③ 51,340,000

④ 51,205,000

⑤ 51,220,000

31 ~ 32

다음 〈표〉 및 〈그림〉를 보고 질문에 답하시오.

〈표〉 1인가구의 가구당 월평균 소비지출 비중

(단위: %)

구분	2017년 상반기	2017년 하반기	2018년 상반기	2018년 하반기	2019년 상반기
식료품	26.9	30.4	26.4	27.2	28.1
주거	8.0	7.9	7.9	8.1	8.0
광열수도	9.6	6.0	7.9	8.0	7.4
가구가사	3.5	3.1	3.0	2.6	2.5
의류신발	4.4	5.1	4.0	4.5	4.7
보건의료	6.8	6.4	7.0	6.7	6.9
교육	1.7	0.3	1.1	1.2	1.4
교양오락	4.8	4.9	4.6	5.1	4.8
교통통신	14.6	15.7	16.2	16.9	17.5
기타소비지출	19.7	20.2	21.9	19.7	18.7

〈그림〉 1인가구의 가구당 월평균 소비지출액

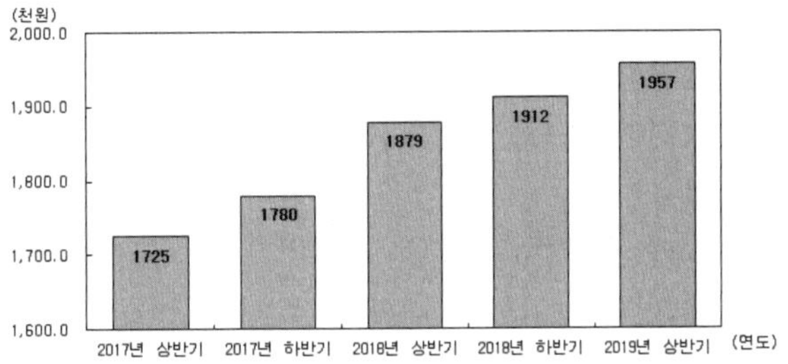

* 1인가구의 가구당 월평균 소비지출액 = 1인 가구의 월평균 소비지출 총액 ÷ 1인가구수

문 31

위 〈표〉에 대한 설명 중 옳지 않은 것은?

① 1인가구의 월평균 소비지출에서 가구가사 부분이 차지하는 비중과 지출액은 매 조사시기마다 줄어들고 있다.

② 2018년 상반기 1인가구는 식료품비용으로 약 298만원을 지출하였다.

③ 조사기간 중 1인가구의 가구당 월평균 소비지출 비중이 지속적으로 증가한 부문은 교통통신 뿐이다.

④ 1인가구의 월평균 소비지출액은 매 조사시기마다 꾸준히 증가하였고, 2018년 상반기 1인가구의 월평균 소비지출액은 전년 동기대비 15만 원 이상 증가하였다.

⑤ 2017년 하반기와 2018년 상반기 1인가구의 주거 부분이 차지하는 소비지출 비중은 동일하나, 월평균 소비지출액은 7,000원 이상 차이가 난다.

문 32

K와 친구 2명은 각각 1인가구로 살고 있고 〈표〉의 1인가구의 소비지출 기준과 같은 소비를 하고 있다. 위 3명의 2019년 상반기 주거비용 지출액은 얼마인가?

① 2,518,448원 ② 2,718,460원 ③ 2,718,130원
④ 2,818,080원 ⑤ 2,843,090원

33～34

다음은 건축물 현황에 대한 자료이다. 이를 보고 질문에 답하시오.

〈표〉 2017년 주류별·지역별 주세신고액 현황

(단위 : 백만원)

구분 지역	합계	탁주	약주	청주	맥주	과실주	소주	기타
전국 합계	2,668,527	387,056	233,779	158,766	781,449	109,728	725,856	271,893
서울	725,735	110,293	63,063	42,828	210,801	29,600	195,805	73,345
인천	88,282	12,954	7,719	5,242	25,801	3,623	23,966	8,977
경기	254,424	32,319	22,759	15,456	76,075	10,682	70,663	26,469
강원	246,492	30,404	22,142	15,037	74,015	10,393	68,749	25,752
대전	20,147	2,598	1,798	1,221	6,011	844	5,583	2,091
충북	190,160	28,392	15,551	20,561	51,983	7,299	48,285	18,087
충남	65,403	9,566	5,838	3,877	19,081	2,679	17,723	6,639
세종	2,047	343	58	128	628	88	583	218
광주	78,565	9,352	7,092	4,817	23,707	3,329	22,020	8,248
전북	75,174	9,843	6,694	4,546	22,377	3,142	20,785	7,786
전남	112,596	13,218	10,183	6,916	34,039	4,780	31,617	11,843
대구	218,267	29,486	19,344	13,137	64,661	9,079	60,061	22,498
경북	101,959	18,660	8,536	5,797	28,532	4,006	26,502	9,927
부산	221,137	35,847	18,986	12,894	63,465	8,912	58,950	22,082
울산	97,504	12,294	8,731	5,930	29,186	4,098	27,110	10,155
경남	75,770	9,346	6,806	4,622	22,752	3,195	21,133	7,916
제주	94,864	12,141	8,477	5,757	28,334	3,979	26,319	9,858

문 33

2017년 전국 주세신고액 중 수도권(서울, 경기, 인천) 주세신고액의 비중은 얼마인가?

① 36.9%　② 37.8%　③ 39.0%　④ 40.0%　⑤ 41.1%

문 34

위 〈표〉에 대한 설명 중 옳은 것을 고르시오.

① 6대 광역시(인천, 대전, 광주, 대구, 부산, 울산) 소주 주세신고액의 합은 전국 소주 주세신고액의 30% 이상을 차지한다.

② 전국에서 주세신고액이 가장 많은 지역은 곳은 서울이고, 그 다음으로는 경기, 부산, 강원, 대구 순이다.

③ 주류별 주세신고액 현황을 보면, 전체 주세신고액 대비 청주 주세신고액 비중이 전국에서 가장 높은 지역은 충북이다.

④ 주류별 주세신고액 현황을 보면, 전체 주세신고액 대비 약주 주세신고액 비중이 전국에서 가장 낮은 지역은 전남이다.

⑤ 주류별 주세신고액 현황을 보면, 경북권(대구, 경북)의 맥주 주세신고액은 900억 원 이상으로 전남권(광주, 전남)의 맥주 주세신고액의 1.5배 이하이다.

35～36

다음 〈표〉 및 〈그림〉을 보고 질문에 답하시오.

〈표〉 2018년도 화재발생 인명피해 현황

(단위: 명)

구분	1월	2월	3월	4월	5월	6월	7월	8월	9월	10월	11월	12월
사망	74	54	33	43	35	31	33	20	( )	28	29	41
부상	177	131	170	187	139	130	135	114	( )	135	118	152
합계	251	185	203	230	174	161	168	134	( )	163	147	193

〈그림〉 2018년도 월별 화재발생 현황

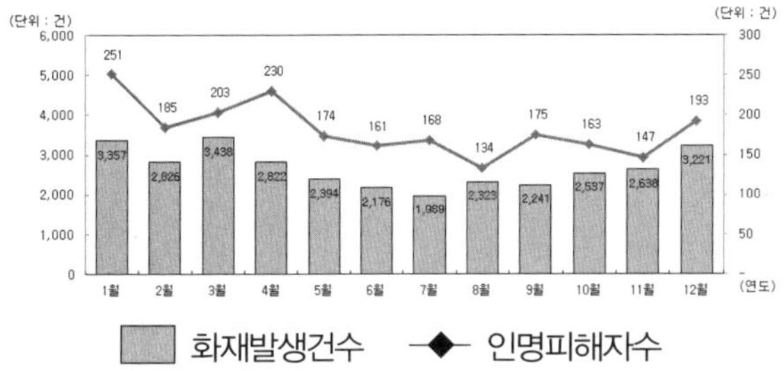

문 35

2018년 9월 화재발생으로 인한 사망자 수는 전월대비 25% 증가했고, 10월 화재발생으로 인한 부상자 수는 전월대비 10% 감소하였다. 2018년 9월 화재발생으로 인한 인명피해자수는 얼마인가?

① 175명　② 178명　③ 182명
④ 185명　⑤ 190명

문 36

다음 자료에 대한 설명으로 옳지 않은 것은?

① 2018년 중 화재발생으로 인한 부상자 수는 매월 전체 인명피해자수의 66% 이상이다.
② 2018년 중 인명피해자수가 전월대비 가장 크게 감소한 달은 2월이다.
③ 2018년 중 화재발생 건수의 전월대비 증감폭은 매월 700건 이하이다.
④ 2018년 2월 화재발생으로 인한 부상자 수는 전월 대비 25% 이상 감소하였다.
⑤ 2018년 중 전월 대비 화재발생건수 증감률이 가장 큰 달은 4월이다.

15

37 ~ 38

아래의 〈표〉 및 〈그림〉을 보고 다음 질문에 답하시오.

〈표 1〉 2018년 A·B지역 대학 졸업생 취업현황

(단위: 명)

구 분		총 졸업자	총 취업자	취업현황				
				비임금근로자	자영업자	상용근로자	임시근로자	일용근로자
4년제 대학	A 지역	4,903	3,145	653	546	1,334	470	142
	B 지역	7,910	5,301	1,101	921	2,249	792	238
합 계		12,813	8,446	1,754	1,467	3,583	1,262	380

〈표 2〉 연도별 대학 졸업생 취업현황

구 분		2016	2017	2018
남자	졸업자(천명)	15,100	15,271	17,575
	취업자(천명)	13,193	13,330	13,444
	실업자(천명)	534	553	533
	실업률(%)	3.9	( )	3.8
여자	졸업자(천명)	12,597	12,818	12,990
	취업자(천명)	9,364	9,526	9,706
	실업자(천명)	326	334	294
	실업률(%)	3.4	( )	2.9

※ 1) 취업률(%) = $\frac{\text{취업자}}{\text{졸업자}} \times 100$

2) 실업률(%) = $\frac{\text{실업자}}{\text{졸업자}} \times 100$

〈그림〉 대학졸업생 취업률 추이

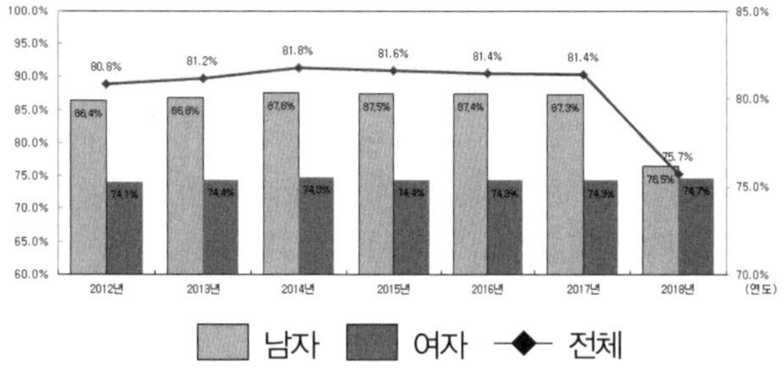

문 37

다음 중 자료에 대한 해석으로 옳은 것은?

① 2012년 ~ 2018년 중 취업자 수가 가장 많은 해는 2014년이다.

② 2012년 이후 남자와 여자의 대학졸업생 취업률 차이가 지속적으로 줄어들고 있다.

③ 2017년 대학 졸업자 중 남자의 실업률이 여자의 실업률보다 더 높았다.

④ 2018년 B지역의 4년제 대학을 졸업한 취업자 중 상용근로자의 비율은 40% 이하이다.

⑤ 2018년 A · B지역의 4년제 대학을 졸업한 취업자 중 일용근로자의 비율은 5% 이상이다.

문 38

2013년 남자 대학졸업생 수가 13600명이었다면 여자 대학졸업생 수는 약 몇 명인가?

① 10,600명　② 11,200명　③ 11,600명

④ 12,000명　⑤ 12,400명

39 ~ 40

다음 〈표〉를 보고 질문에 답하시오.

〈표 1〉 한국의 폐기물종류별 일평균 발생량

(단위: 톤/일)

구분	2014	2015	2016	2017	2018
생활폐기물	48,398	49,159	48,934	48,920	53,490
사업장배출시설계폐기물	112,419	137,875	137,861	146,390	164,874
건설폐기물	134,906	178,120	186,417	186,355	196,262
지정폐기물	8,634	9,488	10,021	12,557	14,905
합계	304,357	374,642	383,333	394,496	429,531

〈표 2〉 OECD 주요국의 1인당 생활폐기물 발생량

(단위: kg)

구분	2014	2015	2016	2017	2018
폴란드	295	270	284	305	314
체코	305	308	315	336	343
일본	350	346	344	345	338
한국	353	359	367	383	380
터키	408	405	400	425	423
스페인	454	448	456	465	464
핀란드	493	482	500	503	509
이탈리아	496	498	496	507	498
영국	478	479	481	482	467
그리스	467	472	470	480	485
프랑스	519	518	517	515	514
네덜란드	525	527	523	524	516
오스트리아	572	560	557	566	574
독일	610	627	632	636	637
미국	733	738	744	744	744

문 39

위 〈표〉에 제시된 자료에 대한 설명으로 옳지 않은 것은?

① 2014 ~ 2018년 동안 한국의 생활폐기물 일평균 발생량은 매년 지정폐기물 일평균 발생량의 4배 이상이다.
② 2014 ~ 2018년 동안 한국의 폐기물종류별 일평균 발생량이 지속적으로 증가하고 있는 폐기물의 종류는 지정폐기물 뿐이다.
③ 2017년에 OECD 주요국 중 1인당 생활폐기물 발생량이 전년보다 감소한 나라는 프랑스가 유일하다.
④ 2014 ~ 2018년 동안 OECD 주요국 중 1인당 생활폐기물 발생량이 매년 가장 적은 나라는 폴란드이다.
⑤ 2017년 OECD 주요국 중 1인당 생활폐기물 발생량의 전년대비 증가율이 가장 높은 나라는 폴란드이다.

문 40

아래의 수치는 소수점 둘째 자리에서 반올림 하였다. OECD 주요국의 1인당 생활폐기물 발생량에 대한 그래프 중 옳지 않은 것을 고르시오

① 폴란드 전년대비 증가율

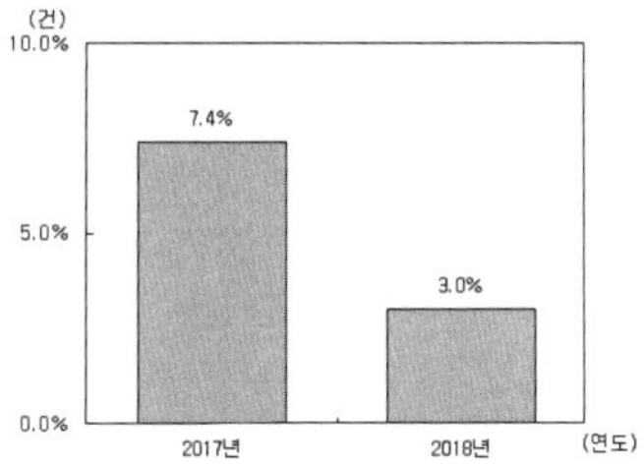

② 체코 전년대비 증가량

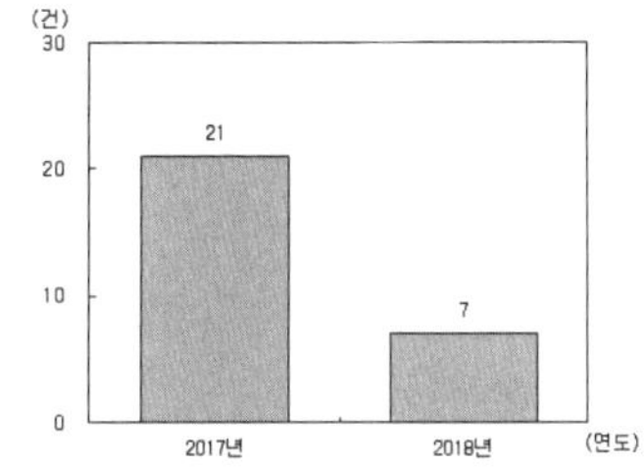

③ 독일 전년대비 증가율

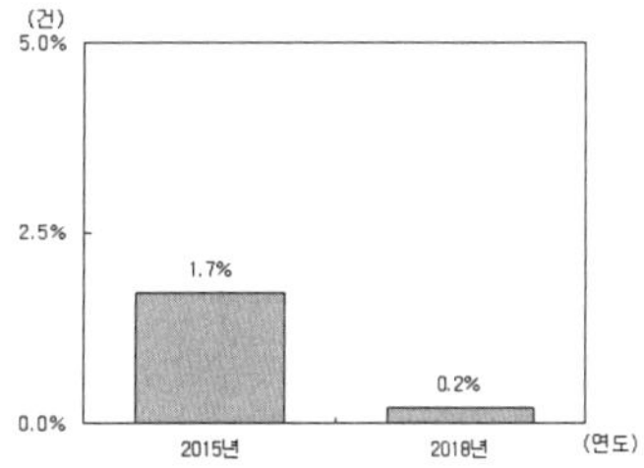

④ 미국 전년대비 증가량

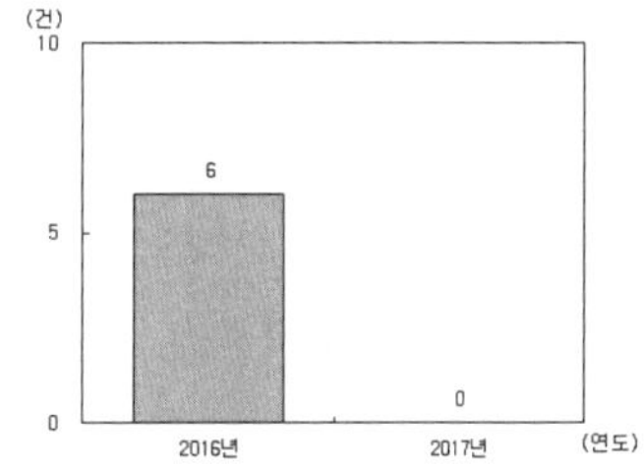

⑤ 이탈리아 전년대비 증가량

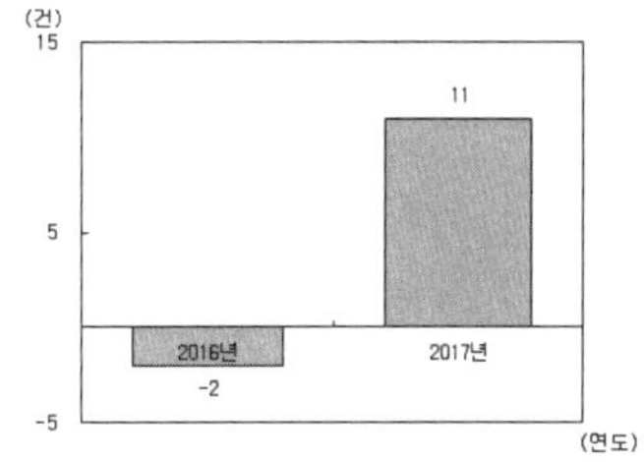

문제해결능력

문 41

다음 글을 근거로 판단할 때 채혈 금지 대상자가 아닌 사람은?

△△법은 혈액관리업무에 관하여 필요한 사항을 규정하여 수혈자와 헌혈자를 보호하고 혈액관리를 적절하게 하기 위해 제정되었다. 혈액관리업무를 수행하기 위해서는 동 법에 기초하여 일정한 자격을 갖춘 자가 보건복지부장관의 허가를 받아 혈액원을 개설하여야 한다. 단, 다음 열거한 요인들 중 하나에 해당하는 사람으로부터 채혈을 해서는 안 된다.

ㅇ 건강진단 관련 요인
- 체중이 남자는 50kg 미만, 여자는 45kg 미만인 자
- 체온이 37.5℃ 이상인 자
- 수축기혈압이 90mmHg 미만 또는 180mmHg 이상인 자
- 이완기혈압이 100mmHg 이상인 자
- 맥박이 1분에 50회 미만 또는 100회 초과인 자

ㅇ 질병 관련 요인
- 말라리아 병력자로 치료종료 후 3년이 경과하지 아니한 자
- 브루셀라증 병력자로 치료종료 후 2년이 경과하지 아니한 자
- 매독 병력자로 치료종료 후 1년이 경과하지 아니한 자
- 급성 B형간염 병력자로 완치 후 6개월이 경과하지 아니한 자

ㅇ 진료 및 처치 관련 요인
- 임신 중인 자, 분만 또는 유산 후 6개월 이내인 자
- 수혈 후 1년이 경과하지 아니한 자
- 과거 경막 또는 각막을 이식 받은 경험이 있는 자

※ 여기서 제시하지 않은 기준은 판단 시 고려하지 않음
※ 경막: 뇌와 척수를 둘러싸고 있는 3겹의 막 중 가장 바깥쪽의 막
※ 수축기혈압: 심장이 수축할 때 혈관에 가해지는 압력
※ 이완기혈압: 심장이 이완할 때 혈관에 가해지는 압력

① 3개월 전 태아를 유산한 여성 A
② 각막을 이식 받은 경험이 있는 남성 B
③ 검진 결과 몸무게가 50kg이고 체온이 37℃로 측정된 여성 C
④ 검진 결과 이완기 혈압이 90mmHg, 수축기 혈압이 180mmHg인 남성 D
⑤ 1년 전 필리핀에 출장을 갔다가 말라리아에 감염되어 치료받고 건강을 회복한 남성 E

문 42

다음의 글을 근거로 판단할 때 〈보기〉에서 옳게 추론한 사람만을 모두 고르면?

세계스카우트잼버리는 전 세계 169개국에서 5만 명 이상이 참여하여 국제 이해와 우애를 다지는 세계 청소년 야영대회이다. 세계스카우트잼버리는 올림픽과 같이 매4년마다 개최국을 결정하며, 대회 유치 국가는 매3년마다 개최되는 세계스카우트총회에서 스카우트 회원국(1개국당 6표 투표)의 투표로 선정된다. 우리나라는 2017년 8월 16일 세계스카우트총회에서 제25회 새만금 세계스카우트잼버리를 최종 유치하게 되었다.

〈세계스카우트잼버리 역대 개최 현황〉

구분	개최 기간	개최 장소	주제
1회	1920. 07.	영국 런던	Develop World Peace
2회	1924. 08.	덴마크 코펜하겐	World Citizenship
3회	1929. 07.	영국 버킨헤드	Coming of Age
4회	1933. 08.	헝가리 고돌로	Face New Adventures
5회	1937. 07.	네덜란드 보겔란쟁	Lead Happy Lives
6회	1947. 08.	프랑스 무와송	Jamboree of Peace
7회	1951. 08.	오스트리아 배드이쉴	Jamboree of Simplicity
8회	1955. 08.	캐나다 나이아가라	New Horizons
9회	1957. 08.	영국 서튼파크	50th Anniversary of Scouting
10회	1959. 07.	필리핀 마킬링	Building Tomorrow Today
11회	1963. 07.	그리스 마라톤	Higher and Wider
12회	1967. 08.	미국 아이다호	For Friendship
13회	1971. 08.	일본 아사기리	For Understanding
14회	1975. 07.	노르웨이 릴레함메르	Five Fingers, One Hand
15회	1983. 07.	캐나다 알버타	The Spirit Lives On
16회	1987. 12.	호주 사우스웨일즈	Bringing the World Together
17회	1991. 08.	대한민국 고성	Many Lands, One World
18회	1995. 08.	네덜란드 홀랜드	Future is Now
19회	1998. 12.	칠레 피카킨	Building Peace Together
20회	2002. 12.	태국 사타힙	Share Our World, Share Our Culture
21회	2007. 07.	영국 챔스포드	One World, One Promise
22회	2011. 07.	스웨덴 스톡홀름	Simply Scouting
23회	2015. 07.	일본 야마구치	和: a spirit of unity
24회	2019. 07.	미국 버지니아	Unlock a New World
25회	2023. 08.	대한민국 군산	Draw Your Dream

| 보기 |

수영 : 우리나라는 2023 세계스카우트잼버리 유치로 인해 세계스카우트잼버리를 2회 이상 개최하는 여섯 번째 국가가 되었군요.

예림 : 일본은 세계스카우트잼버리를 아시아에서 최초로 개최한 국가이군요.

슬기 : 1950년 이후 첫 번째 세계스카우트잼버리는 오스트리아에서 열렸네요.

주현 : 세계스카우트잼버리는 7월과 8월에만 열리는 만큼 무더위 방지 대책에 각별한 신경을 써야 할 것 같아요.

① 수영, 예림 ② 수영, 슬기 ③ 수영, 주현
④ 슬기, 주현 ⑤ 슬기, 예림

문 43

다음 글을 근거로 판단할 때 갑의 음용 순서로 가능한 것은?

맥주의 색, 거품, 맛, 향의 유형은 아래 표와 같다.

판단 요소	내용	특이 사항
색	짙은 색, 옅은 색	-
거품	많음, 적음	-
맛	쓴 맛, 신 맛, 단 맛	쓴 맛은 여운이 강하기 때문에 쓴 맛의 맥주를 마시고 바로 다음에 마시는 첫 번째 맥주는 쓴 맛으로 인식됨(쓴 맛의 여운은 두 번째 이후로는 미치지 않음)
향	과일 향, 캐러멜 향	캐러멜 향은 여운이 강하기 때문에 캐러멜 향의 맥주를 마시고 바로 다음에 마시는 첫 번째 맥주는 캐러멜 향으로 인식됨(캐러멜 향의 여운은 두 번째 이후로는 미치지 않음)

갑은 음용 순서는 밝히지 않고 A～E 다섯 가지 제품의 맥주를 마시며 색, 거품, 맛, 향을 아래와 같이 기록했다.

A : 짙은 색, 거품 많음, 신 맛, 과일 향
B : 짙은 색, 거품 많음, 쓴 맛, 캐러멜 향
C : 옅은 색, 거품 적음, 쓴 맛, 캐러멜 향
D : 옅은 색, 거품 적음, 신 맛, 과일 향
E : 옅은 색, 거품 많음, 단 맛, 캐러멜 향

① A–B–D–C–E
② B–A–C–D–E
③ C–B–A–E–D
④ D–B–E–A–C
⑤ E–C–B–D–A

15

문 44

○○시의 〈버스정류소 명칭 관리 및 운영계획〉을 근거로 판단할 때 옳은 것은? (단, 모든 정류소는 ○○시 내에 있다.)

〈버스정류소 명칭 관리 및 운영계획〉

□ 정류소 명칭 부여기준
- 글자 수 : 15자 이내로 제한
- 명칭 수 : 2개 이내로 제한－정류소 명칭은 지역대표성 명칭을 우선으로 부여－2개를 병기할 경우 우선순위대로 하되, ·으로 구분

우선순위	지역대표성 명칭			특정법인(개인) 명칭	
	1	2	3	4	5
명칭	고유지명	공공기관, 공공시설	관광지	시장, 아파트, 상가, 빌딩	기타 (회사, 상점 등)

□ 정류소 명칭 변경 절차
- 자치구에서 명칭 부여기준에 맞게 홀수달 1일에 신청－홀수 달 1일에 하지 않은 신청은 그 다음 홀수 달 1일 신청으로 간주
- 부여기준에 적합한지를 판단하여 시장이 승인 여부를 결정
- 관련기관은 정류소 명칭 변경에 따른 정비를 수행
- 관련기관은 정비결과를 시장에게 보고

명칭 변경 신청 (자치구)	→	명칭 변경 승인 (시장)	→	명칭 변경에 따른 정비 (관련기관)	→	정비결과 보고 (관련기관)
홀수달 1일 신청		신청일로부터 5일 이내		승인일로부터 7일 이내		정비완료일로부터 3일 이내

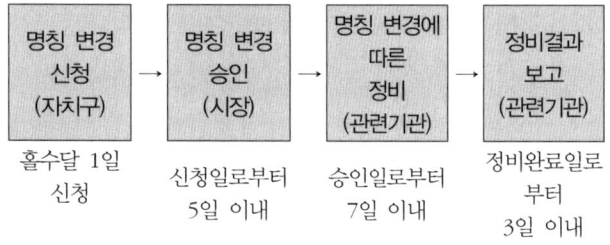

※ 단, 주말 및 공휴일도 일수(日數)에 산입하며, 당일(신청일, 승인일, 정비완료일)은 일수에 산입하지 않는다.

① 자치구가 7월 2일에 정류소 명칭 변경을 신청한 경우, ○○시의 시장은 늦어도 7월 7일까지는 승인 여부를 결정해야 한다.

② 자치구가 8월 16일에 신청한 정류소 명칭 변경이 승인될 경우, 늦어도 9월 16일까지는 정비결과가 시장에게 보고된다.

③ '가나시영3단지'라는 정류소 명칭을 '가나서점·가나3단지아파트'로 변경하는 것은 명칭 부여기준에 적합하다.

④ '다라중학교·다라동1차아파트'라는 정류소 명칭은 글자 수가 많아 명칭 부여기준에 적합하지 않다.

⑤ 명칭을 변경하는 정류소에 '마바구도서관·마바시장·마바물산'이라는 명칭이 부여될 수 있다.

문 45

다음 〈규칙〉을 근거로 판단할 때 〈보기〉에서 옳은 것만을 모두 고르면?

규칙

질병의 확산을 예측하는 데 유용한 수치 중 하나로 '기초 감염재생산지수(R0)'가 있다. 간단히 말해 이 수치는 질병에 대한 예방조치가 없을 때, 해당 질병에 감염된 사람 한 명이 비감염자 몇 명을 감염시킬 수 있는지를 나타낸다. 다만 이 수치는 질병의 전파 속도를 의미하지는 않는다. 예를 들어 R0가 4라고 하면 예방조치가 없을 때,한 사람의 감염자가 질병에서 회복하거나 질병으로 사망하기 전까지 그 질병을 평균적으로 4명의 비감염자에게 옮긴다는 뜻이다. 한편 또 하나의 질병 통계치인 치사율은 어떤 질병에 걸린 환자 중 그 질병으로 사망하는 환자의 비율을 나타내는 것으로 R0의 크기와 반드시 비례하지는 않는다.

예방조치가 없을 때, R0가 1보다 큰 질병은 전체 개체군으로 확산될 것이다. 이 수치는 때로 1보다 훨씬 클 수 있다.스페인독감은 3, 천연두는 6, 홍역은 무려 15였다. 전염성이강한 질병 중 하나로 꼽히는 말라리아의 R0는 100이 넘는다.

문제는 특정 전염병이 한 차례 어느 지역을 휩쓸고 지나간 후 관련 통계 자료를 수집·분석할 수 있는 시간이 더 흐르고 난 뒤에야, 그 질병의 R0에 대해 믿을 만한추정치가 나온다는 데 있다. 그렇기에 새로운 질병이 발생한 초기에는 얼마 되지 않는 자료를 바탕으로 추정을 할 수밖에 없다. R0와 마찬가지로 치사율도 확산 초기 단계에서는 정확하게 알 수 없다.

보기

다음 표는 甲국의 최근 20년간의 데이터를 토대로 A～F질병의 R0를 추정한 것이다.

질병	A	B	C	D	E	F
R0	100	15	6	3	2	0.5

① 예방조치가 없다면, 발병 시 가장 많은 사람이 사망하는 질병은 A일 것이다.

② 예방조치가 없다면, A～F질병 모두가 전 국민을 감염시킬 것이다.

③ 예방조치가 없다면, C질병이 전 국민을 감염시킬 때까지 걸리는 시간은 평균적으로 D질병의 절반일 것이다.

④ R0와 달리 치사율은 전염병의 확산 초기 단계에서도 정확하게 알 수 있다.

⑤ 예방조치가 없다면, 감염자 1명당 감염시킬 수 있는 사람 수의 평균은 B질병이 D질병의 5배일 것이다.

문 46

다음 글을 근거로 판단할 때, 〈보기〉에서 옳은 것만을 모두 고르면?

> ○ 3개의 과일상자가 있다.
> ○ 하나의 상자에는 사과만 담겨 있고, 다른 하나의 상자에는 배만 담겨 있으며, 나머지 하나의 상자에는 사과와 배가 섞여 담겨 있다.
> ○ 각 상자에는 '사과 상자', '배 상자', '사과와 배 상자'라는 이름표가 붙어 있다.
> ○ 이름표대로 내용물(과일)이 들어 있는 상자는 없다.
> ○ 상자 중 하나에서 한 개의 과일을 꺼내어 확인할 수 있다.

보기

> ㄱ. '사과와 배 상자'에서 과일 하나를 꺼내어 확인한 결과 사과라면, '사과 상자'에는 배만 들어 있다.
> ㄴ. '배 상자'에서 과일 하나를 꺼내어 확인한 결과 배라면, '사과 상자'에는 사과와 배가 들어 있다.
> ㄷ. '사과 상자'에서 과일 하나를 꺼내어 확인한 결과 배라면, '배 상자'에는 사과만 들어 있다.

① ㄱ
② ㄴ
③ ㄱ, ㄷ
④ ㄴ, ㄷ
⑤ ㄱ, ㄴ, ㄷ

47 ~ 48

다음 글을 보고 질문에 답하시오.

> 네 사람(A, B, C, D)은 각각 주식, 채권, 선물, 옵션 중 서로 다른 하나의 금융상품에 투자하고 있으며, 투자액과 수익률도 각각 다르다.
>
> ○ 네 사람 중 투자액이 가장 큰 50대 주부는 주식에 투자하였다.
> ○ 30대 회사원 C은 네 사람 중 가장 높은 수익률을 올려 아내와 여행을 다녀왔다.
> ○ A는 주식과 옵션에는 투자하지 않았다.
> ○ 40대 회사원 B는 옵션에 투자하지 않았다.
> ○ 60대 사업가는 채권에 투자하지 않았다.

문 47

위의 글을 근거로 판단할 때 옳은 것은?

① 채권 투자자는 A이다.
② 선물 투자자는 사업가이다.
③ 투자액이 가장 큰 사람은 B이다.
④ 회사원은 옵션에 투자하지 않았다.
⑤ 가장 높은 수익률을 올린 사람은 선물 투자자이다.

15

문 48

나이가 어릴수록 수익률이 높다고 한다면, A ~ D 중 수익률이 2번째로 높은 사람이 투자하는 방식은 무엇인가?

① 선물
② 채권
③ 옵션
④ 주식
⑤ 알 수 없다.

문 49

다음 글을 근거로 판단할 때, 비밀번호의 둘째 자리 숫자와 넷째 자리 숫자의 합은?

> A는 친구의 자전거를 빌려 타기로 했다. 친구의 자전거는 다이얼을 돌려 다섯 자리의 비밀번호를 맞춰야 열리는 자물쇠로 잠겨 있다. 각 다이얼은 0～9 중 하나가 표시된다. 자물쇠에 현재 표시된 숫자는 첫째 자리부터 순서대로 3-6-4-4-9이다. 친구는 비밀번호에 대해 다음과 같은 힌트를 주었다.
>
> ○ 비밀번호는 모두 다른 숫자로 구성되어 있다.
> ○ 자물쇠에 현재 표시된 모든 숫자는 비밀번호에 쓰이지 않는다.
> ○ 현재 짝수가 표시된 자리에는 홀수가, 현재 홀수가 표시된 자리에는 짝수가 온다. 단, 0은 짝수로 간주한다.
> ○ 비밀번호를 구성하는 숫자 중 가장 큰 숫자가 첫째 자리에 오고, 가장 작은 숫자가 다섯째 자리에 온다.
> ○ 비밀번호 둘째 자리 숫자는 현재 둘째 자리에 표시된 숫자보다 크다.
> ○ 서로 인접한 두 숫자의 차이는 5보다 작다.

① 7　② 8　③ 10
④ 12　⑤ 13

50～51

다음 글을 보고 질문에 답하시오.

> 〈생태계보전협력금 부과·징수 방법〉
> 1. 부과·징수 대상
>   • 자연환경 또는 생태계에 미치는 영향이 현저하거나 생물다양성의 감소를 초래하는 사업을 하는 사업자
> 2. 부과금액 산정 방식
>   • 생태계보전협력금＝생태계훼손면적×단위면적당 부과금액×지역계수
>   • 단위면적($1m^2$)당 부과금액 : 250원
>   • 단, 총 부과금액은 10억 원을 초과할 수 없다.
> 3. 토지용도 및 지역계수
>   • 토지의 용도는 생태계보전협력금 부과대상 사업의 인가·허가 또는 승인 등 처분시 토지의 용도(부과대상 사업의 시행을 위하여 토지의 용도를 변경하는 경우에는 변경 전의 용도를 말한다)에 따른다.
>   • 지역계수
>   가. 주거지역 : 1
>   나. 상업지역 : 2
>   다. 녹지지역 : 3
>   라. 농림지역 : 4
>   마. 자연환경보전지역 : 5
> 4. 분할납부
>   • 생태계보전협력금의 부과금액은 3년 이내의 기간을 정하여 분할납부한다.
>   • 분할납부의 횟수는 부과금액이 2억 원 이하인 경우 2회, 2억 원을 초과하는 경우 3회로 한다. 다만 국가·지방자치단체 및 공공기관의 분할납부의 횟수는 2회 이하로 한다.
>
> ※ 사업대상 전 지역에서 생태계 훼손이 발생하는 것으로 가정한다.

문 50

다음 글을 근거로 할 때, 생태계보전협력금의 1회분 분할납부금 액으로 가장 적은 것은? (단, 부과금을 균등한 액수로 최대한 분할납부하며, 보기의 사업은 모두 생태계보전협력금 납부대상 사업이다)

① 상업지역 35만m^2에 레저시설을 설치하려는 개인사업자
② 농림지역 20만m^2에 골프장 사업을 추진 중인 건설회사
③ 녹지지역 30만m^2에 관광단지를 조성하려는 공공기관
④ 주거지역 20만m^2와 녹지지역 20만m^2를 개발하여 새로운 복합주거상업지구를 조성하려는 지방자치단체
⑤ 주거지역 25만m^2와 자연환경보전지역 25만m^2를 묶어 염전체험박물관을 건립하려는 개인사업자

문 51

상업지역 20만m^2에 상업시설을 설치하려는 생태계보전협력금 납부대상인 건설회사가 내야 할 생태계보전협력금의 1회분 분할납부금액은 얼마인가? (단, 부과금을 균등한 액수로 최대한 분할납부한다.)

① 4000만원 ② 4500만원 ③ 5000만원
④ 5500만원 ⑤ 6000만원

문 52

〈표〉는 '혼혈인과 이주자에 대한 사회 통합 지원안'을 지원 대상별로 요약한 것이다. 정부의 다문화정책에 따를 때 〈보기〉 중 합당하지 않은 것을 모두 고르면?

〈표〉 정책 대상자별 다문화정책 비교

국내 혼혈인 아동	• 다문화 교과서 개발 • 일인 상담·멘토링 제도 실시 • 교사 대상 다문화교육 실시 • 방과 후 지도 • 「차별금지법」 도입 • 법 개정을 통한 병역의무 부과 • 국민 공모를 통해 '혼혈인' 용어 대체
국제 혼혈인	• 부친이 한국인이라고 판단되는 경우 한국 국적 취득 허용 • 고용허가제에서 우선권 부여
이주 노동자	• 이주노동자를 고용하는 고용주와 관련 공무원에게 다문화교육 실시

보기

ㄱ. 산업연수생 신분으로 가구 공장에서 합법적으로 일하고 있는 방글라데시 출신 노동자 A씨는 정부가 실시하는 다문화교육의 대상이다.

ㄴ. 한국인 아버지와 필리핀인 어머니 사이에 태어난 초등 2학년인 B군을 대상으로 한 정부정책의 궁극적인 목표는 B군을 '한국인'으로 키우는 것이다.

ㄷ. 한국인 남성 C가 필리핀에서 현지 여성 D와 동거하여 E군이 태어났다면 D에게 한국 국적 취득을 허용하고 고용허가제에서의 우선권이 부여된다.

① ㄱ ② ㄴ ③ ㄱ, ㄴ
④ ㄴ, ㄷ ⑤ ㄱ, ㄷ

문 53

다음 글을 근거로 판단할 때 옳지 않은 것은?

2019년도 X국에 신고된 법정감염병 환자(결핵, 후천성면역결핍증 및 표본감시 감염병 제외)는 총 159,885명이었고, 2018년에 비하여 신고된 환자가 6.5% 감소하였다. 지난해보다 증가한 주요 감염병은 제1군감염병 중 파라티푸스, 장출혈성대장균감염증, A형간염, 제2군감염병 중 홍역, 일본뇌염, 제3군감염병 중 레지오넬라증, 렙토스피라증, 카바페넴내성장내세균속균종(CRE) 감염증, 제4군감염병 중 뎅기열, 유비저, 치쿤구니야열 등이다. 지난해보다 감소한 주요 감염병은 제1군감염병 중 콜레라, 장티푸스, 세균성이질, 제2군감염병 중 백일해, 유행성이하선염, 수두, b형헤모필루스 인플루엔자, 폐렴구균, 제3군감염병 중 말라리아, 성홍열, 쯔쯔가 무시증, 신증후군출혈열, 제4군감염병 중 중증열성혈소판감소증후군 등이다.

A형간염은 오염된 조개젓 섭취가 주요 원인으로, 2019년 A형간염 환자는 총 17,568명이 신고되어 전년 대비 620% 증가하였다. 홍역은 전 세계적인 유행에 따라 국외유입사례가 증가하여, 2019년 홍역 환자는 총 194명이 신고되어 전년 대비(2018년 15명)1193.3% 증가하였다. 194명 중 국외유입 85명(베트남 47명, 필리핀 16명, 태국 8명, 싱가포르 2명, 우즈베키스탄 2명, 우크라이나 2명, 유럽 2명, 캄보디아 2명, 대만 1명, 마다가스카르 1명, 중국 1명, 키르기스스탄 1명), 국외유입연관 104명, 감염원 확인이 불가한 사례 5명으로 확인되었다.

2019년도 감염병 환자발생 규모는 수두가 82,868명(총 신고건수의 45.0%)으로 가장 많았고, 이어 결핵 23,821명(12.9%), A형간염 17,598명(9.5%), 유행성이하선염 15,967명(8.7%), 카바페넴내성 장내세균속균종(CRE) 감염증 15,369명(8.3%) 순으로 다발 순위 1~5위를 차지하였다. 이들 5종의 감염병은 2019년 전체 감염병 발생 건수의 84.4%(155,623명)의 비중을 차지하였다.

국외유입 감염병은 지속적으로 증가하여 2010년 이후 매년 400~600명 내외로 신고되고 있었으나, 2019년에 755명이 신고되어 전년(597명) 대비 26.5% 증가하였다. 2019년에 신고된 주요 국외유입 감염병은 뎅기열(36%, 273명)이 차지하는 비중이 가장 크고, 이후 세균성이질(14%, 106명), 홍역(11%, 86명), 말라리아(10%, 74명), 장티푸스(6%, 44명) 등 순이었다. 주요 유입 지역은 아시아 지역(필리핀, 베트남, 태국, 인도, 라오스, 캄보디아 등)이 전체의 약 86%(650명)를 차지하였고, 아프리카 지역(우간다, 나이지리아 등)이 약 9%(67명)를 차지하였다.

① 2018년도 신고된 법정감염병 환자(결핵, 후천성면역결핍증 및 표본감시 감염병 제외)는 170,000명 이상이다.
② 제2군감염병에 해당하는 유행성이하선염은 2019년도 감염병 환자 다발 순위 4위에 해당한다.
③ 2018년에 제1군감염병인 A형간염 환자가 2,500명 이상 신고되었다.
④ 2019년에 신고된 주요 국외유입 감염병 중 가장 높은 비율을 차지하는 감염병은 치쿤구니야열, 중증열성혈소판감소증후군과 함께 제4군감염병에 해당한다.
⑤ 2019년에 신고된 주요 국외유입 감염병 순위 3위에 해당하는 감염병은 2019년에 총 194명이 신고되었다.

문 54

다음 글의 내용이 참일 때, 반드시 참인 것만을 〈보기〉에서 모두 고르면?

A, B, C, D, E는 스키, 봅슬레이, 컬링, 쇼트트랙, 아이스하키 등 총 다섯 종목 중 각자 한 종목을 관람하고자 한다. 스키와 봅슬레이는 산악지역에서 열리며, 나머지 종목은 해안지역에서 열린다. 다섯 명의 관람 종목에 대한 조건은 다음과 같다.

○ A, B, C, D, E는 서로 다른 종목을 관람한다.
○ A와 B는 서로 다른 지역에서 열리는 종목을 관람한다.
○ C는 스키를 관람한다.
○ B가 쇼트트랙을 관람하면, D가 봅슬레이를 관람한다.
○ E가 쇼트트랙이나 아이스하키를 관람하면, A는 봅슬레이를 관람한다.

보기

ㄱ. A가 봅슬레이를 관람하면, D는 아이스하키를 관람한다.
ㄴ. B는 쇼트트랙을 관람하지 않는다.
ㄷ. E가 쇼트트랙을 관람하면, B는 컬링이나 아이스하키를 관람한다.

① ㄱ ② ㄴ ③ ㄱ, ㄷ
④ ㄴ, ㄷ ⑤ ㄱ, ㄴ, ㄷ

문 55

다음을 근거로 판단할 때 A국 사람들이 나눈 대화 중 옳은 것은? (단, 여권은 모두 유효하며, 아래 대화의 시점은 2011년 2월 26일이다.)

〈A국의 비자면제협정 체결 현황〉

(2009. 4. 기준)

대상여권	국가(체류기간)
외교관	우크라이나(90일), 우즈베키스탄(60일)
외교관·관용	이집트(90일), 일본(3개월), 에콰도르(외교관 : 업무수행기간, 관용 : 3개월), 캄보디아(60일)
외교관·관용·일반	포르투갈(60일), 베네수엘라(외교관·관용 : 30일, 일반 : 90일), 영국(90일), 터키(90일), 이탈리아(90일), 파키스탄(3개월, 2008.10.1부터 일반 여권 소지자에 대한 비자면제협정 일시정지)

① 희선 : 포르투갈인이 일반 여권을 가지고 2010년 2월 2일부터 같은 해 4월 6일까지 A국을 방문했을 때 비자를 발급받을 필요가 없었겠군.
② 현웅 : A국이 작년에 4개월 동안 우즈베키스탄에 행정원을 파견한 경우 비자를 취득해야 했지만, 같은 기간 동안 에콰도르에 행정원을 파견한 경우 비자를 취득할 필요가 없었겠군.
③ 유리 : 나는 일반 여권으로 2009년 5월 1일부터 같은 해 8월 15일까지 이탈리아에 비자 없이 체류했었고, 2010년 1월 2일부터 같은 해 3월 31일까지 영국에도 체류했었어.
④ 용훈 : 외교관 여권을 가지고 같은 기간을 A국에서 체류하더라도 이집트 외교관은 비자를 발급받아야 하지만, 파키스탄 외교관은 비자를 발급받지 않아도 되는 경우가 있겠군.
⑤ 예리 : 관용 여권을 가지고 2010년 5월 5일부터 같은 해 5월 10일까지 파키스탄을 방문했던 A국 국회의원은 비자를 취득해야 했었겠군.

15

문 56

다음 글을 근거로 판단할 때, 옳은 것을 고르시오.

> • 맥아음료 중 일정 비율을 초과한 알코올을 함유하고 있는 것을 맥주라고 한다. 수입 맥아음료에 대한 관세율 및 주세율은 다음과 같다.
> • 관세의 부과기준 및 관세율
> 가. 알코올을 함유하지 않은 맥아음료(알코올 함유량 100분의 0.5 이하 포함):8%
> 나. 맥주(알코올 함유량 100분의 0.5 초과):30%
> • 주세의 부과기준 및 주세율
> 알코올 함유량이 100분의 1 이상인 맥주:72%

① 알코올 함유량이 0.5%인 수입 맥아음료는 8%의 주세를 납부해야 한다.

② 주세 납부 대상이지만 관세는 내지 않아도 되는 수입 맥아음료가 있다.

③ 알코올 함유량이 1%인 수입 맥아음료는 30%의 관세와 72%의 주세를 모두 납부해야 한다.

④ 알코올 함유량이 0.8%인 수입 맥아음료는 8%의 관세를 납부해야 한다.

⑤ 알코올 함유량이 2%인 수입 맥아음료는 72%의 관세를 납부해야 한다.

57~58

다음 사업보고서를 보고 물음에 답하시오.

날짜	2017-12	담당부서 작성자	(운영본부/Smart TF) (윤00/02-567-1234)
사업명	국내선 공용여객처리시스템 설치 및 공용셀프체크인 증설		
사업 개요 및 추진 경과	○ 추진배경 주요공항 국내선 공용여객처리시스템 및 공용셀프체크인 인프라 개선을 통해 첨두시간대 여객수속절차 간소화 도모 등 청사 혼잡해소 및 탑승수속 간소화를 추진하고자 함 ○ 추진기간 : 2018년 ~ 과업 완료 시 ○ 총사업비 : 3,046백만원 (단위 : 백만원)		

사업명	사업비
국내선공용여객처리시스템	2,196 750(김해), 1,064(제주), 382(김포 3차년도)
공용셀프체크인	850
합계	3,046

(사업 개요 및 추진 경과, 계속)

○ 주요내용
- (공용여객처리시스템 설치)
  • (김포 국내선) 체크인카운터 44식, 탑승게이트 20식
  • (제주 국내선) 체크인카운터 62식, 탑승게이트 13식
- (공용셀프체크인 증설)
  • (국내선) 김포공항 10식, 제주공항 15식, 대구공항 2식
  • (국제선) 김해공항 7식

사업 수행자 (관련자 및 업무분담 내용)

○ 최초 입안자 및 최종 결재자
- 최초 입안자
  • (국내선 공용여객처리시스템 설치) 이지영
  • (공용셀프체크인 증설) 송은이
- 최종 결재자 : 본부장 최화정

○ 사업 관련자

구분	성명	담당업무 (업무분담 내용)
본부장	최화정	업무총괄
실장	곽정은	업무총괄
팀장	이보리	업무총괄
팀장	한예진	업무총괄
담당	이지영	공용여객처리시스템 구축담당
담당	송은이	공용 셀프 체크인 구축 담당

다른 기관 또는 민간인 관련자

○ 공용여객처리시스템 구축 : ㈜00정보통신
○ 공용셀프체크인 증설 : 미정
○ 항공사 : A사, B사, C사, D사, E사, F사

문 57

보고서를 보고 나눈 다음 대화 중 옳지 않은 것은?

류준열 부장 : 이번에 새로 올린 보고서는 어떤 내용이죠?
윤보리 대리 : 이 보고서는 공용여객처리시스템 설치 및 공용 셀프 체크인 증설 사업에 대한 것입니다.
류준열 부장 : 이 사업들을 왜 추진하려고 하는 거죠?
윤보리 대리 : ① 여객수속절차를 간소화 하고 청사의 혼잡을 해소 하고자합니다.
류준열 부장 : 아 그렇군요, 추진 기간과 언제에요? 그리고 사업비도 책정 되었나요?
윤보리 대리 : 과업 완료시까지입니다. 그리고 ②사업비는 총 3,046백만원입니다.
류준열 부장 : 그럼 두사업의 사업비 비중은 비슷한가요?
윤보리 대리 : 아니요, ③ 국내선 공용여객처리시스템 쪽이 3배 이상 많습니다. 처리시스템을 새로 설치해야하는 곳이 훨씬 많고, 증설의 경우에는 조금 더 적기 때문입니다.
류준열 부장 : 최종 결재자가 최화정 본부장맞죠? 이 사업 각각 담당자는 누구죠?
윤보리 대리 : 네, 맞습니다. 그리고 ④이지영님이 공용여객처리시스템구축 담당이고, 송은이님이 공용 셀프 체크인 구축담당입니다.
류준열 부장 : ⑤ 관련 항공사가 총 6개사네요. 그런데 공용셀프체크인 증설 관련한 다른 기관은 미정이네요?
윤보리 대리 : 네, 송은이 담당이 지금 계속 업체 컨택중입니다. 정해지는 대로 보고 드리겠습니다

문 58

본부장이 송은이 담당에게 공용셀프체크인 증설 사업의 경우 한 개(식)를 증설하는데 드는 비용이 얼마냐고 물어본다면 송은이 담당은 보고서 상의 내용을 토대로 답할 비용은 얼마인가?

① 500만원 ② 1,300만원 ③ 2,500만원
④ 3,800만원 ⑤ 4,400만원

15

59 ~ 60

다음 〈규정〉을 근거로 물음에 답하시오.

규정

제00조(목적) 이 고시는 소비자와 사업자(이하 "분쟁당사자"라 한다) 간에 발생한 분쟁이 원활하게 해결될 수 있도록 구체적인 합의 또는 권고의 기준을 제시하는 데 그 목적이 있다.
제00조(품목 및 보상기준) 이 고시에서 정하는 분쟁해결기준, 품목별 내용연수표, 품목별 품질보증기간 및 부품보유기간은 각각 [별표 1], [별표 2], [별표 3]과 같다.

[별표 1] 분쟁해결기준

분쟁유형 및 해결기준
○ 품질보증기간 이내에 정상적인 사용상태에서 발생한 성능기능상의 하자 - 하자발생 시: 무상수리 - 수리불가능 시: 제품교환 또는 구입가 환급 - 교환불가능 시: 구입가 환급 - 교환된 제품이 1개월 이내에 중요한 수리를 요할 때: 구입가 환급 ○ 소비자가 수리 의뢰한 제품을 사업자가 분실한 경우 - 품질보증기간 이내: 제품교환 또는 구입가 환급 - 품질보증기간 경과 후: 정액감가상각한 금액에 그 금액의 10%를 가산하여 환급 ○ 부품보유기간 이내에 수리용 부품을 보유하고 있지 않아 발생한 피해 - 품질보증기간 이내: 제품교환 또는 구입가 환급 - 품질보증기간 경과 후: 정액감가상각한 금액에 구입가의 10%를 가산하여 환급 ○ 사업자가 제품설치 중 발생한 피해: 제품교환
비 고
○ 정액감가상각한 금액은 구입가에서 아래의 감가상각비를 제하여 구하며, 내용연수는 [별표 2] 품목별 내용연수표를(월할 계산) 적용 - 감가상각비 = (사용연수/내용연수) × 구입가 ○ 품질보증기간 이내에 동일 하자에 대해 2회까지 수리하였으나 하자가 재발하는 경우 또는 여러 부위 하자에 대해 4회까지 수리하였으나 하자가 재발하는 경우는 수리 불가능한 것으로 봄. ○ 품질보증기간 이후에 발생한 하자에 대하여 사업자가 책임을 지지 않으며, 수리를 의뢰할 경우 유상수리가 가능함.

[별표 2] 품목별 내용연수표

품 목	내용연수
에어컨, 냉장고, 세탁기, 카메라	사업자가 품질보증서에 표시한 부품보유기간으로 함. 다만, 그 기간이 [별표3]의 부품보유기간에 기재된 기간보다 짧거나 미기재한 경우 [별표3]의 부품보유기간으로 함

[별표 3] 품목별 품질보증기간 및 부품보유기간

품 목	품질보증기간	부품보유기간
에어컨	2년	8년(96개월)
세탁기	1년	7년(84개월)
카메라	1년	5년(60개월)
냉장고	1년	9년(108개월)

비 고
○ 품질보증기간의 기산: 해당 제품의 판매일자를 기산점으로 한다. ○ 부품보유기간의 기산: 해당 제품의 제조일자(제조연도 또는 제조연월만 기재된 경우 제조연도 또는 제조월의 말일을 제조일자로 봄)를 기산점으로 한다. ○ 품질보증서에 부품보유기간이 기재되어 있지 않거나, 기재된 부품보유기간이 표에 제시된 기간보다 짧은 경우 표에 제시된 기간을 부품보유기간으로 본다.

문 59

위 〈규정〉을 근거로 판단할 때, 〈보기〉 내용과 관련 분쟁해결기준에 따라 이루어진 보상을 고르시오.

| 보기 |

A는 2015. 7. 1.에 제조일자가 2014. 2. 28.인 카메라를 300,000원에 구매하여 사용해오다가 2019. 1. 31.에 발생한 하자로 당일 수리를 의뢰하였는데, 사업자가 제품을 분실하였다. (품질보증서에 표시된 부품보유기간은 4년임).

① 무상수리를 받았다.
② 제품교환을 받았다.
③ 90,000원을 환급받았다.
④ 99,000원을 환급받았다.
⑤ 300,000원을 환급받았다.

문 60

위 〈규정〉을 근거로 판단할 때, 〈보기〉 내용과 관련 분쟁해결기준에 따라 이루어진 보상을 고르시오.

| 보기 |

B는 2014. 3. 1.에 제조일자가 2013. 12. 1.인 세탁기를 350,000원에 구매하여 사용해오다가 하자가 발생하여 2019. 3. 1.에 수리를 의뢰하였는데 사업자가 수리용 부품을 보유하고 있지 않았다. (품질보증서에 부품보유기간은 기재되지 않음).

① 제품교환을 받았다.
② 100,000원을 환급받았다.
③ 135,000원을 환급받았다.
④ 250,000원을 환급받았다.
⑤ 350,000원을 환급받았다.

15

빠꼼이 NCS 기업별 모의고사

ISBN : 979－11－93234－27－3

발행일 · 2023年 7月 26日 초판 1쇄
저 자 · 빠꼼이 NCS 박찬혁
발행인 · 이용중
발행처 · (주)배움출판사
주소 · 서울시 영등포구 영등포로 400 신성빌딩 2층 (신길동)
주문 및 배본처 | Tel · 02) 813-5334 | Fax · 02) 814-5334

정가 20,000원

정답 및 해설

빠꼼이

NCS 기업별 모의고사

코레일 | 수자원공사 | 한국전력공사 | 건강보험공단

빠꼼이 NCS 박찬혁 편저

이 책은 강의용 교재입니다.
문제 중 일부는 해설이 수록되어 있지 않습니다.

빠꼼이 NCS www.bbaggum2.com

배움

빠꼼이 NCS

각시탈과 서강사, 두 명의 강사로 이루어진 빠꼼이 인적성은 2013년 대기업 인적성 강의를 서비스하는 빠꼼이 인적성 사이트를 오픈한다.

'편법'과 '요령', '꼼수' 등의 파격적인 콘셉트를 가진 독특하고 차별화된 풀이법으로 시간단축에 대한 획기적인 방법을 제시하며 인적성 동영상 강의 시장에서 뜨거운 반응을 일으킨다.

2015년 공기업 채용에 NCS가 적용됨에 따라 NCS 직업기초능력 강의를 통해 차별화된 강의를 계속하며 2017년 공기업단기에서 NCS 대표강사로 오프라인 온라인 강의를 제공하고 2017년 한경비지니스 소비자만족도 'NCS 인적성' 분야 1위를 수상한다.

이 책은 문제로만 이루어진 타 NCS 인적성 책과는 달리 그동안 빠꼼이 인적성이 쌓아온 풀이법이 총망라되어 있는 교재로 빠꼼이 인적성이 가장 중요시하는 '실질적인 도움'이란 측면에서 NCS를 준비하는 수험생에게는 꼭 필요한 필수 기본서라 할 수 있다.

빠꼼이 NCS
www.bbaggum2.com

정답 및 해설

빠곰이

NCS 기업별 모의고사

코레일 | 수자원공사 | 한국전력공사 | 건강보험공단

이 책은 강의용 교재입니다.
문제 중 일부는 해설이 수록되어 있지 않습니다.

빠꼼이 NCS 기업별 모의고사

CONTENTS

빠꼼이 NCS
기업별 모의고사

01 하프 모의고사 1회 정답 및 해설

01	④	02	③	03	①	04	①	05	②
06	③	07	④	08	④	09	③	10	②
11	④	12	③	13	①	14	⑤	15	①
16	④	17	④	18	⑤	19	①	20	④
21	②	22	③	23	②	24	①	25	④
26	③	27	③	28	④	29	②	30	②

01

정답 ④

전문가의 증언을 제시하는 부분은 없다.

① 구청과 불법 주차 단속을 명시하고 있다.

② 마지막 문단으로 설명하고 있다.

③ 첫 문단을 통해 문제상황을 제시하고 마지막 문장으로 심각성을 표현하고 있다.

02

정답 ③

첫 문단에서는 행동의 원인을 잘 모른다고 하고 있고
두 번째 문단에서는 행동의 이유를 말하는 것 역시 정확하지 않음을 말하고 있다.

03

정답 ①

글 가운데 위치한 '레코드의 수요는 날로 확산되었는데, 매체의 특성상 지리적 이동이 손쉽게 이루어지게 됨에 따라 스타급 음악인들의 영향력은 세계적으로 확대되었다.' 문장으로 이해할 수 있다.

04

정답 ①

지문에서 '경제 주체들의 이익을 최대한 충족시키면서 재화를 효율적으로 배분할 수 있는' 시장 설계에 대하여 소개하고 있다. 이후에는 이러한 '시장 설계'의 방법을 양방향 매칭과 단방향 매칭으로 나누어 설명하고 있다. 따라서 이 글의 제목으로는 '시장 설계와 방법'이 가장 적절하다.

05

정답 ②

(나) : 인간을 규정하는 관점은 여러 가지이며 '인간은 선하다'과 '인간은 악하다' 두 가지 관점이 있다.

(가) : 성선설

(다) : 성악설

(라) : 결론, 이는 사회 정치 이론의 받침돌

06

정답 ③

지문 마지막 ⑥ 항을 보면 의장과 부회장이 권한이 있으며 출석하여 발언하는 대상은 관계 기관의 장 또는 관계 전문가이다. 즉, 과학기술정보통신부장관은 의장 부의장이 아닌 관계 기관의 장이므로 출석하여 발언하는 대상이다.

07

정답 ④

4%의 소금물을 xg, 8%의 소금물을 yg이라 하면

$$\begin{cases} x+y+2x=1000 \\ \frac{4}{100}x+\frac{8}{100}y=\frac{5}{100}\times 1000 \end{cases}$$

$$\Rightarrow \begin{cases} 3x+y=1000 \\ x+2y=1250 \end{cases} \quad \therefore x=150,\ y=550$$

따라서 8%의 소금물의 양은 $550g$이다.

08

정답 ④

xkm 떨어진 지점에 갔다 온다고 하면

전체 걸리는 시간이

1시간 20분 이내이어야 하므로 $\frac{x}{5}+\frac{x}{3}\le\frac{4}{3}$

양변에 15을 곱하면 $3x+5x \le 20$

$8x \le 20 \quad \therefore x \le 2.5$

09

정답 ③

타일 한 장의 가로의 길이를 xcm, 세로의 길이를 ycm라 하면, 큰 직사각형의 둘레는 작은 직사각형의 가로 10개와 세로 5개로 이루어져 있으므로

$10x+5y=105 \quad \therefore 2x+y=21 \cdots$ ㉠

큰 직사각형의 가로의 길이를 보면 작은 직사각형 가로 8개와 세로 3개의 길이가 같음을 알 수 있다. $\therefore 8x=3y \cdots$ ㉡

㉡을 ㉠에 대입하면

$2x+\frac{8}{3}x=21 \quad \therefore x=\frac{9}{2}$

$x=\frac{9}{2}$를 ㉡에 대입하면 $y=12$

따라서 직사각형 모양의 타일 한 장의 넓이는

$\frac{9}{2}\times 12=54(cm^2)$이다.

10

정답 ②

① (곱셈비교) 167(대마) > 65(마약) × 3 (×)
② (분수비교) (18 + 24) × 2 > 65 (○)
③ (사실확인) 3곳(강원, 충북, 제주) (×)
④ (곱셈비교) 138 < 38 × 4 (×)
⑤ (곱셈비교) 35 < 13 × 3 (×)

11

정답 ④

ㄱ. (사실확인) (○)
ㄴ. (분수비교) 599 × 2(우정직) > 1,148(7급) (○)
ㄷ. (사실확인) 연구직에서 NG (×)
ㄹ. (조건) 3,000(9급 공개) × 1.1 × 1.1 = 3,630 이므로 630명 증가
9급(40%↓) + 9급C(60%↑) = 100%
3630 × 1.5 < 6,042 (○)

12

정답 ③

ㄱ. (곱셈비교) 135 × 9%(= 10% − 1%) < 13 (×)
ㄴ. (곱셈비교) 42% × 19%(C) < 19% × 51%(D) (○)
ㄷ. (곱셈비교) 30%(경제복지) > 42% × (34 + 19)%(B + C) (○)
ㄹ. (곱셈비교) 19%(도시안전) < 42% × 47% × 48% × 3 (×)

13

정답 ①

아래 두가지 경우가 가능하다.

A,G	B (C/D)	E,F

B와 같은 조에 C 또는 D가 들어가며 남은 사람은 B가 아닌 조에 어디든 갈수 있다.

A (C/D)	B,G	E,F

A와 같은 조에 C 또는 D가 들어가며 남은 사람은 B가 아닌 조에 어디든 갈수 있다.

두 가지 경우 모두 A와 E는 다른 조에 편성된다.

14

정답 ⑤

A + B + C + D + E = 20
모두 다른 수, A, B는 홀수, A < B, C < 5, E = 2, 나머지는 모두 2보다 크다.
A : 3 / B : 5 / C : 4 / D : 6 / E : 2

15

정답 ①

① 시베리안블루베리 햄버거세트
4800 + 1000 + 1500 − 5700 = 1600
② 수제초콜릿 버거세트
4500 + 1000 + 1500 − 5500 = 1500
③ 새우버거세트 + 사이즈 변경(L)
3000 + 1500 + 1500 − (4300 + 500) = 1200
④ 더블버거세트 + 콜라를 커피로 변경
4200 + 1500 + 2000 − (5300 + 1500) = 900

16

정답 ④

활동10 이전에 6, 8, 9 활동이 완료되어야 하므로 각활동은 아래와 같은 경로로 진행된다.
활동 6 : 1 − 2 − 5 − 6 (2일 + 4일 + 10일 + 5일 = 21일)
활동 8 : 1 − 2 − 5 − 7 − 8 (2일 + 4일 + 10일 + 15일 + 1일 = 32일)
활동 9 : 1 − 3 − 4 − 9 (2일 + 3일 + 2일 + 1일 = 8일)
따라서 가장 긴 활동 8이 끝난 후 활동 10 하루가 추가되어 총 33일 뒤인 4월 2일에 개최된다.

17
정답 ④

가장 긴 활동인 활동 8이 20일 소요되어 총 12일 줄었으나 활동 6이 21일 걸리므로 가장 긴 활동이 끝나고 활동 10이 진횡되므로 총 기간은 11일 줄게 된다.

18
정답 ⑤

급변하는 환경변화에 효과적으로 대응하고 제품, 지역, 고객별 차이에 신속하게 적응하기 위해서는 분권화된 의사결정이 가능한 사업별 조직구조 형태를 이룰 필요가 있다. 사업별 조직구조는 개별 제품, 서비스, 제품그룹, 주요 프로젝트나 프로그램 등에 따라 조직화된다. 따라서 제품 라인 간 독립적인 운영이 이루어지므로 제품 라인 간 통합과 표준화는 사업별 조직구조의 강점과 거리가 멀다.

19
정답 ①

BCG 매트릭스에서 성장률과 시장점유율이 높아서 계속 투자를 하게 되는 유망한 사업을 star라고 한다.

20
정답 ④

매슬로우의 욕구단계이론이 동시에 발생하는 인간의 욕구에 대한 설명은 생략한 반면, ERG이론은 한 가지 이상의 욕구가 동시에 작용할 경우 이것이 복합적으로 하나의 동기 유발 요소가 될 수 있음을 주장했다

21
정답 ②

- error value : 3, 5
- EHD : 3 + 5 = 8 → 008 → (0,8)
- X : 1292
- (0,8)가 1292에 전혀 포함되지 않으므로 위험이지만, error value가 2개이므로 1단계 격하하여 경계이며, 문자 미포함이므로 ddass45/e

22
정답 ③

- error value : 2, 4, 7
- PLV : 7 − 2 = 5 → 005 → (0,5)
- Z : 15678A
- (0,5)가 15678A에 일부 포함되어 경계이고 문자 포함이므로 ddass45

23
정답 ②

- error value : 5, 6, 8, 9
- EHD : 5 + 9 = 14 → 014 → (0,1,4)
- X : 10384
- (0,1,4)가 10384에 모두 포함되어 안전이지만, error value가 4개이므로 1단계 격상하여 경계이며 문자 미포함이므로 ddass45/e

24
정답 ①

- error value : 1, 6, 4
- EHD : 1 + 6 = 7 → 007 → (0,7)
- Y : 7048D
- (0,7)가 7048D에 모두 포함되어 안전이므로 sdfgr77

25
정답 ④

- error value : 3, 8, 3, 1
- PLV : 8 − 1 = 7 → 007 → (0,7)
- Z : 5674B
- (0,7)가 5674B에 일부 포함되어 경계이지만, error value가 4개이므로 1단계 격상하여 위험인 agewd24

26
정답 ③

REPT(텍스트, 개수)
REPT 함수는 문자열을 지정한 횟수만큼 반복해서 표시하는 함수이다.
COUNTIF(범위,조건)
COUNTIF함수는 지정된 범위에서 조건에 맞는 셀의 개수 함수이다.

27
정답 ③

친화형의 경우 타인의 요구를 잘 거절하지 못하고 타인의 필요를 자신의 것보다 앞세우는 경향이 있기 때문에, 타인의 이익만큼이나 나의 이익이 중요하다 는 것을 인식하는 게 중요하다.

28
정답 ④

29

정답 ②

실용신안은 Life-Cycle이 짧고 실용적인 주변 개량 기술을 보호하기 위한 제도이다.

30

정답 ②

02 하프 모의고사 2회 정답 및 해설

01	①	02	④	03	④	04	③	05	④
06	①	07	⑤	08	③	09	②	10	③
11	④	12	④	13	④	14	④	15	②
16	③	17	①	18	③	19	⑤	20	②
21	③	22	①	23	④	24	①	25	④
26	③	27	④	28	②	29	③	30	①

01

정답 ①

두 번째 문장 '확증 편향이란 진리 여부가 불확실한 가설 혹은 믿음을 부적절하게 강화하는 행위로서, 이것은 뉴스 수용자의 사전 신념에서 비롯된다.'을 통해 답을 확인할 수 있다.

02

정답 ④

마지막 문장 '다만 이 시공간은 시간에 해당하는 차원이 한 방향으로만 진행한다는 한계가 있기 때문에 제한적인 4차원 공간이라는 특징이 있다.'를 통해 아인슈타인의 시공간은 시간에 해당하는 차원이 한 방향으로만 진행되었다고 할 수 있다.

03

정답 ④

마지막 문장 '(알츠하이머)병이 진행될수록 알고 지내던 사람들을 알아보지 못하게 되며 화를 잘 내고 자기 관리 능력이 점점 더 떨어지게 된다.'를 통해 답을 확인 할 수 있다.

04

정답 ③

지문은 곡물법을 설명하고 나폴레옹 전쟁 이후 곡물법의 활용을 통한 수입 곡물 관세 인상을 주장하는 농부 및 지주의 의견과 곡물법의 철폐를 요구하는 공장주의 의견을 소개하고 있다. 따라서 글의 제목으로 '영국 곡물법에 대한 의견'이 가장 적절하다.

05

정답 ④

문단의 배열 순서를 묻는 문제이다.

(나) : 과거 지정학적 조건에 따른 국권 상실의 아픔이 있었다.
(라) : 그 아픔은 분단으로 이어졌지만 희망의 시대가 열리고 있다.
(다) : 지금은 경제력의 시대로 경쟁력이 있다.
(가) : 한반도의 지정학적 조건이 이제는 희망의 조건이 되었다.

06

정답 ①

마지막 문장 '디지털 환경에서는 텍스트의 생산과 소비사이에 출판, 검토, 비평, 선정이라는 중간 과정이 생략된다.'를 통해 오프라인과 비교하여 디지털환경의 단점으로 검증이 부족한 것을 말하고 있다.

07

정답 ⑤

어느 농구선수의 자유투 성공률은 $75\% = \frac{3}{4}$이므로 실패율은 $25\% = \frac{1}{4}$이다.

세 번의 자유투를 던질 때 모두 실패할 확률은

$\frac{1}{4} \times \frac{1}{4} \times \frac{1}{4} = \frac{1}{64}$이므로 적어도 한 번은 성공할 확률은

$1 - \frac{1}{64} = \frac{63}{64}$이다.

08

정답 ③

A의 속력을 분속 xm, B의 속력을 분속 ym라 하면, 같은 방향으로 걸었을 때는 B가 걸은 거리와 A가 걸은 거리의 차가 호수 한 바퀴와 같고, 반대 방향으로 걸었을 때는 B가 걸은 거리와 A가 걸은 거리의 합이 호수 한 바퀴와 같다.

$$\begin{cases} 240y - 240x = 2400 \\ 30x + 30y = 2400 \end{cases} \Rightarrow \begin{cases} -x + y = 10 \cdots ㉠ \\ x + y = 80 \quad \cdots ㉡ \end{cases}$$

㉠+㉡을 하면 $2y = 90$ $\therefore y = 45$

$y = 45$를 ㉡에 대입하면 $x + 45 = 80$ $\therefore x = 35$

따라서 B의 속력을 분속 $45m$이다.

09

정답 ②

어른이 x명이라고 하면 어린이는 $(30 - x)$명

전체 금액은

$1500x + 800(30 - x) \leq 31000$

양변을 100으로 나누고 정리하면

$15x + 240 - 8x \leq 310$

$7x \leq 70$

$x \leq 10$

따라서 어른의 최대 입장인원은 10명이다.

10

정답 ③

① (사실확인) (○)
② (사실확인) (○)
③ (평균) 이탈리아 장시간 근로자비율(5.4)를 가평균으로 했을 때 편차의
합이 +이면 맞지만 −1.8 + 3.9 −2.7 < 0으로 NG (×)
④ (덧셈비교) 7.6(덴마크) − 7.4(멕시코) ≤ 0.3 (○)
⑤ (사실확인) (○)

11

정답 ④

ㄱ. (분수비교) $\frac{354}{400}$(공립) > $\frac{497}{835}$(사립) (○)
ㄴ. (분수비교) 78,888 × 5 > 355,772 (○)
ㄷ. (분수비교) $\frac{194}{192}$(공립) > $\frac{668}{788}$(국립) (○)
ㄹ. (A or B) 여성 비율이 50% 미만이어야 하나, 공립대학에서 NG (×)

12

정답 ④

ㄱ. (사실확인) (○)
ㄴ. (순위) 모피는 TV홈쇼핑은 28.7% ~ 36.8%으로, 백화점 (31.1%)보다
낮은지 알 수 없다. (×)
ㄷ. (사실확인) (○)
ㄹ. (순위) 20.8%↑(백화점) > 8.4%(TV) × 2 (○)

13

정답 ④

A	B	C	A	D

14

정답 ④

B와 E가 합격하였다면
B보다 전공점수가 높은 A가 합격, B보다 인성점수가 높은 G도 합격한다.
G가 합격하면 영어점수가 더 높은 F도 합격한다.
따라서 F와 G도 합격하였다.

15

정답 ②

특급열차(2시간 20분)와 저속열차(6시간 10분)의 차이는 3시간 50분

16

정답 ③

보통열차는 600km × 1600(원/L) × $\frac{1}{4}$(= $\frac{1}{연비}$) = 240,000원으로 연료비가 가장 많이 든다.

17

정답 ①

특급열차는 시간 내에 들어올 수 있으며, 금액은 150,000원이다.

18

정답 ③

– 거래적 리더십 : 리더가 구성원들과 맺은 교환(또는 협상)관계에 기초해서 영향력을 발휘하는 리더십
– 수퍼리더십 : 다른 사람이 스스로 자기 자신을 이끌어갈 수 있게 도와주는 리더십.
– 서번트 리더십 : 타인을 위한 봉사에 초점을 두고 자신보다 구성원들의 이익을 우선시하는 리더십.
– 진성 리더십 : 리더의 진정성을 강조하는 리더십으로, 명확한 자기 인식에 기초하여 확고한 가치와 원칙을 세우고 투명한 관계를 형성하여 조직 구성원들에게 긍정적인 영향을 미치는 리더십

19

정답 ⑤

집단의사결정은 문제 분석을 보다 광범위한 관점에서 할 수 있고, 보다 많은 지식·사실·대안을 활용할 수 있다. 또 집단구성원 사이의 의사전달을 용이하게 하며, 참여를 통해 구성원의 만족과 결정에 대한 지지를 확보할 수 있다 장점이 있으나 결정과정이 느리고, 타협을 통해 의사결정이 이루어지므로 가장 적절한 방안을 채택하기가 어렵다. 더욱이 의사결정 과정에 집단사고(group thinking)에 영향을 받을 경우 올바른 판단을 할 수가 없게 된다는 단점이 있다.

20

정답 ②

위원회 조직구조는 업무 수행상 책임을 분산시키는 것이 필요할 경우 효과적이다.
매트릭스 조직에 속한 개인은 두 명의 상급자(기능부서 관리자, 프로젝트 관리자)로부터 지시를 받으며 보고를 하게 되므로 책임 규명이 쉽다고 보기 어렵다.
사업부 조직구조는 사업부간 분권화된 의사결정이 특징으로 사업부간 원할한 전문성 교류와 거리가 멀다.
기능적 조직구조는 기능적 구조는 전문성을 지닌 전문가 활용의 유용성이 높다.

21

정답 ③

- error value : 1, 7, 5
- PLV : 7 − 1 = 6 → 006 → (0,6)
- Y : 2901E
- (0,6)가 2901E에 일부 포함되어 경계이며, 문자 포함이므로 ddass45

22

정답 ①

- error value : 6, 5, 9
- PLV : 9 − 5 = 4 → 004 → (0,4)
- Z : 12824A
- (0,4)가 12824A에 일부 포함되고 문자 포함이므로 ddass45

23

정답 ④

- error value : 2, 8, 3, 4
- PLV : 8 − 2 = 6 → 006 → (0,6)
- X : 71402
- (0,6)가 71402에 일부 포함되어 경계이지만, error value가 4개이므로 1단계 격상하여 위험인 agewd24

24

정답 ①

- error value : 8, 6
- EHD : 8 + 6 = 14 → 014 → (0,1,4)
- Y : 46012KF
- (0,1,4)가 46012KF에 모두 포함되어 안전이고, error value가 2개이므로 1단계 격하해야 하나 안전 이하로는 격하할 수 없으므로 안전인 sdfgr77

25

정답 ④

- error value : 7, 6, 2, 9
- EHD : 2 + 9= 11 → 011 → (0,1)
- Z : 46028W
- (0,1)가 46028W에 일부 포함되어 경계이지만, error value가 4개이므로 1단계 격상하여 위험인 agewd24

26

정답 ③

- INT 함수는 소수를 정수로 변환해주는 기능을 가지고 있다.
- TRUNC 함수는 전달된 첫 번째 인수를 두 번째 인수인 자리수를 의미하는 숫자로 절사(버림)하는 함수다.
- ROUND 함수는 숫자를 지정한 자리수로 반올림 하는 함수다.
- ROUNDDOWN함수는 숫자를 지정한 자릿수(2번째 인수)로 무조건 내린다(버려버림).

27

정답 ④

28

정답 ②

규정과 규칙에 따라 행동하며 적당한 열의와 평범한 수완으로 업무를 수행하는 것은 실무형의 특징이다.

29

정답 ③

지속가능한 기술 중에는 풍력발전, 조력발전, 태양열발전처럼 지금의 주된 발전기술과는 상당히 차이를 보이는 기술도 있다. 그렇지만 많은 지속가능한 기술들은 지금 우리가 가진 기술과 그 형태에서 크게 다르지 않다. 더 중요한 것은 그 기술이 디자인될 때 얼마나 더 많이 사회적, 환경적 연관에 중심을 두는가이다.

30

정답 ①

산업재해의 기본적인 원인에는 ① 교육적 원인 : 안전 지식의 불충분, 안전 수칙의 오해, 경험이나 훈련의 불충분과 작업관리자의 작업 방법의 교육 불충분, 유해 위험 작업 교육 불충분 등이 있다. ② 기술적 원인 : 건물·기계 장치의 설계 불량, 구조물의 불안정, 재료의 부적합, 생산 공정의 부적당, 점검·정비· 보존의 불량 등이 있다. ③ 작업 관리상 원인 : 안전 관리 조직의 결함, 안전 수칙 미제정, 작업 준비 불충분, 인원 배치 및 작업 지시 부적당 등이 있다.

03 하프 모의고사 3회 정답 및 해설

01	③	02	⑤	03	④	04	①	05	③
06	③	07	②	08	④	09	③	10	③
11	④	12	④	13	④	14	①	15	①
16	①	17	⑤	18	③	19	②	20	④
21	②	22	④	23	⑤	24	②	25	④

01

정답 ③

글쓴이가 건의에 대한 신뢰성을 높이기 위해 여러 연구를 통해 입증된 바 있다는 것을 근거로 들었으나 인용한 자료의 출처를 밝힌 부분은 없다.

02

정답 ⑤

마지막 문장 '과거의 누군가의 삶들을 통해 현재의 삶을 수정해 나갈 수 있다는 것은 매우 유익한 것이라고 할 수 있을 것이다."에서 '과거의 누군가의 삶들'은 역사이며 이를 통해 '현재의 삶'을 수정한다는 것은 역사와 나의 삶의 관련성을 중요하게 말하고 있음을 알 수 있다. 따라서 역사와 삶의 관련성을 강조하는 질문이 적절하다.

03

정답 ④

A는 해결책보다는 공감, 유대감이 중요하므로 <보기>의 '고통스러웠다'는 말에 공감하고 유대하는 4번이 적절하다.

04

정답 ①

유증상자 일반 수험생은 소형 강의실에서 시험을 보는데 마지막 줄 '소형 강의실과 중대형 강의실에서는 각각 KF99와 KF94 마스크 착용을 권장하지만 의무 사항은 아니다.'에 따르면 KF80 마스크보다 높은 등급의 마스크 착용이 의무가 아니므로 KF80 마스크를 착용하고 시험을 치를 수 있다.

05

정답 ③

1문단 마지막에 혐오 현상은 역사와 사회적 배경이 선행함을 말하고 2문단을 통해 혐오나 증오라는 특정 감정에 집착하는 것이 문제의 성격을 '오인'하게 된다고 지적하고 있다. 마지막 문단에서는 혐오는 사회적으로 형성된 감정이며, 혐오를 도덕적으로 지탄하는 데에서 그치지 말아야 한다고 주장하고 있다. 따라서 '혐오 현상을 만들어 내는 근본 원인을 찾아야 한다'가 주제로 가장 적절하다.

06

정답 ③

(나) : 면역을 선청성과 후천성으로 구분
(가) : 선청성을 다시 제1 방어선, 제2 방어선으로 나눔
(라) : 후천성도 두가지로 나뉘는데 첫 번째가 채액성 면역
(다) : 다른 후천성 면역은 세포성 면역으로 T세포에 의존
(마) : T세포 설명

07

정답 ②

① 마지막 문단 세 번째 문장 '반면, 기존 제품을 사용하는 소비자 입장에서는 크게 다를 것 없는 신제품 구입으로 불필요한 지출과 실질적인 손실이 발생할 수 있다' (○)
② 두 번째 문단 계획적 진부화의 두 번째 이유를 보면 계획적 진부화로 중고품 경쟁력을 낮춘다 (×)
③ 두 번째 문단 계획적 진부화의 세 번째 이유와 부합 (○)
④ 두 번째 문단 계획적 진부화의 첫 번째 이유와 부합 (○)
⑤ 마지막 문단 마지막 문장에서 나오는 '에너지나 자원의 낭비에 대한 비판'과 연관 (○)

08
정답 ④

영화 레드플래닛에 나오는 이끼를 예시로 설명하고 마지막에 '그러나 이런 방법을 택하더라도 인간이 직접 호흡하며 돌아다니게될 때까지는 최소 몇 백 년의 시간이 걸릴 것이다.'라고 하였으므로 귀납을 통해 실현가능성을 증명한다 할 수 없다.

09
정답 ③

'테라포밍'은 지구가 아닌 다른 외계의 천체 환경을 인간이 살 수 있도록 변화시키는 것으로 화성에 대기층을 만드는 일을 최종적인 작업이라 할 수 있다.
②는 테라포밍의 목적에 해당하며 나머지 보기는 ③을 위한 작업이다.

10
정답 ③

전체 일의 양을 1로 놓고, 정환이와 지영이가 하루에 할 수 있는 일의 양을 각각 x, y라 하면

$$\begin{cases}6x+4y=1\\9x+2y=1\end{cases}\quad \therefore x=\frac{1}{12},\ y=\frac{1}{8}$$

따라서 정환이가 혼자서 하면 12일이 걸린다.

11
정답 ④

[해설] 올라간 거리를 xkm, 내려온 거리를 ykm라 하면

$$\begin{cases}x+y=6.5\\\frac{x}{2}+\frac{y}{3}=\frac{5}{2}\end{cases}\ \Rightarrow\ \begin{cases}10x+10y=65\\3x+2y=15\end{cases}$$

$\therefore x=2,\ y=4.5$

따라서 올라간 거리와 내려온 거리의 차는 $4.5-2=2.5km$이다.

12
정답 ④

① (사실확인) 2008년, 2010년에 NG (×)
② (분수비교) 2008년 : 18,550 × 2 < 50,955 (×)
③ (분수비교) 2007년, 2008년에 50% 미만 (×)
④ (사실확인) 2009년 (○)
⑤ (덧셈비교) 25,368 - 14,345(2008년) < 38,082 - 25,368(2009년) (×)

13
정답 ④

합계가 100으로 같으므로 찬성(반대)인원이 같으면 찬성(반대)하는 비율도 높다.
ㄱ. (사실확인) 90(30세 미만) > 60(30세 이상) (○)
ㄴ. (사실확인) 60(여성) > 48(남성) (○)
ㄷ. (덧셈비교) 성별차이(12) < 연령별차이(30) (×)
ㄹ. (분수비교) $\frac{78+48}{200}$ > 50% (○)

14
정답 ①

① (A or B) 개별입지 : 계획입지 = 60%↑ : 40%↓
→ 개별입지(175) < 계획입지(149) × 1.5 (×)
② (분수비교) 127 + 18 + 133 > 324 × 0.8 (○)
③ (덧셈비교) 100 > 33(=133−100) (○)
④ (곱셈비교) 9 + 1 + 17 > (4+2) × 4 (○)
⑤ (사실확인) (○)

15
정답 ①

- (유형) 매칭형
- 2 & 3번째 선택지 : D(=B) − B = 23이 아닌 ②③ 소거
- 가평균 70을 기준으로 편차의 합은 '0'
  i) A(+25) + C(+25) + F(−27) = +23
    → B = D 이므로 선택지(①④⑤ 중)에서 B+B+E의 편차가 −23찾기
  ii) 평균이 70이므로 A~F의 합(=70 × 6)은 1의 자리가 0이다.
    A(95) + C(95) + F(43) 의 1의 자리는 3이다.
    → B = D 이므로 선택지(①④⑤ 중)에서 B+B+E의 1의 자리가 7인 것 찾기.

16
정답 ①

ㄱ. (분수비교) $\frac{29}{23}$(공급자) < $\frac{24}{18}$(시설미비) (○)
ㄴ. (사실확인) (○)
ㄷ. (A or B) 상위 2개의 합이 50% 미만이면 맞다.
  41+20 > 120 × 50% (×)
ㄹ. (분수비교) $\frac{39}{118}$(2017년) < 35% (×)

17

정답 ⑤

① (꺾은선 그래프) 그래프의 차이가 1998년이 더 크다. (×)
② (가중평균) 2014년(610↑) > 2018년(606↓) (×)
③ (사실확인) G,H,I가 반례 → 특히 수월수준 비율이 같은 G,H에 주의 (×)
④ (A or B) 400점 미만↑ = 400점 이상↓(F) (×)
⑤ (덧셈비교) 67 - 34(D) > 72 - 42(B) (○)

18

정답 ③

1	2	3	4	5
C	D	E	B	A

19

정답 ②

도전 → 고민 → 한계 → 객관적 평가 → 스스로 성찰 → 독서 → 생각 or 호기심

20

정답 ④

A : 입지적 고성성, 지역별로 다른 부동산시장 → (ㄹ) : 수도권과 지방권 부동산 시장의 차이
B : 정보의 비대칭성으로 인한 구매자의 역선택 → (ㄴ) : 난방상태 및 결함 등 정보를 얻기 힘든 사례
C : 즉각적 공급 지연 → (ㄱ) 원룸 수요 급증으로 원룸을 구하지 못하는 사례
D : 공급자가 시장가격을 일부 정할 수 있음 → (ㄷ) : 높은 분양가에도 브랜드 이미지로 인한 분양 성공 사례

21

정답 ②

1순위 소득기준에 부합하는 내용은 조건으로 주어지지 않았다.
2순위 조건 중
본인과 부모의 소득 합은 80+210 = 290만원으로 전년도 도시근로자 가구당 월평균소득 300만원보다 작고
자신 및 자동차가액 역시 기준에 부합하므로 2순위

22

정답 ④

1순위 소득기준에 부합하는 내용은 조건으로 주어지지 않았다.
2순위 조건 중
본인과 부모의 소득 합은 50+240 = 290만원으로 전년도 도시근로자 가구당 월평균소득 300만원보다 작고
자신 및 자동차가액 역시 기준에 부합하므로 2순위
2순위 보증금 200만원
2순위 임대료 시중 시세 70만원의 50%로 35만원 x 72개월(6년) = 2,520만원
총 합 : 200 + 2,520 = 2,720 만원

23

정답 ⑤

① (사실확인) 2010년에 감소 (×)
② (분수비교) $\frac{274}{328}$(2009년) > $\frac{309}{450}$(2010년) (×)
③ (덧셈비교) 4,500 - (56+4,100)(2010년) > 5,100 - (40 + 4,900)(2011년) (×)
④ (사실확인) 2010년에 NG (×)
⑤ (조건) 재배면적이 4,000에서 5,000으로 $\frac{5}{4}$배 커졌다. 마늘 생산량은 60,000에서 $\frac{5}{4}$배 커진 75,000톤이 된다. (○)
⑥ (분수비교) 막대·꺾은선 그래프의 경향 확인 (○)
⑦ (A or B) $\frac{\text{양파}}{\text{양파}+\text{마늘}}\uparrow = \frac{\text{양파}}{\text{마늘}}\uparrow$ (○)
⑧ (분수비교) (○)

24

정답 ②

- 실가동률 : A, B = $\frac{3}{4}$, C = $\frac{5}{6}$ D = $\frac{3}{5}$
- 〈정보〉 4번째 : 인천(D) → ①④번 제거
- 〈정보〉 1번째 : A, B = 서울, 인천, C = 광주 → ⑤번 제거
- 〈정보〉 2번째 : 실제 가동시간 B > A(서울) → ③번 제거

25

정답 ④

메뉴 \ 연도 \ 구분	제공횟수		
	2017	2018	2019
A	40	44	44
B	34	34	34
C	45	36	0
D	31	31	31
E	40	36	36
F	60	60	54
G	–	9	9
H	–	–	42
전체	250	250	250

④ (수리계산형) 2017년 A와 E의 제공횟수는 같다. 2018년은 둘의 만족도 구간이 같지만 2017년에는 A가 만족도 구간이 높으므로 2019년에는 'A > E' 이다. (×)

04 하프 모의고사 4회 정답 및 해설

01	④	02	①	03	②	04	⑤	05	⑤
06	⑤	07	④	08	④	09	③	10	④
11	④	12	④	13	②	14	①	15	②
16	⑤	17	①	18	③	19	⑤	20	③
21	①	22	①	23	④	24	②	25	③

01

정답 ④

2문단에 복지 공감 지도로 복지 혜택이 필요한 지역과 수급자를 빨리 찾아낼 수 있으며, 복지 기관의 맞 춤형 대응이 가능하고, 최적의 복지 기관 설립 위치를 선정할 수 있다. 그러나 복지 혜택에 대한 수급자들의 개별 만족도를 파악할 수 있다는 내용은 확인할 수 없다.

02

정답 ①

첫 문단에서 방정식에 대한 소개를 한 후 두 번째 문단에서 변수의 개수에 따라, 상황의 복잡도에 따라 방정식을 구분해야 하며, 구체적으로 일반해를 구하기 어려운 방정식은 '5차 방정식 이상'으로 표현해야 한다고 설명한다. 따라서 글의 제목으로 적절한 것은 '수학 용어의 올바른 활용'이다.

② 수학 공식이 적용되는 것은 없다.
③ 방정시의 구성 요소를 제시한 적은 없다.
④ 방정식의 추상성을 언급한 부분은 없다.
⑤ '수학 용어'가 아닌 '용어' 사용에 대한 글로 확장해서 보기에는 무리가 있다.

03

정답 ②

① ④ '화면에 보이는 책이 뭐지요?', '클릭해 볼까요? 자, 평음, 격음, 경음이 서로 다른 소리로 들리죠?'
③ 정인지가 쓴 이 책의 서문에 따르면 『훈민정음』의 완성은 ..

04

정답 ⑤

마지막 문단에서 디스토피아는 유토피아의 반대말이며 19세기에 만들어진 말로 유토피아보다 나중에 만들어진 표현이므로 보기 5번은 옳지 않다.

05

정답 ⑤

어린이들이 백지 상태, 즉 세상이나 언어에 대해 아무런 전제된 개념을 갖지 않은 상태라는 ㉠극단적 행동주의자적 입장을 비판하는 <보기>의 생득론자의 입장을 그대로 반영하는 것은 ⑤이다.

06

정답 ⑤

(마) : 17세기 유럽 전역에 백자의 인기.
(나) : 18세기 대항해 시대, 백자는 만들 수 없어 중국에서 수입.
(라) : 백자를 만드려는 유럽의 시도와 실패. 고령토, 가마 등의 원인.
(가) : 고령토 발견.
(다) : 가마 가능으로 유럽 생산 시대 열림.

07

정답 ④

이 글의 중심 논지는 학교 팽창의 현상과 원인 분석이다. 역사적 의의나 나아갈 방향 등은 제시하지 않았으므로 ④번이 정답이다.

① 도입 문단에서 "무엇이 학교를 이토록 팽창하게 만들었을까?"라고 하 여 독자의 관심을 환기하였다.
② 학교 팽창의 원인을 '학습 욕구', '경제적', '정치적', '사회적'의 네 가 지 차원으로 나누어 설명하였다.
③ 첫 문단에서 학교와 학생 수 팽창의 상황을 대략적인 수치 자료(약 ~ 명)로 제시하여 설명하였다.

08

정답 ④

④에서 말한 내용은 사회적 차원이 아닌, 경제적 차원에서 설명한 부분에 그대로 기술되어 있다.

① '지적·인격적 성장을 위한 욕구'는 내적 성장에 대한 욕구와 같은 의 미이다.
② '인력 양성 기관의 역할'과 인력을 기르는 역할은 같은 의미이다.
③ '언어, 역사의식, 가치관, 국가이념 등을 모든 국가 구성원들에게 가 르쳐야' 할 필요성을 넷째 문단에서 언급하였다.

09

정답 ③

③의 진술이 공통된 인식에 해당한다. 막스 베버는 사회경제적으로 높은 지위를 얻으려면 학력증명, 즉 높은 학력을 가지면 된다고 하였다. <보기>의 A도 학력이 높으면 높은 소득을 얻고 계층 상승을 이룰 수 있 다고 하였다.

① 진술 내용 중 A와 막스 베버의 위치가 바뀌었다.

② 진술 내용 중 B와 막스 베버의 위치가 바꾸고, 비교의 조사 '보다' 대신 '뿐만 아니라' 정도로 서술하는 것이 적절하다.

④ 막스 베버의 견해와는 무관하다.

10

정답 ④

어제 남자 관객 수와 여자 관객 수를
각각 x명, y명이라 하면

$$\begin{cases} x+y=1200 \\ \frac{3}{100}x-\frac{2}{100}y=11 \end{cases}$$

$$\rightarrow \begin{cases} 2x+2y=2400 \\ 3x-2y=1100 \end{cases}$$

두 식을 더하면 $5x=3500$에서 $x=700$
따라서 어제 남자 관객수는 700명이고
오늘 입장한 남자 관객수는

$700(1+\frac{3}{100})=721$(명)이다.

11

정답 ④

i) 두 공의 색이 노란 공일 확률은

$\frac{4}{10}\times\frac{4}{10}=\frac{4}{25}$

ii) 두 공의 색이 흰 공일 확률은

$\frac{6}{10}\times\frac{6}{10}=\frac{9}{25}$

따라서 구하는 확률은 $\frac{4}{25}+\frac{9}{25}=\frac{13}{25}$

12

정답 ④

① (덧셈비교) 8,793 − 7,879(2018년) > 9,240 − 8,518(2019년) (×)

② (분수비교)

$\frac{\text{전력}-\text{최대}}{\text{최대}}\uparrow=\frac{\text{전력}}{\text{최대}}\uparrow\ -1$

→ $\frac{8,793}{7,879}$(2018년) > $\frac{9,240}{8,518}$(2019년) (×)

③ (사실확인) 2월, 5월에 NG (×)

④ (꺾은선 그래프) 2018년 2월과 6월차이 < 2019년 8월과 4월 차이 (○)

⑤ (꺾은선 그래프) $\frac{8,297}{7,780}$(1월) < $\frac{8,518}{7,692}$(8월) (×)

13

정답 ②

① (사실확인) (○)

② (분수비교) $\frac{32}{122}$ < 30% (×)

③ (분수비교) (○)

④ (사실확인) (○)

⑤ (사실확인) (○)

14

정답 ①

ㄱ. (사실확인) (○)

ㄴ. (사실확인) 기계류, 전기·전자 플라스틱제품 광학정밀기기 총 4개 (○)

ㄷ. (분수비교) $\frac{148}{537}$(자동차) < $\frac{114}{335}$(광학) (×)

ㄹ. (분수비교) 30% 미만이 남는다. → $\frac{49.6}{93.8}$ > 30% (×)

15

정답 ②

− A ≠ 아랍에미리트 (④⑤번 제거)

− B ≠ 라이베리아 (①번 제거)

− C ≠ 르완다 (③번 제거)

16

정답 ⑤

① (사실확인) (○)

② (사실확인) (○)

③ (사실확인) (○)

④ (분수비교) $\frac{176}{566}$ > 30% (○)

⑤ (분수비교) $\frac{43}{334}$ > 10% (×)

17
정답 ①

① (밀어넣기) 서울(142,248) – 소규모C(3,476+1,282) > 137,000 (×)
② (A or B) 전체(148,323) – 서울(142,248) ≥ 6,000 (○)
③ (분수비교) 중규모만 1.5미만 (○)
④ (분수비교) 다대다 비교 (○)
⑤ (A or B) 서울 외 지역이 10%(136.3) 미만이다. (○)

18
정답 ③

A : 날씨 맑음
B : 공원 북적
C : 야구장 만석
D : 영화관 만석
E : 수족관 휴업
조건 도식화
A → B
~B or D
B and D → E
B → C

A → B → C
→ D → E
③ 날씨가 맑으면 야구장이 만석이다. 따라서 날씨가 맑으면서 야구장이 만석이 아닌 것은 거짓이다.

19
정답 ⑤

갑 : A, B, D, H
을 : C, E, F
병 : G

20
정답 ③

ㄱ. '야생 조류' AI 바이러스 현황 표이므로 '야생 조류' 고병원성 AI 항목은 5건만 표기하고 가금류 고병원성 AI 바이러스는 제외되는 것이 맞다.
ㄷ. 바이러스 미분리는 야생 조류 AI 바이러스 검출 현황에 포함하지 않는다.

21
정답 ①

집 – E – D – C – B – A
= 48 + 100 + 40 + 64 + 30 = 282

22
정답 ①

집 – D – E – C – B – A
= 5 + 10 + 5 + 4 + 6 = 30
30 x 1500 = 45,000원

23
정답 ④

① (사실확인) 미이용(447만m^3) > 이용(339만m^3) (×)
② (곱셈비교) 212 × 96%(수확벌채) > 583 × 27%(숲가꾸기) (×)
③ (곱셈비교) 399 × 55% > 200 (×)
④ (밀어넣기) 212 × 96%(수확벌채로 얻은 원목)을 보드용을 제외한 나머지(45%)에 밀어 넣고도 남는다. → 보드용으로 이용이 된다. (○)
⑤ (곱셈비교) 51 × 25% > 10 (×)

24
정답 ②

– (유형) 매칭형, 수리계산형
– B vs D → 가장 높은 지역은 B(③④⑤소거)

지역 / 위험인자	B		D	
경사길이(m)	220	~~30점~~ 20점	80	~~10점~~
모암	퇴적암	~~0점~~	변성암(천매암)	20점
경사위치	중상부	~~20점~~	상부	~~30점~~ 10점
사면형	복합사면	~~30점~~	복합사면	~~30점~~
토심(cm)	120	~~20점~~	110	~~20점~~
경사도(°)	20	~~30점~~ 20점	35	~~10점~~

– A vs E → 가장 낮은 지역은 E(①소거)

지역 위험인자	A		E	
경사길이(m)	180	20점	40	~~0점~~
모암	화성암	~~10점~~	변성암 (편마암)	~~30점~~ 20점
경사위치	중하부	~~10점~~	중상부	~~20점~~ 10점
사면형	상승사면	~~0점~~	평형사면	10점
토심(cm)	160	~~30점~~ 20점	80	~~10점~~
경사도(°)	30	10점	55	~~0점~~

25

정답 ③

구분 공종	공법	공사기간	항목별 공사비			
			재료비	노무비	경비	합계
토공사	A	4	4	6	4	14
	B	3	7	5	3	15
	C	3	5	5	3	13
골조공사	D	12	30	20	14	64
	E	14	24	20	15	59
	F	15	24	24	16	64
마감공사	G	6	50	30	10	90
	H	7	50	24	12	86

– 총공사기간 = C(3개월) +E(14개월) + H(7개월) = 24개월

05 하프 모의고사 5회 정답 및 해설

01	④	02	②	03	②	04	①	05	③
06	①	07	⑤	08	⑤	09	③	10	③
11	①	12	④	13	⑤	14	④	15	④
16	④	17	①	18	④	19	③	20	⑤
21	③	22	⑤	23	④	24	①	25	⑤

01

정답 ④

아동권리에 대한 내용으로 아동권리사상 → 제네바 선언 → 아동권리협약 → 아동권리헌장 으로 이어지는 과정에서 세 번째 문단 첫 번째 문장에서 제네바 선언의 한계를 말하고 있다.

02

정답 ②

세 번째 문장과 마지막 문장을 통해 조선인의 주체적 대응에 정당한 평가가 필요함을 말하고 있다.

03

정답 ②

마지막에서 세 번째 문장 '..뇌를 구성하는 세포 조직의 어떤 측면이 우리의 지능에 필수적인 것은 사실이지만, 그 물리적 특성들로는 충분하지 않다.'를 통해 필요충분조건이 아님을 알 수 있다.

04

정답 ①

첫 문단 마지막 줄 '진본성이나 공공성을 담지한 공식 기록을 선별해 남기려는 역사학적 관심사는, 이 새로운 무차별적인 기억과 감정적 흐름의 공장을 돌리는 데이터 권력 질서와 자주 경합하거나 때론 데이터 권력에 의해 억압당한다.'를 통해 확인할 수 있다.

05

정답 ③

끝에서 두 번째 문장 '무대 연출 작업 중에서 독보적인 창작을 걸러내서 ~ 후발 창작을 방해하는 요소로 작용할 수도 있다'와 일치하지 않는 진술이다.

06

정답 ①

(나) : 첫 문단에서 언급된 공격적인 환경보호 조치의 성과
(가) : 그러나 막대한 비용의 낭비와 문제의 악화
(다) : 문제의 악화 예시로 대기오염

07

정답 ⑤

마지막 문단을 통해 동독 주민들의 주체적 참여의 중요성을 강조하고 있다.

08

정답 ⑤

2문단을 보면, 보드리야르는 기호가치가 경제적 가치를 결정한다고 보았으며 5문단을 보면, 기호 체계는 사회적 상징체계와 동일 표현으로 사용되고 있다. 4 문단을 보면, 소비자가 기호가치 때문에 사물을 소비 한다고 보았음을 확인할 수 있어 '경제적 가치는 사 회적 상징체계에 따라 결정되므로 기호가치가 소비의 원인이다.'가 적절한 진술임을 확인할 수 있다. [오답풀이] ① 마르크스는 사용가치가 고정적 가치이 지만 교환가치는 사물의 생산 비용에 의해 결정된다 는 점에서 유동적이라고 보았다. ② 마르크스는 소비 를 생산에 종속된 현상으로 보아 소비자의 욕구를 중 요하게 생각하지 않았다. ③ 보드리야르는 사용가치 가 경제적 가치를 결정하며, 이때의 사용가치는 욕망 의 대상으로서 기호가 지니는 기능적 가치라고 설명 했다. ④ 보드리야르는 개인의 욕구가 자유로워 보이 지만 사실은 강제된 욕구에 따르는 것에 불과하다고 보았으며, 집단 간의 사회적 차이는 현대 소비사회에 서 더욱 강화된다.

09

정답 ③

4문단을 보면, 사물의 기호가치가 변화하면 사물의 경제적 가치와 사물에 대한 욕구도 변화함을 알 수 있다. 또 동일 문단에서 특정 사물이 지닌 기호가치 는 사회적 상징체계임도 확인할 수 있다. 따라서 ㉢ 은 ③과 같은 전제에 따라 성립함을 추론할 수 있다. [오답풀이] ① 사물 자체의 유용성은 사용가치로 이 는 기호 체계와 관련된 상징체계 변화와 무관하다. ② 보드리야르는 개인의 욕구를 사회적으로 강제된 것으로 보고 있으므로, 사물에 대한 욕구가 사람마다 제각기 다르다는 것은 전제로 성립할 수 없다. ④ 보 드리야르는 개인의 자연 발생적인 욕구가 없다고 보 았다. ⑤ 보드리야르는 오히려 의미 내용과 욕구가 연관된다고 보았다.

10
정답 ③

가영이가 이긴 횟수를 x회, 나영이가 이긴 횟수를 y회라 하면

$\begin{cases} 4x-3y=16 \\ -3x+4y=-5 \end{cases} \quad \therefore x=7,\ y=4$

따라서 가영이가 이긴 횟수는 7회이다.

11
정답 ①

작년 포도 수확량을 x상자, 머루 수확량을 y상자라 하면

$\begin{cases} x+y=400 \\ \frac{15}{100}x-\frac{10}{100}y=\frac{5}{100}\times 400 \end{cases} \Rightarrow \begin{cases} x+y=400 \\ 3x-2y=400 \end{cases}$

$\therefore x=240,\ y=160$

따라서 작년 머루 수확량은 160상자이므로 올해 머루 수확량은

$160\times\left(1-\frac{10}{100}\right)=144$상자이다.

12
정답 ④

- B보다 선호순위가 높은 안건은 없다.
 D보다 선호순위가 낮은 안건은 없다.

ㄱ. (사실확인) C는 A보다 갑과 병에서 선호순위가 높다. (○)
ㄴ. (사실확인) B위에 2번 있는 안건은 없다. (○)
ㄷ. (사실확인) 'ㄷ' 선택지가 맞으려면 3번(A-C, B-C, C-D) 모두 채택되어야 한다. 하지만 'ㄴ'에서 B가 채택이 된다. (×)
ㄹ. (사실확인) D아래 2번 있는 안건은 없다. (○)

13
정답 ⑤

① (곱셈비교) 6.1 × 2 < 13.2 (○)
② (사실확인) (○)
③ (사실확인) (○)
④ (곱셈비교) 255 × 5.5 < 1478.4, 562.5 × 1.4 < 806.4 (○)
⑤ (사실확인) 원아 1인당 교사면적은 국립(7.5) < 사립(7.2) (×)

14
정답 ④

ㄱ. (사실확인) 논, 밭 피해면적은 전남이 가장 크다. (○)
ㄴ. (사실확인) 피해 발생기간이 가장 긴 지역은 논은 전남이고 밭은 경남이다. (×)
ㄷ. (분수비교) $\frac{147}{1140}$ < 15% (○)
ㄹ. (분수비교) $\frac{167}{152} > \frac{675}{726}$ (○)

15
정답 ④

ㄱ, ㄴ. (알 수 없다) 면적을 알 수 없다. (×)
ㄷ. (알 수 없다) 제조업, 서비스업 생산액을 알 수 없다. (×)
ㄹ. 인구수와 금융대출액 모두 알고 있다. (○)
ㅁ. (알 수 없다) 대학 수는 알아도 대학 재학생 수는 알 수 없다 (×)

16
정답 ④

- 일반(120) + 전문(60) = 전체(180)
- (하반기) 일반 = 120 × 60% = 72, 전체 = 180 × 70% = 126
 → 72 + (54) = 126

17
정답 ①

ㄱ. (계산식) 만족도 > 질평가 → 만족도 > 시청자평가지수 > 질평가 (○)
ㄴ. (계산식) $\frac{7.2+G}{2}$ = 7.13 → G = 7.06 (○)
ㄷ. (계산식) D의 전체는 7.32와 7.16의 평균이므로 주시청(7.32)보다 작다. (×)
ㄹ. (계산식) 시청자 평가지수가 '주시청 < 전체'인 A,B,C 중 만족도지수가 '주시청 > 전체'인 것은 B뿐 (×)

18
정답 ④

첫 번째 조건 도식화

A → ~B

~B → ~C

두 번째 조건 도식화

~D → C

~A → ~E

세 번째 조건 도식화
~E → ~C

A → ~B → ~C → D
~A → ~E → ~C → D

따라서 D는 반드시 수강

19

정답 ③

레오폴드가 (ㄱ)참말쟁이라면 그의 말은 거짓이 되어 모순이다. 따라서 레오폴드는 (ㄴ)거짓말쟁이다. 그러므로 레오폴드가 말한 '우리 둘 다 거짓말쟁이다' 가 거짓이고 레오폴드와 몰리 둘 다 (ㄷ)거짓말쟁이일 수는 없다. 레오폴드가 (ㄹ)거짓말쟁이이므로 그것을 말한 몰리는 (ㅁ)참말쟁이가 된다.

20

정답 ⑤

기회 박탈 및 진입장벽 → ㄹ : 지원자격 없음
2. 노인 비하적 언급이나 뉘앙스 → ㄴ : 나이먹은 사람이 와서 별로라는 인상을 받음
3. 무관심, 무시 → ㄷ : 존재감 없다는 인식
4. 주요 결정에 배제와 소외 → ㄱ : 회의 참여 배제

21

정답 ③

생계유지비 = 인당 35만원 x 2인 x 3개월 = 210만원
의료비 = 본인부담금 인당 20만원 x 2인 x 2회(최대 횟수) = 80만원
주거비 = 인당 20만원 x 2인 x 6개월 = 240만원
총 합 = 210 + 80 + 240 = 530만원

22

정답 ⑤

생계유지비 = 인당 35만원 x 3인 x 6개월(최대 횟수) = 630만원

23

정답 ④

○ 1번째 : A + B = C(=30)
○ 2번째 : A + D(=12) = 2E
○ 3번째 : B + 6 = E
→ 1 & 3번째 : A + E −6 = 30 → A = 36 − E
→ 2번째 대입 : 36 − E + 12 = 2E → E = 16, B = 10, A = 20
(분수비교) : 변동계수

$\frac{8}{16}$(E) > $\frac{4}{10}$(B) > $\frac{4}{12}$(D) > $\frac{5}{20}$(A) > $\frac{6}{30}$(C)

24

정답 ①

'가 ~ 타' 중 B정당이 선두인 라,아,자,차,타 위주로 조합을 한다. '다·라·아'와 '사·카·타'를 묶으면 3지역 모두 B정당이 될 수 있다.

25

정답 ⑤

<2&3번째 조건>

라운드 / 참가자	1	2	3	4	5
A	1	( )	3	3	( )
C	( )	5	4	( )	5

A 최솟값 = 1 + 1 + 3 + 3 + 2 = 10
C 최댓값 = 5 + 5 + 4 + 5 + 5 = 24

06 하프 모의고사 6회 정답 및 해설

01	④	02	②	03	④	04	②	05	⑤
06	④	07	③	08	①	09	③	10	③
11	②	12	②	13	①	14	⑤	15	④
16	⑤	17	⑤	18	③	19	③	20	②
21	④	22	⑤	23	②	24	①	25	②

01

정답 ④

순서는 의원 선서 – 자유 발언 – 조례안 상정 – 찬반 토론 – 전자 투표이다.

02

정답 ②

두 번째 문단에서 '아름답다'는 주관적인 심정을 독자에게도 일으키고 작자와 동일한 경험을 갖게 하는 것을 묘사로 설명하고 있다.

① 첫 문단 마지막 줄에서 설명되고 있다.
③ 마지막 묘사할 때 명심할 사항 두 번째에 해당한다.
④ 마지막 묘사할 때 명심할 사항 세 번째에 해당한다.
⑤ 세 번째 문단 처음 언급되고 있다.

03

정답 ④

도시 생활을 '군중 속의 자유'로 표현하며 지금의 도시민들이 어디를 가든 내가 모르고 나를 모르는 사람들에게 둘러싸여 있다는 점으로 중심내용을 알 수 있다.

04

정답 ②

두 번째 문단에서 구조란 의식되지 않는 가운데 인간 문화의 기저에서 인간의 행위를 규정함을 뜻한다고 하고 문단 마지막에 주체는 무의식적 주체라고 함을 통해 ②번은 거리가 멀다고 볼 수 있다.

05

정답 ⑤

첫 문단 : 컴퓨터는 결정론적 법칙의 지배를 받는 시스템
두 번째 문단 : 결정론적 법칙의 지배를 받는 시스템은 하나의 선택지만 있으므로 자유의지를 갖지 않는다. 지유의지를 가지지 않는 시스탬은 도덕적 의무를 귀속시킬 수 없다.

컴퓨터 → 결정론적 법칙 지배 하 시스템 → 선택지가 하나밖에 없음 → 자유의지 없음 → 도덕적 의무에 귀속 시킬 수 없음.

'ㄴ'의 대우가 성립하므로 성립한다.

06

정답 ④

(마) : 사회는 서로 뜻이 통하는 단체
(다) : 통하기 위해 말과 글이 필요
(나) : 말과 글은 사회 조직의 근본이고 인민을 통합하는 기관
(가) : 이 기관을 잘 정련해야함
(라) : 그렇지 않으면 패망함

07

정답 ③

이 글에서는 기업전략의 개념을 말한 뒤 기업전략의 구체적 예로 기업 다각화 전략에 대해 설명하였다. 다음으로 기업 다각화 전략을 몇 가지로 구분하고 다각화 전략의 장점에 대해 구체적으로 서술하였다.

08

정답 ①

불경기와 호경기가 반복적으로 순환되는 사업을 주력으로 하고 있는 기업의 경우 불경기를 대비하여 '비관련' 분야로의 다각화가 필요하고, 그럼으로써 위험도를 낮추고 안정성을 '확보'하게 된다.

09

정답 ③

3문단 끝부분을 보면, 새로운 인력을 채용하여 교육시키는 데 많은 시간과 비용이 들어가는데, 다각화된 기업이 신규 기업에 비해 우월하다고 함.

10

정답 ③

올해 규연이의 나이를 x살, 치민이의 나이를 y살이라 하면

$\begin{cases} x+y=43 \\ y+1=2(x+1) \end{cases} \Rightarrow \begin{cases} x+y=43 \\ -2x+y=1 \end{cases}$

$\therefore x=14,\ y=29$

규연이는 14살, 치민이는 29살이므로 규연이는 치민이보다 15살 어리다.

11

정답 ②

눈이 온 다음날 눈이 오지 않을 확률은 $1-\frac{2}{3}=\frac{1}{3}$, 눈이 오지 않은 다음 날 눈이 오지 않을 확률은 $1-\frac{1}{3}=\frac{2}{3}$이다.

i) 화요일 눈이 오고 수요일 눈이 오지 않을 확률

$\frac{2}{3}\times\frac{1}{3}=\frac{2}{9}$

ii) 화요일 눈이 오지 않고 수요일 눈이 오지 않을 확률

$\frac{1}{3}\times\frac{2}{3}=\frac{2}{9}$

i)~ii)에서 구하는 확률은 $\frac{2}{9}+\frac{2}{9}=\frac{4}{9}$이다.

$\therefore a+b=4+9=13$

12

정답 ②

ㄱ. (덧셈비교) 'ㄴ'선택지와 함께 계산 (○)

ㄴ. (평균) 60분을 10개 구간으로 나눈 평균 6분을 기준으로 편차를 계산 (×)

ㄷ. (덧셈비교) 3km까지의 합은 B가 앞섰으나, 3~4km 구간에서 역전 (○)

ㄹ. (덧셈비교) D(57분 23초) − A(51분 52초) = 5분 31초이므로 8~9km구간 (×)

13

정답 ①

ㄱ. (사실확인) (○)

ㄴ. (사실확인) 링크트인과 구글플러스 역전 (○)

ㄷ. (덧셈비교) 구글플러스(30 − 17 = 13) < 유튜브(62−45 = 17) (×)

ㄹ. (사실확인) (○)

ㅁ. (사실확인) 유튜브는 50% 미만이다. (×)

14

정답 ⑤

① (덧셈비교) (○)

② (사실확인) (○)

③ (사실확인) (○)

④ (사실확인) (○)

⑤ (덧셈비교) 실무능력(4.1 − 3.6 = 0.5) < 직업윤리(4.0−3.1=0.9) (×)

15

정답 ④

ㄱ. (분수비교) $\frac{3,620}{5,655}$ > 60% (○)

ㄴ. (사실확인) (○)

ㄷ. (사실확인) 2009년에 NG (×)

ㄹ. (꺾은선 그래프) (○)

16

정답 ⑤

ㄱ. (사실확인) PC보유율은 경기가 네 번째로 높으나 인터넷 이용률은 광주가 네 번째로 높다. (×)

ㄴ. (사실확인) 경남보다 PC 보유율이 낮은 지역(충남, 전북, 전남, 경북)의 인터넷 이용률은 모두 경남보다 낮다. (○)

ㄷ. (곱셈비교) 67.8 × 1.3 > 85 (×)

ㄹ. (사실확인) (○)

17

정답 ⑤

ㄱ. (사실확인) 1,3,2,4학년 순이다. (×)

ㄴ. (조건) 진로상담은 교수와 진로컨설턴트만 할 수 있다. 진로상담(5340 × 45%) − 진로컨설턴트(641) ≥ 4285 × 30% (○)

ㄷ. (사실확인) (○)

ㄹ. (덧셈비교) 3826 + 496 + 174 ≤ 4600 (○)

18

정답 ③

A : 오늘 우리 중 나를 포함해서 셋만 학원에 다녀왔어.

학원(3명)	학원x(2명)
A	

B : 내가 학원에 가지 않았다면 D도 학원에 가지 않았어.

학원(3명)	학원x(2명)
A	B, D
A, B	

C : 나는 오늘 계속 D랑 같이 있었어.

학원(3명)	학원x(2명)
A	B, D (불가능)
A, B, E	C, D

19

정답 ③

A 공감 x → 변호사 x → 의사 → 소아과의사 or 안과전문의 → 아이 잘 다루는 의사 x → 소아과의사 x → 안과전문의

③의 대우가 필요

20

정답 ②

4	5	2	3	1
2	4	1	5	3
3	2	5	1	4
1	3	4	2	5
5	1	3	4	2

2 + 3 + 3 = 8

21

정답 ④

① 직계혈족은 '본인 등'이므로 위임없이 기본증명서 교부 청구할 수 있다.
② 3항에 따르면 우송료는 따로 납부한다.
③ 1항 1호에 따르면 구두가 아닌 문서로 신청하는 경우 교부 신청이 가능하다.
④ 4항에서 확인된다.
⑤ 4항 끝에 친양자입양관계증명서는 성년이 되어야 전자적 방법에 의한 열람을 청구할 수 있다.

22

정답 ⑤

- 동일한 이동거리를 이동 시 금액

 : 경유공급가 $\times \frac{1}{\text{복합연비}}$

- <마-경유>가 1300 × 1/20으로 가장 적으므로 비용이 적게 든다.

23

정답 ②

총 이동거리가 20 + 60 + 40 + 100 + 90 + 50 = 360km고 가장 연비가 좋은 차의 연비가 20km/L 이므로 360/20 = 18L이다. 4분기 경유가격이 1,300원이므로 1,300 × 18 = 23,400원이므로 50,000 ÷ 23,400 = 2.XX 이므로 2회 방문 가능

24

정답 ①

- 3번째 <조건> : A,B,C = 나·다·라, E = 마
→ 선지의 나,라는 A,B,C 로만 되어야 한다. (②④⑤번 제거)
- 4번째 <조건> : E(마)보다 큰 가,나 중 하나가 B(③번 제거

25

정답 ②

구분 \ 대학	A	B	C	D	E
재학생수	900	30,000	13,300	4,200	18,000
재직 교원수	44	1,260	450	130	860
필요 교원수	41	1,502	640	199	875
충원 교원수	-	242	190	69	15

07 코레일 1회 정답 및 해설

01	⑤	02	①	03	②	04	③	05	⑤
06	⑤	07	⑤	08	③	09	④	10	②
11	③	12	④	13	⑤	14	⑤	15	③
16	②	17	③	18	①	19	③	20	④
21	③	22	③	23	③	24	①	25	②

의사소통능력

01

정답 ⑤

주어진 본문의 '타다'와 보기 5번의 '타다'는 '어떤 조건이나 시간, 기회 등을 이용하다.'이다.

02

정답 ①

03

정답 ②

괄호 바로 앞 문장에서 집 자체가 인간과 마찬가지의 두께와 깊이를 가지고 있다며 인간과 유사성을 언급하였으며 괄호 바로 뒤 의식과 무의식과 같은 인간이 가지고 있는 것을 집의 다락방과 지하실에 대응시키기 때문에 괄호 안에는 집과 인간이 닮았다는 내용을 적절하다.

04

정답 ③

1년의 날수가 줄은 이유는 하루의 길이가 길어진 것이며 그 이유를 밝혀가고 있고 마지막 문단에서 미래의 1년의 날수가 더 줄어들 것을 언급하고 있다.

05

정답 ⑤

두 번째 문단 마지막 문장으로 확인할 수 있다.

06

정답 ⑤

(마)에서는 (라)에서의 비판 내용을 추가적으로 설명하고 있으며 유비논증의 차원을 넘어서는 내용은 없다.

07

정답 ⑤

① 개연성이 높기 위해서는 비교 대상 간의 유사성이 커야 하는데 이 유사성은 단순히 비슷하다는 점에서의 유사성이 아니고 새로운 정보와 관련 있는 유사성이어야 한다.
② 인간은 직접적으로 고통을 느끼며 이는 유비 논증에 의해 안다고 할 수 없다.
③ 동물 실험의 유효성을 주장하는 쪽에서도 꼬리는 유사성이 없으므로 무시해도 된다고 보고 있다.
④ 유효성 및 개연성을 바탕으로 동물 실험이 인간에게 명백하고 중요한 이익을 준다고 주장한다.

08

정답 ③

보기 3번은 (라)에서 동물 실험을 방해하는 쪽의 두 가지 비판 중 첫 번째에 해당한다.

수리능력

09

정답 ④

원가 × 1.2 – 900 = 원가 × 1.1 → 원가 = 9,000

10

정답 ②

시간 = $\frac{12km \times 2}{20km/h}$ = 1.2시간

열량 = 570kcal × 1.2시간 = 684kcal

11

정답 ③

– (총시간) 15 × A + 45 × B + 75 × 92 + 105 × 105 + 135 × 122 + 165 × 84 = 90 × 600
→ 15A + 45B + 48,255 = 54,000 → A + 3B = 383
– (접수건수) A + B + 92 + 105 + 122 + 84 = 600 → A + B = 197
→ A = 104, B = 93

12
정답 ④

서울시는 1000만/4 = 250만 가구. 정수기를 이용하는 가구는 250만/2 = 125만 가구이다.

평균 4번 필터교체를 하므로 총 125만 × 4 = 500만번 교체를 한다.

한 사람이 하루에 10개의 필터를 교체할 수 있다. 1년에는 10 × 5 × 50 = 0.25만개이다.

500만 = 0.25만명 × ?, ? = 2,000명이다.

13
정답 ⑤

① (분수비교) $\frac{809-738}{738}$ ≠ 15%

② (분수비교) $\frac{898-663}{663}$ ≠ 135%(전년대비 증가율은 135%가 아니라 35%이다.)

③ (분수비교) $\frac{99}{898}$ ≠ 22%

④ (분수비교) (195+47+240) × 2 > 868

⑤ (순위) $\frac{180}{8}$ 천명 < 23천명

14
정답 ⑤

구분	2012년	2013년	2014년	2015년	2016년	2017년	2018년
자산	32,324	32,688	33,539	34,685	36,637	38,671	41,573
금융자산	8,141	8,827	9,013	9,290	9,638	10,056	10,512
비금융자산	24,183	23,861	24,526	25,395	26,999	28,615	31,061
부채	5,450	5,858	6,051	6,256	6,719	7,099	7,531
금융부채	3,684	3,974	4,118	4,361	4,721	5,041	5,446
비금융부채	1,766	1,884	1,933	1,895	1,998	2,058	2,085
순자산	26,874	26,830	27,488	28,429	29,918	31,572	34,042

① (곱셈비교)

② (A or B) 비금융부채 : 금융부채 = 35%↓ : 65%↑

→ 금융부채가 비금융부채의 2배 이상이면 맞다.

③ (사실확인)

④ (사실확인)

⑤ (A or B) 순자산(100%) = 자산(125%↑) - 부채(25%↑)

→ 자산 < 부채 × 5가 되어야 하나 자산 > 부채 × 5 이므로 틀렸다.

15
정답 ③

① (사실확인) 2018년에 NG

② (사실확인) 2018년에 NG

③ (사실확인)

④ (사실확인) 주말 2018년에 NG

⑤ (사실확인) 2014년에 NG

16
정답 ②

- 주중			- 주말		
남		녀	남		녀
	1 3			1 3	
10.6	?	11.8	5.1	?	4.7
3000명	3 : 1	1000명	3000명	3 : 1	1000명
? = 10.9			? = 5.0		

17
정답 ③

① (사실확인) 2011~2014년 동안 지속적으로 감소한다.

② (덧셈비교) 여자의 흡연율은 0.9%p 감소

③ (곱셈비교) 1560만명 × 46.8% > 700만명

④ (곱셈비교) 1620만명 × 57.7% < 1000만명

⑤ (곱셈비교) 남성흡연율이 여성흡연율의 5배 이상인 해는 없다

문제해결능력

18
정답 ①

세 명의 진술을 정리하면 아래와 같다.

첫 간부 : 30 이상

두 번째 간부 : 30미만

세 번째 간부 : 한명 이상

첫 번째 간부와 두 번째 간부의 진술은 부정이며 참 거짓이 반대이고 세명 중 한명만 진실이므로 남은 세 번째 간부의 진술은 거짓이다. 따라서 변절자는 한명도 없다.

19

정답 ③

성	이	김	최	박
이름	유리	제시	앤디	케빈
착용	목걸이	팔찌	시계	반지

− 40 + 40 + 50 + 40 = 170

20

정답 ④

뿜	먼	답	너	T	빨

21

정답 ③

ㄱ. S와 W가 2그룹이면 T는 2그룹, U는 1그룹이고 R, X는 같은 그룹이어야 하는데 2그룹은 이미 세기관이 있으므로 1그룹이 되어 U와 X는 반드시 같은 그룹에 속해야만 한다.

ㄴ. 1그룹 USVW, 2그룹 RXT 로 구분되면 R과 T는 2그룹에 함께 속할 수 있다.

ㄷ. 주어진 모든 조건을 만족한다.

22

정답 ③

500점 × 40% × 20% = 40점

23

정답 ③

A의 바퀴수 12와 B의 바퀴수 20의 최소공배수인 60개를 하나의 세트로 생각한다.

A와 B가 모두 1인 경우가 나오면 1~12번 까지 12번 바퀴 숫자가 같은 경우가 된다.

60개의 한세트마다 번호가 같은 경우가 12번이 나온다.(시작부분에 나옴)

B바퀴가 10바퀴돌면 20 × 10 = 200번 회전하므로 60개의 세트는 3번 들어가고 3번의 세트 이후 다시 A와 B가 1로 시작한다. 따라서 1~12번 까지 12번 바퀴 숫자가 같은 경우가 4번이 반복이 된다. 12 × 4 = 48번 같은 숫자가 마주친다.

24

정답 ①

A + C + G

구분	월 절감비용	국가절감액	총 절감액
A + B + C	70,000,000	21,000,000	91,000,000
A + C + G	100,000,000	20,000,000	120,000,000
A + C + E	67,000,000	16,750,000	83,750,000
B + C + G	90,000,000	18,000,000	108,000,000
B + E + G	72,000,000	10,800,000	82,800,000
C + E + G	87,000,000	8,700,000	95,700,000
C + F + G	83,000,000	20,750,000	103,750,000

25

정답 ②

(지난달) A + B + D : 25,000,000 + 15,000,000 + 4,000,000 = 44,000,000

(이번달) C + E + G : 95,700,000

(증가액) 95,700,000 − 44,000,000 = 51,700,000원

08 코레일 2회 정답 및 해설

01	④	02	①	03	①	04	①	05	②
06	②	07	③	08	①	09	②	10	④
11	③	12	④	13	④	14	④	15	②
16	⑤	17	②	18	⑤	19	②	20	④
21	③	22	③	23	④	24	①	25	③

의사소통능력

01

정답 ④

주어진 눈과 보기의 눈은 시력을 의미한다.
①,③ 눈의 중심적 의미인 시각기관
② 사물을 보고 판단하는 힘

02

정답 ①

03

정답 ①

첫 문단에서 재난은 슬픈 일이지만 재난으로 인한 효과를 무시할 수 없다고 언급한 것과 마지막 문단 첫 문장을 통해 재난의 긍정적인 효과를 주제로 하고 있다는 것을 알 수 있다.

04

정답 ①

각 문단의 첫 문장을 통하여 시대별로 여러 명의 이론가의 주장을 소개하고 있음을 알 수 있다.

05

정답 ②

행정구제제도는 '행정상 손해전보'와 '행정쟁송'으로 나뉘며 '행정상 손해전보'는 다시 '행정상 손해배상'과 '행정상 손실보상'으로, '행정쟁송'은 '행정심판'과 '행정소송'으로 구분하여 설명한다.

06

정답 ②

마지막 문단 행정심판의 설명이 나오는 부분을 확인하면 행정심판의 법적 근거는 찾을 수 없다.

07

정답 ③

본문 내내 과학적 원리를 적용하여 우주에서 폐수 여과에 대한 해결방안을 제시하고 있다.(ㄴ)
첫 문단 마지막 부분을 통해 우주에서 폐수 여과에 대한 문제점을 제시하고 궁금증을 유발하고 있다.(ㄷ)

08

정답 ①

물체의 회전 운동을 발생시키는 것은 구심력이다.

수리능력

09

정답 ②

점수의 합 = 30 × 8.0 + 55 × 7.5 + 60 × 6.8 = 1068점
응답자 수의 합 = 30 + 56 + 60 = 146명

평균점수 = $\frac{1068}{146} \fallingdotseq 7.31$

10

정답 ④

점수의 합 = 50 × 1 + 60 × 11 + 70 × 27 + 80 × 9 + 90 × 2 = 3,500
평균 = 3,500/50 = 70

표준편차 = $\sqrt{\frac{(70-50)^2\times1+(70-60)^2\times11+(70-70)^2}{50}}$

$\times\sqrt{(27+(70-80)^2\times9+(70-90)^2\times2}$

= 8

11
정답 ③

생산량의 합 = 10,000(A라인) + 8,000(B라인) + 9,000(C라인) = 27,000

불량품의 합 = 10,000(A라인) × 1% + 8,000(B라인) × 2% + 9,000(C라인) × 1.5% = 395

불량률 = $\frac{395}{27,000}$ ≒ 1.46%

12
정답 ④

– 직원의 수를 A, 1명당 월급을 B라고 하면
 (A−50) × (B−50만원) = AB × 60%
 (A−30) × B = AB × 88%

위의 식을 연립하면 A = 250명, B = 200만원

A × B = 5억

13
정답 ④

① (사실확인)
② (분수비교) ‘증가폭’에 주의
③ (덧셈비교)
④ (덧셈비교) 2017년에 증가
⑤ (사실확인)

14
정답 ④

① (사실확인)
② (사실확인)
③ (사실확인)
④ (사실확인) 의류 · 신발, 가정용품, 음식점, 기타 등에서 NG
⑤ (사실확인)

15
정답 ②

(100 × 200 + 310 × 150 + 300 × 100 + 180 × 50 + 110 × 0) ÷ 1000 = 105.5

16
정답 ⑤

월	수송인원	승차인원	유입인원
1월	98,961	65,419	33,541
2월	88,430	58,243	30,186
3월	(87,854)	57,538	30,316
4월	104,288	69,149	35,139
5월	100,770	67,113	33,657
6월	101,684	68,088	33,596
7월	97,402	(64,901)	32,501
8월	93,195	61,675	31,520
9월	93,211	61,848	31,363
10월	100,815	67,191	33,624
11월	93,161	62,647	(30,514)
12월	99,861	66,171	33,690
합 계	1,159,632	769,983	389,647

① (덧셈비교) 묶음의 활용을 이용한다.
② (덧셈비교)
③ (덧셈비교) 둘 다 4월
④ (덧셈비교) 104,288(4월) − 87,854(3월) 〉 1,500
⑤ (덧셈비교) 68,088 − 64,901 〈 4,000

17
정답 ②

주중의 12~18시의 비율은 10.8% + 10.9% = 21.7%

문화활동 시간은 주중이 5x라면, 주말은 2.75x × 2 = 5.5x이므로 주중 : 주말은 5 : 5.5

주중	전체	주말
21.7%	34.8%	?
5시간		5.5시간

주말의 비율(?) = 46.7%

문제해결능력

18

정답 ⑤

C	A	F	D	G	B	E

19

정답 ②

영수의 진술에서 네 명의 신발가격 평균은 4, 5, 6 중에 하나이며 (D의 가격이 평균이라면 5만원)
모두 7만원을 초과하지 않으므로 평균은 6이 될 수 없다. 따라서 D의 가격은 5만원 이하이므로 가장 비싼 영수의 신발은 6만원인 B가 된다.

20

정답 ④

A, C, F 또는 B, C, F를 위촉하면 D와 E 없이 조건을 만족한다.

21

정답 ③

1팀	2팀	3팀
A	B, E	C, D

22

정답 ③

(사실확인) 동절기는 18시에 1시간 일찍 종료된다.

23

정답 ④

아버지, 어머니, 여동생 = 4000 + 5000 + 5000 = 14,000
인성이 가족 = 4,000 × 2 + 2,500 + 1,000 = 11,500
인성이 형 가족 = 5,000 × 2 + 1,500 × 2 = 13,000
합계 = 14,000 + 11,500 + 13,000 = 38,500원

24

정답 ①

25

정답 ③

09 코레일 3회 정답 및 해설

01	③	02	②	03	④	04	④	05	①
06	③	07	③	08	①	09	③	10	①
11	③	12	③	13	③	14	④	15	②
16	①	17	④	18	⑤	19	③	20	⑤
21	②	22	②	23	③	24	④	25	⑤

의사소통능력

01
정답 ③

① 수식 대상이 모호한 중의적 표현이다.
② 주술 호응이 잘못되었다.
④ 병렬 구문에서 서술어 공유의 부당성이 나타난 문장이다. '바람이 불고 눈이 오는'으로 고치는 것이 자연스럽다.

02
정답 ②

두 예문의 '다리'는 의미상 연관성이 없으므로 동음이의어이다.
새로 구입한 의자는 다리가 튼튼하다 : 물체의 아래쪽에 붙어서 그 물체를 받치거나 직접 땅에 닿지 아니하게 하거나 높이 있도록 버티어 놓은 부분
한강 다리 : 물을 건너거나 또는 한편의 높은 곳에서 다른 편의 높은 곳으로 건너다닐 수 있도록 만든 시설물
① 합성세제를 쓰다 : 어떤 일을 하는 데에 재료나 도구, 수단을 이용하다.
   인부를 쓰다: 사람에게 일정한 돈을 주고 어떤 일을 하도록 부리다.
③ 방이 밝다 : 불빛 따위가 환하다.
   계산에 밝다 : 어떤 일에 대하여 잘 알아 막히는 데가 없다.
④ 뒤로 갈수록 : 일의 끝이나 마지막이 되는 부분
   뒤를 봐 주겠다 : 어떤 일을 할 수 있게 이바지하거나 도와주는 힘

03
정답 ④

네 번째 문단 마지막 줄에서 납부하는 종이의 양은 최고 20권을 넘지 않는다는 것을 알 수 있다.

04
정답 ④

② 뚜껑형이 10% 용량 효율이 더 좋다.
③ 스탠드형의 설명이다.
⑤ 두 가지 모두 저장실을 선택적으로 사용할 수 있다.

05
정답 ①

영국에서는 기관을 방문하지 않는다.

06
정답 ③

쯔리히에서는 6일차에 ABB, 7일차에 SBB를 방문한다.

07
정답 ③

조선의 세종이 역법 확립을 위해 노력하는 과정과 마지막 문단을 통하여 그것이 끼친 영향을 보여준다.

08
정답 ①

조선은 조선만의 독자적인 교식 추보 방법을 찾고자 하였으며 이에 따른 노력을 계속하였으나 중국의 역법을 수용하며 중국과의 관계를 고려하는 것을 보면 천자를 부정했다거나 독자적인 정치 이념을 실현했다는 1번 보기의 문장은 사실로 볼 수 없다.

수리능력

09
정답 ③

학생 수를 A라고 하면,

$$A \times \frac{3}{5} \times \frac{3}{4} \times \frac{1}{3} \times \frac{4}{5} = 12$$

$$A = 100$$

10

정답 ①

A 문구점 : 19,000 × 9 + 3,000 = 174,000
B 문구점 : 7,500 × 30 + 1,000 = 226,000
C 문구점 : 38,000 × 5 = 190,000
D 문구점 : 11,000 × 15 × 1.1 = 181,500
E 문구점 : 20 × 8,900 = 178,000

11

정답 ③

2018년 : 1,237,800,000 × 1,250 = 1,547,250,000,000
2017년 : 972,620,000 × 1,200 = 1,167,144,000,000
2018년 − 2017년 = 1,547,250,000,000 − 1,167,144,000,000 = 380,106,000,000

12

정답 ③

① (분수&곱셈비교) $\frac{11,724}{149}$(군경유족) > $\frac{894}{39}$(애국지사~) × 3
② (사실확인)
③ (분수계산) $\frac{억원}{천명}$=십만원, $\frac{12,302}{143}$(2018년) − $\frac{11,724}{149}$(2017년) < 9
④ (덧셈계산) 14,372 − 13,947 = 425억원 증가
⑤ (덧셈계산) 424 − 419 = 5천명 감소, 24,263 − 23,071 = 1,192억원 증가

13

정답 ③

① (사실확인)
② (곱셈비교) 18,511 > 6,167 × 3
③ (분수비교) $\frac{45,236-44,710}{45,236}$ < 5%
④ (덧셈비교) 18,511 − 16,509 > 2,000(20억달러)
⑤ (사실확인)

14

정답 ④

구분	2011	2012	2013	2014	2015	2016	2017	2018
피해 건당 피해 금액	105	60	85	19	33	55	58	98
피해 면적	5,254	247	6,677	696	3,159	665	8,992	10,071
인명 피해	3	2	36	10	7	6	16	30

① (곱셈비교) 296(2013년) < 197(2012년) × 2
② (사실확인)
③ (사실확인)
④ (분수비교)
⑤ (곱셈비교) 40,150(2017년) < 21,524(2016년) × 2

15

정답 ②

① (사실확인) 2016년에 감소
② (계산식) 총인구수 = $\frac{의사수}{인구10만명당\ 의사수}$
③ (알 수 없다) OECD 인구 10만명당 의사수(상대수치)는 알 수 있지만 의사 수(절대수치)는 알 수 없다.
④ (사실확인) 일곱 번째로 많았다.
⑤ (분수비교) 248 < 224 × 1.15

16

정답 ①

① (덧셈비교) 초고령 사회는 2030년부터
② (A or B) 노인인구 구성비 = 100% − 생산가능인구 구성비 − 유소년인구 구성비
③ (A or B) 노인인구 구성비 = 100% − 생산가능인구 구성비 − 유소년인구 구성비
④ (사실확인)
⑤ (사실확인)

17

정답 ④

① (분수비교) $\frac{8,181}{36,207}$(2016년) > 20%
② (분수비교) $\frac{8,181}{36,207}$(2016년) > $\frac{3,395}{33,702}$(2000년) × 2
③ (분수계산) $\frac{13,704}{29,609}$(2030) ≒ 46%, $\frac{13,704}{29,609}$(2030) − $\frac{9,219}{35,956}$(2020) > 20%p

④ (분수비교) $\frac{16,208}{24,361}$(2040년) < 70%

⑤ (분수비교) 분모는 소폭 상승 또는 감소, 분자는 큰 폭으로 증가

문제해결능력

18

정답 ⑤

B와 D는 둘 다 참이 될 수 없으므로 둘 중 한명은 거짓이며 A와 C는 진실을 말하게 된다. 이때 A는 C, D보다 나이가 많다고 하였으므로 다섯 살 또는 여섯 살이며 D는 거짓을 말하게 된다. A, B, C 가 모두 진실을 말하였으므로 B는 세 살, C는 네 살이고 A는 D보다 나이가 많으므로 D가 다섯 살, A가 여섯 살이다.

19

정답 ③

친근	편의	신뢰
A, B, D	C, F	E, H, G

20

정답 ⑤

각 인원수를 독서 = 독, 음악감상 = 음, 운동 = 운 라 하고 조건을 정리하면 독, 음, 운는 자연수이며

독 + 음 + 운 = 10

독 > 운 > 음 이 된다.

A : 운 = 2 이면 더 작은 자연수는 1이므로 음 = 1 이다.

B : 음 = 2 이면 독 + 운 = 8이므로 독 = 5, 운 = 3 이 된다.

C : 독 = 6 이면 운 + 음 = 4이므로 운 = 3, 음 = 1 이 된다.

21

정답 ②

ㄱ : 외국인유학생 수료연한 5년 + 일반 휴학 2년 6개월 + 어학연수휴학 2년(1년 단위) = 9년 6개월

ㄴ : 특별입학 수료연한 3년 + 어학연수휴학 1년(1년 단위) = 4년

22

정답 ②

- 〈표2〉의 취미의 금액은 3,410,000원이 되어야 하므로, E는 840,000원이 되어야 한다.
  9만원에 실습비(1,2,3만원)를 더하면 만의 단위이므로 선택지 중 곱해서 84만원이 될 수 있는 것은 2번 7명밖에 없다.

23

정답 ③

- 예술의 수강료는 138만원이 되어야 한다.
  I의 수강료 17만원을 12만원 + 5만원이라고 두면
  12만원 × 9 + 5만원 × I수강생 수 = 138만원
- I 수강생 수 = 6명이 된다.

〈표 1〉 강좌별 수강료 및 수강생 수

(단위: 원, 명)

구분	강좌	수강료	실습비	수강생 수
인문학	A	100,000	없음	17
	B	70,000	20,000	23
취미	C	50,000	없음	10
	D	80,000	10,000	23
	E	90,000	(30,000)	(7)
스포츠	F	120,000	20,000	19
	G	100,000	20,000	13
예술	H	120,000	없음	(3)
	I	170,000	(20,000)	(6)

〈표 2〉 실습비와 분야별 수강생 수 및 납입금액

(단위: 원, 명)

구분		수강생 수	수강료	실습비	납입금액
분야	인문학	40	3,310,000	460,000	3,770,000
	취미	(40)	(2,970,000)	(440,000)	(3,410,000)
	스포츠	32	3,580,000	640,000	4,220,000
	예술	9	(1,380,000)	(120,000)	1,500,000
합계		(121)	11,240,000	1,660,000	12,900,000

24

정답 ④

본체는 가장 저렴 → 아크릴

뚜껑은 단가 100원 미만인 경우 내구성 → 아크릴

투명희색과 갈색 생산 가능한 업체(가, 다) 중 제작 수량 100개 미만 차이면 저렴 → 다

25

정답 ⑤

본체 단가는 10ml 단위로 780원이지만 제작에는 30ml가 필요하므로

780 x 3(본체) + 250(뚜껑) + 250(생산비용) = 2,840 원

10 코레일 4회 정답 및 해설

01	②	02	①	03	④	04	②	05	⑤
06	②	07	①	08	④	09	④	10	②
11	④	12	⑤	13	①	14	①	15	③
16	③	17	③	18	②	19	③	20	⑤
21	③	22	④	23	③	24	③	25	④

의사소통능력

01
정답 ②

② 어떤 일을 하는 데에 재료나 도구, 수단을 이용하다.

02
정답 ①

② 요구되어지고 → 요구되고
'되어지다(-되+어지다)'는 이중피동이므로 '되다'의 형태이므로 써야 한다.
③ 주어와 서술어의 호응 및 조사의 쓰임이 바르지 않은 문장이다.
이것은~무사안일주의에서 벗어나지 못했다는 사실을 의미한다.
④ 동사 서술어가 생략된 문장이다.
냉정하게 전력을 평가해 봐도 한국이 자력으로 16강 티켓을 얻을 가능성은 높은 편이다

03
정답 ④

출장 기간 중 3) 에 해당하는 일정은 5월 9일까지 이다.

04
정답 ②

글의 전반부에는 사실성 강화하는 장점을 언급하고 네 번 째 문장부터 서술성 부족이라는 단점에 대하여 이야기하며 전체적으로 장단점을 고르게 말하고 있다.

05
정답 ⑤

각 문단의 첫 문장을 읽어보면 '조각'이라는 대상을 시간에 따라 설명하고 있다는 것을 알 수 있다.

06
정답 ②

3문단 마지막 문장을 통해 화이트큐브는 현실로부터 분리된 느낌을 준다고 서술되어 있다.

07
정답 ①

(가) 편견을 줄이고자 하는 노력이 행하여지고 있다는 것을 통하여 글을 시작하고 있으며
(나), (다)에서 편견을 줄이는 방법을 각각 설명하고 있다.
(라),(마),(바),(사)를 통해 법률 제정의 필요성과 함께 그로 인한 효과를 나열하고 있다.

08
정답 ④

피해를 입은 개인에 대한 법의 기능은 언급 되고 있지 않다.
① (바)에서 언급된다.
② (사)에서 언급된다.
③ (마)에서 언급된다.
⑤ (바)에서 언급된다.

수리능력

09
정답 ④

2018년 남자 신입사원 수 = x, 여자 신입사원수 = y라 하면,
$x + y = 425$
$1.12x + 1.08y = 425+42$
→ $x = 200$, $y = 225$
→ $225 \times 1.08 = 243$

10
정답 ②

한국시간(오후 4시 45분)보다 1시간이 느리면 오후 3시 45분이므로 -1시간으로 계산한다.
경유지는 한국보다 3시간 빠르고(+3) 출장지는 경유지보다 5시간 느리므로(-5) 출장지는
한국보다 2시간 느리다.(-2)
오후 4시 45분 + 4시간 45분(첫 번째 비행) + 2시간 25분(경유지 대기) + 8시간 50분(두 번째 비행) - 2 = 오전 6시 45분

11

정답 ④

음료수 1병의 가격을 A라고 하면,

70명 × (500원×2 + 600원×3 + A) + 34,000원 = 300,000

A = 1,000원, 한 박스에는 음료수가 10병이 있으므로 한 박스 가격은 10,000원

12

정답 ⑤

① (사실확인)

② (덧셈계산) 20~29세 가구주의 약 57%(=46.9+10.1)가 월세 형태로 거주하고 있으며 자가비율은 17.1%이다.

③ (사실확인)

④ (덧셈비교) 30~39세 가구주의 경우, 20~29세에 비해 자가 비율이 높고 임대차는 전체의 65.9%(=30.2+27.8+7.9)를 차지하며 월세는 전체의 35.7%(=27.8+7.9)를 차지

⑤ (알 수 없다) 각 연령대별 가구주의 수를 알 수 없기 때문에 20세 이상의 자가비율은 알 수가 없다.

13

정답 ①

〈표〉 갑국 수도권 집중 현황

구분		전국(A)	수도권(B)	수도권 비중 ($\frac{B}{A}$ × 100)
인구 및 주택	인구(천 명)	50,034	24,472	48.9
	주택 수(천 호)	17,672	8,173	46.2
산업	지역 총 생산액(십억 원)	856,192	408,592	47.7
	제조업체 수(개)	119,181	67,799	56.9
	서비스업체 수(개)	765,817	370,015	48.3
금융	금융예금액(십억 원)	592,721	407,361	68.7
	금융대출액(십억 원)	699,430	469,374	67.1
기능	4년제 대학 수(개)	175	68	38.9
	공공기관 수(개)	409	345	84.4
	의료기관 수(개)	54,728	26,999	49.3

① (분수비교) 금융예금액, 금융대출액은 70% 미만

② (분수계산)

③ (사실확인)

④ (분수비교)

⑤ (분수비교)

14

정답 ①

① (분수비교) 2017년 상반기 $\frac{8.1-4.6}{8.1}$ < 45%

② (분수비교) 2019년 상반기 $\frac{17.9-9.1}{17.9}$ > 45%

③ (곱셈계산) 5.1 × 180일↑ > 900↑

④ (분수비교) $\frac{5.3-4.6}{4.6}$ > 14%

⑤ (곱셈비교) 19.1(2018년 하반기) > 9.1(2019년 상반기) × 2

15

정답 ③

① (사실확인)

② (분수비교) $\frac{53.7-52.4}{52.4}$ > 2%

③ (분수비교) $\frac{52.1-39.8}{39.8}$ < 35%

④ (덧셈비교)

⑤ (사실확인)

16

정답 ③

12,000 × $\frac{1}{2}$ × 56.1% = 3,366명

17

정답 ③

① (조건) 20.3(체코) > 9.3(한국) × 2

② (덧셈비교)

③ (조건) 25.0(독일) × 3.5 < 30.6(핀란드) × 3

④ (알 수 없다) 상대수치만 알기 때문에 절대수치는 알 수 없는 것이 맞다.

⑤ (조건) 28.7(덴마크) × 5.7 > 29.0(벨기에) × 5

문제해결능력

18
정답 ②

A와 D의 진술이 부정의 관계이므로 둘 중 한명은 진실, 한명은 거짓이다.
진실은 한명만 말하고 있으므로 B와 C는 거짓을 말하게 되고 이를 통해 인사팀 팀장이 바뀐 것을 알 수 있다. 따라서 진실을 말한 직원은 A 이며 팀장이 바뀐 인사팀의 팀원은 C이다.

19
정답 ③

홍보 → 투자 → 촬영X

20
정답 ⑤

1층과 2층 밖에 없으므로 1층이 아니면 2층, 2층이 아니면 1층에 위치한다.
각 진술을 다시 정리하면
A : 편의점은 1층
B : 서점은 2층
C : 커피숍은 2층
D : D는 1층
E : E는 2층

B와 C가 모두 참이면 2층에는 두 가게가 배치되고 A의 진술마저 참이 되어야하는데 2명의 진술만이 참이므로 이는 가능하지 않다.
따라서 아래 B와 C의 진술은 아래 세 가지로 정리된다.
1) B는 참, C는 거짓
2) B는 거짓, C는 참
3) B, C 모두 거짓

이때 B, C 모두 거짓이면 서점과 커피숍이 모두 1층이므로 A의 진술은 거짓이 되며 나머지 D, E의 진술은 참이 된다.

가. 서점과 커피숍이 같은 층인 경우는 위 3)의 경우이며 E의 진술이 참이므로 2층의 편의점에서 일하게 된다.
나. 편의점이 1층이면 1) 또는 2)의 경우이며 동시에 A의 진술이 참이므로 D, E의 진술은 모두 거짓이므로 D는 2층, E는 1층에서 일한다.
다. 2층에 두 가게가 위치하려면 1) 또는 2)의 경우에 편의점이 2층이어야하므로 A의 진술은 거짓이 된다. 따라서 D와 E 중에 하명은 진실, 다른 한명은 거짓이므로 둘은 같은 층에서 일하게 된다.

21
정답 ③

가나다정의 최종 복용시간은 오후 6시이며 식전 30분부터 복용이 가능하므로 식사시간은 가장 늦더라도 6시 30분이다.

22
정답 ④

ㄴ. 예산안 보고는 마케팅팀이 진행한다. (×)
ㄷ. 신규 로고 후보 3개는 외주 업체가 준비한다. (×)
ㄹ. 최종 회의는 홍보팀의 참여로 4개 팀이 회의에 참여한다. (○)

23
정답 ③

① B는 화장품 기획팀이며 외주업체를 위한 키워드 정리를 하는 담당하는 것은 맞으나 기존제품이 아닌 신규제품에 대한 정리가 필요하다.
② C는 디자인팀이며 예산안은 마케팅팀의 업무이다.
④ E는 디자인팀이며 신규 제품 특징 정리는 화장품 기획팀의 업무이다.
⑤ G는 마케팅팀이며 외부 디자인 업체 관련 업무는 디자인팀의 업무이다.

24
정답 ③

− 68,000 + 32,500 = 100,500원

25
정답 ④

유류비 = 거리(300km) × 유가(원/L) × 1/연비(L/km)

차량	대여비	유류비	합계
가	100,500	43,750	144,250
나	107,800	36,000	143,800
다	109,800	38,100	147,900
라	111,200	30,480	141,680
마	126,200	35,000	161,200

11 수자원공사 1회 정답 및 해설

01	②	02	②	03	④	04	③	05	②
06	①	07	③	08	②	09	④	10	④
11	④	12	④	13	④	14	③	15	②
16	③	17	④	18	①	19	③	20	④
21	②	22	⑤	23	④	24	③	25	④
26	②	27	④	28	④	29	①	30	②
31	③	32	⑤	33	②	34	⑤	35	③
36	⑤	37	②	38	①	39	④	40	①

문제해결능력

01

정답 ②

제 → 영 → 열 → ~A

02

정답 ②

불 → ~오 → 원 → 하

03

정답 ④

C, A 중 진실 → B, D는 거짓

04

정답 ③

E	B	A	C	F	D
F	B	A	C	E	D
B	F	A	C	E	D
F	B	E	C	A	D

05

정답 ②

C - D 4억
D - E 4억
B - C 5억
A - D 7억
4 + 4 + 5 + 7 = 20

06

정답 ①

A	B	C	D
스테이크	치킨	피망	파스타
			피망

07

정답 ③

① 403개소는 경기가 아닌 전체 시설수이다.
② 서울의 하수처리시설수(4)가 전남의 하수처리시설수(44)보다 적다.
④ 5~10 천톤 미만 하수처리 시설은 14.4%로 15%가 넘지 않는다.
⑤ 전통적 공법은 23%이다.

08

정답 ②

인천은 총 시설 수 9개에서 조사대상(6개월 이상)이 8개로 줄었으므로 1개는 6개월 미만 가동시설이다.

09

정답 ④

10

정답 ④

SM-N920K 신품 270,000원
SM-B510S 재생품 13,000원, 19,000 원
출장비 18,000원
270,000 + 13,000 + 19,000 + 18,000 = 320,000

의사소통능력

11
정답 ④

영화에서 몽타주 효과는 어느 장면과 배치되느냐에 따른 효과로 표정 연기의 실감과 관계가 없다.

12
정답 ④

본문 내용 중 '청렴이야말로 가장 큰 이익이 남는 일임을 역설적으로 표현한 것이다.'를 통해서 알 수 있다.

13
정답 ④

검증되지 않은 지식이라도 한 사람에게 사실로 인정되면 믿음의 체계를 구성할 수 있다.

14
정답 ③

①, ② 본문에서 롤랑 바르트는 모방이나 복제 문화에 대하여 긍정적으로 표현하는 부분은 없다.

④ 모방이나 복제 문화의 대중화로 인해 성형 수술이 유행하고 있다고 말하고 있으나 이것은 중심 내용을 뒷받침하는 내용이다.

15
정답 ②

첫 문단에서 욕을 어른세계에 대한 반항으로 표현한 것은 (다)의 이탈리아 학생운동에서의 기성세대에 대한 반항으로 연결되며 (가)에서 이를 이어 설명한다. (라)에서 특수 용어를 언급한 뒤 (가)에서 욕은 특수 용어가 아님을 말하면서 연결된다.

16
정답 ③

본문과 마지막 문단을 통해 세균과 항생제가 치열하게 경쟁하며 서로가 서로를 넘어서며 새로운 것이 등장함을 통해 마지막 등장한 다제 내성균을 치료할 항생제를 개발할 것이라는 내용이 이어지는 것이 가장 적절하다.

17
정답 ④

다섯 번째 문단에서 '발음기관의 모양을 본 딴' (상형), '가획', '천지인'과 같은 한글 창제의 기본 원리 등에서 합용(합하여 사용) 등을 확인 할 수 있으며 한글은 표음문자이다.

18
정답 ①

디지털 시대에 한글의 장점을 강조하고 있다.

19
정답 ③

대상에 대해 선입관이나 편견이 지속되어 표현되고 있다.

20
정답 ④

미적 기준으로 평가한 것은 '대단히 보기 흉한' 옷차림이다.

수리능력

21
정답 ②

−4 −1 ? −4 −10

+3 A B −6 A = +0, B = −3이므로 ? = −1

22
정답 ⑤

물건을 100개라 하면, 불량품 20개, 불량품이 아닌 제품 80개이다.
20개 × 90% + 80개 × 5% = 22개 → 100개 중 22개가 불량품으로 판단되었으므로 22%

23
정답 ④

하루 판매량을 x라 하면 50일 후 물건 $2000 + 50a = 50x$

공급량을 $\frac{1}{4}$로 줄이면 20일 후 물건 $2000 + 20 \times \frac{1}{4}a = 20x$

연립하면 $x = 120$

24

정답 ③

1000ml + 200ml = 1200ml를 구매하는 데 드는 비용은 4,000원
500ml + 500ml = 1000ml를 구매하는 데 드는 비용은 2000 + 1000 = 3,000원
→ 효율은 '500ml + 500ml'를 구매하는 것이 더 효율적이므로 최대한 많이 구매한다.
3,000원 × 3 + 4,000 = 13,000원 이 가장 효율적이므로
1000ml × 3 + 1200ml = 4200ml

25

정답 ④

팀원의 총 배상금이 600만원(=가+나+다)이므로 팀장의 총 배상금이 1400만원이다.
가 = 나 + 100 = 다 －100 이므로 가는 200만원, 나는 100만원, 다는 300만원이다.
A,B,C부서의 팀원의 배상금을 A,B,C라고 하면
A + 3B + 4C = 1400만원
팀원으로 가능한 것은 A부서는 '다', B부서는 '나', C부서는 '가'이다.

26

정답 ②

ㄱ. (분수비교) 1914 : 0.13% → 738(1914×$\frac{1}{3}$ ↑) : 0.13%×$\frac{1}{3}$ ↑ → 0.13%×$\frac{1}{3}$ ↑ = 0.04%↑ (○)
ㄴ. (곱셈비교) 1914 × 20% < 738 (×)
ㄷ. (덧셈비교) 32.4% < 20.0% + 5.4%+ 7.5% (×)
ㄹ. (덧셈비교) 1914 － 738 > 215 × 5 (○)

27

정답 ④

ㄱ. (덧셈비교) 222−201(상용) > 206−186(전체) (○)
ㄴ. (가중평균) A는 대기업 대비 소득수준이므로 분모는 대기업 소득수준이 된다.
대기업 소득수준은 남성(260)이 여성(205)보다 크므로 가중평균은 남자에 가깝게 가야한다.
남자(66)이 여자(68)보다 가까우려면 A는 67보다 작아야 한다. (○)
ㄷ. (가중평균) 상용 : 상용C(임시+일용)을 기준으로 가중평균한다.
표1에서 남성의 소득을 기준으로 생각하면

상용 상용C
16 a → 1 : 4↓= 16 : a(=64↓)
222 206 ? → a=64↓이므로 ? = 142↑
4↓ 1
→ 임시남성(131)과 일용남성(123)의 평균은 142보다 커야 맞는데 둘 다 142보다 작으므로 틀렸다. (×)
ㄹ. (사실확인) (○)

28

정답 ④

ㄱ. 덧셈비교
ㄴ. 분수비교(1:1 비교 2번)
ㄷ. 사실확인
ㄹ. 분수비교(1:1 비교)
ㅁ. 사실확인

29

정답 ①

ㄱ. (지수) 12.73 > 2.53 × 4 (○)
ㄴ. (곱셈비교) 1,786 × 3.87 < 8,000 (×)
ㄷ. (곱셈비교) 1,901 × 1.33(2009년) > 1,788 × 1.4(2012년) (○)
ㄹ. (지수) 2012년 지수는 터키가 더 높다. (×)

30

정답 ②

－ 2012년 : 1788 × 1.7
－ 2013년 : 1788 × 2 × 1.4
－ $\frac{1,788 \times 2 \times 1.4 - 1,788 \times 1.7}{1,788 \times 1.7}$ = 64.7%

자원관리능력

31

정답 ③

강의 참조

32

정답 ⑤

지역 \ 연도	2015	2016	증·감
A	3,232	3,105	-127
B	3,120	3,030	-90
C	2,931	( )	+117
D	3,080	( )	+100

→ C,D 중 쉬운 하나를 계산하면 나머지 하나도 알 수 있다.(증감의 합은 '0')

ㄱ. (덧셈비교)
ㄴ. (덧셈비교) C < D
ㄷ. 덧셈비교 : 2015년(3,080) 보다 100이 커지므로 선택지에서 는 1등
ㄹ. 덧셈비교 : 증감으로 체크

33

정답 ②

– '과세표준'이 바뀌면 a, c, 확정세액만 바뀐다.
① 계산
② 계산 : a가 2000증가 → c도 2000증가
→ 확정세액 = c(+2000) – d(변화없음) – e(+2000) → 변화 없음
③ 계산 : ( )는 1000 – 4000 = –3000(300만원 환급)
④ 분수비교 : 증가폭(2000)/8000 = 20%이상
⑤ (조건)계산 : +5%p(15% – 10%)
– 매출세율 증가로 인한 변화값

구분 \ 연도	2015	
	갑	을
매출세액(a)	+8500	+6500
납부예정세액(c) (= a – b)	+8500	+6500
확정세액 (= c – d – e)	6,500(전) + 8,500 = 15,000	-3000(전) + 6500 = 3,500

34

정답 ⑤

구분 \ 연도	2015	
	갑	을
매출세액(a)	+17,000	+13,000
납부예정세액(c) (= a – b)	+17,000	+13,000
확정세액 (= c – d – e)	+17,000	+13,000

35

정답 ③

– 선택지에 없는 'D'에 주의한다.
○ <조건> 2번째 : A = 9 → ①,②번 제거
○ <조건> 3번째 : A,E,F가 9점이고, 전체 평균이 8.5이므로 B,C,D,의 평균은 8점이 되어야 한다.

	B	C	D
③	8	6	(10)
④	10	5	(9)
⑤	10	6	(8)

→ 2번째 조건 때문에 ④번 제거
→ 5번째 조건 때문에 ⑤번 제거

36

정답 ⑤

ㄱ. 사실확인
ㄴ. 사실확인
ㄷ. 분수계산 $\frac{8}{15}$ < 0.6 (×)
ㄹ. 분수계산, 가중평균 : G는 6개의 채팅방 중 2개를 참여한다. G G의 밀도는 2/6으로 'ㄷ'에서 산출한 현재 밀도 8/15보다 작다. 따라서 새로운 학생의 참여 후 밀도는 내려간다.

37

정답 ②

38

정답 ①

– <실험정보> 소독효율 = $\frac{100(\text{시작 } Y) - Y}{X}$ → ↘방향 기울기
– <실험정보> 구간소독속도 = $\frac{Y\text{차이}}{\text{시간 차이}}$
ㄱ. 좌표 그래프 : ↘방향에서 C(2시간 경과)보다 B가 기울기가 크다.
ㄴ. 좌표 그래프 : ↘방향에서 D가 F보다 기울기가 크다.
ㄷ. 분모가 1로 같다. Y값의 차이가 B~C구간이 더 크므로 구간소독속도도 크다.

39

정답 ④

40

정답 ①

모임	기본지원금	추가지원금	협업장려	총 지원금
A		제외		
B	1,500	6 ×100 = 600		2,100
C	1,500	8 ×120 = 960	× 1.3	3,198
D	2,000	7 ×100 = 700		2,700
E		제외		

3198천원 – 2100천원 = 1098천원

12 수자원공사 2회 정답 및 해설

01	③	02	④	03	③	04	④	05	①
06	③	07	⑤	08	⑤	09	⑤	10	③
11	①	12	①	13	④	14	①	15	③
16	③	17	④	18	④	19	④	20	④
21	③	22	②	23	①	24	⑤	25	③
26	③	27	④	28	①	29	①	30	⑤
31	②	32	②	33	①	34	④	35	①
36	②	37	③	38	②	39	⑤	40	④

문제해결능력

01

정답 ③

절 → 졸 → A → 키 → 옷

02

정답 ④

휴대폰 성장 → 어떤 모바일 성장 = 모든 모바일 성장X → 휴대폰 성장X (대우)
휴대폰 성장X → 컴퓨터 성장X

모든 모바일 성장X → 휴대폰 성장X → 컴퓨터 성장X (삼단논법)

03

정답 ③

주어진 전제를 도식화
1) 조직 안정 → 중앙 효과
2) 조직 안정X → 직원 동기 낮아짐 = 직원 동기 낮지 않음 → 조직 안정 (대우)
3) 직원 동기 낮지 않음 → 조직 안정 → 중앙 효과 (1,2 삼단논법으로 연결)

㉡ 직원들의 동기가 낮아지지 않으면 조직이 안정적이다. → 2)의 대우
㉢ 중앙집권 체제가 효과적이지 않으면 조직이 불안정하다. → 1)의 대우
㉣ 중앙집권 체제가 효과적이지 않으면 직원들의 동기는 낮아진다. →3)의 대우

04

정답 ④

A	E	D	B	C

05

정답 ①

		C		
80점대	80점대	90	90점대	90점대

A + B = D + E = 180
B + E =173, E – B = 1
→ B = 87, E = 88
→ A = 93, D = 92

06

정답 ③

CS프로(엔지니어)가 수리한 후 정상적으로 제품을 사용하는 과정에서 12개월 이내에 동일한 부품이 재고장 발생 시 무상수리다.

07

정답 ⑤

공장 사용으로 인해 에어컨 보증기간의 1/2인 1년이 보증기간이므로 무상수리가 안 된다.

08

정답 ⑤

'접수순에 의한 처리의 경우'
갑 20분(처리) = 대기 0 / 처리 20 / 소요 20
을 20분(대기) + 15분(처리) = 대기 20 / 처리 15 / 소요 35

병 20분(대기) + 15분(대기) + 10분(처리) = 대기 35 / 처리 10 / 소요 45
정 20분(대기) + 15분(대기) + 10분(대기) + 5분(처리) = 대기 45 / 처리 5 / 소요 50
총 대기 100 / 총 처리 50 / 총 소요 150

'처리시간이 가장 적은 순서로 처리하는 경우'
정 5분(처리) = 대기 0 / 처리 5 / 소요 5
병 5분(대기) + 10분(처리) = 대기 5 / 처리 10 / 소요 15
을 5분(대기) + 10분(대기) + 15분(처리) = 대기 15 / 처리 15 / 소요 30
갑 5분(대기) + 10분(대기) + 15분(대기) + 20분(처리) = 대기 30 / 처리 20 / 소요 50
총 대기 50 / 총 처리 50 / 총 소요 100

09

정답 ⑤

30페이지는 29페이지와 11페이지 12 페이지가 같은 용지에 인쇄된다.

10

정답 ③

사운드시스템은 300VX Premier 차량에서 선택이 되며 가죽커버는 기본장착품목이므로
42,290,000 + 1,890,000 = 44,180,000 <의사소통능력>

의사소통능력

11

정답 ①

건축으로 인한 부정적인 측면도 고려해보자며 팽창위주의 건축 행위를 비판하며 자연과의 조화를 지향하고 있다.

12

정답 ①

마지막 문단에서 신라 팔관회가 언급되지만 바로 고려 팔관회의 내용으로 넘어가므로 신라 팔관회의 구성은 언급되었다고 생각하기 힘들다.

13

정답 ④

① 모든 생명체는 선천적으로 생명에 대한 의지적 가치를 갖게 된다.
② 합리적으로 생각하면 나에게 가까운 생명을 더 소중하게 여기는 것은 바람직하지 않다.
③ 모든 사람의 생명 가치가 같다는 생각은 오랜 역사적 과정이 소요되었다.

14

정답 ①

이전 문단에서 인간 이외의 생물이 지닌 생명 가치를 다루기 어려웠기 때문에 이론적 과제로만 보았으나 이어지는 문단 처음에서 '이제 상황은 달라졌다'는 말과 함께 인간 이외의 생물이 지닌 생명 가치를 다루는 것을 현실의 문제로 대두되는 내용이 이어지는 것이 자연스럽다.

15

정답 ③

(가)는 '..그 때문이다' 로 끝나기 때문에 처음이 될 수 없다. (다)에서 정보와 정보 사이를 연결하는 능력이 현저하게 부족하다고 말하고 (나)에서 네티즌의 글쓰기와 블로그가 그 예시임을 연결하고 (바)에서 그 이유를 보강하고 있다.

16

정답 ③

(다)−새로운 관점을 소개하지만 비판하며 본래의 주장을 계속하고 있다.

17

정답 ④

인문학의 실용적 가치를 강조하고 있는 글로 삶과 현실의 문제에 집중하는 것이 논지와 가장 잘 어울린다.

18

정답 ④

둘을 관계없는 것처럼 떨어져 분리하려는 것에 대한 표현으로 '양분'이 적절하다.

19
정답 ④

세 번째 문단 첫문장 '말과 형태는 같은데 의미가 다르게 사용되는 단어가 많다.'을 통해 해당 보기가 틀렸음을 알 수 있다.

20
정답 ④

'낯설다'와 유의어로 보면 보기 4번이 가장 유사하다.

수리능력

21
정답 ③

8 5 5 8 ?

−3 +0 +3 +6 ? = 14

22
정답 ②

A는 하루에 $\frac{1}{15}$, B는 $\frac{1}{25}$ 만큼 일을 한다.

$\frac{1}{15} + \frac{1}{25} = \frac{8}{75} ≒ 10.7\%$

23
정답 ①

8시간 전과 4시간 후의 차이는 12시간으로 4시간이 3번이 있다.

답 × 33 = 270,000 → 답 = 10,000

24
정답 ⑤

A사원이 150개를 포장하는 데 걸린 시간은,

→ 150개가 5개 × 30이므로 시간은 3분 × 30 = 90분

B대리는 270개를 90분에 포장하면 1분에 3개를 포장하므로 답은 5 × 3 = 15개

25
정답 ③

금선이가 이동한 거리 = 4m/s × 120초(2분) = 480m

거리(2400m − 480m) = 속도(8m/s+4m/s) × 시간 → 답 = 160초(2분 40초)

26
정답 ③

ㄱ. (사실확인) (○)

ㄴ. (사실확인) (○)

ㄷ. (덧셈비교) (○)

ㄹ. (알 수 없다) 선호자수는 성별이 다르면 비교불가 (×)

27
정답 ④

(가중평균) 40~50대가 40%이므로 30대이하와 60대 이상의 평균이 40%가 나와야 한다.

30대 이하 60대 이상

60% 40% 10%

답 1,000명 → 답 : 1000 = 30%p : 20%p → 답은 1,500명

28
정답 ①

ㄱ. (곱셈비교) 2,558(신고상담) > 729 × 3(신고접수) (○)

ㄴ. (사실확인) 분모(전체 신고접수)가 같으므로 신고접수 건수로 확인 (○)

ㄷ. (분수비교) $\frac{2}{7}$(여성가족) < $\frac{3}{6}$(교육) (×)

ㄹ. (분수비교) $\frac{357}{2,558}$ < 15% (×)

29
정답 ①

ㄱ. (분수비교) 분모증가율보다 분자증가율이 더 크다. (○)

ㄴ. (분수비교) $\frac{314-292}{292}$(극장수) > $\frac{208-197}{197}$(스크린수) (○)

ㄷ. (사실확인) A와 D가 서로 역전 (×)

ㄹ. (곱셈비교) 2개(A, E) (×)

30
정답 ⑤

(계산)

− $\frac{1975+2004+2055+2003+1974+2081}{6}$ ≒2,015

자원관리능력

31
정답 ②

② 월~금 8:00~16:00에 강한결이 근무가 가능하다.
월~금 16:00~20:00에 근무가 가능한 사람이 송민국, 현명한이 있다.
둘 중 우대조건이 있는 송민국이 채용된다.
강한결, 송민국이 채용된다.

32
정답 ②

② 강한결이 그만두면 월~금 8:00~16:00에 근무가 가능한 사람을 찾아야 한다.
월·수·금이 가능한 사람은 김샛별이며, 화·목이 가능한 사람은 금나래이다.

33
정답 ①

① A = 10억원 × 1% × 3% = 20만원
B = (1천만원 + 80억원 × 5% − 4억원) × 3% = 30만원
C = (4억 6천만원 + 100억원 × 10% −14억원) × 3% = 180만원

34
정답 ④

지원자	식	금액
갑	120,000 × 50% × 50% + 60,000	90,000
을	100,000 × 50%	50,000
병	80,000 × 50%	40,000
정	100,000	100,000
무	60,000 × 50% × 50% + 80,000	95,000

35
정답 ①

② 기준 ㄷ에서 NG
③ 기준 ㄷ에서 NG
④ 기준 ㄱ에서 NG
⑤ 기준 ㄴ에서 NG

36
정답 ②

37
정답 ③

지원자	국어	수학	영어	점수 합계	등급의 합
甲	90	96	88	274	7
乙	89	89	89	267	6
丙	93	84	89	266	6
丁	79	93	92	264	7
戊	98	60	100	258	6

38
정답 ②

- 현재 시간 09시 30분, 시차 −7시간, 이동시간 = 10시간 15분 + 6시간 40분 + 4시간 = 20시간 55분
- 스톡홀름 시간 = 09:30 − 7 + 20시간 55분 = 23시 25분

39
정답 ⑤

골프 모임	구성원	1인당 그린피	카트 대여료	이용요금
A	4	110	~~80~~	4 × 110
B	3	150	~~80~~	3 × 150
C	6	60	~~160~~ 80	6 × 60 + 80
D	8	40	~~160~~ 80	8 × 40 + 80
E	4	120	80	4 × 120

- C,D,E 중 요금이 가장 많은 모임은 'E'이다.
- A, D 중 요금이 작은 것은 'D'

40
정답 ④

- D = 6 × 40 + 80 × 2, E = 6 × 120 + 80 × 2(6명이 되면서 카트 2대로)
- 차이는 480천원

13 한국전력공사 1회 정답 및 해설

01	③	02	③	03	⑤	04	③	05	⑤
06	①	07	①	08	③	09	③	10	④
11	④	12	③	13	④	14	③	15	⑤
16	⑤	17	④	18	③	19	⑤	20	②
21	⑤	22	④	23	③	24	①	25	②
26	⑤	27	②	28	③	29	④	30	④
31	①	32	①	33	⑤	34	③	35	①
36	②	37	⑤	38	②	39	④	40	③
41	③	42	③	43	③	44	①	45	③
46	④	47	③	48	③	49	③	50	⑤

01

정답 ③

① 우리나라의의 경우 배출권의 할당대상이 온실가스를 실제 배출하는 사업체 단위로 이루어져 있다.
② EU의 경우 배출권의 할당대상이 실제 배출하는 배출시설(사업장:Installation) 단위로 이루어진다.
④, ⑤ 우리나라의 경우 발전에너지 업종을 포함한 대부분의 할당대상업체가 거래(Trading)의 경험과 전문성을 확보하지 못하고 있다.

02

정답 ③

에너지 절약마크는 대기전력을 최소화한 제품에 붙여지며 에너지 효율 등급은 알 수 없다.

03

정답 ⑤

4월 11일 일정 이외에는 슈투트 공항 방문 일정을 확인 할 수 없다.

04

정답 ③

향후 작업자를 위한 훈련시스템을 개발할 것인지 계획을 수립하도록 하는 것은 작업 훈련 분야이다.

05

정답 ⑤

발광 다이오드는 필라멘트와 같은 가열체가 없으므로 형광등에 비해 수명이 길고 에너지 손실이 작다.

06

정답 ①

② 유카와 히데키의 가설은 중성자가 중간자라는 입자를 통해 핵력이 작용하게 하여 양성자를 잡아당긴다는 가설이다.
③ 채드윅은 전기적으로 중성이며 질량이 양성자와 비슷한 입자인 중성자를 발견하였다.
④ 원자모형은 '건포도빵 모형'에서 '태양계 모형'으로 수정되었다.
⑤ 러더퍼드는 양전기가 원자 전체에 퍼져 있는 것이 아니라 아주 좁은 구역에만 모여 있다는 것을 알게 되었고, 이 구역을 '원자핵'이라고 하였다.

07

정답 ①

휴리스틱 이외에 반대되는 '알고리즘', 휴리스틱이 객관적이며 올바른 평가와 상당한 차이가 있다는 의미의 '바이어스' 등 관련 개념을 들고 있다.

08

정답 ③

'이용 가능성 휴리스틱(availability heuristic)'은 출현할 빈도나 확률을 통해 작용하는 휴리스틱이며 그로 인한 판단의 오류의 근거가 '바이어스'이므로 빈도나 확률을 근거로 예상한 '높은 타율'의 선수가 그에 미치지 못하는 결과를 얻게 되는 보기 3번과 가장 유사하다고 볼 수 있다.

09

정답 ③

(나)는 첫 문단이 될 수 없으므로 (가)부터 시작하며 (다)의 시작에서 '이러한 경우'와 호응하는 부분이 (가)에 없으므로 (마)로 이어진다. (마)에서 양서를 고르는 어려움을 (다)에서 주변을 통하지 않고 스스로의 노력이 필요함을 이어가고 (나)에서 그 방법을 구체화하고 있다.

10

정답 ④

비판의 대상으로 표현된 내용들이 '일반적인 종합 개념', '일반화', '양자택일적인 사고', '일종의 개념이라는 외투를 억지로 입힘' 등으로 글에서 비판하고 있는 핵심 내용은 '이론의 독재'가 가장 적합하다.

11

정답 ④

① 공공부문 교육과정은 2019년에 총 7번이 있다.
② 교육과정에 따르면 이론·실무과정은 총 11시간이다.
③ 15시간짜리 교육의 장소는 서울, 전주다.
⑤ 대전에서 교육을 받고자 하는 사람은 비숙박의 경우 350,000원이지만 숙박의 경우 500,000원을 낸다.

12

정답 ③

초연결(hyperconnectivity)과 초지능(superintelligence)은 기존 산업혁명이 아닌 4차 산업혁명의 특징이다.

13

정답 ④

지면에서 구름으로 올라가는 번개는 귀환낙뢰이며 구름에 도달하는 시간은 10만분의 7초이다.

14

정답 ③

3문단을 통해 사람은 지각하는 방식이 각각 다르다는 것을 확인할 수 있다.

15

정답 ⑤

조지 오웰에 대한 비판적인 태도를 취하는 내용이므로 '경외', '경탄'은 어울리지 않는다.

16

정답 ⑤

ㄱ. (사실확인) 2009년에 NG (×)
ㄴ. (사실확인) (○)
ㄷ. (분수비교) 30%이상 감소하면 70% 미만이 남는다

$\rightarrow \frac{4,194}{6,135} < 70\%$ (○)

ㄹ. (분수비교) (○)

17

정답 ④

(분수비교) 〈그림〉의

$$\text{복무기관별 비중} = \frac{\text{복무기관별 공익근무요원수}}{\text{전체 공익근무요원수}}$$

〈표〉 및 〈그림〉 의 복무기관은 분모가 같다.(전년대비 분모 증가율이 같다.)
문제에서 묻는 〈표〉 복무기관별 공익근무요원수는 〈그림〉의 비중에서는 분자와 같다.
분모의 전년대비 증가율이 같다면, 분자의 전년대비 증가율이 클수록 〈그림〉의 비중은 커진다.
따라서 〈그림〉의 비중 증가율이 클수록 〈표〉의 복무기관별 공익근무요원 수 증가율이 크다.

18

정답 ③

ㄱ. (덧셈비교) 38,999 - 1,144(경기) < 38,044 - 128(전남) (×)
ㄴ. (분수비교) 서울은 10%에 가까우므로 가장 크다. (○)
ㄷ. (덧셈비교) 1,492 + 4(대구) < 1,509 - 36(대전) (×)
ㄹ. (덧셈비교) 2010년 수치가 큰 지역 위주로 체크 (○)

19

정답 ⑤

ㄱ. (덧셈&분수비교) $\frac{795+359}{889+1,970} < 50\%$ (○)

ㄴ. (덧셈&곱셈비교) (741+152) > (213+46) × 3 (○)

ㄷ. (사실확인) 270 > 230 (○)

20

정답 ②

사업당 평균예산 × 사업수 = 예산

구분	A공사	B공사
예산(백억원)	42	12
사업 수	(14↓)	(12)
사업당 평균지원액 $(=\frac{\text{예산}}{\text{사업수}})$	3↑	1

→ 사업수 비율은 14↓ : 12 = 7↓ : 6 이고 사업수는 총 1,000개 이므로 둘의 차이의 최대값은

$$1,000 \times \frac{7\downarrow - 6}{13} = 76.XX\downarrow$$

21

정답 ⑤

① (곱셈비교) 국가공무원이 지방 공무원에 비해 <표>는 2배이상 <그림>은 3/2배 이상이다.

→ 따라서 여성 공무원수(표 × 그림)는 2↑ × 3↑/2 = 3배 이상

② (곱셈비교) <표>&<그림> 모두 증가

③ (곱셈비교) <표>&<그림> 모두 많다

④ (분수비교) <그림>은 같고 <표>는 2012년이 많다.

⑤ (꺾은선 그래프) 둘의 차이

22

정답 ④

- 2015년 : 637,654 × 49.4%
- 2014년 : 634,051 × 49%
- 637,654 × 49.4% − 634,051 × 49% ≒ 4,316

23

정답 ③

① 체크카드 발급 시 해당 은행의 계좌가 반드시 있어야 하는 카드도 있으나 아닌 경우도 있다.

② 전화로 카드발급을 신청하는 경우, 해당 금융기관(은행·카드사 등)의 사정에 따라 발급이 제한될 수 있다.

④ 가상카드는 단 1개의 에너지원만을 선택할 수 있으며 공급사로부터 청구되는 고지서의요금이 자동으로 차감된다.

⑤ 가상카드 신청자는 별도의 국민행복카드를 발급받을 필요가 없다.

24

정답 ①

전용카드는 신용불량 등으로 인하여 체크·신용카드를 이용한 금융활동이 곤란한 사람이 대상이며 카드사와는 무관하다. (이△△, 서◇◇ 옳지 않음)

에너지공급사 고객번호가 기재된 고지서를 가져가는 것은 가상카드와 관련한 사항이다. (문ㅁㅁ 옳지 않음)

수도세는 에너지바우처 카드 대상이 아니다. 최☆☆ 옳지 않음

25

정답 ②

① 돌돔 1개체와 밍크고래 1개체 → 한 개의 해상동물 등장이므로 적용 불가

② 청상아리 1개체, 선명도 좋음 → 50 + 15 = 65

③ 백상아리 3개체, 선명도 좋음 → 백상아리는 지정 해양생물이 아님.

④ 오징어 30개체, 선명도 매우 좋음 → 30 + 5 + 20 = 55

⑤ 참다랑어 1개체, 선명도 매우 좋음 → 40 + 20 = 60

26

정답 ⑤

2012년 12월에 사회통합프로그램을 신청하여 사전평가에서 77점을 받은 유학생 E는 5단계부터 수료하므로 총 150시간을 이수하여야 한다

27

정답 ②

인사고과 코드가 PA인 사람은 총 강한타, 무니준, 고지용, 이재진 4명이다.

28

정답 ③

김재덕 − 28030B2A2CO

29

정답 ④

ㄱ. 공휴일은 B시간대 한시간 간격이므로 출발지에서 13 : 00에 버스가 출발한다 (○).

ㄴ. 운행시간은 2시간이며 24시까지 종착지에 들어와야 하므로 막차는 출발지에서 반드시 22 : 00 이전에 출발한다. (○)

ㄷ. 일요일 C시간대 배차시간은 75분 이므로 5번째 차량이 75 * 4 = 300 5시간이므로 19시에 출발한다. 이어 22시전에 출발

하는 마지막 차량은 19시에서 75 * 2 = 150 2시간 30분 이후 출발하는 차량이므로 21 : 30이며 종착지 도착은 23시 30분이다. (×)

ㄹ. A시간대 출발시간인 6시부터 9시 반까지 총 3시간 반 = 210분 이후이므로 배차 시간이 30분인 토요일만 가능하다. (○)

30

정답 ④

직책	사장	상임이사	전무	기획실장	감사
이름	최	나	장	김	홍
차번호	7	9	4	1	5

31

정답 ①

D → ~H → E → B → F or G

E → A

32

정답 ①

	가	나	다	라
목도리	O	O		
장갑	X	O	O	O
모자	O	O		
신발	X	X	O	O

빈칸 중 한군데만 동그라미

33

정답 ⑤

① 목, 토 → 목요일은 된장X, 토요일은 된장O

② 월, 화 → 꽁치는 연속이 안되며 둘 다 X면 나머지 요일 오류

③ 금, 토 → 꽁치는 연속이 안되며 둘 다 X면 나머지 요일 오류

④ 수, 목 → 꽁치는 연속이 안되며 둘 다 X면 나머지 요일 오류

34

정답 ③

(1~9홀) A선수가 ○가 2개일 때 -2이므로 ○ = -1

(1~9홀) C선수는 ○ + □ = 0이므로 □ = +1

(1~9홀) B선수는 35

(10~18홀) A선수 ○ + □ = 0이므로 기준타수는 35, C선수는 37타

ㄱ. 36 + 35 ≠ 72 (×)

ㄴ. '○' = -1 (○)

ㄷ. 34 + 35 = 35 + 34 (○)

ㄹ. A, C 2명 (×)

35

정답 ①

– 수리계산형

	옷(만원)	교통비(만원)	합계(만원)
오늘 상하의	25 × 0.7 × 0.95 = 16.625	0.5	17.125
오늘 상의	10 × 0.7 + 15 × 0.6 = 16	1	17
오늘 하의	15 × 0.7 + 10 × 0.6 = 16.5	1	17.5

36

정답 ②

도시의 인구수 및 도시 간 거리도 계산하기 쉽게 숫자를 약분한다.

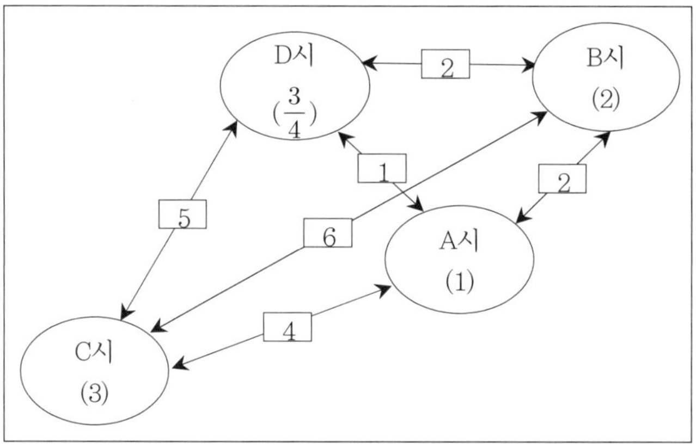

– 예측치 = K × $\frac{인구수}{거리}$

① A↔B = 1.5 × 2 × $\frac{1}{2}$

② A↔C = 3 × 3 × $\frac{1}{4}$(가장 크다)

③ B↔C = 1 × 2 × 3 × $\frac{1}{6}$

④ B↔D = 0.5 × 2 × $\frac{3}{4}$ × $\frac{1}{2}$

⑤ C↔D = 3 × 3 × $\frac{3}{4}$ × $\frac{1}{5}$

37

정답 ⑤

ㄱ. (분수계산) $\frac{44+15}{110+50} \neq 0.35$ (×)

ㄴ. (조건) $\frac{15}{50} \times 2 = \frac{6}{10}$ (○)

ㄷ. (곱셈비교) 44(사우디) < 15 × 3 (이라크) (×)

38

정답 ②

면접점수 30점에 인원이 1명 추가되니 백분위수가 1.25점 오른다.(총 80명)

ㄱ. 3.75 = 1.25 × 3명 (○)

ㄴ. 3.75 + 4 × 1.25 ≠ 6.25 (×)

ㄷ. 25점 : 87.5 - 1.25 × 3 = 83.75
4점 : 8.75
→ 83.75 - 8.75 = 75 → 75 = 1.25 × 60명 (×)

ㄹ. 합격자는 13명이다. 96.25 - 87.5 = 8.75 = 1.25 × 7명
→ 1 + 2 + 3 + 7 = 13명 (○)

39

정답 ④

면접 점수(점)	인원(명)
30	1
29	2
28	(4)
27	(3)
26	3

평균 = 가평균(28) + $\frac{(-1\times1)+(-2\times2)}{1+2+4+3+3}$ ≒ 27.6

40

정답 ③

- 2006년 : 320 × 30% < 110
  2007년 : 370 × 30% > 105

41

정답 ③

〈표 1〉 비율점수법 적용 결과

(단위 : 점)

지원자 \ 면접위원	A	B	C	D	E	비율점수
종훈	7	8	6	6	1	19
광연	9	7	6	3	8	21
용식	5	8	7	2	6	18
현진	6	7	8	9	4	21
기윤	8	7	4	6	3	17

〈표 2〉 순위점수법 적용 결과

(단위 : 순위, 점)

지원자 \ 면접위원	A	B	C	D	E	순위점 수합	최종점수 (비율점수 +순위점수)
종훈	1	2	5	5	4	13	32
광연	3	4	1	4	5	13	34
용식	2	3	4	2	1	18	36
현진	5	5	2	1	3	14	35
기윤	4	1	3	3	2	17	34

42

정답 ③

- km당 운송비 = 연필 1톤 생산에 필요한 양 × 1톤당 운송비
→ 나무 = 3 × 2, 흑연 = 2 × 5, 연필 = 2

구분	원재료 운송비		연필운송비(×2)	합계
	나무(×6)	흑연(×10)		
A	4 × 6	8 × 10	0 × 2	104
B	0 × 6	8 × 10	4 × 2	88
C	8 × 6	0 × 10	8 × 2	64
D	4 × 6	4 × 10	6 × 2	76
E	3 × 6	6 × 10	3 × 2	84

43

정답 ③

44

정답 ①

- 만점기준에서 감점 기준 : 오답(-3점), 풀지 않은 문항(-2)
→ 틀린문항(50-정답개수)은 무조건 -2이고, 오답 하나당 1점 씩 더 감점

ㄱ. 계산(감점) : 2 × 11(=50-39) + 1 × 오답 = 30(=100-70)

→ 오답이 8문제이고 틀린 문제가 11개이므로 3문제 풀지 않았다.
ㄴ. 계산(감점) : 2 × 17(=50−33) + 1 × 오답 = 41(=100−59)
→ 오답이 7문제이다.
ㄷ. 계산(감점) : C의 감점은 6 × 3 + 4 × 2 = 26점으로 점수는 74점이 되어 75점 이상은 2명이 된다.
ㄹ. 계산 : 오답은 3점이 감점이고, 풀지 않은 문항수는 2점이 감점이므로 둘이 동일한 개수만큼 틀린다면 3+2=5 이므로 감점이 5의 배수인지 확인한다.

<표> 한국전력공사 입사시험 성적 자료

구분 / 응시생	정답 문항수	오답 문항수	풀지않은 문항수	점수(점)
A	43	5	2	81
B	42	4	3	80
C	(40)	6	4	(74)
D	(38)	6	6	(70)
E	38	5	7	71
F	39	(8)	(3)	70
G	36	(7)	(7)	65
H	33	(7)	(10)	59
I	31	8	11	54
J	30	(6)	(14)	54

45

정답 ③

ㄱ. 덧셈계산 : 총득점 = 총실점
ㄴ. 총 2게임씩 하므로 '가'는 무승부 0이다. '나'가 무승부가 있으므로 이 무승부는 '다'와의 무승부이다.
ㄷ, ㄹ : '나'와 '다'는 서로 1무가 있으므로 득실차 만큼의 차이로 '가'에게 진 것이다. '나'는 5점차, '다'는 1점차 패배이다.('ㄹ' 제거)

46

정답 ④

수도, 전기, 도시가스의 이산화탄소 절감량이 300g, 400g, 300g 이므로 3:4:3의 비율이다. 가중치를 3:4:3으로 계산한다.

이산화탄소 절감량 및 포인트

구 분	윤경이네		여름이네		명진이네		지혜네	
	절감량	포인트	절감량	포인트	절감량	포인트	절감량	포인트
수도(×3)	10	1	-	-	-	-	10	1
전기(×4)	50	5	100	10	-	-	100	10
도시가스(×3)	10	1	-	-	20	2	-	-
포인트 합계	3×1+4×5+3×1 = 26		4×10 = 40		3×2 = 6		3×1+4×10 = 43	

47

정답 ③

각 셀에는 행 번호와 열 번호가 있으며, [A1] 셀은 A열과 1행이 만나는 셀로 그 셀의 주소가 된다.

48

정답 ③

인수의 목록(값이 1일때는 대상, 2 → 금상, 3 → 은상, 4 → 동상) 중에서 하나를 고르는 CHOOSE
함수는 RANK 함수를 통해 순위를 값으로 받게 된다.
RANK 함수를 통해 D2의 입력값이 92이므로 순위의 값은 3 이다.
CHOOSE는 3 이라는 값을 받아 "은상"을 출력한다.

49

정답 ③

임계치는 고정된 값이다. 가중치가 변하면 임계치가 아닌 가중합이 변하게 된다.

50

정답 ⑤

마지막 문단 학습단계에 대한 설명 중 '오차 값의 일부가 출력층의 출력 단자에서 입력층의 입력 단자 방향으로 되돌아가면서 각 계층의 퍼셉트론별로 출력 신호를 만드는 데 관여한 모든 가중치들에 더해지는 방식으로 가중치들이 갱신된다.'를 통해 보기에서 방향이 반대임을 알 수 있다.

14 한국전력공사 2회 정답 및 해설

01	④	02	④	03	②	04	②	05	④
06	⑤	07	④	08	③	09	①	10	⑤
11	③	12	④	13	⑤	14	⑤	15	④
16	④	17	②	18	③	19	①	20	③
21	⑤	22	①	23	①	24	④	25	②
26	③	27	③	28	④	29	③	30	②
31	⑤	32	②	33	②	34	⑤	35	③
36	①	37	④	38	③	39	④	40	②
41	①	42	④	43	④	44	①	45	②
46	②	47	②	48	①	49	⑤	50	③

01

정답 ④

④ "태양광 발전량이 한전 소비량보다 많은 고객의 경우, 전기요금이 없기 때문(최저요금 1,000원 이하)에 조정(감액)해줄 전기요금이 없지만 거래가 가능합니다."

→ Q2. 답변 마지막 문장 '거래가 불가능합니다.' 로 확인

02

정답 ④

지문의 '4. 세부업무 일정'과 함께 '3. 목적 및 필요성'을 통하여 회의의 세부 내용을 알 수 있다.

① 회의에 참석하는 날은 투산에서 3일간, 뉴욕에서 1일로 총 4일이다.

② KEPRI 개발기술의 활용방안을 협의는 3월 1일이 아니라 투산에서 2.25~2.27 일정으로 회의한다.

③ 2월 28일은 이동 중으로 회의가 없다.

⑤ 원자력에너지에 대한 회의 및 언급이 없다.

03

정답 ②

마이크로그리드 구분

- 연계형 : 전력회사형, 수용가형
- 상시 독립형 : 에너지 자립형, 하이브리드형

② 마이크로그리드는 먼저 연계형과 상시독립형으로 구분되며 그 중 연계형을 다시 전력회사형(Utility) 마이크로그리드와 수용가형(Commercial) 마이크로그리드로 구분한다.

04

정답 ②

① 154kV 대전력 송전망으로 구축은 1960년도 초이다.

③ 가장 지중화율이 낮은 곳은 경북이다.

④ 서울이 부산보다 지중화율이 두 배보다 작다.

⑤ 전남과 전북의 지중화율 합이 경북과 경남의 지중화율 합보다 크다.

05

정답 ④

① 3문단 – 두 개의 지지대와 각 지지대속에 금속 전극이 하나씩 있음으로 확인

② 1문단 – 절대 영도보다 높은 모든 물체가 적외선을 방출

③ 4문단 – 열 손실을 막기 위해 단면적이 작고, 열전도율이 낮은 물질로 지지대를 만듬

④ 5문단 – 적외선 복사 에너지의 강도는 거리가 멀수록 손실 정도가 더 커진다.

⑤ 2문단에서 확인

06

정답 ⑤

⑤ 전류와 자기장의 상호 작용을 통하여 힘이 생성되며 이 힘으로 보이스 코일을 움직인다. (인과 관계를 바꿈)

07

정답 ④

지문에 등장하는 시간 순으로 아래와 같은 순서가 가장 적합함을 알 수 있다.

(나) '19세기 들어' → (다) '1985년' → (라) '1990년부터' → (가) '앞으로'

08

정답 ③

(나), (다), (라)를 통해 기존의 논쟁을 설명하고 마지막 문단인 (가)를 통해 본성과 양육의 논쟁이 부질없음을 말하고자 하기 때문에 이후 새롭게 논쟁이 전개될 것이라는 것을 필자의 의도로 보기 어렵다.

09
정답 ①

'다시 말해 ( )' 바로 앞의 '어떤 요인이 어떤 사건과 관계없다고 판단 내리기를 꺼리는 경향' 와 가장 가까운 내용을 찾는다.

10
정답 ⑤

지문의 내용은 낮은 두뇌 활용도에 대한 글이다. 다른 보기들은 '능력'을 발전시키는 내용이지만 보기 ⑤번은 '개성적인 인간'을 지향하고 있으므로 다음 내용으로 이어지기 부적합하다.

11
정답 ③

③ "에너지절감 우수아파트가 되면 포상금 385만원을 지급받는다"

12
정답 ④

프레임워크는 크게 ~ 표준과 ~ 게이트웨이, ~플랫폼으로 구분하고 관련 기술을 확보하고자 한다.

13
정답 ⑤

① Hachinohe 프로젝트는 GasEngine(510kW), PV(50kW), 소규모 WT로 구성되어 있으며 MCFC는 본문 내용에 있지 않다.
② Kyotango 프로젝트는 5분 주기의 수요 예측을 통한 수요–공급 균형을 3% 이내로 유지하는 것을 목표로 한다.
③ Hachinohe 프로젝트는 사이트 중간의 학교 시설에 소규모 신재생 자원들이 설치되어 있다.
④ Hachinohe 프로젝트는 테스트 결과, 테스트 기간 중 99.99%에 이르는 시간 동안 3% 이내로 오차가 유지되었다고 보고된다.
⑤ SatconTM 프로젝트는 태양광발전의 무효전력 및 배전계통전압의 실시간으로 제어를 하며 태양광발전 사업자의 경제성을 안정적으로 유지하도록 설계되었다.

14
정답 ⑤

⑤ 수소 생산 비용을 절감시킨다는 내용은 없다.

15
정답 ④

④ 해당 제도의 시행으로 수입기기에도 국내 제조검사와 동일한 기준을 적용하게 된다.

16
정답 ④

① (사실확인) 일본
② (사실확인)
③ (사실확인) 중국
④ (계산식) 300 × 448(2016년) < 288 × 472(2017년)
⑤ (분수비교) $\frac{280}{375}$ > 65%

17
정답 ②

① (사실확인)
② (상대수치) 사용량은 다른 년도끼리는 비교불가
③ (사실확인)
④ (덧셈비교)
⑤ (분수비교) $\frac{35.8-30.4}{30.4}\times 100$ < 20%

18
정답 ③

판매액	견습직원 수	판매액
0원	2	0
150,000원	3	15만원 × 3
200,000원	9	20만원 × 9
350,000원	(x)	35만원 × x
500,000원	(y)	50만원 × y
550,000원	8	55만원 × 8
700,000원	3	70만원 × 3
합계	25+x+y=50 → x+y=25	875만원 + 35x + 50y = 1900만원 → 35x+50y=1025

→ x = 15, y = 10

19

정답 ①

(중앙값) 5.4 6 6.5 6.7 6.7 6.7 7.2 7.2 7.6 8 9.1
(최빈값) 6.7만 3번으로 가장 많다.
(평균)

$$\frac{6.7+7.6+6.7+6.0+7.2+9.1+6.5+7.2+5.4+8.0+6.7}{11}$$

= 7.01

20

정답 ③

(영우) 초과전력요금 = 5,000 + 110 × 1,300 = 148,000
초과납부금액 = 148,000 × 1.5 = 220,000
(선희) 초과전력요금 = 7,000 + 85 × 1500 = 134,500
초과납부금액 = 134,500 × 1.5 = 201,750

21

정답 ⑤

ㄱ. (사실확인) 2017년에 감소
ㄴ. (분수비교) 2018년 초등학교의 증감율은 '0'이다.
ㄷ. (분수비교)
ㄹ. (사실확인) 2012년

22

정답 ①

사교육 참여 학생 1인당 월평균 사교육비

$$= \frac{\text{학생1인당 월평균 사교육비}}{\text{사교육참여율}}$$

	'16년	'17년	'18년
초등학교	$\frac{21.9}{80.9}$	$\frac{23.2}{81.8}$	$\frac{23.2}{81.1}$
중학교	$\frac{27.6}{70.6}$	$\frac{26.7}{69.5}$	$\frac{27.0}{69.1}$
고등학교	$\frac{22.4}{50.7}$	$\frac{22.3}{49.2}$	$\frac{23.0}{49.5}$

23

정답 ①

① 지원금액은 가구원수에 따라 지원금액을 산정한다.

24

정답 ④

① 가구원 특성기준에 충족하는 사항이 없다.
② 18년 등유나눔카드 발급으로 지원 제외 대상이다.
③ 18년 9월 이후 동절기 연료비를 지급받은 긴급복지지원대상자로 지원 제외 대상이다.
④ 2013년 생 영유아와 임산부가 가구원이며 18년 연탄쿠폰 발급자가 아니므로 지원대상이다.

25

정답 ②

26

정답 ③

Q4, Q10 모두 발송 후 수령까지 과정에 대한 질문이므로 배송으로 분류 되는 것이 적절하다.

27

정답 ③

이동식은 경조사 지원에 포함된다.

28

정답 ④

① 변경 전에는 상품권을 지급했다.
② 변경 전에는 학자금을 지원이 없었다.
③ 결혼 여부에 대한 내용이 없으며 조건에 따라 입주 가능한 사택동이 분류되어 있으므로 제한이 없어졌다고 볼 수 없다.
⑤ 병가 지원 금액은 실비 제외 5만원입니다.

29

정답 ③

① BK8068 체지방측정 기능이 없다.
② 입식 자전거는 접이식 자전거보다 가격이 비싸다.
④ 운동 단수가 D사 제품이 가장 많다.
⑤ F사 제품은 단종되었는지 알 수 없다.

30

정답 ②

나이	15세	17세	18세
성	배	박	김
이름	수영	서현	윤아

31

정답 ⑤

32

정답 ②

김경장 → 이경사X
김경장 → 강순경X → 정순경, 윤순경 (신입 두 명)
윤순경 → 박경사X → 최경장 (직원 두 명)

33

정답 ②

윤순경 → 박경사X
정순경X → 강순경, 윤순경 (신입 두 명)
강순경 → 김경장X → 이경사, 최경장

34

정답 ⑤

① (사실확인)
② (사실확인)
③ (사실확인) 주식 보유액의 합(5,500 = 1,000 + 2,000 + 2,500)은 3의 배수가 아니다.
④ (덧셈비교) 1,000 + 1,160 + 4,500 + 540 + 1,230(가) < 2,500 + 5,000 + 2,000 + 0 + 1,350(다)
⑤ (분수비교) $\frac{2,500}{2,500+5,000+2,000+1,350}$(다) < $\frac{2,000}{2,000+1,000+820+2,700}$(나)

35

정답 ③

(통상임금) 기본급(200만원) + 정근수당(200만원 × $\frac{60\%}{6}$) + 추석상여금(200만원 × $\frac{60\%}{6}$) + 정액급식비(10만원) + 직급보조비(20만원) = 270만원
(통상시급) $\frac{270만원}{209시간}$ ≒ 12,919원

36

정답 ①

37

정답 ④

	김부장	최차장	성과장	임대리
평가결과	8×0.3 + 7×0.4 + 9×0.3 = 7.9	7×0.3 + 8×0.4 + 8×0.3 = 7.7	8×0.3 + 9×0.4 + 10×0.3 = 9	8×0.3 + 6×0.4 + 8×0.3 = 7.2
등급	C	C	A	C
성과급	40	40	50	40

– 40 + 40 + 50 + 40 = 170

38

정답 ③

	8시 출발	8시 30분에 출발할 경우
경희	8시 20분 도착	8시 52분 도착
태호	8시 40분 도착	9시 6분 도착
유희	8시 35분 도착	9시 3분 도착
동학	8시 30분 도착	8시 57분 도착

39

정답 ④

구 분	A	B	C	D	E
인사팀	125	109	129	122	<u>133</u>
총무팀	115	108	<u>128</u>	111	119
영업팀	<u>121</u>	103	104	111	104

40

정답 ②

	교통수단	소요 시간	비용(환승 포함)
'가' 코스	기차-버스	NG	
'나' 코스	기차-택시	2	4
'다' 코스	비행기-택시		NG
'라' 코스	비행시-버스	3	2
'마' 코스	자동차	3	2

41

정답 ①

ㄱ. (덧셈비교) 21.1% + 26.6% + 4.5% + 8.7% > 50%

ㄴ. (알 수 없다) 25살 이하에 졸업을 할 것으로 예상한 학생은 아직 졸업하지 않았다.

ㄷ. (곱셈계산) 5000 × 8.0% × (17.8% − 10.8%) < 30명

42

정답 ④

i) 곱셈비교 : 〈그림1〉의 매출액
50:100:100:200을 0.5:1:1:2로 약분

ii) 전반적으로 비중이 큰 영업팀 중 가중치가 큰 4분기에 비중을 가중해서 보면 매출액이
큰 것은 B, D 작은 것은 A, C로 나눌 수 있다.

iii) (A vs C) <그림2>에서 A가 앞서는 것은 3분기(+5%p) 밖에 없다. C는 가중치가 같은
2분기로도 3분기를 만회하고도 남는다. 나머지 분기도 앞서므로 C > A

iv) (B vs D) <그림2>에서 B가 앞서는 것은 4분기(+10%p) 밖에 없다. 가중치 2를 곱해주면
+20%p이다. D는 2분기만 해도 +30%p로 4분기를 만회하고도 남는다. 나머지 분기도 앞서므로 D > B

v) 가장 큰 것 D, 작은 것 A

43

정답 ④

ㄱ. (사실확인) A는 2개(맛, 가격) 속성에서 B 음식점보다 X가 높다. (×)

ㄴ. (좌표그래프) 만족도가 가장 높은(Y = X − 만족도↑) 것은 Y = X에서 Y절편이 가장 아래로 내려온 ☆이다. (○)

ㄷ. (사실확인) A와 B사이 X 차이는 분위기(★)가 가장 크다 (×)

ㄹ. (사실확인) Y가 가장 높은 것에서 A(◉)가 B(◎)보다 X가 높다. (○)

44

정답 ①

○ 1번째 보기 : 헝가리 A(54) = D(29) + E(25)
→ E는 세르비아 또는 루마니아 (②번 제거)

○ 2번째 보기 : 체코 B(5) = C(4) + E(1)
→ E는 세르비아, 불가리아는 C (③,④,⑤번 제거)

45

정답 ②

− 요금구간이 150kWh단위로 구분이 되므로 150으로 묶어낸다.

− A = (300 + 450 + 750) + (50 × 150 + 75 × 150 + 150 × 100) = 150 × (2+3+5+50+75+100)

− 기초생활수급자는 20% 할인이 적용되므로
150 × (2+3+5+50+75+100) × 80% = 28,200원

46

정답 ②

− 탄소배출량 = 전기(420 × 0.1) + 상수도(40 × 0.2) + 주방용(60 × 0.3) + 가솔린(160 × 0.5)
= 42 + 8 + 18 + 80 = 148kg

47

정답 ②

$A$1 은 절대참조, $A2 는 혼합참조이므로

$A$1 → 변동없음 → 1

$A2 → 행변동, $A3의 값 → 3

48

정답 ①

49

정답 ⑤

3, 4, 5번째 문단의 처음 내용을 보면 알 수 있다.

50

정답 ③

③ 번은 암호설정 이후 문서를 불러오는 행동이다.

15 건강보험공단 정답 및 해설

01	④	02	②	03	⑤	04	④	05	③
06	④	07	②	08	③	09	③	10	①
11	⑤	12	⑤	13	②	14	②	15	③
16	②	17	①	18	②	19	⑤	20	②
21	⑤	22	④	23	④	24	③	25	③
26	①	27	④	28	①	29	⑤	30	①
31	①	32	④	33	④	34	③	35	①
36	⑤	37	③	38	②	39	①	40	③
41	③	42	②	43	⑤	44	②	45	⑤
46	①	47	②	48	②	49	②	50	①
51	③	52	⑤	53	③	54	④	55	④
56	③	57	③	58	③	59	④	60	③

의사소통능력

01

정답 ④

3문단 마지막 문장에서 '의사가 관련된 정보를 환자에게 모두 밝히면 환자는 조종된 결정이 아닌 자신의 결정을 하게 될 것이고, 환자의 자율성은 존중될 것이다.' 라고 되어 있어 보기 4번을 답으로 착각할 수 있으나 이에 바로 앞선 문장에서 '예컨대 의사가 환자를 실제로 속이지는 않지만 환자가 특정 결정을 하도록 유도하기 위해 관련 정보 제공을 보류하거나 직접적 관련성이 작은 정보를 필요 이상으로 제공하는 경우를 상상할 수 있다. 이처럼 의사가 정보제공을 조종하는 것은 환자의 자율성을 존중하지 않는 것이다.'를 통해 오답임을 알 수 있다

① 첫 문단 두 번째 문장 '그런데 단순히 동의를 얻는 것만으로는 충분하지 않다.'을 통해 동의는 충분조건이 아닌 필요조건임을 알 수 있다.
② 두 번째 문단이 보기 2번에 해당하는 내용으로 볼 수 있다.
③ 첫 문단 마지막 문장에서 둘 다 자율성 존중 원리에 기반을 두고 있다고 언급하고 있다.
⑤ 두 번째 문단 마지막 두 문장을 통해 확인할 수 있다.

02

정답 ②

이 강연에서 강연자는 다양한 식재료 조합에 대해설명하고 있으나, 영양소의 개념을 정의하는 부분은 찾을 수 없으므로 적절하지 않다.

① 3문단의 '동맥 경화와 같은 ~ 드실 것을 권합니다.'에서 식이요법이 필요한 질환을 언급하며 식재료 조합을 권유하고 있으므로 적절하다. ③ 2문단의 '육류와 마늘을 ~ 않도록 해 줍니다.'에서 식재료의성분을 언급하며 유용한 식재료 조합의 근거를 제시하고 있으므로 적절하다. ④ 4문단의 '혹시 궁금한점이 ~ 제거하고 드세요.'에서 청중의 질문을 듣고 함께 먹으면 좋지 않은 식재료 조합을 소개하고 있으므로 적절하다. ⑤ 2문단의 '(자료 1을 손으로 가리키며) ~ 않도록 해 줍니다.'에서 손으로 자료를 가리키는 비언어적 표현을 활용하여 식재료 조합의 여러가지 사례를 안내하고 있으므로 적절하다.

03

정답 ⑤

ⓔ 에서는 '우유와 함께 먹으면 좋은 다른 식재료를 더 찾아봐야겠어.'라고 추가 학습을 계획할 뿐, 강연과 관련된 추가 학습으로 알게 된 점을 제시하고 있지 않으므로 적절하지 않다.

① 1문단에서 이 강연의 제목이 '찰떡궁합 식재료'임을 알 수 있으므로 ⓐ에서 강연 제목을 보고 강연내용을 예측하고 있다는 진술은 적절하다. ② 1문단에서 이 강연의 제목이 '찰떡궁합 식재료'임을 알 수 있으므로 ⓑ에서 강연 제목과 관련된 자신의 경험을 떠올리고 있다는 진술은 적절하다. ③ 3문단에서 건강 상태에 따라 식재료 조합이 더욱 유용한 경우가 있음을 알려 주고 있으므로 ⓒ에서 강연 내용에 대한 자신의 긍정적 평가를 드러내고 있다는 진술은적절하다. ④ 강연자는 강연에서 표고버섯을 제외한 다른 종류의 버섯을 먹는 경우에 대해서는 언급하고 있지 않으므로 ⓓ에서 강연에서 언급되지 않은 내용에 대해 궁금해 하고 있다는 진술은 적절하다.

04

정답 ④

① 국민건강보험공단 청구액이 포함된다.
② 부대비용은 자율이다.
③ 비용은 본인이 부담한다.
⑤ 11일 6시 도착분까지만 접수가 가능하다.

05

정답 ③

서 : 혈액정밀검사와 갑상선 검사는 둘 중 1개를 선택하여 검진한다.
문 : 골다공증 유무 검사는 54세 이상이어야 한다.

06

정답 ④

(A)는 '일어난 일에 대한 묘사는 본 사람이~' 로 시작한다. 따라서 그 앞에 '일어난 일'이 나와야 하고, '사람이 장면을 본다'는 내용이 나와 있어야 한다. (다)는 '장면을 어떤 사람에게 보여주고 이야기하게 해 보자.' 내용이므로, (다) 뒤에 들어가는 것이 자연스럽다.

07

정답 ②

두 번째 문단의 '그러나' 이후 예전에는 오스트랄로피테쿠스 속과 사람 속을 가르는 선을 고기를 먹는지 여부로 정했지만, 남아프리카공화국에서 이와 다른 증거가 발견되었다고 했으므로 2번은 적절하지 않다.

① 첫 문단을 통해 확인을 할 수 있다.
③ 세 번째 문단 내용과 마지막 문장을 통해 알 수 있다.
④ 두 번째 문단 마지막 문장을 통해 알 수 있다.
⑤ 두 번째 문단 중간 '식생활 동위 원소는 체내 조직에 기록되기 때문에~'로 알 수 있다.

08

정답 ③

항생제 내성을 획득한 세균과 이를 반격하는 더 강한 항생제의 계속되는 등장으로 글의 흐름이 이어지고 있으므로 글 마지막 다제 내성균의 등장에 다시 대응하는 항생제의 개발이 이어 나오는 것이 글의 흐름에 가장 적절하다.

09

정답 ③

4℃의 물은 0℃의 물보다 밀도가 더 크다는 것을 설명하며 이와 관련하여 얼음이 물위에 뜨거나(3문단) 4, 5문단을 통하여 호수나 연못에서 일어나는 현상을 설명하고 있다.

10

정답 ①

첫 문단에서 대부분의 물질이 온도가 올라갈수록 밀도가 작아짐을 설명하였으나 2문단 첫 문장이 '그러나 물은 다르다'로 시작된다. (㉠) 이전에 물을 냉각시키고 밀도가 증가한다고 하였으나 이후 반대의 상황이 이어지므로 '그러나' 가 가장 적절하다.

11

정답 ⑤

이 글은 사회 복지 서비스의 분석 틀을 서비스의 목적에 따라 인간 식별 서비스, 인간 유지 서비스, 인간 변화 서비스로, 유형에 따라 사후 치료적 서비스와 예방적 서비스로 구분하여 설명한 후, 마지막 문단에서 분석 틀의 의의를 제시하고 있다.

① 사회 복지 서비스 각각의 종류에 대한 개념은 제시되어 있으나, 개념의 변화 과정을 통해 주장을 강화하고 있지는 않다.
② 비유적 진술을 활용하고 있지 않다.
③ 사회 복지 서비스 정책과 관련하여 사회 복지 서비스의 분석 틀을 제시하고 있을 뿐, 현상의 원인을 다양한 측면에서 심층적으로 분석하고 있지 않다.
④ 사회 복지 서비스에 대한 관점이 마지막 문단에 제시되기는 하였으나, 이를 변증법적으로 절충하고 있지 않다.

12

정답 ⑤

(가)는 서비스의 목적에 따를 때에는'직업 훈련 및 취업 알선'을 해주는 서비스이므로 클라이언트의 변화를 통하여 복지 상태의 개선을 추구하고 사회적 기능을 향상시키는 것을 목적으로 하는'인간 변화 서비스'에 해당하고, 서비스 유형에 따를 때에는'실업자'를 대상으로 하고 있으므로 문제 해결 중심의'사후 치료적 서비스'에 해당한다. 한편 (나)는 서비스의 목적에 따를 때에는'방문 목욕'을 해주는 서비스이므로 클라이언트의 저하된 복지 상태가 더 나빠지지 않도록 예방하고 일정 수준에서 유지하도록 하는 것을 주목적으로 하는'인간 유지 서비스'에 해당하고, 서비스 유형에 따를 때에는'보호가 필요한 노인'을 대상으로 하고 있으므로 문제 해결 중심의'사후 치료적 서비스'에 해당한다.

13

정답 ②

이글은 인체 자연치유력의 개념을 정의하고 오토파지의 개념, 기능, 과정 등을 제시하며, 오토파지의 원리를 중심으로 인체의 자연치유력을 서술하고 있다.

14

정답 ②

오토파지는 세포 안에 쌓인 불필요한 단백질과 망가진 세포 소기관을 분해해 재활용하여 우리 몸의 항상성을 유지하는 현상이고, 아포토시스는 손상된 세포가 스스로 사멸함으로써 우리 몸의 항상성을 유지하는 현상이다.

③ 2문단에서 오토파지는 우리 몸에 영양 공급이 부족하거나 바이러스가 침투했을 때 발생한다는 내용을 확인할 수 있다.

⑤ 3문단에서 오토파지는 세포의 일부를 분해하고, 분해된 조각들이 다른 세포 소기관을 만드는 재료로 활용된다는 내용을 확인할 수 있다. 4문단에서 아포토시스는 개체를 보호하기 위해 손상된 세포가 사멸하여 우리 몸을 건강한 상태로 유지한다고 했으므로 다른 세포 소기관을 만드는데 활용된다는 설명은 부적절하다.

15

정답 ③

두 번째 문단 첫 문장과 두 번째 문장을 통해 보기의 인과관계가 반대로 되어 있음을 알 수 있다.
지위가 불안정하기 때문에 연기금 재산에 적극적 권리 행사가 제한된 것이 아닌 연기금 가입자의 적극적 권리행가가 허용되지 않기 때문에 영향력을 행사하기 어렵다고 나와 있다.

16

정답 ②

이 글에서는 외부 물질이 지나치게 배척되는 상황이 면역계 과민반응의 원인이 됨을 설명하고 있다. 이를 통해 외부 물질들을 완벽하게 제거하는 것이 건강에 이로운 것만은 아니라는 통념의 전환이 일어나게 되었음을 서술하고 있다.

① 5문단에서 면역 반응이 일어나는 과정을 제시하고 있지만, 이것이 특정 가설을 수정하기 위한 것은 아니다.

③ 1문단에서 면역 반응이 질병으로부터 인체를 보호한다는 관점을, 2문단에서 면역 반응이 지나쳐 인체에 해가 되는 관점을 소개하고 있으나 각각의 관점이 지닌 한계를 설명하는 내용은 확인할 수 없다. ④ 7문단에서 면역계 과민 반응의 해결 방안을 제시하고 있지만 예상되는 반론을 반박하는 내용은 확인할 수 없다.

⑤ 5문단에서 면역세포들을 역할에 따라 분류하고있지만 수지상세포와 T세포가 생성되는 위치의 차이는 확인할 수 없다.

17

정답 ①

4문단에서 외부 물질이 면역 반응에 제동을 걸어 균형을 유지하게 함을 제시하고 있다. 이와 같은 외부물질의 도움 없이 면역계가 과도한 면역 반응을 스스로 조절한다는 내용은 확인할 수 없다.

② 1, 2문단에서 인체의 면역 반응이 지나치게 활발하면 오히려 인체에 해가 됨을 지적하였고 4, 7문단에서 인체가 외부 물질과의 공존 속에서면역 반응의 강약을 조절하여 균형을 이룸을 제시하였다.

③ 1문단에서 세균과 바이러스, 기생충이 주로 감염이나 질병의 원인이 됨을 제시하여 외부 물질이 인체에 유해한 경우를 확인할 수 있다. 또한 7문단에서 장내미생물이 면역계 과민 반응의 치료법이 되는 조절T세포를 만드는 데 중요한 역할을 함을 제시하여 인체에 유해하지 않은 외부 물질도 있음을 확인할 수 있다. ④ 3문단에서 현대 의학의 발달과 환경 개선은 면역계 과민 반응의 원인이 됨을 확인할 수 있다.

⑤ 6문단에서 장내미생물이 수지상세포의 성격을 바꾸어 자신을 공격하지 않도록 함을 확인할 수 있다.

18

정답 ②

3문단의 '귀무가설과 달리 대립가설은 가설의 검증을 직접 수행하기는 불가능하며'에서 확인할 수 있다.

① 3문단에서 귀무가설은 '같다', '차이가 없다', '변화가 안 생겼다','영향을 안 미친다', '유의(有意)하지 않다'등의 의미를 수학 기호로는 통상'='로 표시한다고 한 것에서 알 수 있다.

③ 3문단에서 귀무가설은 '유의(有意)하지 않다'의 의미를 포함하고, 대립가설은 '유의(有意)하다'의 의미를 포함한다고 한 것에서 알 수 있다.

④ 1문단의 '통계적 가설 검정은 모집단에 대하여 어떤 가설을 세우고, 이 가설의 성립 여부를 샘플 자료로 판단하고 통계적 결정을 내리는 것이다.' 에서 확인할 수 있다.

⑤ 4문단의 'H0이 참임에도 불구하고 H1을 채택하는 오류를 제1종의 오류라 하고'에서 확인할 수 있다.

19

정답 ⑤

4문단에서'통상 유의 수준으로 0.05를 삼고 이 값보다 우연히 일어날 수 있는 확률이 작으면 귀무가설을 기각한다.'라고 하였다. 그런데 〈보기〉의 실험에서 '실험 결과가 우연히 이렇게 일어날 수 있는 확률을 구해 보았더니 0.03'이라고 하였는데, 이 실험에서 유의 수준을 0.01로 낮추게 되면 귀무가설을 채택하게 된다. 따라서 대립가설은 기각된다.

① 2문단에서 알 수 있듯이 변화를 일으킨 인자가 있는 쪽이 실험 집단이므로 ㉯ 원료로 만든 필라멘트가 실험 집단이다.

② P1은 ㉯ 원료로 만든 필라멘트의 불량률이고, P2는 ㉮ 원료로

만든 필라멘트의 불량률이다. 2문단을 참조하면 H0(귀무가설)은'P1=P2'로 세웠을 것으로 추측할 수 있다.

③ 3문단에서 대립 가설은 '다르다','차이가 있다', '변화가 생겼다', '영향을 미친다', '유의(有意)하다'등의 의미를 포함한다고 하였으므로, 〈보기〉에서 대립가설은'㉮ 원료로 만든 필라멘트'와'㉯ 원료로 만든 필라멘트'의 불량률 차이가 우연에 의해 일어난 것이 아니라는 것을 알 수 있다.

④ 〈보기〉에서 실험 결과가 우연히 이렇게 일어날 수 있는 확률이 0.03인데, 이는 유의 수준인 0.05보다 작다. 이것은 4문단을 참조하면 95%의 확신을 가지고 귀무가설을 기각하고 대립가설을 채택했을 것으로 추측할 수 있다.

20

정답 ②

'실험 대상자는 두 집단 모두 비타민C를 먹고 있다고 생각하게 해야 한다.'라는 것은 정보 비뚤림 현상을 막기 위한 것으로 '눈가림법'과 관련 있다.① 지원자를 임의로 두 집단으로 나누는 것은 눈가림법과는 관련이 없다.

③ 두 집단을 구성할 때 조건이 비슷한, 같은 수의 두 집단을 형성해야 한다는 것은 눈가림법과는 관련이 없다.

④, ⑤ 실험이 끝난 후 결정을 내리기 위한 과정으로, 눈가림법과는 관련이 없다.

수리능력

21

정답 ⑤

① (분수비교) 76.5 > 36.0 × 2
② (사실확인)
③ (곱셈비교) 3,513 > 2,023 × 1.5
④ (분수비교) 분자증가율보다 분모증가율이 크면 수치는 작아진다.
⑤ (A or B) 석유의 비중이 40%이상이면 맞다. $\frac{1,008}{2,944}$ < 40%

22

정답 ④

① (사실확인) 한국도 있다.
② (덧셈비교) 575−510(영국) < 1,091 − 1,015(일본)
③ (분수비교) 한국만 10%이상 증가
④ (덧셈비교)
⑤ (평균) 한국의 265의 5배를 가평균으로 두고 편차를 계산한다.

23

정답 ④

(A or B) $\frac{\text{여자}}{\text{남자}+\text{여자}}\uparrow = \frac{\text{여자}}{\text{남자}}\uparrow$

24

정답 ③

① (사실확인) 크로아티아도 10% 미만
② (사실확인) 2015년에 남자의 수 증가
③ (덧셈비교)
④ (덧셈비교) 일본이 더 크게 증가
⑤ (사실확인) 2017년에 3위이다.

25

정답 ③

ㄱ. (덧셈비교) 2014년 생산액은 170,138 − 166,750 > 3,000
ㄴ. (분수비교) $\frac{3,201}{8,543}$ < 40%
ㄷ. (꺾은선 그래프) 차이가 가장 큰 해는 2018년이다.

26

정답 ①

− 5100억 US$ × $\frac{165,627}{207,326}$ ≒ 4074억 US$

27

정답 ④

① (사실확인)
② (사실확인)
③ (사실확인)
④ (분수비교) $\frac{109}{39}$(기계) < $\frac{126}{34}$(음식료품)
⑤ (덧셈비교) 15,681(운수장비) + 1,975(기계) > 12,633(화학) + 4,209(통신업)

28

정답 ①

① (곱셈비교) 2,923 > 2,412 × 1.2
② (사실확인) 2016년에 NG
③ (사실확인) 2016, 2017년에 NG
④ (사실확인) 2016년에 NG
⑤ (사실확인) 2014년에 NG

29

정답 ⑤

① (사실확인)
② (사실확인)
③ (사실확인)
④ (분수비교) $\frac{9{,}456-9{,}216}{9{,}216}$ ≒ 2.6%
⑤ (계산식) 순이동건수가 +이므로 전입 > 전출

30

정답 ①

국내 전체인구 = $\frac{\text{국내이동건수}}{\text{인구이동률}}$

$\frac{9{,}216{,}000}{0.18}$ = 51,200,000

31

정답 ①

① (곱셈비교) 1,780 × 3.1%(2017년 하반기) < 1,879 × 3.0%(2018년 상반기)
② (곱셈계산) 1,879,000 × 6 × 26.4% = 2,976,000원(약 298만원)
③ (사실확인)
④ (덧셈비교) 187.9만원(2018년 상반기) − 172.5만원(2017년 상반기) > 15만원
⑤ (곱셈계산) 1,879,000 × 7.9% − 1,780,000 × 7.9% = 99,000 × 7.9% > 7,000

32

정답 ④

1,957,000원 × 6개월 × 8% × 3명 = 2,818,080원

33

정답 ④

− $\frac{725{,}735+88{,}282+254{,}424}{2{,}668{,}527}$ ≒ 40%

34

정답 ③

① (분수비교)
$\frac{23{,}966+5{,}583+22{,}020+60{,}061+58{,}950+27{,}110}{725{,}826}$ < 30%
② (사실확인) 강원 > 부산
③ (분수비교) 충북만 10% 이상이다.
④ (분수비교) 세종이 가장 낮다.
⑤ (덧셈비교 & 곱셈) 64,661(대구) + 28,532(경북) > 90,000
64,661 + 28,532 > (23,707+34,039) × 1.5

35

정답 ①

구분	사망	부상	합계
1월	74	177	251
2월	54	131	185
3월	33	170	203
4월	43	187	230
5월	35	139	174
6월	31	130	161
7월	33	135	168
8월	20	114	134
9월	(25)	(150)	(175)
10월	28	135	163
11월	29	118	147
12월	41	152	193

36

정답 ⑤

① (A or B) 부상자수 : 사망자수 = 66%↑ : 33%↓
→ 부상자수 > 사망자수 × 2
② (덧셈비교)
③ (덧셈비교)
④ $\frac{177-131}{177}$ > 25%
⑤ (분수비교) $\frac{3{,}438-2{,}822}{3{,}438}$(4월) < $\frac{3{,}438-2{,}826}{2{,}826}$(3월)

37

정답 ③

① (알 수 없다) 2012~2015년의 취업자 수는 알 수 없다.
② (덧셈비교) 2013년에 NG
③ (분수비교) $\frac{553}{15{,}271}$(남자) > $\frac{334}{12{,}818}$(여자)
④ (분수비교) $\frac{2{,}249}{5{,}301}$ > 40%
⑤ (분수비교) $\frac{380}{8{,}446}$ < 5%

38

정답 ②

남자 여자
5.6%p 6.8%p
86.8% 81.2% 74.4%
(6.8) (5.6)
=13,600명 = ?

? = 11,200명

39

정답 ①

① (곱셈비교) 48,990(2017년) < 12,487 × 4
② (사실확인)
③ (사실확인)
④ (사실확인)
⑤ (분수비교) '증가폭'에 주의

40

정답 ③

독일의 2015년 전년대비 증가율 : $\frac{627-610}{610} \neq 1.7\%$

문제해결능력

41

정답 ③

① 3개월 전 태아를 유산한 여성 A → 임신 중인 자, 분만 또는 유산 후 6개월 이내인 자
② 각막을 이식 받은 경험이 있는 남성 B → 과거 경막 또는 각막을 이식 받은 경험이 있는 자
④ 검진 결과 이완기 혈압이 90mmHg, 수축기 혈압이 180mmHg인 남성 D → 수축기혈압이 90mmHg 미만 또는 180mmHg 이상인 자
⑤ 1년 전 필리핀에 출장을 갔다가 말라리아에 감염되어 치료받고 건강을 회복한 남성 E → 말라리아 병력자로 치료종료 후 3년이 경과하지 아니한 자

42

정답 ②

예림 : 세계스카우트잼버리를 아시아에서 최초로 개최한 국가는 필리핀이다. (×)
주현 : 세계스카우트잼버리는 12월(19회, 20회)에도 열린다. (×)

43

정답 ⑤

쓴맛, 캐러멜 향은 다음 맥주에 영향을 미치므로 서로 연속적으로 기록되어야 한다.

44

정답 ②

8월 16일에 신청하면 다음 홀수 달인 9월 1일에 신청한 것으로 간주되어 5+7+3일 이내인 9월 16일까지는 정비결과가 보고된다.

45

정답 ⑤

R0는 해당 질병에 감염된 사람 한 명이 비감염자 몇 명을 감염시킬 수 있는지를 나타내는 것으로 B질병의 R0가 15, D질병의 R0가 3이므로 5배이다.

① R0가 높은 것과 치사율은 비례하지 않다. (1문단 마지막 문장)
② F질병은 R0가 1보다 작으므로 모두가 전 국민을 감염시키지는 않는다.(2문단 첫 문장 참조)
③ 첫 문단 세 번째 문장을 통해 R0은 전파 속도를 의미하지는 않는다고 알 수 있다.
④ 마지막 문장을 보면 치사율 역시 전염병의 확산 초기 단계에는 정확하게 알 수 없다는 것을 확인 할 수 있다..

46

정답 ①

실제 사과가 있는 상자, 실제 배만 있는 상자, 사과와 배가 섞여 있는 상자가 순서대로 있다면
실제 내용물과 이름표가 달라야하므로 아래 두 가지 경우가 가능하다.

실제	사과	배	사과/배
이름표 경우1	배	사과/배	사과
이름표 경우2	사과/배	사과	배

ㄱ. '사과와 배 상자'에서 과일 하나를 꺼내어 확인한 결과 사과라면, '이름표 경우 2'에 해당하며 '사과 상자'에는 배만 들어 있다. (참)
ㄴ. '배 상자'에서 과일 하나를 꺼내어 확인한 결과 배라면, '이름표 경우 2'에 해당하며 '사과 상자'에는 배만 들어 있다. (거짓)
ㄷ. '사과 상자'에서 과일 하나를 꺼내어 확인한 결과 배라면, '이름표 경우 1'과 '이름표 경우 2'가 모두 가능하므로 '배 상자'에는 사과만 들어 있는 '이름표 경우 1' 일 수도 있지만 '배 상자'에 사과/배가 섞여 들어 있는 '이름표 경우 2'일 수 있다. (거짓)

47

정답 ②

두 번째, 세 번째 , 네 번째 조건를 고려하면 아래와 같이 표를 작성할 수 있다.

	A	B	C	D
나이		40대	30대	
직업		회사원	회사원	
투자	주식X, 옵션X	옵션X		
투자액				
수익률			1등	

첫 번째 조건에서 50대 주부는 주식에 투자하였으므로 A가 아니고 B, C와는 나이가 다르므로 D이다.

마지막 조건에서 60대 사업가는 남은 A가 되며 위 조건을 모두 고려하여 표를 추가 작성하면

	A	B	C	D
나이	60대	40대	30대	50대
직업	사업가	회사원	회사원	주부
투자	선물	채권	옵션	주식
투자액				1등
수익률			1등	

위와 같으며 답은 2번이다.

48

정답 ②

수익률이 2번째 높은 사람은 나이가 2번째 어린 B(40대)이므로 투자수단은 채권이다.

49

정답 ②

두 번째 조건으로 비밀번호가 될 수 있는 숫자는 0, 1, 2, 5, 6, 7, 8 이다.

세 번째 조건으로 인하여 기존 번호 3(홀)–6(짝)–4(짝)–4(짝)–9(홀)를 기준으로 수의 배치는

'짝–홀–홀–홀–짝'이 된다.

네 번째 조건으로 인하여 가능한 가장 큰 수 '8'이 첫 번째 자리, 가장 작은 수 '0'이 마지막이다.

다섯 번째 조건으로 인하여 두 번째 자리는 현재 6이고 올 수 있는 6보다 큰 홀수는 '7'이며

마지막 조건에 의하여 인접한 자리 차이가 5보다 작아야 하므로 세 번째 자리는 7과 차이가 5보다 작은 '5', 마지막 네 번째 자리는 남은 홀수인 '1'이 된다.

비밀번호는 8–7–5–1–0

두 번째 자리와 네 번째 자리의 합은 7 + 1 = 8 이다.

50

정답 ①

① 35만×250×2/2=8750만원
② 20만×250×4/2=10000만원
③ 30만×250×3/2=11250만원
④ 20만×250×1+20만×250×3/2=10000만원
⑤ 25만×250×1+25만×250×5/3=12500만원

51

정답 ③

– 20만×250×2/2=5000만원

52

정답 ⑤

ㄱ. 교육의 대상자는 B씨가 아닌 고용주 및 관련 공무원
ㄷ. 국적 취득은 F가 아닌 G가 대상자

53

정답 ③

두 번째 문단 첫 문장을 보면 2019년 신고된 A형간염환자는 17,568명으로 전년대비 620% 증가하였다. 2018년 A형 간염환자를 X라고 하면

(1+6.20)X = 17,568

X = 17,568 / 7.20 = 2440명 이다.

① 첫 문단 첫 문장을 보면 2019년 신고된 법정감염병 환자는 159,885명으로 2018년에 비하여 6.5% 감소하였다. 2018년 신고된 법정감염병 환자를 X라고 하면
(1–0.065)X = 159,885
X = 159,885 / 0.935 = 171,000명 이다.
② 3단원을 통해 확인할 수 있다.
④ 2019년 국외유입 감염병 중 가장 높은 비율을 차지하는 감염병은 홍역이며(4단원 확인), 1단원에서 치쿤구니야열(첫문단 두 번째 문장 확인), 중증열성혈소판감소증후군(첫 문단 마지막 문장 확인)과 함께 제4군감염병이다.
⑤ 두 번째 문단 두 번째 문장으로 확인할 수 있다.

54

정답 ④

C가 산악지역에서 열리는 스키를 관람하므로 산악지역에서 열리는 종목은 봅슬레이 하나가 남는다. 그리고 A와 B는 다른 지역 경기를 관람하기 때문에 A, B 둘 중 한명은 봅슬레이를 관람하게 된다.

이 때 세 번째 조건을 대우로 바꾸어 보면

'D가 봅슬레이를 관람하지 않으면 B가 쇼트트랙을 관람하지 않는다.' 이며 이 명제의 가정이 성립하므로 B는 쇼트트랙을 관람하지 않는다. → (보기 ㄴ 참)

A가 봅슬레이 경기를 관람하는 경우 D는 아이스하키 뿐 아니라 컬링, 쇼트트랙을 관람할 수도 있다.
→ (보기 ㄱ 거짓)

A가 봅슬레이 경기를 관람하지 않는 경우 마지막 조건을 대우로 바꾸어보면
'A가 봅슬레이를 관람하지 않으면 E는 쇼트트랙, 아이스하키를 관람하지 않는다.' 이므로
보기 ㄷ의 가정 'E가 쇼트트랙을 관람하면~'은 A가 봅슬레이를 관람하는 경우이다.
따라서 ㄷ의 가정대로 E가 쇼트트랙을 관람하면 A는 봅슬레이, C는 스키를 관람하므로 B는 컬링이나 아이스하키를 관람하게 된다.
→ (보기 ㄷ 참)

55

정답 ④

이집트는 90일, 파키스탄은 3개월이므로 파키스탄이 좀 더 길게 무비자로 체류할 수 있다.

56

정답 ③

① 8%의 관세를 낸다.
② 주세납부 대상은 알코올 함유량 1% 이상이므로 과세를 낸다.
④ 함유량 0.8%인 맥아음료는 30%의 관세를 내야한다.
⑤ 72%의 주세를 납부한다.

57

정답 ③

국내선공용여객처리시스템 2,196
공용셀프인 850
3배 이상은 아니다.

58

정답 ③

공용셀프인 총사업비 850
증설 개수 10 + 15 + 2 + 7 = 34 개
850 / 34 = 25

59

정답 ④

감가상각비 = (사용연수/내용연수)×구입가 = 42/60 * 300,000 = 210,000원
정액감가상각 금액 = 구입가 - 감가상각비 = 90,000원
환급금액 = 정액감가상각 금액에 10% 가산 = 99,000원

60

정답 ③

감가상각비 = (사용연수/내용연수)×구입가 = 60/84 * 350,000 = 250,000원
정액감가상각 금액 = 구입가 - 감가상각비 = 100,000원
환급금액 = 정액감가상각 금액에 구입가의 10%(35,000원) 가산 = 135,000원

빠꼼이 NCS www.bbaggum2.com

빠꼼이 NCS
기업별 모의고사